阿里研究中心 编著

电子商务知识

干部读本

清华大学出版社
北京

内容简介

本书针对各级干部了解电子商务知识的迫切需求，紧跟业界发展，针对政务需求，系统介绍与案例学习相结合，从网络经济谈起，讨论我国电子商务的发展、现状、作用、影响、体系和主要模式，电子商务服务业，小企业电子商务，并针对政务需求介绍与电子商务相关的网规和治理创新以及电子商务发展的问题、选择与展望。书末附有相关政策法规、全球电子商务政策框架、电子商务大事记和名词索引。

本书适合作为各级干部的电子商务培训教材，也适合有兴趣学习电子商务知识、从事电子商务工作的其他各类读者参考使用。

图书在版编目（CIP）数据

电子商务知识干部读本/阿里研究中心编著．—北京：清华大学出版社，2012.8
ISBN 978-7-302-29559-4

Ⅰ．①电…　Ⅱ．①阿…　Ⅲ．①电子商务—干部教育—学习参考资料　Ⅳ．①F713.36

中国版本图书馆 CIP 数据核字（2012）第 168681 号

责任编辑：袁勤勇
封面设计：常雪影
责任校对：白　蕾
责任印制：沈　露

出版发行：清华大学出版社
网　　址：http://www.tup.com.cn，http://www.wqbook.com
地　　址：北京清华大学学研大厦 A 座　　**邮　　编**：100084
社 总 机：010-62770175　　**邮　　购**：010-62786544
投稿与读者服务：010-62776969，c-service@tup.tsinghua.edu.cn
质量反馈：010-62772015，zhiliang@tup.tsinghua.edu.cn
印 刷 者：北京市人民文学印刷厂
装 订 者：三河市李旗庄少明印装厂
经　　销：全国新华书店
开　　本：185mm×260mm　　**印　张**：17　　**字　　数**：392 千字
版　　次：2012 年 8 月第 1 版　　**印　　次**：2012 年 8 月第1次印刷
印　　数：1～3000
定　　价：29.50 元

产品编号：047795-01

序言

“无商不富”，是中国的一句老话，对国家、企业和个人无不如此。苏格兰的哲学家、经济学家和历史学家休谟(David Hume，1711—1776年)说过，“国家的强盛，人民的幸福，都被认为是与商业不可分割地联系在一起的。”由此理解电子商务的重要意义，不言而喻。

以电或电子的方式处理或完成商务活动中的一个或几个环节，早在互联网在全球普及的20世纪90年代之前就已经存在和发展。比较初级的形式，如通过电话、电报、传真等手段询价或订购商品，利用电视推销和订购商品；比较高级的形式，如通过电子数据交换(EDI)进行订货、利用电子资金转账(EFT)完成支付等，都已经使用了很久。但是，它们都还不是真正意义上的电子商务。它们的共同特征是：商务活动中业务处理的信息没有数字化，不能利用计算机进行业务处理，更没有利用以计算机为基础的网络作为商务活动的平台。因此，没有反映当代信息革命的基本特征，即数字化和网络化。

电子商务出现在20世纪90年代中期，即互联网在全球获得广泛的普及和应用之后。由于它在互联网上进行，而互联网所具有的开放性特征，使所有的行业、所有的单位和个人都可以介入，因而表现出了巨大的潜力，很快成为政、商、企、学界一致关注的热点。虽然电子政务这个名词出现得比电子商务为早，但是，首先在全球迅速而蓬勃地发展起来，而且产生巨大经济社会影响的却是电子商务。

基于互联网的电子商务与以前的各种利用电的或电子方式的商务活动相比有两个最显著的特点。第一个特点是费用低廉。这个特点一方面使企业容易上网；另一方面也使企业敢于投资。第二个特点是互联网所形成的是一个“一对多”通信的“互动”媒体，这个特点使得所有形式的买方和卖方都如鱼得水，获得了进行商务活动的极为有利的环境条件。这两个特点是以前的各种商务活动方式，包括电视、电话促销在内，都无法比拟的，也因而为电子商务活动开创了一个全新的局面。

我国的电子商务在1995年前后开始起步，有3848、阿里巴巴等一批电子商务网站的兴起。2002年前后美国互联网泡沫的破灭，对我国电子商务的发展也形成了很大的冲击，好在2003年的“非典”给网购市场的发展带来了复苏的机遇。之后，阿里巴巴、淘宝网、支付宝等不断发展和完善了我国的电子商务服务平台，解决了我国电子商务发展中一些比较关键的难点问题，打开了中国电子商务蓬勃发展的大好局面。他们的企业家精神和战略眼光，高速增长的企业发展实绩，“开放、透明、分享和责任”的企业宗旨，独特的激励机制、服务理念、创新意识、社会责任、价值观念等企业文化，多年累积下来的重要数据资源，在为中国经济社会发展作出重大贡献的同时，也为我国发展电子商务及其服务业提供了宝贵的经验。

未来5～10年，我国电子商务还有巨大的成长空间。中国有可能形成全球最大规模的电子商务服务体系，拥有一批极具竞争力的电子商务平台服务企业，电子商务应用规模也将位列世界第一。电子商务服务业将成为对国计民生具有重大战略意义的新兴产业，这是毫无疑义的。在这样的背景之下，编写和出版《电子商务知识干部读本》无疑具有非常重要的现实意义。

本书比较全面地介绍了网络经济和电子商务发展的背景，各国的发展战略以及发展现状；介绍了我国电子商务的发展历程，及其对我国企业、产业、经济和社会发展的影响；对电子商务的技术、支付、物流、安全体系，主要的业务模式，电子商务服务业等进行了理论上的探讨；讨论了中小企业电子商务的发展和推进策略；也比较深入地探讨了如何面对电子商务发展中出现的各种各样的问题，以及互联网的治理、电子商务管理模式的创新等问题，很有可读性，无疑是一本很切合实际的电子商务干部培训教材。

这个《读本》中提出了很多新的概念，如网商、网货、网规、轻公司、新商业文明、电子商务服务业等，不一而足，充分反映了我国电子商务的繁荣发展所带来的电子商务学术和理论研究的繁荣和创新。我相信，随着中国电子商务持续地、蓬勃地发展，中国的电子商务理论也必将逐渐走向成熟，并在国际上占有一席之地。我们实在没有必要“言必称希腊”。在中国电子商务的发展过程中，已经而且将继续产生许多真知灼见，产生一些重大的理论创新，这是毫无疑义的。

在对各级各类干部进行的电子商务培训中，非常重要的一点是，一定要搞清楚，e-business和e-commerce是两个完全不同的概念，不能混为一谈。在国内的一些书籍、论文、报告中，我们常常看到某些学者或者企业家对二者不加区分、等同混用的情况。首先，business和commerce在英文中就不是一个概念。commerce是商业，是商品的买和卖，是“交易或者贸易”；而business是“一个人所从事的业务、工作或交易活动”。在一个社会中，每一个单位和个人都各有各的业务（business）；却不是每一个单位、每一个个人都做买卖（commerce）。在这样的概念混淆之下，有些学者将Business Intelligence（BI）也译为“商务智能”，似乎BI只是针对商务的智能化技术。其实，BI适用于许多的“业务”活动，其准确的意义实在是“业务智能”。

在我国电子商务发展的进程中，也出现了许多以前不曾遇到过的问题，如各种通过网络或电子商务进行的假冒伪劣和欺诈、犯罪活动，以及各种各样的新的社会矛盾。这是不足为奇的。这既不是互联网、网络经济或电子商务之错，也不是电子商务企业或电子商务服务平台之过。谁搞了假冒伪劣，谁欺诈，谁犯罪，这个账当然是算在这些人或单位的头上。

电子商务实质上是将人类在物理世界的商务活动移步到数字世界中去进行，以追求更高的经济活动的效率和效益。因此，物理世界的真善美和假恶丑都会在数字世界，或网络经济，或电子商务中，有所映射，有所表现。今天，在物理世界的各种商务活动中的假冒伪劣和欺诈、犯罪活动难道还少吗？企望数字世界只有真善美而没有假恶丑是不现实的，不合理的。

当然，为了使电子商务更好、更健康地发展，我们必须重视电子商务发展中出现的各种问题的治理。但是，我们应该看到，这个治理是一个长期的、坚持不懈地努力的过程。物理世界已经有几千年的文明史，有各国政府以及各种各样的国际的和区域性的组织，通过形形色色的国际和国内法律和法规，管理和回答各种各样与治理相关的问题。即使这样，物理世界的各种各样的假冒伪劣和欺诈、犯罪活动仍然层出不穷。与物理世界相比，数字世界的历史则短得可怜。因此，我们要实事求是地看待数字世界出现的问题，要保持一种认真的、宽容的、帮助的态度。如邓小平同志所指出的那样，“发展是硬道理”，电子商务在发展过程中出现的各种各样的问题，也必须通过电子商务的发展来解决。另一方面，电子商务，乃至数字世界的治理，并不仅仅是政府的责任，也不仅仅是电子商务服务平台企业的责任，而是需要全社会方方面面的齐心协力、共同努力，才能培育出一个比较好的电子商务发展环境。

值此《电子商务知识干部读本》付诸出版之际，谨以此序表示祝贺，并衷心地期待在本书的影响之下，我国的电子商务，包括电子商务的理论和实践，能够有一个更快、更好的发展。

周宏仁（国家信息化专家咨询委员会常务副主任）

2012 年 5 月 6 日于北京

目录

第1章 网络经济的兴起

人们对网络经济的认识，随着计算机网络的逐步发展越来越明晰。通过对比网络经济与信息经济、知识经济和虚拟经济，可以进一步了解以网络经济为核心的新经济与传统经济之异同。

在经济全球化的今天，以互联网为核心的网络经济，经历了2001年互联网泡沫的影响，凸显出网络经济对于经济增长的重要意义。全球各主要国家站在互联网战略的高度，重视网络经济发展，在网络基础设施、互联网经济政策和网络安全三个层面分别塑造自身的核心能力。遍观全球以及主要国家的电子商务发展历程，了解其发展现状，可勾勒出电子商务发展的全球图景。

1.1 网络经济的兴起

网络经济的兴起，源于人类在工业化进程中对环境问题的反思。1972年，罗马俱乐部公开发表了研究报告《增长的极限》，预言经济增长不可能无限持续下去。随后1973年、1979年和1990年的三次石油危机，印证了研究报告提出的一些全球性问题，获得了公众极大的关注。但是1980年，阿尔文·托夫勒(Alvin Toffler)出版了《第三次浪潮》，又将人类从悲观的未来预测中释放出来。他将人类发展史划分为第一次浪潮的"农业文明"，第二次浪潮的"工业文明"以及第三次浪潮的"信息社会"。他强烈主张，现代科技将深刻改变人类社会结构及生活形态，并提出了"后工业经济"的概念。

20世纪90年代以来，美国经济出现了"二战"后罕见的持续性高速增长，非常类似阿尔文·托夫勒所描述的"后工业经济"。这种新型经济由信息技术革命带动，以高新科技产业为龙头，能够实现经济社会"持续、快速、健康"地发展。1996年12月30日，美国《商业周刊》发表了一篇题为"新经济的胜利"的文章，第一次明确了"新经济"(the New Economy)的概念，阐述了新经济具有低失业、低通货膨胀、低财政赤字、高增长的特点。随后，《美国总统经济报告：2001年》中指出："新经济是指由技术、商业实践和经济政策的相互良性互动……具体表现为快速的经济增长和收入提高、低失业率和适度通货膨胀。"不仅如此，西欧经济也出现类似的迹象。1997年"亚洲金融危机"之后，新经济在亚洲也露出曙光。虽然新经济源于美国，但新经济的浪潮已经席卷全球。

新经济是以知识经济、虚拟经济和网络经济为标志。新经济的出现，解释了"增长为什么没有极限"，回答了"如何实现可持续发展"等问题。随着全世界主要国家的网络基础设施建设逐步推动，网络经济作为新的经济形态蓬勃发展。尤其是1993年以来，进入国际互联网络的服务器和个人电脑，拥有了一个更加先进的交互网络——万维网"WWW

(World Wide Web)系统”。这个构建“世界性的信息库”的梦想，推动着全球网络经济的高速发展。

1.1.1 网络经济的内涵

日本学者最早提出“网络经济”这一概念。20世纪80年代，第三产业中的商业、运输业、金融业等通过网络来发展业务，一些日本学者在研究中将这种经济形态叫做“网络经济”。20世纪90年代初，美国学者定义了早期的网络经济(network economy)。网络经济特指运用电子计算机局域网、广域网进行成本核算等经济活动。也就是说，网络经济的范畴仅限于网络系统建设过程。

1995年，互联网的诞生推动了网络范围和地理位置的扩展，网络经济的内涵开始演化为互联网经济(Internet economy)。互联网经济的范围，涉及互联网基础设施建设中的资源分配，网络标准的兼容性及外部性等。此时，网络对经济的影响不仅限于一种技术、一个系统以及一个行业，而是反映出基于网络的经济活动，乃至技术、法律等相关社会现象。1997年，约翰·弗劳尔(John Flower)在《网络经济：数字化商业时代的来临》一书中，首先将网络经济理解为互联网经济。他认为网络经济意味着数字化商业时代的来临，消费者行为出现改变。同年，施华茨(Schwartz)也指出，网络经济等同于新的经济规则、新形式的货币以及新的消费者行为的总和。

以下通过比较网络经济和信息经济、知识经济以及虚拟经济的概念，进一步明确网络经济的内涵。

1. 网络经济与信息经济

信息经济(information economy)这一概念，最能直接反映出信息社会经济的本质。信息经济是相对物质经济而言的。在国民经济中所有的信息从一个模式到另一个模式转换过程中，信息经济特指这一转换过程中信息有关的经济活动领域。1962年，美国经济学家马克卢普(Fritz Machlup)最早而且较为系统地提出“信息经济”这一概念。此后不久，美国企业家、经济决策专家保罗·霍肯(Paul Hawken)以相对“物质经济”的概念而提出“信息经济”。他认为，每件产品、每次劳务都包含物质和信息两种成分。1977年，马克·波拉特(M. V. Porat)发表了巨著《信息经济：定义与测量》，推动了“信息经济”被OECD(经合组织)国家广泛采纳。

网络经济的概念脱胎于信息经济。网络经济是信息经济的主要形式，它以信息为基础，以计算机网络为依托，以生产、分配、交换和消费网络产品为主要内容。狭义而言，网络经济指信息和通信技术产业，主要以信息和计算机网络为核心。广义而言，网络经济指一组信息产业群体。

【名词解释：信息社会】

在国内外诸多机构中，日内瓦信息社会世界峰会的《原则宣言》中对“信息社会”的表述较为科学：信息社会的目标是建设一个“以人为本，具有包容性和面向全面发展的”社会，在此信息社会中，“人人可以创造、获取、使用和分享信息和知识，使个人、社会和各国人民均能充分发挥各自的潜力，促进实现可持续发展并提高生活质量”。

信息社会是以信息的渗透、整合和应用为主题的社会。在农业社会和工业社会中，物质和能源是主要资源，所从事的是大规模的物质生产。而在信息社会中，信息成为比物质和能源更为重要的资源，以开发和利用信息资源为目的信息经济活动迅速扩大，逐渐取代工业生产活动而成为国民经济活动的主要内容。

来源：IDC与阿里研究中心合作，《推动信息社会进程——电子商务和阿里巴巴商业生态的社会经济影响白皮书》，2012年2月。

2. 网络经济与知识经济

知识经济(knowledge economy)这一概念的提出，区别了以往依靠物资和资本等生产要素投入带来的经济增长。现代经济的增长，越来越依赖于生产要素中的知识含量的增长。1983年，美国加州大学教授保罗·罗默提出了"新经济增长理论"，认为知识是一个可以提高投资收益的重要生产要素。1990年，联合国研究机构首次提出了"知识经济"的说法。1996年，亚太经合组织明确表述了"以知识为基础的经济"来定义知识经济，是继农业经济形态和工业经济形态之后的又一种经济形态。20世纪90年代末，以美国微软公司为代表的软件产业，推动了知识经济将成为21世纪的主导型经济形态。2005年，OECD主要成员国的GDP(国内生产总值)已有50%以上是以知识为基础的企业生产的。

网络经济是知识经济的一种表现形态。知识经济的基础是信息技术。无论是数据转变成信息，还是信息转变为知识，都离不开网络。由于网络与信息技术的发展，快速、高效地处理数据和信息成为可能。网络经济则是基于网络技术发展而形成的一种经济潮流和经济形态，是信息社会的经济最集中、最概括的体现。

3. 网络经济与虚拟经济

虚拟经济(fictitious economy)这一概念，由马克思提出的虚拟资本(fictitious capital)衍生而来。虚拟经济是相对实体经济而言的，是经济虚拟化的必然产物，以服务于实体经济为最终目的。虚拟经济是虚拟资本的持有与交易活动，只是价值符号的转移。在虚拟经济交易活动中，信息不对称是产生交易利润的重要基础。以价值符号互为交易对象及为此所构筑的交易平台，都属于虚拟经济。银行、资金市场、证券市场、外汇市场、期货市场等都属于典型的虚拟经济。广义地讲，虚拟经济除了目前研究较为集中的金融业、房地产业，还包括体育经济、博彩业、收藏业等。

网络经济中，信息被大量挖掘、使用和交易并创造利润。而在虚拟经济中，信息不对称产生交易利润。这两个利润创造的过程有所不同。网络经济的虚拟化(virtual economy)与虚拟经济不同。网络经济的虚拟化是指，网络中的资源共享使得资源配置具有虚拟性，加之知识产品的无形化实现并运用，增强了网络运营的虚拟感，但它是一种特殊的网上虚拟，本质上是实体经济。

1.1.2 网络经济与传统经济的区别

与传统经济不同，网络经济是信息、知识型经济，而不是物质、能量型经济。

我国著名经济学家乌家培教授提出，网络经济有狭义和广义之分。狭义的网络经济，是指基于因特网的经济活动，如网络企业、电子商务以及网络投资、网络消费等网上的活动。广义的网络经济，是指以信息网络为基础平台的、信息技术与信息资源为特征的、信息与知识起重大作用的经济活动。美国德克萨斯大学电子商务研究中心认为：网络经济就是基于网络尤其是互联网所产生的经济活动的总和。

可见，网络经济，不是与传统经济完全对立的纯粹的“虚拟”经济。它经过以计算机为核心的现代信息技术提升，实际上是一种在传统经济基础上产生的高级经济发展形态。相比于传统经济，网络经济不仅具备劳动生产率高、创造财富快的特点。它会促进经济的高增长、高就业、低通胀和经济周期波动的平缓。表 1.1 从概念和经济原理两个角度说明了网络经济和传统经济的差异。

表 1.1　网络经济与传统经济对比

概念对比		经济原理对比	
传统经济	网络经济	传统经济	网络经济
企业	虚拟企业	物质资源起决定性作用	信息资源起决定性作用
空间	虚拟空间	产品和服务、生产和消费分离、企业与企业处于分离状态	产品和服务、生产者和消费者、企业与企业处于边界模糊状态
营销	网络营销	供给不足，以供给为中心	需求不足，以需求为中心
制造	灵活制造	稳定均衡	不稳定均衡
规模经济	供求双方规模经济	边际效用、边际收益递减	边际效用、边际收益递增
劳动分工	知识分工	边际成本递增	边界成本递减
经济管理	知识管理	产品竞争	网络竞争
竞争	网络竞争	负反馈	正反馈
贫富差距	数字鸿沟	规模收益经历递增、不变和递减三个阶段	规模收益递增
大规模生产	定制、个人化、特定化	垄断受到限制	垄断是竞争的结果
劳动生产率	知识生产率	垄断会降低社会福利	垄断会提高社会福利
劳动价值	知识价值	有形资产是企业的主要资产	无形资产是企业的主要资产

来源：高孝平. 网络经济与传统经济比较研究. 重庆邮电学院.

1.2　网络经济的发展历程

从网络发展的视角看网络经济的发展，其核心是围绕 Internet 的产生与发展。通过衡量 Internet 发展的基本指标，进而了解网络经济的四层结构：Internet 的基础结构层、Internet 的基础应用层、中介服务层和基于 Internet 的商务层。这个分层结构展现了网络经济在国民经济中的位置，以及与信息产业之间的关系。通过数据描述网络经济发展并分析 2001 年前后互联网泡沫及其破灭，有助于认识互联网经济的本质，了解网络经济对经济增长的实质性贡献。

1.2.1 Internet 的产生与发展

20 世纪 90 年代后，计算机网络发展的标志是 Internet(因特网)。计算机网络是一些相互连接的、以共享资源为目的的、自治的一组计算机，为用户提供连通性和共享服务。计算机网络的发展经历了巨型机时代、PC 时代和互联网时代三个阶段。在互联网时代，计算机网络又经历了 Internet 早期运营、网络协作和万维网三个阶段。

早在 20 世纪 50 年代的巨型机时代，计算机就通过被称为分时系统的大系统连接起来。这一阶段，主要实现的是计算机之间的互联，计算机网络初具雏形。在 20 世纪 70 年代 PC 发明后，微机系统替代了分时系统，初步实现了计算机与通信系统结合。网络通信协议推动了计算机网络的资源共享，也将计算机网络的范围逐步扩大。

1969 年 12 月，Internet 诞生，这标志着计算机网络的兴起。为了满足冷战时期的通信要求，美国国防部国防前沿研究项目署(ARPA)建成了基于分组交换技术的美国 ARPANET 网。这是 Internet 的前身，它主要是利用无线分组交换网与卫星通信网连接分散的计算机。1974 年，美国国防部高级研究计划署的罗伯特·卡恩(Robert Elliot Kahn)和斯坦福大学的文顿·瑟夫(Vinton G. Cerf)开发了 TCP/IP 协议，定义了在计算机网络之间传送信息的方法。Internet 的诞生，是指从单个网络 APPNET 向互联网方向发展，以 TCP/IP 协议的初步成型为标志。1975 年 早期的互联网连接了 100 多台主机，结束了实验阶段，投入运营。

20 世纪 80 年代到 90 年代初，Internet 的发展步入网络协作阶段。这一阶段以各计算机网络的整合与分工协作为特征。PC 联网需求拉动了 PC 互联的微机局域网纷纷出台，异种机网络互联成为核心的问题。

首先，在网络层级分工方面，基于文件服务器的微机网络对计算机网络进行了分工：微机服务器专用于提供共享文件资源，PC 面向用户。1985 年起，美国国家科学基金会(NSF)为了推动科学研究建成了三个层级结构的 NSFNET：主干网、地区网和校园网。其中，主干网主要提供远程覆盖、高速传输和路由器最优化通信；而地区网和校园网实现本地接入网的功能，主要支持用户的访问本地，实现散户计入、速率较低。

其次，在网络之间的协议标准方面，TCP/IP 协议成为了基础和核心。1986 年成立的互联网工程工作小组及 1992 年成立的互联网协会对于计算机网络技术方案的甄选、互联网协议和标准的建立起了重要的作用。因此，成千上万个多种类型和规模的计算机，通过电话线、光缆、微波、卫星等多种线路连接在一起。

随后，Internet 走向了万维网阶段，主要归因于商业应用推动。万维网是一种浏览网页的功能。在这个阶段，网络经济也被称为 Web economy，它提供一种基于 Internet 硬件基础的服务形式。1990 年，蒂姆·伯纳斯·李(Timothy John Berners-Lee)推出世界上第一个网页浏览器和第一个网页服务器，形成了用户可以轻松驾驭的图形化界面。接着，他发明了统一资源标识符(Uniform Resource Locator)，使得通过 Internet 获取信息成为可能。1994 年 10 月，他在麻省理工学院计算机科学实验室建成了万维网。

万维网阶段的 Internet 发展，以 ISP(Internet Service Provider)的诞生为主要标志。1995 年，美国政府指定三家私营企业代替美国国家科学基金会运行 NSFNET，结束了

1986 年以来 Internet 以科学研究为核心的使命。ISP 的正式出现完成了计算机网络的商业化改造，最终形成多层次 ISP 结构的 Internet，不断推动通信、资料检索、客户服务、网络办公等商业应用的高速发展。

1.2.2 网络经济的四层结构

与 200 多年前的工业革命相比，以计算机为标志的信息技术革命极大地提升了计算效率和信息存储容量。互联网的使用则使人类的信息交流跨越了地域、空间的限制。伴随着经济全球化的进程，网络经济给以美国为主的发达工业化国家带来了更高的效率、更多的财富。20 世纪 90 年代，互联网将美国新经济推上了一个新高度。从 1991 年的经济谷底到 2000 年 8 月，美国经济创下了历史上最长的经济繁荣时期。这期间平均实际经济增长达到 5.3%，而 1999 年下半年增长几乎达 6%。

由于互联网的出现，世界经济结构，特别是美国的经济结构产生了与互联网成长相适应的变化。互联网起源于美国，美国在信息产业测度方面进行了长期而系统的工作。这些工作可以帮助我们了解网络经济的内在结构。在 1998 年，互联网在美国产生了 3 000 亿美元的收入，雇用了 1 200 万人员，如表 1.2 所示。美国网络经济包括互联网的基础结构层、基础应用层、中介服务层以及基于 Internet 的商务层。其中 Internet 的基础结构层和 Internet 的基础应用层为网络经济的硬件层。

表 1.2 1998 年美国网络经济的收入和容纳的就业情况

编号	层 级	估计的 Internet 收入/百万美元	容纳的工作职位数
1	Internet 的基础结构层	114 982.8	3 724 620
2	Internet 的基础应用层	56 277.6	2 306 290
3	中介服务层	58 240.0	2 524 730
4	基于 Internet 的商务层	101 893.2	4 819 900
美国网络经济的总量指标		301 393.0	12 037 990

来源：CREC Center for Research in Electronic Commerce，University of Texas at Austin

在网络经济的硬件层，通常使用“主机数量”和“域名数量”这两个指标来衡量 Internet 发展。从 Internet 的增长和使用情况的现状来看，Internet 的规模覆盖范围广泛，扩展速度高速增长。从 1993 年互联网诞生以来到1999 年 7 月，主机数量从 139 万增加到 4 400 万，域名数量从 2.1 万增加到了 130 万。互联网的使用率和使用人数根据不同的数据源有所不同，但总的趋势是高速增长。1999 年与 2011 年的 Internet 的增长和使用情况比较如表 1.3 所示。

表 1.3 Internet 的增长和使用情况（1999 年与 2011 年对比）

对比的指标	1999 年	2011 年
Internet 的主机数	4 400 万	主机普遍虚拟化，云主机投入使用
Internet 的域名数量	从 1988 年起，网页数成倍增长，域名数量 130 万	顶级域名达到 324 种，各种类型域名达 2.2 亿。2011 年全球共有 5.55 亿网站，其中 2011 年新增网站 3 亿

续表

对比的指标	1999 年	2011 年
估计的使用者	1.71 亿	21 亿，中国上网人数达到 5.58 亿
全球范围互联网使用者的百分比	美国、加拿大占 70%，欧洲 19%，亚洲 11%	美国、加拿大占 13%，欧洲占 23%，亚洲占 44%，其他国家占 20%

来源：① 韩民春．互联网经济学导论．武汉：华中科技大学出版社，2002 年．
② 瑞典 Royal Pingdom 公司．2011 年全球互联网产业发展状况报告．

与互联网相关的经济至少有 2/3 的收入直接来源于信息产业。随着互联网的日趋成熟、完善，基于平台的商务活动将更加频繁，因此网络经济结构的比重也将发生相应的改变，预计将向互联网中的第四层倾斜。

【名词解释：中国互联网经济结构】[①]

在中国，自 1996 年起，互联网的主机数量每两年翻一番，互联网用户及域名的增长每年翻一番，网上通信量及电子商务的交易量几乎每 100 天翻一番。近年来，我国互联网经济的基本格局已形成。

- 互联网商务层：包括电子零售商（例如亚马逊、阿里巴巴），制造商网上销售（如 IBM），电子出版（如华尔街日报）、航空公司网上售票、网上娱乐等。
- 互联网应用层：利用互联网提供服务，包括在垂直行业服务（例如携程）、内容聚合（例如 ZDNet）、内容提供商门户网站（如新浪）、在线广告、在线教育、在线医疗等公共服务。
- 互联网应用架构层：包括应用软件，例如浏览器、搜索引擎、流媒体软件、电子商务软件等。
- 互联网架构层：包括互联网网络服务提供商、IP 网络的硬件和软件公司（如思科，3Com 等）、PC 和服务器设备制造商（如 HP）、光纤硬件制造商等。

1.2.3 泡沫破灭后的网络经济务实发展

在 1995 年至 2001 年互联网的发展历程中，出现了由．COM 概念产生的投机泡沫。一些典型的．COM 公司，缺乏切实可行的计划和管理能力，依赖于持续的网络效应来获得市场份额，追求“快速变大”。很多公司期望通过建立足够的品牌影响力以推动网络效应的形成，甚至不惜以长期净亏损经营为代价，并在激烈的市场竞争中，实施大量的营销投入和员工股票期权计划，导致公司的经营高度依赖资本市场。

起初，在 1998 年到 1999 年间，美国联邦储备系统（Federal Reserve System，以下简称“美联储”）实施低利率政策，导致了资金总额的增长，推动了互联网股价的创纪录上涨。在欧美以及亚洲多个国家的股票市场中，科技及新兴的互联网相关企业的股价居高不下。在扩张的货币政策和高涨的资本市场背景下，风险投资选择了让更多竞争者进入、再由市

① 本书中的“名词解释”栏目中的内容如没有注明资料来源，则都是根据百度百科相关词条整理。

场决定胜出者来降低风险。股价的飙升和买家炒作的结合，以及风险投资的广泛利用，为网络经济泡沫变大创造了一个温床。

2000 年 3 月 10 日，NASDAQ 指数达到 5 132.52 的最高点时，互联网泡沫达到顶峰。同时，美联储的货币政策开始紧缩，刺破了互联网经济泡沫。1999 年至 21 世纪初期，美联储将利率提高了 6 倍，出轨的经济的增长速度开始变慢。2000 年 3 月到 2002 年 10 月之间，网络经济泡沫逐步破灭，抹去了技术公司大约 5 万亿美元的市值。

2001 年秋天，互联网公司泡沫破灭成为网络经济发展的转折点。起初，许多人断定互联网被过分炒作，但不可否认的是，新经济挑战旧经济的冲击极大。例如，出现了互联网公司收购传统行业巨头的代表性收购案：2000 年 1 月 10 日，新兴的互联网媒体美国在线（AOL）收购了全球最大的媒体集团时代华纳。

随后的研究表明，约有 50%的网络公司活过了 2004 年，网络经济具有长期增长潜力。首先，网络经济的大部分参与者都很小，可躲过金融市场风暴的冲击。互联网对社会、对民众日常生活的影响巨大，互联网经济自身不断发生了深远变革。其次，少部分典型的.COM 公司在互联网公司在网络泡沫中生存下来，并且发展很好，如 Amazon 和 eBay。电子商务作为适合长久生存的盈利模式，反映了网络经济在务实中有着更长远的发展。

1.2.4 Web 2.0 带来希望

互联网经济本质上是“意愿经济”（intention economy），而不是“注意力经济”（attention economy）。注意力经济以卖家为中心，卖家通过广告吸引买家的主意，从而达成交易。而意愿经济则是围绕买家购买意愿，卖家不需要做广告，而需要争夺这种意愿。我们简单地把基于 Web 的互联网经济时代，叫做 Web 1.0 时代。在 Web 1.0 时代，用户通过浏览器获取信息。

然而，在 Web 2.0 时代，用户的交互作用尤为重要。用户既是网站内容的浏览者，也是网站内容的制造者。互联网上的每一个用户不再仅仅是互联网的读者，同时也成为互联网的作者；不再仅仅在互联网上冲浪，同时也成为波浪制造者；在模式上由单纯的“读”向“写”以及“共同建设”发展；由被动地接收互联网信息向主动创造互联网信息发展。表 1.4 揭示了 Web 2.0 与 Web 1.0 的区别。

表 1.4　Web 2.0 与 Web 1.0 的区别

	Web 1.0	Web 2.0
1	大英百科全书在线个人网站（Britannica Online）、个人网站	维基百科全书（Wikipedia）、博客（blogging）
2	粘性、发布的屏幕抓取动作（screen scraping）	聚合、参与等网络服务（Web services）
3	目录（分类）	标签（“分众分类”，folksonomy）
4	域名投机	搜索引擎优化
5	内容管理系统	维基

来源：Tim O'Reilly. 什么是 Web 2.0. 互联网周刊，2005 年.

【名词解释：Web 2.0】

Web 2.0 是相对于 Web 1.0 的新的一类互联网应用的统称。Web 1.0 的主要特点在于用户通过浏览器获取信息。Web 2.0 则更注重用户的交互作用，更加人性化。

1.3 主要发达国家的互联网战略

在互联网发展的早期，"信息高速公路"是人们谈论最热烈的话题之一。1993 年，美国政府推动实施"信息高速公路"建设计划。紧接着，日本、加拿大、欧洲的工业发达国家也决定要加速建设"信息高速公路"。随着"信息高速公路"的概念被普遍接受，美国成为第一代互联网的最大受益者。目前，全世界共有 13 台根服务器，其中 10 台在美国，而且 2 台由美军使用，1 台由美国国家航空航天局使用。此外，美国还掌握着全世界互联网域名的分配大权。

在统治互联网长达 30 年之后，美国的全球互联网枢纽地位也遭到了严重的挑战。1999 年，来自亚洲的互联网流量中有 91%要途经美国，但 2008 年已下降到 54%。同样的现象发生在非洲，1999 年非洲互联网流量中大约有 70%与美国有关，但是 2008 年已降至仅 6%左右，更多数据通过欧洲和中东传输。

在下一代互联网的建设高潮中，互联网发展的国家战略空间已经打开。美国、英国、德国等欧美发达国家已纷纷从国家安全的角度部署国家互联网战略，参与争夺全球网络空间主导权。IP 地址在全球的分布可以从一个角度反映出互联网的发展现状，如图 1.1 所示。

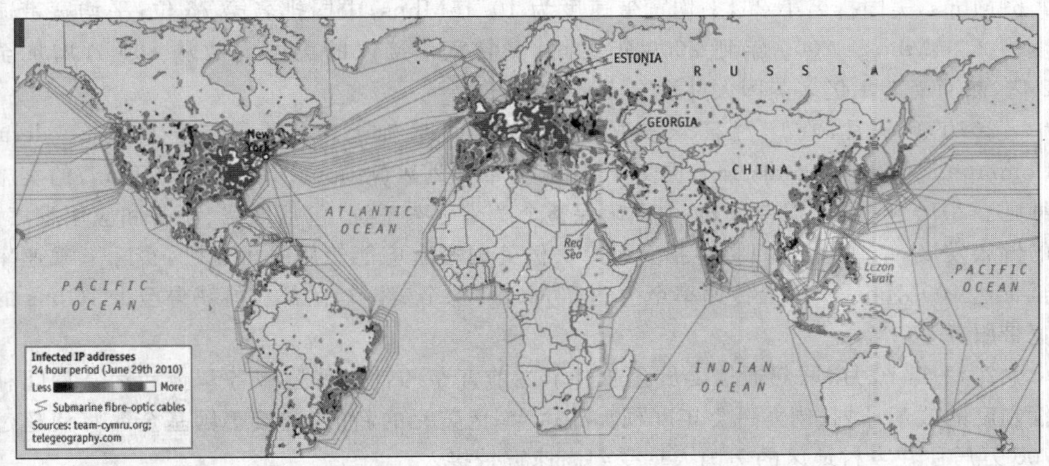

图 1.1 从 IP 地址分布来看全球互联网发展现状

来源：team-cymru. org 和 telegeography. com

1.3.1 美国的互联网国家战略

2010 年 1 月 21 日，美国国务卿希拉里·克林顿(Hillary Clinton)在华盛顿新闻博物馆发表了题为《网络自由》的演讲。她宣布美国将把“不受限制的互联网访问作为外交政策的首要任务”。这表明美国在互联网时代的价值追求已经升级：互联网已经从一次技术创新，演变成了美国国家战略的基石，如图 1.2 所示。

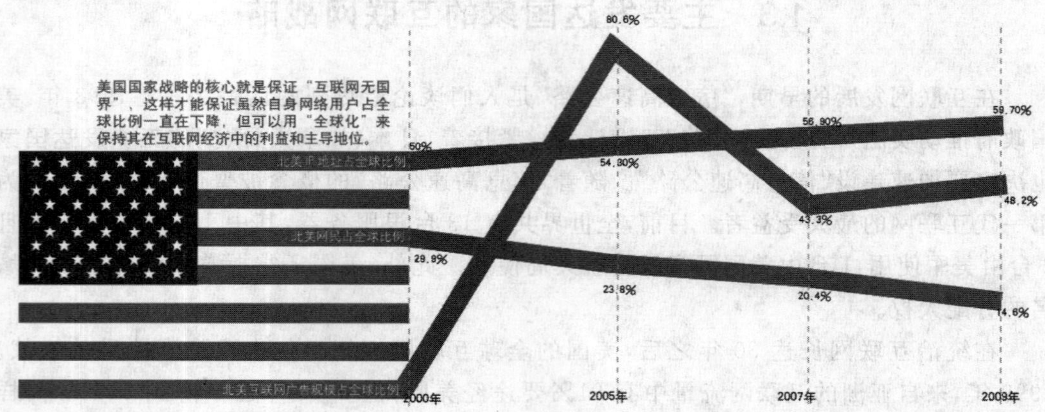

图 1.2　互联网时代美国的国际关系与国家利益紧密相连

来源：王琛元. 网络自由：美国国家战略新时代. 商业价值，2010 年 4 月

1. 2010 年《国家宽带计划》提速网络基础设施建设

2010 年 5 月 27 日，美国互联网流量监测机构 Ookla 公布了全球宽带速度排名，韩国宽带速度位居全球第一，平均宽带速度高达 34.19Mbps。全球平均宽带速度为 7.69Mbps，美国排名第 26，平均宽带速度为 10.15Mbps，中国排名第 76 位，平均宽带速度为 2.94Mbps。2000 年到 2009 年之间，安装宽带接入的美国人数从 800 万增加至 2 亿，然而尚有 1 亿多美国人并没有安装宽带服务。

2010 年 3 月，在广泛征求美国民众意见的基础上，联邦通信委员会(Federal Communications Commission)提交了《国家宽带计划》(National Broadband Plan)的实施细则。2010 年《国家宽带计划》力图确保整个宽带生态系统(包括网络、设备和应用程序)的健康发展。它的具体目标包括：至少 1 亿美国家庭应能使用平价宽带，实际下载速率至少达 100Mbps，实际上传速率至少达 50Mbps；每个美国社区都应能获得至少 1Gbps 的宽带服务等。

2011 年 10 月，联邦通信委员会通过了之前宣布的针对普遍服务基金和运营商间补偿制度的改革计划，创立一个年度预算高达 45 亿美元的新的“连接美国基金”，将使超过 700 万居住在乡村地区的美国人享受到高速宽带接入。

2. 从美国国家战略层面重视互联网经济政策

早期的美国互联网领域，私人投资宽带网络建设高速发展，但是到了 2001 年，美国互联网宽带的应用却受到了制约，“光纤网泡沫”开始出现。由于新兴运营商的出现，带宽价格以惊人的速度下降，但是市场需求没有跟上建设的步伐。建好网络，客户自然会蜂拥而至。但是，这样的“光纤梦”似乎越来越遥远。

2009年12月17日在布鲁金斯研究学会上，美国国务院高级创新顾问埃里克·罗斯(Alec Ross)发表了内部演讲：《Twitter和Facebook时代的美国国家战略》。这是奥巴马政府对互联网国家战略进行了一次清晰表述。演讲提出：“以互联网、短信息服务、社会性媒体、移动应用程序为代表的‘连接技术’已经成为21世纪的主导性力量。”相比历届美国政府对于“信息革命”的宏大叙事，奥巴马政府关注具体的网络技术创新所给予美国的机会与挑战，尤其重视Google、Twitter和Facebook等公司的技术创新。这次演讲为美国在下一个阶段互联网技术发展与国际博弈中如何克敌制胜提出了极富实践性的战略建议。2011年1月25日，有“互联网总统”之称的美国总统奥巴马发表了国情咨文，提出把增加基础设施建设投资作为提高美国竞争力的重要策略。

【案例】 Google的“超高速光纤计划”

2010年2月11日，Google宣布计划在美国一批社区里建造试验性的超速互联网。新宽带网络的速度是美国当前宽带速度的100倍。这一光纤宽带网络将向50万美国人提供速度可达1Gbps的网速。Google还计划，以有竞争力的价格向至少5万最多50万的美国人提供宽带服务。2011年10月22日，Google高级副总裁、首席法律顾问大卫·德拉蒙德(David Drummond)宣称，Google“正密切关注”一个可能在欧洲进行开发的项目。

无论外界如何看待Google的“超高速光纤网络”计划，不可否认的是，Google正在激发美国全国各地对宽带网络的兴趣。Google涉足宽带领域有助于提升其对宽带的认知度，从而刺激市场需求，并激励网络运营商加快光纤接入网络扩建。Google提出以“摒弃网络服务，依靠数据盈利”的商业模式取代传统的服务盈利模式。Google的成功为其他有志于此的新入行者拓展了机遇，使其了解如何利用宽带扩建推动业务发展，而摒弃了仅依靠网站访问点击量盈利的局限模式。

【案例】 O3b

Google与金融集团汇丰银行(HSBC)以及国际有线电视集团LibertyGlobal组成名为“O3bNetworks”的网络计划，通过发射16颗卫星将网络服务带入地球上还未连上网络的地区。取名O3b即other 3 billion(另外30亿)的缩写，这个数字就是全球尚未接入互联网的人口。O3b希望借这样的网络计划工程，真正建立在地球上任何区域皆有连网能力的环境。

O3b表示新系统将降低电信运营商和ISP的带宽成本，使语音和宽带服务的价格合算，速度与发达国家相当。O3b认为，只有当新兴市场实现了无所不在的、支付得起的互联网接入，才能看到本国制作的内容和广泛的电子教育。

O3b的网速最高可达10Gbps。卫星可向轨道平面南北45度角以内的地区传送数据，使ISP在没有光缆的地区也能实现数据的无线传送，不论是非洲内陆国家还是太平洋小岛。Google表示，有了高速上网才能使用基于万维网的诸多应用程序，如Gmail和Google Doc，进而推动公司广告业务。

3. 2011 年《网络空间国际战略》推动国家安全战略升级

从克林顿总统时代起，美国政府高度重视网络安全战略，视之为国家安全战略的重要组成部分。美国国家网络安全战略经历了从重视基础设施防御、先发制人的网络攻击，到谋取全球制网权的演变。美国网络安全战略的演变的实质，就是逐步确立美国的制网权战略。

2000 年，克林顿政府提出《信息系统保护国家计划》(NIPP 1.0)，强调国际信息基础设施保护概念，提出重要网络信息安全关系到国家战略安全。2003 年 2 月 14 日，美国公布了《国家网络安全战略》报告，正式将网络安全提升至国家安全的战略高度。为保证网络安全战略的实施，美国形成了组织管理保障、技术保障、法律法规保障和执行保障等体系。

2009 年以来，奥巴马政府发布《国家网络安全战略报告》、《网络空间政策评估》、《四年防务评估报告》和《国家军事战略报告》等一系列文件，强调网络空间是关系美国安全与繁荣的重要领域，是与太空、海洋并列的第三大全球公地。2005 年 3 月美国《国防战略报告》指明，继陆地、海洋、天空和太空之后，战争已经进入了第五空间：网络空间。随后的一份声明指出："美国将无限期保留对互联网根服务器的监管，因为将根服务器交给联合国管理或由各国政府合作管理将会妨碍信息自由流动，全球监管难以展开。"

在外交和国际政治领域，网络空间战略自然延伸。网络外交被提到战略高度，奥巴马政府提出"互联网自由"战略。2011 年 5 月 16 日，美国《网络空间国际战略》正式发布，这份长达 25 页的文件由总统奥巴马签署并撰写了前言，主要内容是网络保护、网络治理和网络对抗。其中强调的"基本自由、隐私、信息的自由流动"是美国在网络空间问题上的三个核心原则。同时，美国商务部启动了网络身份证战略。

1.3.2 欧盟的跨国家互联网战略

20 世纪 90 年代中期，欧盟以超国家的身份介入到网络安全领域，成为人类社会到目前为止规模最大、涉及国家最多以及层次最高的互联网政策制定与协调机构。

1. 实施欧盟 i2010 战略摆脱金融危机

欧盟发展网络经济始于 20 世纪 90 年代。1993 年，欧盟发表《成长、竞争力与就业》白皮书，首次提出欧洲信息社会具体意见，重点在于加快信息社会的网络基础设施。2000 年，《里斯本战略》提出：在 2010 年前将欧盟建设为"以知识为基础的、世界上最有活力和竞争力的经济体"。2005 年欧盟推出《i2010——建立充满经济增长和就业机会的欧洲信息社会》(简称"i2010 战略")，对建设欧盟信息社会做出进一步明确。

【名词解释：里斯本战略】

为加快经济改革、促进就业，欧盟 15 国领导人于 2000 年 3 月在葡萄牙首都里斯本举行特别首脑会议，达成并通过了一项关于欧盟十年经济发展的规划，即"里斯本战略"，其目标是希望通过鼓励创新、大力推动信息通信技术的应用与发展，探索面向知识经济的下一代创新，即创新 2.0，使欧盟在 2010 年前成为"以知识为基础的、世界上最有竞争力的经济体”。

“里斯本战略”围绕经济发展、就业、科研、教育、社会福利和社会稳定等多方面问题，总共制定了28个主目标和120个次目标。其中，最重要的两个目标是就业率和科研投入。“里斯本战略”提出以加速经济发展推动就业增长，在中长期内创造3 000万个就业机会，争取在2010年把欧洲的平均就业率从2000年的61%提高到70%。为达到这一目标，欧盟积极探索以Living Lab为代表的创新2.0模式，并计划向知识经济全面过渡，把年经济增长速度提高到3%。在科研投入方面，“里斯本战略”提出，欧盟各国2010年将把科研投入所占国内生产总值的比例从2000年的1.9%提高到3%。

“i2010战略”提出了欧盟到2010年发展数字经济的三个重点领域，即消除内部市场障碍，创建一个统一的欧洲信息空间、加大信息与通信技术领域的科研投入、通过应用信息与通信技术提高生活质量和公共服务水平。

2007年，全球金融危机给欧盟发展带来了冲击，暴露出了欧盟经济自身的结构性弱点。如果固守原有的社会经济模式，只会扩大与美国在21世纪的差距。2009年欧盟GDP下降了4%，工业跌回20世纪90年代水平，欧盟地区的平均经济增长率在结构上低于其主要的贸易伙伴。欧洲20岁至64岁人口就业率平均仅为69%，失业人数占总经济活动人数的10%，明显低于其他国家，人口老龄化不断加剧。财政同受重创，赤字平均达GDP的7%，债务超过GDP的80%，之前20年的财政成果化为乌有。

在2009年8月“i2010战略”实施第四年后，欧盟委员会发布总结报告。报告宣称，充分挖掘数字经济潜力对于欧盟走出经济危机，迈上可持续增长之路至关重要。根据报告的调查数据，2009年56%的欧洲人经常使用互联网，较2005年提升了13个百分点。半数欧盟家庭和超过80%的欧盟企业接入了宽带网，使欧盟宽带网用户达到1.14亿家，市场规模全球领先。与此同时，欧盟手机普及率更是达到了119%，遥遥领先于美国和日本。欧盟新经济已占欧盟国内生产总值的8%，接近1万亿欧元，行业从业人员相当于欧盟劳动力的6%，对生产力增长的贡献值更是超过四分之一。

2. 欧盟2020战略的全面部署

欧盟新经济高速增长的同时，国家间缺乏协调处理成为急需处理的难题。2010年5月，欧盟委员会公布了未来10年互联网发展规划，认为欧盟的新战略将着眼于抢占未来全球经济增长制高点。规划提到欧盟互联网经济发展的主要难题有：使用互联网下载音乐的欧盟民众人数现为美国的四分之一；欧盟网络购物者中，只有8%跨国购物。由于技术或法律原因，60%跨国网络订单遭拒；目前，欧盟仅有1%的人使用光纤高速网络，而在日本和韩国，这一人群比例分别为12%和15%；半数以上欧盟民众每天上网，但有约三成人从未使用过互联网。

2010年3月初，欧盟发布了《欧盟2020年战略——为实现灵巧增长、可持续增长和包容性增长的战略》(简称“欧盟2020战略”)，同年6月，新战略获得批准。继“里斯本战略”之后，欧盟2020战略成为欧盟又一个十年的经济发展新战略。

在网络基础设施建设层面，2010年5月，欧盟委员会公布为期5年的“数字化议程”

计划，将在欧盟27个成员国部署超高速宽带，并将促进电信领域增长定为首要任务。欧盟规定，各成员国应该做到以下几点：2012年前制订国家宽带发展计划，实现欧洲2020战略提出的速率30Mbps、100%全覆盖的目标，依据欧盟竞争法和国家援助法利用公共资金，欧洲委员会将每年报告进度，并使之成为数字议程管理的组成部分。

在支持互联网经济的政策层面，按照"欧盟2020战略"，欧盟将建立一个"数字单一市场"，方便欧盟民众从网上下载音乐、购物，加快电子商务发展。欧盟计划2015年前将网民比例从60%提高至75%，半数公民能够利用电子政务服务。欧盟规定：采取各种措施，包括法律措施，促进宽带投资，例如支持投资者介入土木工程建设，颁发许可，制订计划在楼房基础设施中布线或线路升级；充分利用已列入ICT基础设施与服务投资计划的结构与农村发展基金；贯彻执行欧洲频谱政策计划和下一代网络建议，确保协调分配频谱，实现2020年的目标。

在支持网络安全的战略层面，2004年，欧盟成立了欧洲网络和信息安全局(ENISA)，主要就云安全、安全软件工程、智能手机安全三大类领域进行评估和管理，以保证欧盟内部网络信息传输的安全高效。时至今日，欧盟网络安全维护工作仍未获得广泛认同。目前，欧盟的网络安全战略，主要在法律规制和建立互联网信息安全管理部门等方面做出努力。

1.3.3 日本的x-Japan模式

进入21世纪后，日本政府从e-Japan战略开始，每过5年便会制订一个针对全国范围的新一代信息化发展计划。首先，从网络基础设施角度提出了瞄准电子化的e-Japan战略。接着，从互联网经济转型的角度提出了泛在化的u-Japan战略。当前，着眼于深层次、全面地利用和发展全国的信息技术，提出了深度信息化的i-Japan战略。在日新月异的信息化发展浪潮中，日本因其高质量的网络建设、先进的信息技术应用和前瞻性的信息产业战略规划，成为全球ICT领域的领先国家。

1. 战略逐步升级破解"x-Japan"密码

相对于欧美国家，日本的互联网战略起步较晚。2000年7月，日本政府成立IT战略总部，将其作为国家信息化的集中研究组织。2000年11月，日本制定"高度信息通信网社会形成基本法"，又称"IT基本法"。2001年1月22日，IT战略总部发布的"e-Japan战略"，提出通过实施四大举措，使日本在5年内成为世界上最先进的信息化国家。其一，建立超高速互联网，提供最先进的数据业务和互联网接入；其二，制订电子商务发展政策；其三，实现电子政务；其四，为新时代培育高素质IT人才。

e-Japan使2001年成为日本宽带市场转折的一年。NTT docomo、KDDI等运营商看准时机，纷纷进入宽带接入市场。日本宽带ISP数量激增，带动了全国宽带用户实现大规模的增长。"e-Japan战略"的两个战略目标："2005年在日本全国建成3000万家庭宽带上网"以及"1000万家庭超宽带(30～100Mbps)上网的环境"，已于2003年提前实现。2002年5月，日本首相小泉纯一郎就任，日本政府IT战略总部又出台了有关2002年IT重点施政方针的"e-Japan2002计划"，日本要在2002年建成全国各级政府网络的基本架构。

虽然宽带普及率迅速提升，但是日本全国宽带的实际使用效果并不尽如人意。据统计，

DSL、有线 modem 和 FTTH 的使用量分别只占到设施容量的 30%、11%和 5%。2003 年 7 月，日本开始实施 e-Japan 第二阶段战略，打造泛在(ubiquitous)网络。2004 年 3 月，日本政府召开了“实现泛在网络社会政策”座谈会。2004 年 5 月，“u-Japan 战略”诞生。“u-Japan”战略计划构建了一个适合人们、吸引人们上网的大环境，让网络资源得到充分利用。

【名词解释：泛在网络】

泛在网络即 ubiquitous network，广泛存在的网络，它以无所不在、无所不包、无所不能为基本特征，以实现在任何时间、任何地点、任何人、任何物都能顺畅地通信为目标。目前，随着经济发展和社会信息化水平的日益提高，构建“泛在网络社会”，带动信息产业的整体发展，已经成为一些发达国家和城市追求的目标。

为配合此战略的实施，日本信息与通信省制订了“u-Japan 综合政策”，希望在 2010 年将日本建设成为“任何时间、任何地点、任何人、任何物”都可以上网的环境。“u-Japan 战略”包括 4u，除了泛在性(ubiquitous)之外，还包括普及性(universal)、用户导向性(user-oriented)和独特性(unique)。

2009 年 7 月，日本政府提出，尽管其通信基础设施已在世界领先，但各公共部门利用信息技术的进程却十分缓慢。2009 年 7 月，日本政府补拨 1 万亿日元预算，针对政府、医院和学校三大公共部门，推出了“i-Japan 战略 2015”。

“i-Japan 战略”针对性地设立首席信息官一职，赋予其必要的权限，并配备相关辅佐专家。在电子政务方面，“i-Japan 战略”提出要广泛普及并落实“国民电子个人信箱”，为国民提供专用账号，让国民能够放心获取并管理年金记录等与个人相关的各类行政信息。此外，国民可以经各种渠道享受一站式行政服务。在医院和学校这两大公共部门，“i-Japan 战略”将致力于推动电子病历、远程医疗、远程教育等应用的发展。

2. 网络安全成为日本防卫的新重心

在 2005 年到 2009 年度《中期防务力量发展计划》中，日本明确提出“瘫痪战”理论作为网络战的指导思想。所谓“瘫痪战”理论，是通过掌握“制网权”达到瘫痪敌人作战系统的目的。日本在构建网络作战系统中强调“攻守兼备”。在网络硬件方面，分别建立了“防卫信息通信平台”和“计算机系统通用平台”，实现了自卫队各机关、部队网络系统的相互交流和资源共享。在“网站部队”建设方面，建设成立由 5 000 人组成的“网络空间防卫队”，研制开发的网络作战“进攻武器”和网络防御系统。同时，日本注重与美国联合发展，在引进先进技术的基础上不断完善自身建设，不断提升“网战”能力。

2010 年 5 月 11 日在信息安全政策会议上，日本政府批准决定了“保护国民信息安全战略”。该战略提出了 2010 年至 2013 年的具体目标：当铁路公司、金融机构的电脑系统等重要基础设施受到攻击时，早期行动演习将损失降到最小，同时开发新的防范系统。在日本 2011 年度《防卫白皮书》中，首次将网络袭击列为其面临的首要安全威胁。白皮书指出，信息技术革命提升了军队对信息通信网络的依赖。为此，日本 2012 年度防卫预算概算总额达 4.8 亿日元，2.2 亿日元用于防御网络攻击的“防病毒”等。

1.4 全球电子商务发展历程与现状

互联网时代，电子商务对传统的商务活动带来了巨大的冲击。这些冲击表现为电子商务增加了贸易机会，降低了贸易成本，简化了贸易流程，进而提高了贸易效率。电子商务极大地改变了商务模式，带动了各国经济结构的变革。

1.4.1 全球电子商务发展总体情况

1. 早期的EDI电子商务

在互联网出现之前，电子数据交换（EDI，Electronic Data Interchange）已经被一些企业采纳作为一种商务手段，但应用范围比较有限。EDI电子商务是在个人间、企业间和国家间进行无纸化的业务信息交换。EDI电子商务的主要技术为电子数据交换、电子邮件以及电子资金转账等。

实用的EDI商务在20世纪80年代得到了较大的发展。EDI电子商务主要是通过增值网络（VAN，Value-Added Networks）实现的。通过EDI网络，交易双方可以将在交易数据按照规定的标准格式进行端对端传送。这种交易过程中产生的报文数据包括询价单、报价单、订购单、收货通知单和货物托运单、保险单和转账发票等。

到了20世纪90年代，EDI电子商务技术已经十分成熟。应用EDI使企业实现了“无纸贸易”，大大提高了工作效率，降低了交易的成本，减少了由于实物带来的损失，加强了贸易伙伴之间的合作关系。因此，在国际贸易、海关业务和金融领域得到了大量的应用。但是网络技术的局限性限制了EDI应用范围的扩大。EDI电子商务主要建立在大量功能单一的专用软硬件设施的基础上。由于对技术、设备、人员有较高的要求，EDI电子商务使用价格极为昂贵。

2. Internet电子商务

在20世纪90年代初期，计算机网络技术得到了突破性的发展，依托Internet的电子商务应运而生。Internet电子商务是一种全新商业模式。它以飞速发展的遍及全球的Internet网络为架构，以交易双方为主体，以银行支付和结算为手段，以客户数据库为依托。相比EDI电子商务不同的是，Internet电子商务利用Internet的网络环境进行快速有效的商业活动，从单纯的网上发布信息、传递信息到在网上建立商务信息中心；从借助于传统贸易的某些手段的不成熟电子商务交易到能够在网上完成供产销全部业务流程的电子商务虚拟市场；从封闭的银行电子金融系统到开放式的网络电子银行。

除了Internet的发展外，信息技术也得到了全面发展，例如网络安全和管理技术得到了保证，系统和应用软件技术趋于完善等，这一切为Internet电子商务的发展和应用奠定了基础。Internet电子商务活动给企业在增加产值、降低成本、创造商机等方面带来了很大的益处。因此很短时间内，很快得到企业和政府的重视。到1996年底，全球最大的500家公司中，有80%拥有自己的网站，树立了网络形象。到1997年，美国在网上开设的商店已经增加到2万家，通过网络实现的电子现金业务占通货流量的10%。从1998年起，美国商务部每年发布数字经济年度报告，来说明信息科技革命对经济的影响。在1998年的第一份数字经济报告中，美国政府尽快建立电子商务法律框架，要求各国免除税收和管制给电子商务造成的负面影响。

3. **国际组织和跨国公司推动全球电子商务发展**

国际上一些巨型的信息产业公司对电子商务的兴起，发挥了巨大的推动作用。作为电子商务的理念铸就者，IBM认为，电子商务是将买方、卖方、厂商和合作伙伴在国际互联网、企业内联网和企业外联网中结合起来，从事网络计算环境下的商业应用。HP则提出了帮助企业建设“电子大世界”的战略发展目标：电子贸易、电子商务和电子消费者则是电子大世界的三个基本点。

在跨国家的互联网政策制定层面，1994年4月，欧盟出台了《欧洲电子商务动议》。1996年6月，联合国国际贸易委员会提出了《电子商务示范法》。1996年12月，世贸组织28个签约方签署了《信息技术协议》。这是便于电子商务发展的第一个国际协议。协议明确要求各方“在2000年前取消200种信息技术产品关税”。1997年2月，世贸组织68个成员国达成《全球基础电信协议》，承诺从1998年1月1日起，取消对电信部门的垄断，在所有电信服务领域实现自由化，并遵守由世贸组织主持下确定的竞争规则。1997年7月，美国公布了其精心构思的《全球电子商务纲要》，其核心思想如图1.3所示。

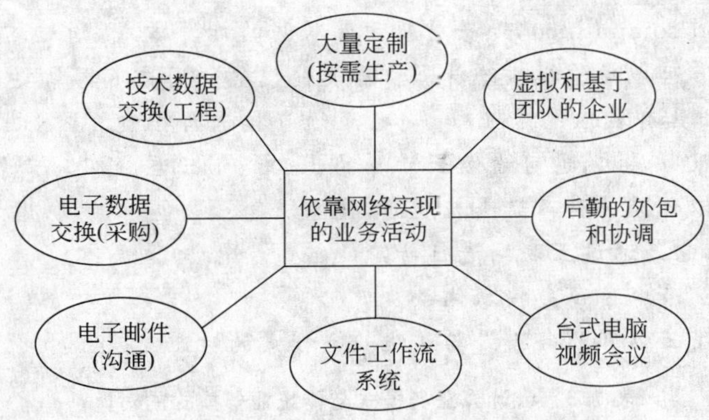

图1.3　1997年美国发布的《全球电子商务纲要》

来源：美国政府《全球电子商务的基础框架》

近年来，随着SaaS(Software as a Service)等云计算软件服务模式的出现，软件纷纷登录互联网，延长了电子商务链条，形成了“全程电子商务”模式。电子商务摆脱了将传统销售模式生搬上互联网的现状。2011年，互联网信息碎片化以及云计算技术愈发成熟，主动互联网营销模式出现。电子商务的业务模式将以主动、互动、用户关怀等多角度来实现。

【名词解释：电子商务】

电子商务是指通过以互联网为主的计算机网络进行商务信息、商务管理和商务交易等商务活动。

“电子商务”一词，源于英文electronic commerce。电子商务一般有广义和狭义之分：

狭义的电子商务定义，仅指运用互联网(Internet)进行商品交易；而广义的电子商务定义，则将运用一切电子工具和电子技术进行所有与商务有关的活动——如商务信息、商务管理和商品交易，都称为电子商务。

从电子商务应用的需要出发，将电子商务中的“商务”仅仅局限在“交易”而不考虑“信息”和“管理”是不实际的，而将电子商务中的“电子”无限扩大到所有电子工具和电子技术则有范围太宽之嫌，难以突出电子商务本身的特性。

因此，本书采用的电子商务的定义，将“电子”的含义限定为以互联网为主的计算机网络，将“商务”的含义规定为包括商务信息、商务管理和商品交易在内的全部商务活动。

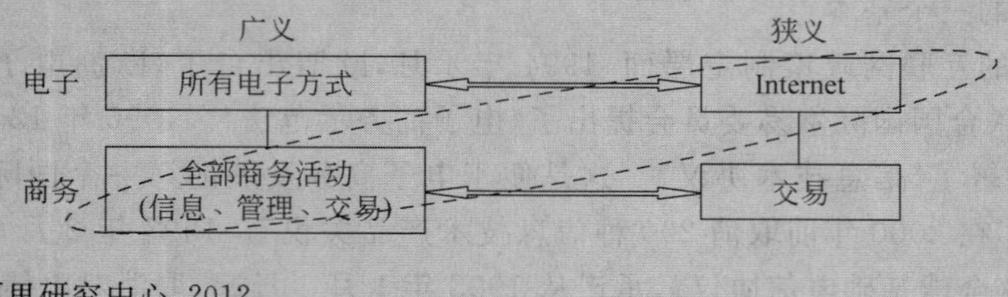

来源：阿里研究中心，2012

【名词解释：云计算】

云计算(cloud computing)，是一种基于互联网的计算方式，通过这种方式，共享的软硬件资源和信息可以按需提供给计算机和其他设备。用户不再需要了解“云”中基础设施的细节，不必具有相应的专业知识，也无须直接进行控制。IaaS、PaaS、SaaS是云计算包含的三个服务层次，也可看做云计算的上、中、下三层分级。云计算的出现意味着计算能力也可以作为一种商品进行流通，就像煤气、水、电一样，取用方便，费用低廉。最大的不同在于，它是通过互联网进行传输的。

详见第3.1.2节电子商务技术体系。

表1.5给出了云计算业务模式与传统业务模式的对比。

表1.5　云计算业务模式与传统业务模式的对比

业务模式 项目	云计算业务模式	传统业务模式
规模	超大规模	规模受限
计算资源管理模式	资源虚拟化集中管理	以刀片机为资源管理对象
可靠性	不间断运行	低可靠性
通用性	需要支持多种应用	单一应用
扩展性	高扩展性	扩展性受限
服务模式	按需服务	按供服务
成本	成本低廉	成本高昂

来源：根据阿里巴巴云计算公司内部资料整理

1.4.2 美国电子商务发展历程与现状

美国拥有了世界 3/4 以上的互联网资源，在电子商务领域的应用规模远远超过其他国家。从电子商务发展的环境来看，美国互联网的普及率高，电子商务基础设施较为健全。从电子商务所需要的支撑服务来看，美国普遍实施的信用卡消费制度，建立了一整套完善的信用保障体系；美国联邦快递、UPS（联邦包裹快递）等大型物流公司，已经建成庞大的完善的物流配送体系。当电子商务时代到来后，高度发达的市场经济体系，以及先进的 IT 技术和社会市场条件，使得美国的电子商务发展迅猛。迄今为止，美国电子商务一直保持全球领先水平。

在 B2B 方面，美国几乎所有的大企业都在使用电子商务。2000 年，三大汽车公司通用、福特和戴勒姆-克莱斯勒已经联手建立了网上采购市场。2010 年，这一网上平台采购的零部件和其他商品达到 3 000 亿美元。通过网上采购不仅能够节约 10% 的成本，而且大大缩短了采购时间。此外，Cisco、Intel、IBM、Dell、HP 等公司都在网络上达成巨额的交易。

在 B2C 方面，Amazon 开创了网上零售的先河。在它的带动下，美国出现了众多网上商店。1999 年，美国第一大零售连锁企业沃尔玛集团和第二大连锁企业西尔斯集团已经开展了网上零售业务。2011 年美国来自 B2C 领域的网络零售额为 1 615 亿美元，约占全美商品零售总额的 8%，如图 1.4 所示。

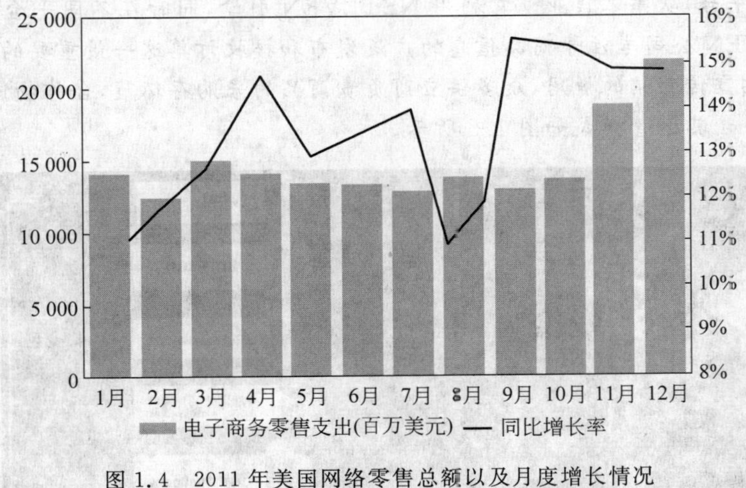

图 1.4 2011 年美国网络零售总额以及月度增长情况

来源：comScore E-Commerce Measurement. 2012 年美国数字前景聚焦报告

在 C2C 方面，主要的公司为 1995 年成立的 eBay。2010 年，eBay 的营业额达到 92 亿美元。最初，eBay 采用单一的限时竞拍形式，之后扩展为包括“一口价”直接购买等多种业务的综合电子商务服务公司。与 Amazon 公司不同，eBay 的在线交易大多通过第三方支付平台 Paypal 来支付。

1.4.3 欧洲电子商务发展历程与现状

1995 年，欧洲的电子商务才开始起步。不同于北美的发展历程，欧洲电子商务在电子行业产业链上逐步开始，主要是以B2B形式为主要模式来完成信息流的处理。1998年，欧盟参照美国EDI信息处理规范思想，提出了欧洲EDI标准规范。于是，欧洲电子商务的信息处理上升到以EDI为基础的电子商务信息管理阶段。

2002年，欧洲电子商务进入以仓储数据共享为主导的发展阶段。利用电子商务保证各参与企业的零库存管理，极大地降低了商品的流通成本，使得产业链的组织方式发生很大变化。2005年，在欧盟的积极倡导下，欧盟各成员国都颁布了法律文件和指导性纲要，涉及有关电子商务的运营、支付、签约等方面。因此，电子商务的环境有了飞跃性的改变。客户对网上采购的信任度开始提高，使欧洲的B2C和C2C实现了长足发展。

与北美地区不同，欧洲电子商务的专业化伴随着高度产业化。例如，2008年圣诞节期间，在美国排名前15位的电子商务网站中，有6家为生产企业建立的网上销售分支机构。然而，带动欧洲电子商务发展的领军者主要是纯粹的网络公司。排名前20位的欧洲电子商务网站中，有15家属于网络公司。这些纯粹的网络公司充分利用了电子商务专业技术公司资源，创立了产业化程度很高的各种商业模式。

【案例】 法国NETEVEN公司模式

法国NETEVEN公司是欧洲电子商务发展的典型代表，它在产业化程度很高的情况下形成了有效的商业模式。法国NETEVEN公司没有自己的专门网店，而是利用现成电子商务网站(平台)从事零售业。它利用NETEVEN引擎，同时在不同平台上出售商品。法国NETEVEN公司专注于商品信息的广泛发布和接收订单这一最重要的环节，各合作网站负责网站宣传营销的费用，众多供应商负责商品的采购存环节，合作物流公司负责配送和售后服务。其运营模式如图1.5所示。

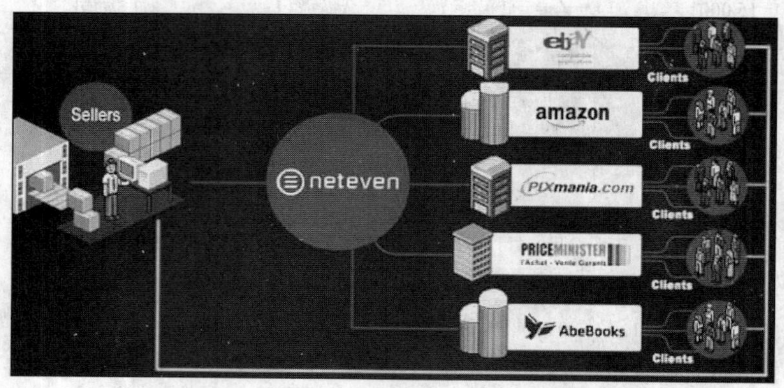

图1.5 法国NETEVEN公司的运营模式

来源：欧洲电子商务的现状及发展趋势。全德信息技术公开战略研讨会

1.4.4 亚洲国家电子商务发展历程与现状

亚洲电子商务发展主要集中于东亚国家。东亚地区的电子商务发展较好的国家主要是日本和韩国。尽管东亚各国的经济及科技水平参差不齐，发展网络经济的基础与环境也大不相同。但从整体来看，东亚网络经济的成长势头非常明显。

1. 日本电子商务发展现状

相对美国而言，日本较晚发现互联网作为电子商务平台的潜能。2001 年起，日本宽带市场开始迅速发展，成为世界上最大的宽带市场，其高速低价特性得到了国际社会的普遍认同。从技术创新角度来看，日本的互联网与移动电话技术联合较早，推动了消费电子产品成为消费主流。因此，基于个人电脑的电子商务逐渐在日本发展起来。

雅虎日本站是日本最火的门户网站，它掌握日本最大的通用信息网站。日本最大在线购物网站是乐天(Rakuten)，2009 年网络零售销售额超过 8 129 亿日元，有 5 900 万会员和约 29 000 个商家。日本电子商务的另一个重要创新就是在线银行和网上投资市场的出现。2006 年 8 月，日本四大网络银行——日本网银(Japan Net Bank)、索尼银行(Sony Bank)、eBank 和七行(Seven Bank)正式运营。

日本电子商务的发展得益于网络通信基础环境的迅速发展、具有鲜明特色的移动通信和移动上网的快速发展以及拥有众多的便利店。首先，早在 2000 年 3 月，日本移动电话用户超过固定电话用户。这里移动电话用户包括汽车电话、移动电话和简易移动电话 PHS。其次，无线上网是日本网络业的一大特色。日本全社会互联网普及率为 37.1%，其中 1 000 万人通过移动电话上网。最后，日本超过 5 万家的便利店形成了独特的日本式电子商务经营模式。目前，日本网络商店在推动电子商务方面，解决了电子商务的物流配送问题，也体现出日本人在"新经济"和本土传统经济形式的巧妙结合。

2. 韩国电子商务发展状况

韩国电子商务的基础设施在国际社会公认为世界级水平，宽带普及率全世界第一。但是，韩国的电子商务高速发展与立法保护电子商务发展息息相关。1999 年，韩国颁布《电子商务框架条例》，规定了电子信息安全、电子商务安全、电子商务用户的保护、电子商务政策制定系统、电子商务促进措施和电子商务仲裁委员会等。2000 年，韩国政府为制订"电子贸易促进计划"开始做准备工作。2003 年，韩国公布《电子商务用户保护指南》，分成基本内容和建议两部分。其中，基本内容包括相关规定的应用标准，该标准用来判断哪些属于违规行为；而建议部分提供了用户在交易中出现不利于自身的情形下如何进行补救的措施。

从整体电子商务市场来看，韩国电子商务交易额连年递增。2006 年，韩国电子商务交易额为 414 万亿韩元，2007 年为 517 万亿韩元，2008 年为 630 万亿韩元，2009 年为 672 万亿韩元，2010 年达到 824 万亿韩元。2012 年 2 月，韩国统计厅发表的最新统计数据显示，2011 年韩国电子商务交易额达到 999 万亿韩元，同比增加 21.2%。其中，B2B 增加 22.1%，B2C 增加 15.7%，B2G 增加 10.6%，C2C 增加 14.8%。

在 B2C 和 C2C 领域，韩国网民网购发展具备稳定特征，较好地说明了韩国电子商务发展的状况。网民网购普遍比较理性，通过点评和使用体验来了解产品概况，并且经常使用比较购物网站。1996 年 6 月，INTERPARK 的上线标志韩国网上购物的开始。接着 4 年内，韩国线上零售企业都是以综合 B2C 为主。2000 年，韩国开始出现垂直 B2C 和 C2C。这一年被视为韩国网上购物高速发展的爆发点。2004 年，GMARKET 和 AUCTION 的活跃发展，出现了 C2C 反超和压倒 B2C 的局面。2009 年，eBay 收购 GMARKET 和 AUCTION，占据了韩国 C2C 市场 80%以上的市场份额。

第2章　我国电子商务发展与现状

中国电子商务发展已经进入社会化阶段，电子商务的影响已遍及社会各个领域，社会影响力越来越大，新的商业文明正在加速形成，网商、网货和网规共同构成了一个生机勃勃的新商业世界。

在企业应用层面，传统企业电子商务应用日益普遍，传统企业正加快开辟网络零售市场，加大对电子商务的投入，并助推产业升级；在生态层面，电子商务服务业正在崛起并迅速发展；在支撑服务、基础设施与制度环境层面，电子商务网络基础环境、支付、物流等基础设施飞速发展，市场规模正在发展到迈向十万亿的量级，消费者日益处于商业的中心。

作为电子商务的主体，网商的发展正在跨越新的临界点，亿级规模网商产生，网商、生态、社会的自驱动的正反馈循环正在加速形成，网商的诸多创新及网商生态的发展正助推中国经济与社会的转型。电子商务的客体网货的发展也正经历从网货 1.0 到 2.0 的进化，品牌化、个性化、主流产品网货化、主流消费网购化正成为趋势。

2.1　我国电子商务发展概况

1995 年，中国电子商务开始起步。经过十多年发展，中国电子商务发展初具规模、影响深远，电子商务在各个领域的应用大大普及和深化，尤其是近年来电子商务服务业异军突起、快速发展。未来 5～10 年，中国电子商务将继续高速发展，电子商务支撑服务、基础设施和制度环境也将日益完善。

2.1.1　我国电子商务的起步与发展

我国电子商务经过起步、爆发、调整和成长阶段，以 2008 年网上零售的“三个一”[①]为标志，进入了大规模发展、应用和运营阶段，正在对基础设施、商业行为、商业组织、社会生活和制度环境等产生广泛和深刻的影响。

1995 年，中国电子商务开始起步。这一年，中国电信向公众开放互联网接入服务；在北方，国家计委立项建设我国第一个计算机网络商品交易系统——中国商品订货系统(CGOS)；在南方，马云创办“中国黄页”，在国内率先将互联网应用于商务。也是在这一年，IBM 提出了电子商务(e-Business)的概念。

经过几年的启蒙和酝酿，我国电子商务和互联网行业在 1998—1999 年开始爆发：阿里巴巴、当当和网盛等一批当下依然活跃的电子商务企业都创立于这个时期，政府主导的

① 即网上零售消费者总数突破 1 亿，交易额突破 1000 亿，占社会消费品零售总额比例突破 1%。

中国商品订货系统、中国商品交易中心和中国商品交易市场相继开通，北京市启动“首都电子商务工程”，海尔、联想等开始推进企业电子商务应用。

与全球互联网行业一样，2000 年开始我国电子商务行业也经历了互联网泡沫破灭、寒冬和复苏的调整过程，然后以 2003 年淘宝网创立为标志，步入以立足本土、面向市场、务实创新为特点的延续至今的高速成长阶段。

经过十多年发展，我国电子商务应用大大普及和深化，电子商务服务业异军突起、快速发展，成为我国电子商务发展的中坚和引擎，电子商务的经济社会影响日益广泛和深刻，由此催生新商业文明快速浮现。

我国电子商务的春天已经到来。未来 5～10 年，我国电子商务将继续高速发展，并有望领先世界。与此同时，围绕电子商务发展的制度性调整和适应将成为影响我国电子商务发展的主要矛盾。

2.1.2 我国电子商务发展初具规模、影响深远

我国电子商务市场规模正在从万亿数量级向十万亿数量级迈进，预计到 2015 年占 GDP 的比重将超过 20%。

网上零售正在从千亿数量级向万亿数量级迈进，预计到 2015 年占社会商品零售总额的比例将超过 7%。网购用户数量到 2011 年底接近 2 亿，预计到 2014 年网购用户将达到 3.5 亿，网购渗透率接近 50%。

越来越多的网商营业额正在跨越亿数量规模。2011 年百佳网商中，有近两成当年营业额突破 1 亿元。[①]

中小企业电子商务应用快速发展，电子商务正在成为中小企业发展的“助推器”和“避风港”。《2010 年中国中小企业电子商务应用及发展状况调查》[②]的数据显示，使用电子商务的中小企业的营业额增速是不使用电子商务企业的 1.35 倍，使用电子商务的中小企业的人均产能比不使用电子商务的中小企业的人均产能高出 10.9%。另有调研显示，使用电子商务的中小企业在全球经济危机下的存活率，平均高出不使用电子商务企业 5 倍。

电子商务的发展还带动了物流快递、网上支付、信用认证等相关产业的发展。电子商务对于促进经济增长、调整经济结构、转变发展方式、促进社会和谐和转型的重大战略意义日益突出。

【名词解释：网购渗透率】

即网络购物渗透率，指一定时期内在网上买过东西的用户数量占网民数量的比例，是反映网络购物市场宏观状况的重要指标。目前中国互联网正处于快速增长期，每年的新增网民较多，随着时间的推移，网络购物渗透率也会逐步加深。

---

① 跨越临界点——2011 年度网商发展研究报告。阿里研究中心。

② 《2009 年中国中小企业电子商务应用及发展状况调查》的调查对象为 9 734 家具有法人资格的中小企业，即不包含个体工商户。

【案例】 淘品牌御泥坊：超越传统模式的能量

御泥坊是淘宝网面膜销量第一，淘宝商城化妆品类目销量第一品牌。

御泥坊已经成为电子商务“湘军”的代表人物，每天发单数量在3 000件左右，几乎占据了长沙市EMS的一半发货量。御泥坊已经和长沙市邮政速递局建立了战略合作关系，邮政固定在御泥坊设置了5、6名工作人员辅助发货，国内一些大的城市，几乎每天都要安排专车运货。

2008年，戴跃锋做出了一件惊人之举：反向收购生产厂家。从做网络代理到收购生产厂家，这在当时的淘宝网上绝对属于前无古人的事情，这也表明了在新的市场环境下，电子商务生力军已经迸发出了远超传统模式的能量。

【名词解释：网商】

网商是指持续运用电子商务方式从事商务活动的个人和企业，其中，个人包括企业负责人、商人、个体经营者和业务操作者。

来源：阿里研究中心. 个性化裂变——2010年度网商发展研究报告. 2010年9月.

【名词解释：网货】

网货是通过互联网渠道进行销售的商品，“货真价实、海量个性”是其主要特征。互联网对商品的“生产方式、销售渠道、流通过程、产品形态、价格构成”等属性产生持续深度影响的过程，即为传统商品的“网货化”。销售渠道的变化只是“网货化”的开端，随着网货化的深入，互联网将为传统商品注入越来越多的互联网服务的价值，对商品的影响广阔而深远。

网货在定义上有狭义和广义之分。狭义的网货主要是指通过网络零售渠道（包括C2C、B2C等电子商务网站）交易的消费品，这也是被广大消费者所最为熟知的零售类网货；而广义上的网货除消费品外，还包括了B2B电子商务销售的工业品、原材料，可以称之为企业间网货。仅就交易额而言，工业品、原材料所占网货交易额的比例较高。

来源：阿里研究中心. 网货的兴起——2009年度网货发展研究报告. 2009年12月.

【名词解释：网规】

网络的发展不可避免地会与规则、法规发生碰撞，有调整与适应，也有摩擦和互动。不仅如此，来自网络经济内部规则的演变也在悄悄发生，从交易到支付、从网商到平台、从信用到消费者保护、从量变到质变，形成了一套完全不同于政策法规体系的新的规则和行为准则，我们将其称为“网规”。

详见第7.2.1节。

【名词解释：计算中心】

配备有通用电子计算机，进行各种类型科学计算、工程设计、数据处理等的服务机构。

例如，上海超级计算中心(SSC)，成立于2000年12月，是2000年上海市一号工程——上海信息港主体工程之一，由上海市政府投资建设，坐落于浦东张江高科技园区内。该中心目前的主力机型是由中国曙光信息产业有限公司研制的“曙光5000A”超级计算机，峰值速度达230万亿次/秒。2008年10月排名世界第十，这是继2004年“曙光4000A”高性能计算机首次跻身世界超级计算机前十行列后，中国研制的超级计算机第二次进入世界排名前十。

再如，国家超级计算天津中心(National Supercomputing Center in Tianjin)，位于中国天津市滨海新区，该中心的业务主机天河一号A是目前世界上运算速度第二快的超级计算机。

自1995年以来，我国电子商务发展已经历经三个五年，自2011年开始进入第四个五年。如果说第一个五年是“技术潮流”，第二个五年是“企业潮流”，第三个五年是“产业潮流”的话，那么在2011年起的第四个五年，电子商务的影响开始遍及经济和社会的各个领域，成为“社会潮流”。与此同时，网商也从初创、草根，逐步走向发展、壮大和知识化、社会化，电子商务生态从萌芽走向繁荣。

电子商务已经走出了产业和经济的边界，正在对社会的方方面面产生积极影响。以新网商、新生态和新商业文明为基础的新商业社会将成为未来发展的图景。电子商务将大量融入到主流经济体系中，使得电子商务从有到无，成为社会潮流。

电子商务正在以非常快的速度渗透到传统行业的各个领域。以网络购物为例，从早期的书籍、光盘和百货行业逐渐扩展至服装、3C(即计算机、通信和消费类电子产品三者的结合，亦称“信息家电”)、家电、食品等行业。2011年，淘宝网的商品类目已经超过12 000个，而三年前仅有4 000多个。目前，电子商务已经进入到非标定制化的家居以及生活服务等各个行业，从早期的实物类商品扩展至虚拟商品、便民缴费、生活服务等各个领域。

电子商务的应用主体也日益丰富，从早期纯互联网企业开展电商，发展到目前从上游的制造商、品牌商，到中游的经销、代理商，再到渠道终端的零售商，各种各样的传统企业纷纷加入电子商务行业。电子商务作为一种新的销售渠道和营销渠道，其应用在未来将日益普及化。

【名词解释：虚拟商品】

虚拟商品是指无实物性质，网上发布时默认无法或无须选择物流运输，可由虚拟货币或现实货币交易买卖的虚拟商品或者虚拟社会服务等。目前虚拟商品主要有如下几类：

① 网络游戏点卡、网游装备、QQ号码、Q币等；

② 移动/联通/小灵通充值卡；

③ IP 卡/网络电话/软件序列号；

④ 网店装修/图片存储空间等；

⑤ 电子书、网络软件；

⑥ 辅助论坛功能商品等。

2.1.3 电子商务应用快速推进

最近几年，我国各种类型的电子商务用户数均显著增加，各个领域的电子商务交易额均快速增长。

2011 年，我国电子商务交易总额达 6 万亿，其中网络零售交易额约 7 800 亿。2011 年与 2010 年相比，网购用户增长 3 344 万人达到 1.94 亿人，增长率达到 20.8%，网上支付、网上银行使用率也增长至 32.5%和 32.4%，用户规模分别达到 1.67 亿和 1.66 亿。团购成为 2011 年增长第二快的网络服务，用户年增速高达 244.8%，用户规模达到 6 465 万，使用率提升至 12.6%。2006—2011 年我国网商数量、网民数量、电子商务交易额和网络零售交易额如表 2.1 所示。

表 2.1 2006—2011 年我国网商数量、网民数量、电子商务交易额和网络零售交易额

时间	网商数量/万	网民数量/万	电子商务交易额/万亿	网络零售交易额/亿元
2006 年	—	13 700	1.5	258
2007 年	3 000	21 000	2.2	561
2008 年	5 000	27 027	2.9	1 281
2009 年	6 300	34 603	3.6	2 630
2010 年	7 700	44 984	4.8	4 610
2011 年	8 300	51 300	6.0	7 800

来源：阿里研究中心整理，2012 年

2009 年以来，传统企业明显加快开辟网络零售市场的步伐。众多来自服装、化妆品、家纺、食品等行业的品牌企业，或是以官方旗舰店、授权专卖店等形式亮相各大网络零售平台；或是推出自有电子商务网站，如苏宁电器的“苏宁易购”、中粮集团的“我买网”、富士康的“飞虎乐购”等。

2010 年中小企业加大了对电子商务的投入，如图 2.1 所示，电子商务平均花费 3.8 万元，占总营销费用比例的提升至 42.2%，而 2009 年该比例为 23%。其中出口中小企业花费 5.2 万元，同比增长 116%；内贸中小企业花费 0.5 万元，同比增长 160%。

电子商务应用推动产业升级，以更加敏锐的触角把握市场需求引领创新。为数众多的电子商务企业正在通过电子商务应用直接面对客户需求，从贸易延伸到上游生产环节，并推动中国制造升级到中国“智造”。网商完全是市场化的自我驱动，自下而上积极推动产业升级，在自觉实践国家多年来倡导的转变经济发展方式、大力推进产业结构转型升级。

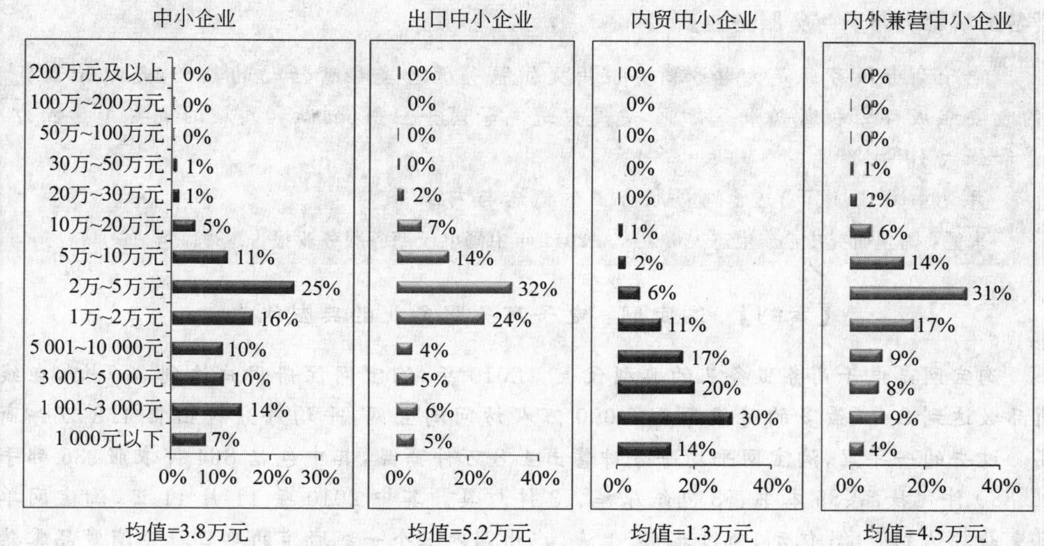

图 2.1　2010 年中小企业电子商务应用投入状况

来源：阿里巴巴中小企业经营状况调研，2010 年 12 月

【案例】　王宝强贸易有限公司：电子商务改变企业 DNA

王宝强吸取电子商务平台建议，金融危机后不仅以电子商务实现贸易产品成功转型，并正在实现企业贸易、生产一体化的品牌化发展之路。

电子商务实际上已经改变了王宝强贸易公司的 DNA。电子商务使得贸易公司的话语权在增强，通过客户需求把握掌握订单，然后参股生产，并且有 4 个工程师专门做研发，整体形成研产销一条龙。

总结优势，王宝强认为：在外贸服务方面贸易公司有很大优势；电子商务面向终端客户能够直接把握客户需求，快速反应，做出自己的特点和优势；有些已经可以自己生产，这样增强了贸易公司自身的竞争力。

2.1.4　电子商务服务业异军突起

随着电子商务应用快速发展，作为电子商务重要组成部分的电子商务服务业正在快速崛起，推进电子商务应用快速普及和深化，成为我国电子商务持续高速成长的强大引擎、重要的新兴产业，以及国民经济新的增长点。与此同时，作为汇聚海量生产信息、交易信息与消费者信息的新兴行业，电子商务服务业开始成为目前信息经济的重要组成部分和基础设施。

2007 年，《电子商务发展“十一五”规划》首次正式提出“电子商务服务业”，强调以大力发展第三方电子商务服务为切入点，发展新型服务，形成国民经济新的增长点，使电子商务服务业成为重要的新兴产业。

有关电子商务服务业的详细介绍，见第 6 章。

【名词解释：电子商务服务业】

电子商务服务业是为电子商务应用提供服务的各类经营活动的集合，是电子商务的重要组成部分和新兴服务行业，更是促进电子商务应用、创新和发展的重要支撑性力量和强大引擎。

详见第 6.1.1 节“电子商务服务业的概念与内涵”。

来源：阿里研究中心. 生态大爆发——2011 年中国电子商务服务业报告. 2011 年 12 月.

【案例】 淘宝网：电子商务服务业的典型代表

淘宝网是电子商务服务业的典型代表。2010 年，淘宝网注册用户达到 3.7 亿，在线商品数达到 8 亿，最多的时候每天 6 000 万人访问淘宝网，平均每分钟出售 4.8 万件商品。过去的一年里，淘宝网平均每分钟售出 4.8 万件商品，其中包括 864 件衣服、36 部手机、880 件化妆品、85 本书、53 包纸尿裤、13 件灯具。其中 2010 年 11 月 11 日，淘宝网单日交易额达到 19.5 亿元，超过北京、上海、广州国内三个一线城市的单日社会消费品零售总额。

【案例】 物流快递支撑“网购狂欢节”，天猫当天 33.6 亿交易

2011 年 11 月 11 日网购狂欢节当天，天猫（www.tmall.com，原淘宝商城，下同）创造 33.6 亿交易额新纪录，包裹量比去年翻 4 倍。但网购狂欢节次日，天猫的订单仅北、上、广、深、杭几地，商品送达消费者手里的比率已达到这几地总订单数的约 15%。同时，当天这几地商家总共有超过 69%的商品已发出。8 月份，天猫就已开始与快递企业沟通，并与 9 家快递企业已经达成协作。这些快递公司调集超过 700 辆快递车专门负责“网购狂欢节”的货物运输。同时，在货物分拣中心设立超过 300 条网购狂欢节货物运送绿色通道，并组建超过 2 000 人的客服团队解决消费者货单服务问题。业内人士估计，中国整个快递业调集了 40 万快递员在备战天猫网购狂欢节。从这次天猫网购狂欢节前三天情况看来，递送速度大大提高，中国快递行业无论从服务效率、水平、应急能力上都表现出极大的提升。

2.1.5 电子商务环境不断改善

电子商务发展环境是电子商务又好又快发展的重要保障。2008 年以来，中国电子商务发展环境发生了重大变化，网络运行基础设施不断完善，相关扶持政策不断出台，社会信用环境建设取得新的进展。

1. 电子商务基础环境

2008 年以来，我国稳步推进通信网络建设。截至 2009 年 11 月，电信固定资产投资完成额 2 773.4 亿元，比上年同期累计增加 28.5%。

网络基础环境逐步改善。截至 2011 年 12 月底，中国网站数量达到 230 万个，我国域名总数达到 775 万个。国际出口带宽为 1 389 529Mbps，较 2011 年 6 月增加 17.5%。截

至2011年12月底，我国IPv4地址数量为3.30亿，较2010年底增长19.0%；我国拥有IPv6地址9 398块/32，相比2010年同期出现大幅增长。

截至2011年12月底，我国家庭电脑上网宽带网民规模为3.92亿，约为家庭电脑上网网民总数的98.9%。2011年我国各省市网民规模均有明显增长，中国大陆31个省（市、自治区）中网民数量超过千万规模的省份达到21个。

2009年，为贯彻《国家中长期科学和技术发展规划纲要》和《国家国民经济和社会发展纲要》精神，优先支持现代服务业信息支撑技术及大型应用软件研究与推广，科技部决定启动"十一五"国家科技支撑计划重点项目，涉及电子商务关键技术研发的重点项目全面展开。

2008年到2009年，电子商务技术标准化工作又取得新的进展。作为国家标准，"第三方电子商务服务平台服务及服务等级划分规范"已经完成了第2部分（企业间(B2B)、企业与消费者间(B2C)电子商务服务平台）和第3部分（现代物流服务平台）有关服务规范和等级划分规范。作为行业标准，"网络营销运营规范"、"电子商务模式规范"和"网络交易服务规范"三个标准已经开始实施。

2. 电子商务政策法律环境

电子商务政策法律是规范和促进电子商务健康发展的重要保障。随着我国电子商务的发展，国家和各地方都不断出台鼓励政策，加强了电子商务相关的立法、司法及行政管理。

2008年3月14日，国家发展和改革委员会办公厅发布《关于组织开展信息化试点工作的通知》，明确了试点工作的主要目标和重点任务。其中，首要目标是针对当前电子商务发展中企业信息化成本偏高，基础薄弱，支付、信用、认证、物流等支撑体系不健全，公共服务缺失等主要矛盾，以加快电子商务服务业发展为目标，鼓励具有一定实力的信息服务企业和行业信息服务机构搭建公共信息服务平台，为企业和公众提供专业、优质的交易服务和业务、技术外包服务，改善电子商务运行环境。

2008年国家陆续出台了一系列政策，推动农村信息化的发展，主要有《中共中央国务院关于切实加强农业基础建设进一步促进农业发展农民增收的若干意见》、《关于加快推进农村信息化示范工作的意见》、《新农村建设民生科技行动方案》和《关于推进农村科技信息服务的意见》等，旨在积极推进农村信息化发展，为今后农业及农村信息化工作指明了新的方向。

2008年3月11日，国家发展和改革委员会等八部委联合发布文件《关于印发强化服务促进中小企业信息化意见的通知》，要求各地结合本地实际，强化政府对中小企业信息化的公共服务，完善中小企业信息化社会服务体系。

2008年5月24日，工业和信息化部等三部委联合发布了《关于深化电信体制改革的通告》，实施电信企业重组，三家基础电信运营企业实现了全业务经营，市场份额差距有所缩小，企业间竞争趋于均衡。

此外，《关于加快发展服务业若干政策措施的实施意见》、《关于鼓励数字电视产业发展的若干政策》、《关于加强互联网地图和地理信息服务网站监管意见》和《2008年"数码21"资讯科技策略》等政策相继出台，指导并促进相关行业和地区信息化的发展。

2009年4月15日，国务院办公厅印发的《电子信息产业调整和振兴规划》重点指出，要加快第三代移动通信网络、下一代互联网和宽带光纤接入网建设，开发适应新一代移动通信网络特点和移动互联网需求的新业务、新应用，带动系统和终端产品的升级换代，并明确提出以新一代移动通信等领域的应用创新带动形成一批新的增长点，产业发展模式转型取得明显进展。

国务院各部委也高度重视电子商务的发展。商务部印发的《关于加快流通领域电子商务发展的意见》、工业和信息化部重新颁布《电子认证服务管理办法》，以及文化部、商务部发布的《关于加强网络游戏虚拟货币管理工作的通知》等，均体现出政府部门对电子商务发展的重视。

2008 年 6 月 5 日国务院发布《国家知识产权战略纲要》。《纲要》明确指出，到 2020 年把中国建设成为知识产权创造、运用、保护和管理水平较高的国家，五年内自主知识产权水平大幅度提高，运用知识产权的效果明显增强，知识产权保护状况明显改善，全社会知识产权意识普遍提高。

《中国人民共和国专利法》根据 2008 年 12 月 27 日第十一届全国人民代表大会常务委员会第六次会议《关于修改〈中华人民共和国专利法〉的决定》进行了第三次修正，鼓励、保护企业进行自主创新，加大了对专利侵权的惩处力度。《纲要》的发布和《专利法》的修订，体现了国家加大网络知识产权的保护力度的决心。

各地方政府先后出台了一些促进促进电子商务发展政策法规，例如《上海市促进电子商务发展规定》、重庆市《移动电子商务发展规划》与《关于开展电子商务监管工作的试行意见》、浙江省《网上商品交易市场管理暂行办法》与《关于大力推进网上市场快速健康发展的若干意见》、成都市《电子商务发展规划(2009—2012 年)》、湖南省《关于加快移动电子商务发展的意见》、福建省《关于加快福建省移动电子商务发展的实施意见》等。

【案例】 广东推进“电子商务启航工程”惠及万家中小企业

2008 年 11 月，“广东省中小企业电子商务启航工程”正式启动，通过资金补贴、人才培训等措施重点支持中小企业应用电子商务。截至 2010 年 6 月底，共 13 303 家中小企业获得政府扶持，累计获得 1 348.3 万元电子商务扶持资金。

【案例】 杭州多项政策扶持网上创业和就业人员

2010 年 4 月，杭州市发布《关于网上创业就业认定和扶持有关问题的通知》规定，通过网上创业就业认定的人员，可申请享受小额担保贷款、创业补助、社会保险费补贴等扶持政策。网上创业就业人员还可参照城镇个体劳动者参加基本养老、医疗保险。据新华社报道[①]，杭州的 19.4 万家网店店主有望成为全国第一批有社会保障的网店店家。

3. 电子商务市场环境

(1) 消费者日益处于商业的中心

根据美国、英国、日本、德国、法国等国的发展经验，在人均 GDP 从 3 000 美元向

① 新华社. 杭州 19.4 万家店主有望成中国首批获社保网店店家. http://news.xinhuanet.com/fortune/2010-05/30/c_12158072.htm.

10 000 美元飞跃过程中，居民的消费结构将会发生巨大的变化。中国人均 GDP 在 2008 年和 2009 年先后超过 3 000 美元和 3 600 美元。这意味着我国已经进入"异质性经济"阶段，居民消费需求追求多样化和个性化的趋势加强，消费结构持续升级。

【名词解释：异质性】

"异质性"是相对于"同质化"概念而产生的。同质化指的是同一大类中不同品牌的商品在性能、外观甚至营销手段上相互模仿，以致逐渐趋同的现象。在商品同质化基础上的市场竞争行为就称为"同质化竞争"。而异质性是相关于个性化生产的，它对工业化的大规模同质化生产是一种"根本的冲击"（来源：姜奇平. 异质性经济学的价值. http://tech.sina.com.cn/roll/2006-07-31/091253448.shtml）。异质性的商业价值在文化产业和个性化领域表现最为突出。

改革开放以来，"三大件"的不断变化生动地反映了消费结构的变迁——从最初的手表、自行车、缝纫机"老三大件"到电视机、冰箱、洗衣机"新三大件"，再到后来的汽车、住房、旅游等。在这些变化背后，更深层次的是三十多年以来我国先后经历了三次消费升级，如表 2.2 所示。

表 2.2 改革开放以来我国的三次消费升级

	第一次	第二次	第三次
时间	改革开放之初	20 世纪 80 年代末至 90 年代末	进入新世纪以来
消费结构	从衣、食等生活必需品转向耐用消费品	耐用消费品结构向高档化方向发展	耐用消费品逐步升级换代，消费者对住房、旅游、通信、娱乐、教育等提出了更高的消费需求
消费观念	从被动消费转向主动消费	从"他人取向"转向"自我取向"，个性化消费开始得到社会的接受和认同，并逐步扩散	追求个性表达和独特消费体验。个性化消费逐步普遍化、大众化

来源：阿里研究中心，2010 年 8 月

消费持续升级，深层次来看实际是消费需求的持续升级。根据马斯洛的需求理论，当低层次的需求逐步得到满足后，人们将不断产生更高层次的需求。从消费需求来看，人们在满足日常消费需求后，倾向于追求个性、展现自我，个性化的需求不断涌现。同时，对于推动消费持续升级，各类厂商、服务商也扮演着重要角色，它们提供多样化的商品和服务，不断挖掘和引导新的消费需求。

（2）新生代成为消费主力

80 后、90 后新人类将成为消费的主力军。80 后、尤其是 90 后，自幼在数字化环境中生活、学习和娱乐，他们对互联网的熟悉程度和依赖程度都明显高于上一代人。80 后、90 后已经占我国网民的 58%，成为主要组成部分。同时，年轻人追求个性和自由，希望表达和参与，有着自己的价值取向和消费观念。这个消费群体的崛起，将深刻地影响未来十年的消费变革。

在网络化和全球化的推动下，商业开始重新回归到人。所有商业运作都围绕满足和

发掘人的个性化需求而存在。以消费者为中心的今天，消费者独特的个性化体验成为品牌价值的基础，小企业乃至个人将成为新兴品牌涌现的重要力量；而个性化定制和柔性化生产将成为商业发展的一个重要趋势。

中国经济高速增长与新生代成为主流消费人群，引领中国逐渐进入需求个性化和多元化的消费新时代，注重品质、强调个性逐步成为消费者关注的重点。品牌与目标消费者之间的关系，也因为互联网从单向传递转为双向交互，消费模式的改变再造品牌建设的途径。

我国80后、90后的人口规模达到4亿的规模，占我国总人口比例超过30%。淘宝网公布的数据显示，18～34岁群体是主力网购人群，这一年龄段的消费者在2010年的增幅超过了所有年龄段，网购已经成为年轻人生活中必不可少的内容。

【案例】 迎合个性化浪潮：可定制的服务和产品越来越多了

在淘宝网上，搜索“定制”关键词，相关产品达91.1万件，其中包括12.4万件家具、8.1万件服装。搜索DIY这一关键词，相关产品约215.7万件，其中包括41.8万件项链和饰品、15.5万件居家日用品、13.4万件玩具。

酷绅公司提供的定制衬衫包括近3 000个号型，使得合体满意率达到95%以上。除了尺寸，顾客还可以自主选择衬衫的颜色、面料、领型、袖型甚至包括纹理。

“适之宝”枕工坊可以生产12大类、20多种天然理疗功能、达1 500多个规格的枕类产品，除了普通的成人和儿童的睡用枕头，还涵盖腰用枕、眼用枕、胳膊枕、车用枕、热疗用枕、休闲用枕等各类枕头。最小的枕头是一款宝宝奶嘴枕头，只有8厘米大小。

(3) 社会信用环境

电子商务作为虚拟经济、非接触经济，诚实守信是其制度规范得以确立和运作的基础，也是有效防范电子商务运营风险的重要条件。建立电子商务信用体系对于电子商务的快速发展具有极为根本性的保障作用。

2008年到2009年，随着中国市场经济体制的不断完善，社会信用体系建设逐步完善，电子商务的信用建设也取得了显著进展。主要体现在：社会整体信用环境持续改善、征信系统建设工作进展迅速、信用体系建设向纵深方向发展、电子认证服务进入规范发展阶段、网络购物的投诉量也呈快速上升趋势等方面。

同时，商务部、工商行政管理部门、公安部、人民银行以及各地方政府均加强了对市场信用建设的行政管理力度。

此外，行业协会等也加强了信用管理。信用建设成为商会和协会的重要工作，提升了企业的诚信意识和信用管理水平。

【名词解释：征信】

征信在中国是个古老的词汇，《左传》中就有“君子之言，信而有征”的说法。现代征信是指依法收集、整理、保存、加工自然人、法人及其他组织的信用信息，并对外提供信用报告、信用评估、信用信息咨询等服务，帮助客户判断、控制信用风险，进行信用管理的活动。

个人征信：是指专业化的、独立于信用交易双方的征信机构为个人建立信用档案，依法采集、客观记录其信用信息，并依法对外提供信用信息服务的一种活动。这些信息体现在个人信用报告中，就是人们常说的“信用记录”或“信用档案”。

企业征信：是指在对企业、债券发行者、金融机构等市场参与的主体的信用记录、经营水平、财务状况，所处外部环境等诸因素进行分析研究的基础上，对就其信用能力(主要是偿债能力及其可偿债程度)所作的综合评价。企业征信在形式上表现为一种对履约能力及其可信程度所进行的一种综合分析和测定，它是市场经济体系不可缺少的中介服务。

中国人民银行征信中心：中国人民银行征信中心是中国人民银行直属的事业法人单位。1997 年，人民银行立项建设银行信贷登记咨询系统。2004 年 2 月，人民银行启动了个人征信系统建设，同年 4 月成立银行信贷征信服务中心。2006 年 1 月，全国集中统一的个人信用信息基础数据库建成并正式运行；同年 7 月底，银行信贷登记咨询系统升级成为全国集中统一的企业信用信息基础数据库。2008 年 5 月 9 日，人民银行征信中心在上海举行揭牌仪式，开始北京和上海两地办公。2010 年 6 月 26 日，企业和个人征信系统成功切换至上海运行，并正式对外提供服务。目前，企业和个人征信系统已经为全国 1 300 多万户企业和近 6 亿自然人建立了信用档案。

2008 年，中国电子商务协会根据《强化服务促进中小企业信息化意见》(发改企〔2008〕647 号)的文件精神，全面开展了推进中小企业电子商务信用管理的“信星计划”。该计划以促进电子商务发展为目的，抓住信用建设这个企业信息化和电子商务发展核心，旨在建立健全相关行业网站信用管理机制，规范行业网站发展，提高中小企业电子商务信用管理意识和应用水平。

2009 年 5 月 1 日，由中国国际贸易促进委员会和中国国际商会联合发布了《中国国际经济贸易仲裁委员会网上仲裁规则》(以下简称《规则》)。这是为适应当事人以快捷方式解决电子商务等纠纷的需要，针对电子商务纠纷及其他经济贸易争议制定的规则。《规则》原则上适用于所有的契约性或者非契约性的经济贸易等争议，在现阶段，《规则》可主要适用于解决电子商务争议。

第三方 B2B 电子商务平台企业为鼓励和辅助诚信度较高的中小企业发展，提高网上交易的安全系数，采取了一系列措施支持鼓励平台会员企业诚信经营，同时监督和制止失信企业的不良行为，直至终止对失信会员服务。

国家和行业协会等重视信用环境的建设体现了加强商务领域信用建设既是商务工作的重要任务，也是促进商务事业又好又快发展的迫切要求的核心思想。

(4) 投融资环境

为促进个人和企业开展电子商务，我国各级政府出台了一系列扶持性措施，包括税收优惠、项目资助、就业扶持等，为国内电子商务的发展营造了一个较为宽松的投资环境。

风险投资也继续关注电子商务。2008 年开始的金融危机对全球风险投资行业影响巨大，据有关资料显示，中国风险投资金额和数量均有所下降。2008 年中国风险投资金额仅为 339.54 亿元人民币，投资金额和数量与 2007 年相比均有所下降。进入 2009 年形势依然没有有效好转。2009 年下半年风险投资回暖，但总体的活跃度比 2008 年上半年的水平低很多。但在整体低迷的投资环境下，电子商务行业却是一枝独秀，电子商务、SNS 社交、网络游戏、无线互联网、视频行业成为风险投资关注的热点。

4. 电子商务人文环境

(1) 互联网和电子商务为个人赋权

十七届五中全会提出了“包容性增长”，提出了缩小贫富差距、增强社会的公平正义、转变经济增长方式等要求，在政策取向上要让更多的人享受发展成果，让弱势群体得到保护，在经济增长过程中保持平衡等。

互联网和电子商务为个人特别是弱势群体和小卖家赋权，使得弱势群体和小卖家也有机会在这个舞台上施展才华并充分释放自己，体现了互联网和电子商务给人们带来了更加公平的机会，并实现经济发展的包容性增长。

【案例】 孟宏伟：轮椅上的网上巨人

因瘫痪不得不靠轮椅行走的孟宏伟与残疾弟弟共同开创了网上卖牛羊的事业，从欠债十万到打造百万家产，兄弟二人创办的山东牛羊养殖基地通过电子商务渠道，2011 年平均每天能卖出五六百头牛羊，一年牛羊能卖出 20 多万头！形成了 1＋N 的以“网络＋养殖场＋农户”的农村畜牧业电子商务发展模式，带动超过 200 家当地农户和千人就业。树立了农村畜牧业电子商务发展的标杆，并谱写了残疾人坚强创业，自立自强的乐章。

(2) 电子商务人才培养

电子商务人才需求旺盛。国际金融危机为电子商务提供了一次难得的发展机遇。2008 年，信息技术与互联网行业的人才需求一直保持全年行业需求的最高。在各大招聘网站的排行榜上招聘最多的行业是互联网和营销相关职业，网络营销工程师集互联网技术和营销技能双剑合一，受到了企业的欢迎。电子商务行业已经成为高薪行业，从业人员月均收入水平目前已经超过传统行业整体水平。高薪的背后，是电子商务用人需求已经出现井喷现象。

在学历教育方面，截至 2009 年底，教育部批准开设电子商务本科专业的学校已达 334 所，有 19 所学校开始招收电子商务专业的硕士研究生或博士研究生。高职高专院校电子商务专业教育发展更快，截至 2009 年底已有 872 所开设了电子商务专业。截至 2008 年底，全国已经培养了各类电子商务专业人才 35 万余名。

2008 年，电子商务实用人才培训累计突破 31 万人，全国从事国家职业资格电子商务师培训鉴定的机构有 522 所，其中本科类院校 70 所、高职类院校 297 所、中专技校类 120 所，其他社会培训机构有 35 所。

(3) 电子商务理论研究

2008 年以来，随着我国电子商务的蓬勃发展，我国电子商务的研究也在不断发展。学术界在广泛的社会实践的推动下，继续沿着“从实践中来、到实践中去”的方向开展电子商务的理论研究。

从数量方面看，通过网上“中国期刊全文数据库”以“篇名、关键词”为检索项对“电子商务”进行精确检索，2008 年共有 4 211 篇文章发表。

从研究的内容方面来看，所涉及的范围很广泛，包括企业电子商务、电子商务安全、电子商务物流、电子商务理论、电子商务法律、移动电子商务、网络营销、电子商务教育、旅游电子商务、农业电子商务等。

【名词解释：IPv4、IPv6】

全球因特网所采用的协议族是 TCP/IP 协议族，IP 是 TCP/IP 协议族中网络层的协议，是 TCP/IP 协议族的核心协议。

目前 IP 协议的版本号是 4(简称为 IPv4)，使用 32 位(4 字节)地址，因此地址空间中只有 4 294 967 296 个地址。不过，一些地址是为特殊用途所保留的，如专用网络(约 18 百万个地址)和多播地址(约 270 百万个地址)，这减少了可在互联网上路由的地址数量。随着地址不断被分配给最终用户，IPv4 地址枯竭问题也随之产生。2011 年 2 月 3 日，在最后 5 个地址块被分配给 5 个区域互联网注册管理机构后，主要地址池枯竭。

IPv6 是 IPv4 的下一个版本，作为唯一的长期解决方案，IPv6 正处在不断发展和完善的过程中，它在不久的将来将取代目前被广泛使用的 IPv4。IPv6 具有比 IPv4 大得多的地址空间，这是因为 IPv6 使用了 128 位的地址，而 IPv4 只用 32 位。以地球人口 70 亿人计算，每人平均可分得约 4.86×10^{28} 个 IPv6 位址。

IPv6 的出现可以从技术上一劳永逸地解决实名制这个问题。因为那时 IP 资源将不再紧张，运营商有足够多的 IP 资源，那时候，运营商在受理入网申请的时候，可以直接给该用户分配一个固定 IP 地址，这样实际就实现了实名制，也就是一个真实用户和一个 IP 地址的一一对应。

【名词解释：物流、商流、信息流】

物流、商流和信息流这三个概念的界定离不开对商品流通的概念分析，所谓商品流通是指以货币为媒介的商品交换，也就是商品从生产领域向消费领域的社会经济移动。依据商品价值二重性将商品流通中的不同形式划分为物流与商流，即商物分离，商流的概念是从这个基础上开始发展的。随着社会经济的发展，商品交易的深度和广度进一步扩展，关于商品流通信息的重要性日益凸显，因而将商品流通划分为物流、商流和信息流。

2.2 网商发展与现状

经过近十年的发展，从网商浮现、生存和立足、崛起、生态化、社会化、生态裂变，到今天跨越临界点，网商、生态与社会的自驱动的正反馈循环正在加速形成。

为了让中国电子商务发展的足迹更加清晰明了，下面的内容将以鲜活的网商案例，从网商创新、生态影响和社会层面，直观展现网商对社会与经济的影响。而网商世界与电子商务未来的趋势，例如个性化浪潮、从网商到商网以及新商业社会等也将一一呈现。

2.2.1 网商发展历程

1. 网商的兴起

2004年“网商”概念的提出，无疑是一个极大的创新。它的提出，开启了一个认知和发展“网络化和全球化环境下的新商业”的新视角。

自此以后，“把电子商务还给商人”、“电子商务的本质是商务”等“以人为本”的朴素理念，获得了承载的主体，个体在网络时代的巨大能量得到了承认；为之服务的产业环境和产业服务体系由此更加清晰和明朗；对产业的认知和分析体系，也更加合理，更加有针对性。毫无疑问，这是一个开启全新格局的极具创造性的理念创新，它改变了对产业的认知，影响了产业的格局与方向，更为电子商务的发展找到了终极载体。

网商是一个概念，但更是一个理念。它的提出，高度契合了信息经济的内涵。

与工业时代的标准化、大规模的生产方式、严密的组织控制所带来的“单向度的人”不同，信息经济是一个呼唤个体创造性的时代，也是一个个体力量被充分激发出来的时代。而网商概念的提出，正是基于对个体力量的充分认知。这一概念充分体现出：互联网为个体发挥其能力创造了莫大机遇，个体将拥有更多选择的自由和自由的选择。因此，网商概念的提出，也表现了很强的“以人为本”的理念，技术的演变、经济的进步，最终都会回到“人”的全面发展，人的福利的提升。

【名词解释：单向度的人】

“单向度的人”的概念来源于同名书籍《单向度的人》，作者是赫伯特·马尔库塞(Herbert Marcuse,1889—1979年)。该书通过对政治、生活、思想、文化、语言等领域的分析、批判，指出发达工业社会是如何成功地压制了人们内心中的否定性、批判性、超越性的向度，使这个社会成为单向度的社会，而生活于其中的人成了单向度的人，这种人丧失了自由和创造力，不再想象或追求与现实生活不同的另一种生活。该书出版后，“单向度的人”也因此成了流行术语。“向度”在英文中就是dimension，也可以翻译成“方面”或“维度”。马尔库塞认为正是发达资本主义社会造成了单向度的人。这样的社会是一个极权主义的社会，它压制不同意见和声音，压制了人们对现状的否定和批判。

而网商发展的意义，除了一代新商人心智结构、文化认同、行为模式的改变，除了一代商人的成长、成熟与崛起，也必然地体现在他们自身拥有了更多的自由选择。

事实也正是如此，网商群体身上，体现出了清晰、彻底的市场化、全球化、数字化的属性。与网商群体接触，很容易就可以感受到他们身上所具备的阳光化(避免了传统商务的很多弊端)、诚信(不可避免、毫不妥协)、开放的分享精神、快乐导向(追求利益与兴趣的统一)、人格也更加开放和更加进取。他们追求的是一种现代社会所推崇的自致式成功。

2. 发展历程

2004年网商的概念正式提出，当时网商刚刚浮现，从2004年到2007年，网商还处于起步发展阶段，即从边缘化向主流化迈进的阶段。

2007年到2010年间，网商开始日益主流化，经过崛起-生态化-社会化-生态裂变的四步曲(如图 2.2 所示)，到 2010 年网商已经成为主流社会现象，尤其是网商企业家和网企的形成，网商阶层的壮大，使得网商对生态的带动作用日益显现，而生态的形成又反过来促进网商的发展。

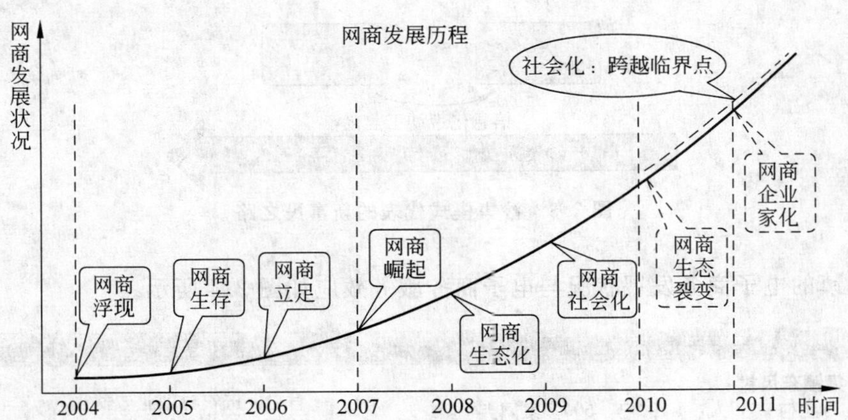

图 2.2　2004—2011 年中国网商发展历程

来源：阿里研究中心，2011 年 8 月

正是经过从 2004 年到 2010 年的 6～7 年时间的发展积累，网商阶层和网商生态已经积蓄了爆发的能量与基础，预计近两年开始的未来几年，网商拉动生态，生态促进网商发展的良性循环正跨越临界点，实现加速发展。

3. 生态的发展与良性循环的形成

网商、生态、社会之间的自驱动良性循环的互动机制已然形成。网商、生态和社会三者之间形成两个良性循环：

- 一个小循环是网商和生态之间的自驱动的良性循环形成，网商发展推动生态形成，良好的生态又促进了网商发展；
- 大循环则是网商和社会之间的自驱动的良性循环，网商发展推动了社会的发展，社会的发展反过来又促进了网商发展。

下面援引江苏沙集的案例，感受一下网商发展与生态、社会的良性大循环的形成。

【案例】　沙集模式的启迪

"沙集模式"的核心要素是"农户＋网络＋公司"。农村电子商务已经不是个别现象，一个村庄一个地区带动发展。网商推出一个商态的时候，农民回流了，形成新的城镇化。

"沙集模式"归结为：

(1) 农户自发地使用市场化的电子商务交易平台变身为网商，直接对接市场；

(2) 网销细胞裂变式复制扩张，带动制造及其他配套产业发展，各种市场元素不断跟进，生成以公司为主体、多物种并存共生的新商业生态；

(3) 这个新生态又促进了农户网商的进一步创新乃至农民本身的全面发展。"农户＋网络＋公司"相互作用、滚动发展，形成信息网络时代农民的创业致富新路，如图 2.3 所示。

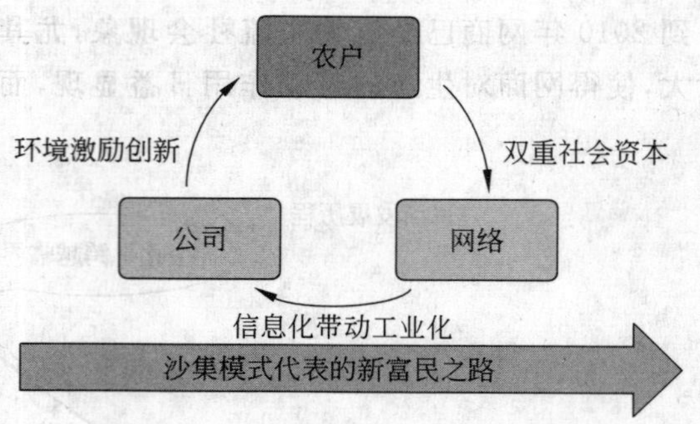

图 2.3　沙集模式代表的新富民之路

沙集镇的电子商务发展状况与电子商务服务效应如图 2.4 所示。

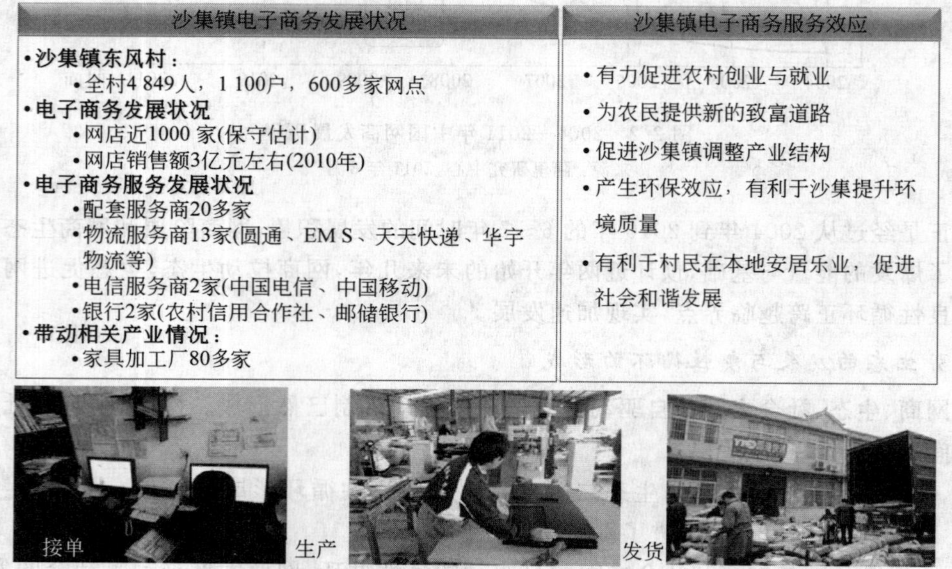

图 2.4　沙集镇的电子商务发展状况与电子商务服务效应

沙集模式的案例，我们可以看到网商、生态、社会之间的互动促进作用：农民变身网商→网商裂变发展→形成新商业生态→农民回流，新的城镇化和集群经济的发展。

义乌的青岩刘村，除了网商发展带动当地电子商务生态发展，同时也带动当地商业社会的转型与发展。

另外，长三角和珠三角的网商经济的形成在规模和范围上已经对传统经济形成较强冲击，网商阶层的壮大对社会的影响已经显而易见。

2.2.2　网商发展现状与趋势

1. 网商发展现状

经过 10 年发展，网商已逐步实现了与主流社会经济系统的融合，截至 2011 年上半年，中国网商数量已经扩大至 8 300 万，淘宝网卖家的数量已经超过 600 万，社会经济影响力也越来越大。

虽然面临宏观环境的各种不利因素，例如我国GDP增速放缓，物价上涨较快，企业生产经营成本上升，欧美债务危机导致外部需求疲软。但是调研发现，相比较传统中小企业的困难，网商尤其是代表网商优秀群体缩影的百佳网商对未来发展拥有较强的信心。

2. **网商的创新**

在电子商务整个业态已经达到一个新的量级基础上，网商生态正发生巨变，并对社会发展形成深远影响。

近年来网商发展新现象的系列关键词：

- 网商层面：个性化规模定制、柔性化生产、品牌化、轻公司、阿米巴模式和买手制、隐形冠军——网商发展正迈上新台阶，体现规模化、品牌化发展及创新。
- 生态层面：区域生态、农村电子商务、线上线下加速融合——网商自下而上正在塑造新的商业生态。
- 社会层面：产业升级、公平和包容——网商及生态对社会发展与转型形成长远深刻影响。

【名词解释：轻公司】

随着互联网给传统经济带来的变革，逐渐出现一批依托独特的技术平台、通过互联网工具、在传统行业的价值链中找到崭新的商业模型的公司，它们的成长往往是自身的而且高速的。轻公司的准则是“把公司做小，把客户做大”。它们的出现，改写了传统的商业法则。

(1) 个性化定制与柔性化生产

个性化定制和柔性化生产已经越来越普遍，网商能够从消费者需求出发以需定产，反向改造和整合生产与供应链条，从而实现整条基于消费者需求的弹性生产供应链，利用互联网重新塑造顾客和企业的关系，改变传统工业化生产的单向粗放模式，以围绕消费者需求来组织各种资源提供产品与服务，并实现很高的生产服务效率。

【名词解释：柔性化生产】

柔性化生产是针对大规模生产的弊端而提出的新型生产模式。所谓柔性化生产即通过系统结构、人员组织、运作方式和市场营销等方面的改革，使生产系统能对市场需求变化作出快速的适应，同时消除冗余无用的损耗，力求企业获得更大的效益。柔性化生产的精髓在于实现弹性生产，提高企业的应变能力，不断满足用户的需求。

网商的创新已经反映了满足今天与未来消费者和企业关系的新模式的成功实践，那就是C2B：消费者驱动的商业，网商已经走在了商业创新的前沿。

9亿元！这是淘宝网在2010年8月的一天里完成的交易额。在一分钟之内，淘宝网上至少可以卖出969件服装、203双鞋、164件饰品[1]。这一连串的数字背后意味着，每年

① 淘宝网公告．淘宝获选《Media》中国最受欢迎购物网站．http://bangpai.taobao.com/group/thread/66003-11840532-402079933.htm.

在互联网上售出的商品达到数亿件之多！

数量只是一个方面。2010 年以来，更值得关注的一个趋势开始显现：电子商务正迎来一个海量个性化消费浪潮！

【案例】 埃沃的模块化定制模式

埃沃的模块化标准模式，通过线上营销推广加线下体验的服务，在男装的个性化定制细分市场上领跑了华南地区。

一件衬衫，埃沃将其分解成领口、袖子、版身、后摆等几个部分，再按照流行的样式在每个部分中推出不同的样式来供消费者选择。消费者可根据自己的喜好进行组合，实现有限度的量身定制。

越来越多的消费者蓦然发现：2010 年，个性化消费浪潮扑面而来，可量身定制的商品和服务越来越多了。

(2) 品牌化趋势

在消费者定义品牌的互联网时代，网商的品牌化趋势很明显，通过互联网塑造的网货品牌大行其道。调研发现，建立自有品牌和公司化运作成为卖家趋势，是卖家未来三年最优先的发展规划。

【案例】 淘品牌的力量

淘宝商城官方数据显示，在 2011 年双十一网购狂欢节中，包括裂帛、茵曼女装、七格格、绿盒子、御泥坊、韩都衣舍等原创网络品牌为代表的 109 家"淘品牌"总计成交 3.356 亿元，55 家成交金额超过百万，其中成交金额超过千万的淘品牌有 8 家(裂帛、gainreel、茵曼、O. SA、othermix、御泥坊、韩都衣舍、粉红大布娃娃)，16 家超过 500 万，31 家超过百万，它们占据了淘宝商城网购狂欢节 10%的成交额。

尤其值得注意的是，在女装、化妆品、生活电器、童装、内衣等多个类目，"淘品牌"企业在狂欢节期间的销量都大大超越了同行业的传统品牌，名列各类目前茅。在女装类目，裂帛、茵曼、欧莎三家分别以 1 900 万元、1 780 万元、1 750 万元的支付宝成交额夺得三甲，超越了 ONLY、欧时力等线下传统女装品牌；在内衣类目，歌瑞尔也以 1 800 万元的销量记录一骑绝尘[①]。

【案例】 淘品牌芳草集：互联网成就顶级化妆品品牌梦想

2009 年，吕长城创立芳草集，仅用半年时间，芳草集便从月销售额 200 万元上升到 2 000 万元。如今，芳草集已经成为网购人群耳熟能详的化妆品品牌。

吕长城进入伊始就力图阐述中国化妆品品牌在另一种维度崛起的可能。但为了成就一个顶级化妆品品牌的梦想，为了迎接中国电子商务崛起，吕长城毅然决定举公司之力以电子商务作为公司核心业务来发展。

---

① "淘品牌"双十一单日成交额 3.356 亿. 阿里研究中心网站. http://www.aliresearch.com/?m=cms&q=view&id=68278.

这条路上芳草集坚持高品质，高性价比，以用户为核心的原则，于2009年一年的时间里连续推出了30多款新品。紧随其后芳草集又以淘宝用户为核心进行了一次大刀阔斧的品牌升级，重塑了品牌VI(视觉识别)系统。出于对淘宝网彩妆需求的看好并响应用户需求的升级，2010年芳草集更是专为淘宝网定制了一款时尚的彩妆品牌Vivigarden，加上之后创建的革舍、美丽处方品牌，以及2011年3月收购的贞水品牌，吕长城开始了公司的多品牌之路。

(3) 网商组织与管理创新

阿米巴经营模式可以说是稻盛和夫经历创业困境的结果，当时稻盛和夫一个人既负责研发，又负责营销，当公司发展到100人以上时，觉得苦不堪言，非常渴望有许多个自己的分身可以到各重要部门承担责任。于是，他把公司细分成所谓"阿米巴"的小集体，从公司内部选拔阿米巴领导，并委以经营重任，从而培育出许多具有经营者意识的领导。买手制就是阿米巴模式在服装领域中的一种应用模式。

【名词解释：阿米巴模式】

所谓阿米巴经营模式就是将整个公司分割成许多个被称为阿米巴的小型组织，每个小型组织都作为一个独立的利润中心，按照一个小企业、小商店的方式进行独立经营。例如制造部门的每道工序都可以成为一个阿米巴，另外销售部门也可以按照地区或者产品分割成若干个阿米巴。

阿米巴模式有五大目的：

① 实现全员参与的经营；

② 以核算作为衡量员工贡献的重要指标，培养员工的目标意识；

③ 实行高度透明的经营；

④ 自上而下和自下而上的整合；

⑤ 培养领导人。

阿米巴经营是一种全员参与型的经营模式，是基于对员工的信任而把每个阿米巴的运营托付给员工，从而建立起一种朝着共同目标努力的强有力的合作关系。因此，阿米巴经营能够激发所有员工的主动精神，增强所有员工，而不仅仅是一小部分管理层人员的成就感。阿米巴经营也不仅仅是进行现场改善的工具，而是一套完整的管理体系。

这也是网商规模化发展形成网企以后，组织与管理创新以打开企业进一步成长空间的众多模式中的一种。

【案例】 韩都衣舍买手制[①]

韩都衣舍拥有40个买手，以5人为一小团队，每天为韩都衣舍提供50～60款新韩服。与大多数的淘宝卖家不一样，韩都衣舍并没有试图去打造爆款，而是多批小量的模式，通过不断创造新款韩装去吸引女性用户。而这些韩风设计风格，则来自1 000多个韩

① 派商访谈12期：韩都衣舍CEO赵迎光，融资千万美金快时尚的秘密，派代网，2011年4月12日。

国本土的优秀服装品牌。韩都衣舍CEO赵迎光毫不讳言："韩都衣舍通过紧随最新的设计为目标用户最多最全最为时尚的韩国风服装。至于如何创造这么多的新款，则源自学习ZARA的买手制。"ZARA是全球最大的服装企业，拥有接近200名设计师，每年设计出来的新款将近5万种，真正投入市场销售的大约12 000多。事实上，如此海量的款式，并非ZARA的设计，而是靠其遍布全球的买手和快速响应市场的终端用户信息收集系统。

同样的买手制，但是韩都衣舍显示出了不同的特点，就是完全独立的决策权。五人一个小团队，每天跟踪相应的品牌，寻找出最新的时尚元素，独立讨论决策使用什么设计，决定生产多少件，定价多少，以及何时做促销。"买手制"在韩都衣舍发挥了极大的作用。由于每个团队的奖金直接与营收挂钩，所以会促使成员们更加用心去发掘最好的设计。在业绩考核中加入存货周转率等一些指标，让买手小团队们更加谨慎地决策生产件数以避免大量库存，并能够通过及时的促销清理库存风险。在定价中，韩都衣舍邀请专业的定价老师授课，每个团队的理解不一样，在定价中也体现了很大的差异。有些团队比较谨慎，加价率在2倍左右，而有些团队比较激进，加价率在3～4倍。

【名词解释：买手制】

服装行业的买手制度是由当初超市最先提出的。起先由于超市在经营服装的时候对进货没有经验，所以请有经验的人进行购货，而这种有经验的人称为买手。

(4) 范围经济造就隐形冠军

电子商务的范围经济能发挥出长尾效应，铸就很多专业市场的隐形冠军，由于互联网延伸了企业的边界和触角，范围经济使得隐形冠军在狭窄的细分市场领域也有足够大的市场成长空间。

他们聚焦于一些不为常人所注意的细分市场，将产品和服务做到极致。

【案例】 ECK尚优电子：隐形冠军，做客户的最佳配角

黄修国深信，隐形冠军理念是B2B企业在当下经营环境的最好战略方法。他的经营之道最关键的一点就是，在产品选择上要用除法，除到结果只剩下一。

ECK尚优电子正是由于聚焦于耳机用的电位器进行突破，不用费很多心机就在网络上打出了名堂。黄修国聚焦产品的原则是：宽度一毫米，深度一公里，就是选择一个很小的产品，做深做透做精做强做长，最后就会变成冠军。

2010年，一个黄豆粒大小的耳机电位器，给尚优电子带来了1 500万元的销售额，预计2011年将达到2 500万元。

【名词解释：隐形冠军】

"隐形"的意思是指这些企业几乎不为外界所关注；而"冠军"则是说，这些企业几乎完全主宰着各自所在的市场领域，它们占有着很高的市场份额，有着独特的竞争策略，往往在某一个细分的市场中进行着专心致志的耕耘。

3. 未来发展趋势

(1) 个性化浪潮

互联网日益广泛地渗透到各个领域，并开始改变人们的生活、工作和学习。2005年以来，博客、社会化网络(SNS)、微博等 Web 2.0 应用在我国先后大规模普及发展，几乎每一位网民都可以自主创造和传播内容，并选择自己希望的信息。同时，互联网的结构转向即时和互动。这些变化都极大地促进了信息生产和消费的个性化。

伴随着信息生产和消费的个性化，电子商务将迎来海量个性化消费浪潮，如图 2.5 所示。在这一波浪潮背后，首先是涌现出海量的网购消费者。截至 2011 年 12 月底，我国网民规模达到 5.13 亿，网购用户规模达到 1.94 亿①。预计到 2015 年我国网民规模将达到 8 亿，网购消费者规模将达 4 亿。海量的网购消费者拥有着海量的个性化消费需求。

其次是海量商品。互联网上的商品已经达到数十亿件之多。仅以淘宝网为例，截至 2010 年 8 月，淘宝网在线商品数量超过 5 亿件，并且每天新增 1 000 万件。商品的品种和数量越来越多，为消费者提供了极其丰富的选择。

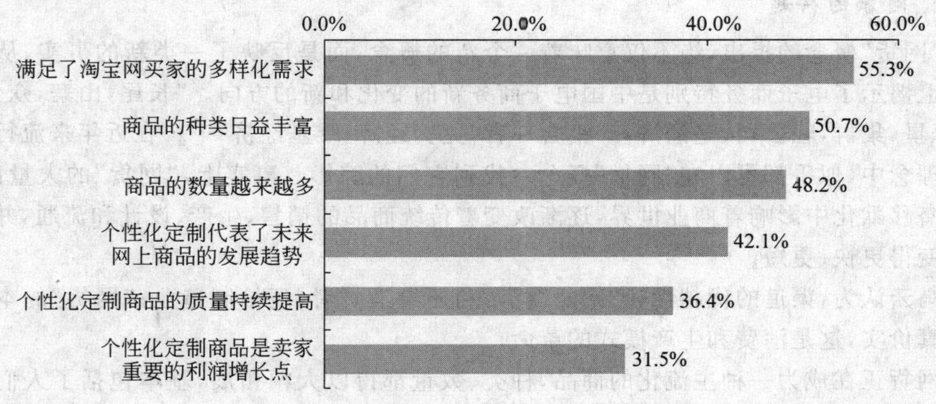

图 2.5　淘宝卖家对个性化定制商品的观察

来源：阿里研究中心，2010 年 8 月

(2) 从网商到商网

商业价值从内向到外向、从结点向网络连接、开放和分享转移，自己拥有什么不重要，重要的是你是不是拥有网络，拥有了网络你就拥有了企业，基于商网来重新构造、重新理解企业，这可能是我们未来需要考虑的重点。

从网商到商网需要思维观念的转换：

① 连接加整合大于结点加拥有。网商如果善于跟所有人合作，跟大家建立连接，然后把所有资源整合起来，这种事情的重要性大于自己拥有什么东西，比它更重要。离开了网络连接、开放和分享，很可能就一无所有、一事无成。即使今天有一点点，明天也会迅速贬值。场域很重要，就是我们拥有某些人当然重要，但是我们能不能够形成一个相互之间

① 中国互联网络信息中心. 中国互联网络发展状况统计报告(2012 年 1 月). http://www.cnnic.net/dtygg/dtgg/201201/W020120116337628870651.pdf.

互动的一个场域这是件非常重要的事情，这也是我们如何能够把我们社会资本的价值，关系资本的价值能够更加充分地体现出来。

② 干中学。并不是因为我们对什么东西有优势才去做什么，反过来是因为我们做了什么，才能对什么东西形成优势。

2.3　网货的发展与现状

网货兴起的背景、发展历程和从网货 1.0 到 2.0 的进化，直接体现着中国互联网经济和电子商务发展的历程与足迹。以下将对网货未来发展的趋势(品牌化、主流产品网货化、个性化、主流消费网购化)进行描述和案例解析，充分呈现未来网货发展的趋势与前景。

2.3.1　网货的兴起与发展

1. 网货的兴起

“网货”概念的提出，绝不仅意味着一个新的概念，而是反映了一类新的事实，从更深层次上揭示了电子商务特别是中国电子商务新的变化和新的方向。“长尾，山寨，众包，混序，海星，集群，轻公司，宅经济，产销合一者，免费经济，维基经济”……在近年来流行的诸多新理念中，似乎都可以在“网货”概念中找到它们的踪影。事实上，“网货”的大量出现，正在潜移默化中影响着商业世界，逐渐改变着传统商品的销售、生产、设计和流通，并引领商业变得更快、更短。

马云认为，渠道的优越性让“网货”把暴利还给消费者，还给制造业；“网货”的本质就是货真价实，这是消费和生产模式的革命。

网货正在成为一种主流化的商品，种类、数量都得以大幅拓展，基本包括了人们生产生活、衣食住行各个方面的商品需求。主流的品牌厂商也纷纷加入了网货大潮。“网货”的大量出现，深刻地影响着商业世界，它改变了传统商品的生产、设计、销售和流通，并引领商业变得更快、更短。

网货的兴起得益于中国日益升级的消费结构与中国制造业的渠道拓展。网货的发展历程，既是互联网经济蓬勃发展的写照，也是“中国制造”产业升级、开疆拓土的历史，更是中国消费市场急速释放的过程。

网货已经在销售模式、生产、渠道、营销、价格等多个方面，体现出不同于传统货品的新形态。货真、价实、海量、个性，日益成为网货的主流化特征。

2. 网货的发展历程

中国零售类网货的发展，早在 1999 年时已初具雏形，真正形成销售规模则始于 2003 年，之前可认为是零售类网货发展的萌芽期。2003 年中国网络零售市场 B2C 与 C2C 总规模达到 16.20 亿元，在随后的几年保持每年两到三倍的增速。

从 2004 年 2 月开始，淘宝网开始以每月超 100％的销售额增长速度崛起，中国消费市场也同时迎来井喷。很多都市中的白领，下班后已经不再去周边的商厦逛街购物，而是习惯上网“逛街”。

从2006年开始，3C产品开始异军突起，数码产品获得大发展，手机就在这一时期在淘宝网上成为每日交易额突破千万元的类目，消费者的购物习惯、消费模式都日趋成熟。2007年，淘宝网全年成交额突破400亿元。

2007年至今，服装、鞋帽这些十年前看似不可能网络零售的货品，也都已成为了销售榜榜单上的宠儿。据正望咨询发布的《2009中国服装品牌与服装网购调研报告》显示：2008年在正望咨询调查的21个城市中共有1 564万网民在网上购买了172亿元的服装。正望咨询发现：服装是网上购买人数最多，金额也最高的商品。接近六成（57.8%）的网上购物消费者在网上买过服装。

网货在带动中国制造、促进内贸等方面的社会经济效益也凸显出来。网货将经历从1.0到2.0的进化，也就是：从网货1.0时代的丰富、海量，转变为2.0时代以消费者为中心进行按需定制。

2.3.2 网货发展现状与趋势

网货消费占社会消费品零售总额的比例逐渐提高，在线货品日益丰富，仅淘宝网的每日同时在线网货数量已突破4亿件，其中日用消费品所占的比例也逐年提高。同时，网货消费者地域覆盖日益广阔，消费者结构呈现主流化趋势，消费金额快速提高。

展望未来，网货发展有以下几大趋势。

1. 加速品牌化

有保证的产品质量是品牌化的前提，网货的主要供应商是“中国制造”，他们经过多年的国际品牌代工制造，产品基本具备了网货的基本要求——货真、物美；当这些产品通过互联网渠道销售，摒弃了渠道暴利时，它们就真正成为了“货真价实、物美价廉”的网货。

在淘宝网上，专门针对网络打造的品牌开始不断涌现，如“美亿家”、“JUSTYLE”、“麦包包”等，这些品牌主要针对网民的消费取向而设计和推广，依赖淘宝网的巨大客流量，进行快速的市场扩张和客户开发。研究同时发现，网货的顾客群体常常具有相当的品牌忠诚度，会产生多次消费。淘宝网上的“柠檬绿茶”，是这一网货盈利模式的典型代表。

2. “主流线下品牌”网货化

与“网货”加速品牌化相对应的是“主流品牌”的网货化，这两大趋势从两端迅速推动网货转型，而2008年以来爆发的国际金融危机更加速了这一转型过程，联想、宝洁、优衣库、戴尔、李宁等消费者耳熟能详的传统品牌均已入驻淘宝。

【案例】 杰克琼斯旗舰店网货创奇迹

2009年10月18日，杰克琼斯淘宝商城官方旗舰店开张的第三天，单日交易额便飙到47万元，卖出2 000多件衣服。11月11日，这一旗舰店日销售额已迅速飙升至522万元，创造了纪录。大品牌上淘宝，面临很大的问题就是线上销售商品和线下渠道的冲突。杰克琼斯为此打造了专供淘宝网店的“网货”。这也成为其在淘宝上高速发展的法宝。杰克琼斯淘宝旗舰店共有300多件商品，其中除新款和线下实体店同时发布外，还有相当数量的网店专供商品。这些商品是在任何杰克琼斯线下店买不到的。

2010年淘宝商城“双十一”狂欢节当天有181家品牌店销售过百万元，2011年这个数字翻了一倍还要多，GXG、骆驼服饰、博洋家纺等3家品牌店更是突破4 000万，杰克琼斯突破3 000万，总共有497家品牌店进入百万俱乐部。

3. 全面趋向个性化

工业时代下“大生产+大零售”的典型模式，带给消费者的是一种标准化的消费，企业的行为也更接近一种单边主义的规则，而网货则更多地体现了一种企业、社会、大众共赢的取向。就当前的演进现状来看，网货的发展可能将经历两个大的阶段：

在网货1.0时代，网货发展主要表现为把线下传统渠道的货放到网上销售，这一阶段，网货的丰富和海量，将是其主要特征。而网货的正在进行时——网货2.0时代，则将更多地体现为以消费者为中心，进行按需定制，生产商则进行柔性化的生产。

4.“主流消费”网购化

“网货”加速品牌化和“主流线下品牌”网货化构成了生产端的网货化趋势，这一趋势反映在消费端表现出的则是“主流消费”网购化。

5. 未来增长空间广阔

中国网民已经跃居世界第一位，但中国互联网及其相关产业的发展才刚刚开始。与互联网发达国家相比，我国的互联网普及率相对发达国家还处于较低水平，互联网普及率还不到互联网发达国家的1/2。目前中国网民中，大约3个人中有1个人是购物用户，而在欧美和韩国等互联网普及率较高的国家，每3个网民中就有2个人在网上购物。

中国现阶段的平均网上购物投入，仅为世界发达国家的1/30乃至1/50。

显然，中国网络购物的潜力还远未被释放。就长期和根本趋势而言，随着网民消费能力的提高和网民分布区域的层次化，网货的消费力会逐渐增大。未来的十年，网货必将成为中国商业舞台上最耀眼的明星。

第 3 章　电子商务体系和模式

电子商务体系主要包括电子商务技术体系、电子商务支付体系、电子商务物流体系以及电子商务安全体系等。其中，电子商务技术体系是整个电子商务体系的基础，安全体系是电子商务交易能正常开展的核心，电子商务支付体系、物流体系是电子商务实现支付结算、物流配送的重要支撑。

电子商务模式是指在网络环境中基于一定技术基础的商务运作方式和盈利模式。电子商务模式可以从多个角度建立不同的分类框架，最常见的分类是按交易对象划分为B2B、B2C和C2C等若干种。电子商务的一个新的重要分支是移动电子商务，随着智能手机的普及，庞大的智能手机网民规模为移动电子商务的爆发提供了基础。与此同时，C2B、O2O和社区化电子商务等多种新兴电子商务模式大量涌现，不断被全球互联网从业者实践和完善。

3.1　电子商务体系

电子商务体系的主要角色有采购者、供应者、支付中心、认证中心和物流中心等。电子商务基本体系包括电子商务技术体系、电子商务支付体系、电子商务物流体系以及电子商务安全体系。

3.1.1　电子商务体系的结构和角色

1. 基本结构

电子商务是由许多系统角色构成的一个大系统，如图3.1所示。由于电子商务系统中的各方没有像传统商务活动中那样的直接联系，而是完全通过网上进行信息沟通，因此需要一些传统商务活动中没有（如认证中心）或者重要程度不同（如物流中心）的电子商务系统角色。

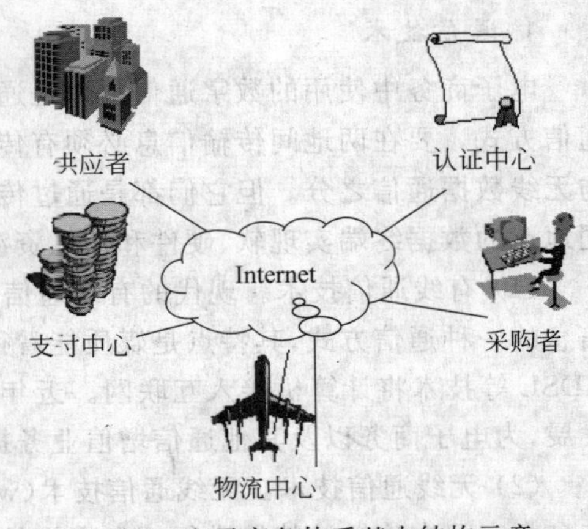

图3.1　电子商务体系基本结构示意

即使是与传统商务系统相同的角色，在电子商务系统里也大都有不同的定位和功能，如消费者可能不再是传统意义上的消费者，而是拥有“消费者主权”的消费者。

至于网络平台，更是传统商务系统中没有的新生事物，是电子商务系统与传统商务系统的重要差别。

2. **主要角色**

电子商务体系的主要角色有采购者、供应者、支付中心、认证中心、物流中心等。

(1) 采购者

这里的采购者，可以是企业，也可以是个人，只要通过电子商务系统购买商品（包括有形商品、无形商品和服务），就是电子商务系统中的采购者。

(2) 供应者

与采购者类似，这里的供应者，可以是企业，也可以是个人，只要通过电子商务系统出售商品（包括有形商品、无形商品和服务），就是电子商务系统中的供应者。

(3) 支付中心

支付中心的功能是为电子商务系统中的采购者、供应者等系统角色提供资金支付方面的服务。此角色一般由网上银行承担，网上银行包括完全在网上运作的纯网上银行，也包括提供网上银行服务的传统银行。支付中心应该做到：提供网上支付服务、发放电子钱包、自行查询和管理账户、全天候 24 小时服务、保证支付安全等。

(4) 认证中心

认证中心(CA)是一些不直接从电子商务交易中获利的受法律承认的权威机构，负责发放和管理电子证书，使网上交易的各方能够相互确认身份。

(5) 物流中心

物流中心主要接受供应者的送货请求，将采购者无法从网上直接得到的有形商品送达采购者，并跟踪商品流向动态。

3.1.2 电子商务技术体系

电子商务的实现过程采用了各类通信技术、网络技术、数据库技术、Web 技术、云计算技术等。因此，了解一些电子商务技术体系的基本知识将有助于我们对电子商务的认识和使用。

1. **通信技术**

电子商务中使用的数字通信技术是通信技术和计算机技术相结合而产生的一种新的通信方式。要在两地间传输信息必须有传输信道，根据传输媒体的不同，有有线数据通信与无线数据通信之分。但它们都是通过传输信道将数据终端与计算机连接起来，而使不同地点的数据终端实现软、硬件和信息资源的共享。

(1) 有线通信技术。现代的有线通信是指利用金属导线、光纤、波导等有形媒质传送信息的一种通信方式，其特点是媒质能看得见，摸得着，如我们平常使用的有线电话采用 ADSL 等技术将计算机接入互联网。近年来，有线通信逐渐地向光纤化、智能化、宽带化发展，为电子商务以及其他通信增值业务提供了有力的通信保障。

(2) 无线通信技术。无线通信技术(wireless communication)是利用电磁波信号可以在自由空间中传播的特性进行信息交换的一种通信方式。近些年信息通信领域中，发展最快、应用最广的就是无线通信技术，如电信网中的2G、3G、4G以及WLAN、蓝牙、宽带卫星等移动通信技术。在移动中实现的无线通信又通称为移动通信，人们把二者合称为无线移动通信，并且随着无线技术的进步，无线移动通信逐渐向宽带化发展。

【名词解释："宽带中国"战略】

2012年2月16日，工业和信息化部信息化推进司副司长秦海表示，2012年工信部将把推进实施宽带中国战略作为一项重点工作，提升上网速度，在大力推进社会信息化进程的同时，促进上网资费下降。

宽带中国战略将在整个"十二五"期间被强化，政府将通过宽带战略、宽带专项资金、普遍服务基金、投融资政策等推进宽带发展，争取到2015年末，城市家庭带宽达到20兆以上，农村家庭达到4兆以上，东部发达地区的省会城市家庭达到100兆。"十二五"期间，3G网络建设、FTTX(光纤接入)、专网建设、三网融合等将成为我国宽带产业发展主要拉动力。

2. 网络技术

在电子商务的应用中，计算机网络作为基础设施，将分散在各地的计算机系统连接起来，使得计算机之间的通信在商务活动中发挥了重要的作用。网络技术是电子商务技术中处于最底层、最基础的技术。

凡是将地理位置上分散的具有独立功能的多台计算机及其他外部设备，通过通信设备和线路互相连接起来，再配有相应的网络软件，能够实现互相通信和资源共享的系统，就称为计算机网络。

网络的功能是数据通信、资源共享、提高计算机的可靠性和可用性、易于进行分布处理。

3. 数据库技术

电子商务的应用需要大量的数据管理，离不开数据库技术的支持，这种支持主要表现在存储和管理各种商务数据和决策支持。近几年，随着数据仓库和数据挖掘技术的产生和发展，使企业可以科学地对数据库中海量的商务数据进行科学的组织、分析和统计，从而更好地服务于企业的决策支持。因此，数据库技术是电子商务的一项支撑技术，在电子商务的建设中占有重要的地位。

4. Web技术

Web是World Wide Web简称，目前全国科学技术名词审定委员会推荐使用的译名为"万维网"。Web已成为Internet上最重要的服务之一，其目的是提供一个简便且相容的接口来利用Internet上的巨大资源。

Web是一种把所有Internet上现有资源全部连接起来的，采用图形界面的，融网络技术、超文本技术以及多媒体技术为一体的信息服务系统。Web建立的初衷是想让信息更广泛地流入需要的人手里，实现全球信息共享。我们可以将其定义为：Web是建立在客户/服务器模型之上，以HTML和HTTP为基础，能够提供面向各种Internet服务，且用户界面一致的信息浏览系统。

5. 云计算

云计算(cloud computing)是一种基于互联网的计算方式，通过这种方式，共享的软硬件资源和信息可以按需提供给计算机和其他设备，其运行方式很像电网。

云计算是继20世纪80年代大型计算机到客户/服务器的大转变之后的又一种巨变。用户不再需要了解“云”中基础设施的细节，不必具有相应的专业知识，也无须直接进行控制。云计算描述了一种基于互联网的新的IT服务增加、使用和交付模式，通常涉及通过互联网来提供动态易扩展且经常是虚拟化的资源。“云”其实是网络、互联网的一种比喻说法，过去在图中往往用云来表示电信网，后来也用来表示互联网和底层基础设施的抽象。典型的云计算提供商往往提供通用的网络业务应用，可以通过浏览器等软件或者其他Web服务来访问，而软件和数据都存储在服务器上。云计算的关键要素还包括个性化的用户体验。

云计算可以认为包括以下几个层次的服务：基础设施即服务(IaaS)、平台即服务(PaaS)和软件即服务(SaaS)。云计算服务通常提供通用的通过浏览器访问的在线商业应用，软件和数据可存储在数据中心。

【名词解释：**IaaS、PaaS、SaaS**】

IaaS、PaaS、SaaS是云计算包含的三个服务层次，也可看作为云计算的上、中、下三层分级。

- 上层分级：云软件Software as a Service(SaaS)，软件即服务。它是一种通过Internet提供软件的模式，用户无须购买软件，而是向提供商租用基于Web的软件，来管理企业经营活动。参与者是世界各地的软件开发者。
- 中层分级：云平台Platform as a Service(PaaS)，平台即服务。PaaS打造程式开发平台与操作系统平台，让开发人员可以通过网络编写程序与服务，一般消费者也可以在上面执行程序。PaaS实际上是将软件研发的平台作为一种服务，以SaaS的模式提交给用户。因此，PaaS也是SaaS模式的一种应用。但是，PaaS的出现可以加快SaaS的发展，尤其是加快SaaS应用的开发速度。参与者有Google、微软、苹果、Yahoo！等。
- 下层分级：云设备Infrastructure as a Service(IaaS)，基础设施即服务。将基础设备(如IT系统、数据库等)整合起来，像旅馆一样，分隔成不同的房间供消费者租用。参与者有英业达、IBM、戴尔、升阳、惠普、亚马逊等。

3.1.3 电子商务支付体系

随着我国电子商务应用水平的提高，要求有更快速、更高效的资金流相匹配，解决支付环节的问题成为发展的关键。对资金流的匹配需求推动着电子支付，尤其是电子商务第三方支付的发展。本节将着重描述中国第三方支付的发展状况。

1. 第三方支付的相关概念

根据中国人民银行2005年发布的《电子支付指引(第一号)》中的定义,电子支付是指单位、个人通过电子终端,直接或间接向银行业金融机构发出支付指令,实现货币支付与资金转移的行为。电子支付的业务类型按电子支付指令发起方式分为网上支付、电话支付、移动支付、销售点终端交易、自动柜员机交易和其他电子支付。

第三方支付是指通过互联网(也包括电话网络、手机网络等)上设立的第三方支付平台完成的货币支付与资金转移的行为。第三方支付属于电子支付的范畴,利用电子终端完成。

第三方支付服务商是指利用网络支付手段向电子商务交易者提供支付清算服务且独立于交易双方及银行的法人或其他组织。

目前中国国内的第三方支付产品主要有PayPal(美国)、支付宝(阿里巴巴旗下)、财付通(腾讯公司旗下)、盛付通(盛大旗下)、易宝支付(Yeepay)、快钱(99bill)、国付宝(Gopay)、百付宝(百度C2C)、物流宝(网达网旗下)、网易宝(网易旗下)、网银在线(chinabank)、环迅支付、汇付天下、汇聚支付(joinpay)、宝付。其中用户数量最大的是支付宝,截至2011年末,支付宝注册用户已超过6.5亿。

2. 第三方支付模式

目前,国内第三方支付行业主要有两种模式,一种是以支付宝、财付通为代表的"账户模式",用户需要首先注册成为用户,网上支付时需要先登录账户再基于账户完成付款;另一种是以快钱、汇付天下、首信易支付为代表的"支付网关模式",多数其他支付平台都属于这种类型,用户无须先成为这些支付平台的用户,网上支付时只是通过这些平台跳转到各家银行的网上银行完成支付,支付网关模式下,用户首先是某家银行网银的用户,而第三方支付公司以中介的形式分别连接商家和银行,从而完成支付过程。

2003年以来,随着C2C电子商务在我国的发展,支付问题成为影响电子商务发展的瓶颈。信用体系的不健全、支付习惯的差异使得国外的第三方支付模式尚不能被人们接受(美国第三方支付PayPal在消费者下单时就会将货款转给商家,商家在收到货款后才发货)。网络交易双方不实际接触,在货物和货款交付上就出现一个时间差,这个时间空隙带来了网络欺诈的可能。商家不愿先发货,消费者不愿先支付,双方都不愿意先冒险,结果使得网上交易无法进行。因此,淘宝网通过推出了创新的"支付宝担保交易"解决了这一问题。支付宝在消费者收到订购的商品前代为保管其支付的货款,图3.2显示了支付宝担保交易流程。

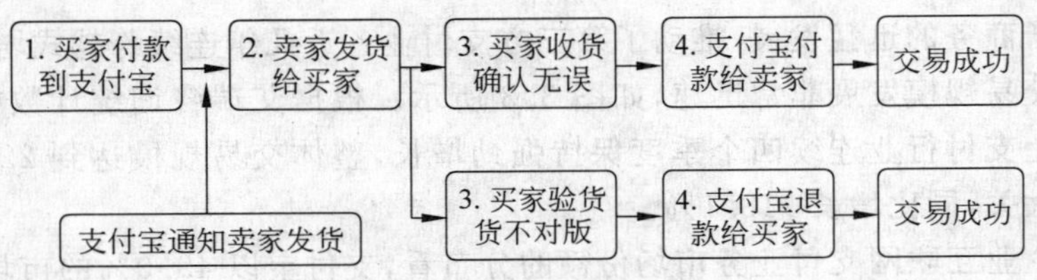

图3.2 支付宝担保交易流程

【案例】 支付宝的发展历程及业务现状

2003年10月，在淘宝网上线5个月后，淘宝网正式推出了担保交易服务，并将其命名为“支付宝”。2004年12月，支付宝正式独立成立为公司，担保交易成为支付宝的主营业务，当月ALIPAY.COM正式上线独立运营。2005年2月，支付宝公司推出“全额赔付”制度，将自身的价值进行了明确，更让担保交易这种服务真正变成了被社会广泛认可的新商业行为模式。

支付宝致力于为中国电子商务提供“简单、安全、快速”的在线支付解决方案，始终以“信任”作为产品和服务的核心，不仅从产品上确保用户在线支付的安全，而且还让用户通过支付宝在网络间建立起相互的信任，为建立纯净的互联网环境迈出了非常有意义的一步。

支付宝从淘宝网的担保交易功能开始，逐渐发展为提供覆盖航旅、信贷、生活缴费、转账付费等综合金融服务功能的跨平台工具。目前，除淘宝和阿里巴巴外，支持使用支付宝交易服务的商家已经超过46万家。

截至2011年底，支付宝注册用户数突破6.5亿，日交易额超过30亿元人民币，日交易笔数超过1 100万笔。支付宝不断根据客户需求推出创新产品，成为金融机构在电子支付领域最为信任的合作伙伴，各大商业银行以及VISA、MasterCard等国际组织机构均与支付宝建立了深入的战略合作。

作为国内最大的第三方支付平台，支付宝(中国)网络技术有限公司于2011年5月26日获得了央行颁发的国内首批第三方支付牌照。

【名词解释：第三方支付牌照】

“第三方支付牌照”也称支付业务许可证。为规范第三方支付行业发展秩序，2010年6月，中国人民银行发布《非金融机构支付服务管理办法》，要求包括第三方支付在内的非金融机构须在2011年9月1日前申领支付业务许可证，逾期未能取得许可证者将被禁止继续从事支付业务。

截至2012年3月，央行已于2011年5月、8月和12月，分三批发放了总计101张第三方支付牌照。所获牌照企业共涉及互联网支付、移动电话支付、预付卡发行与受理、POS收单、货币汇兑、固定电话支付7大业务类型。以此为标志，中国第三方支付行业正式进入监管时代。

3. 第三方支付行业发展状况

我国电子商务的迅猛发展，推动了第三方支付业务近几年连续跨越式增长，中国第三方支付业务交易规模发展非常迅速，如图3.3所示。根据艾瑞咨询统计数据，2011年中国第三方网上支付行业连续四个季度保持强劲增长，整体交易规模达到22 038亿元，突破2万亿元大关，同比增长118.1%。

从支付企业互联网支付业务市场份额的分布看，支付宝以49.0%的市场份额居于市场首位，财付通以20.4%的市场份额位居第二，银联在线、快钱和汇付天下，分别以8.4%、7.5%和7.4%的市场占比分居三至五位(参见图3.4)。数据表明，目前中国第三

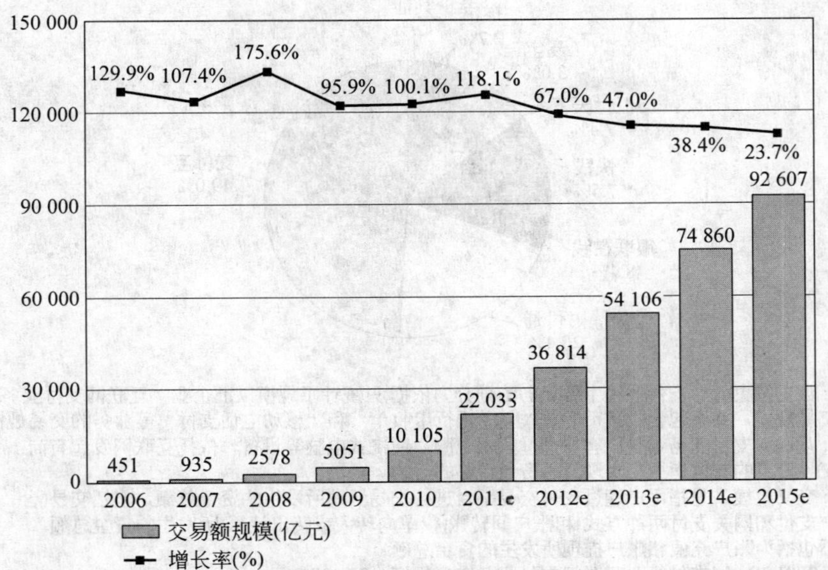

注1: 数据按央行对支付七块主要业务的划分为依据,只统计了规模以上企业"互联网支付业务"的交易规模，并不包含"货币汇总"、"银行卡收单"和"移动电话支付"等业务的交易规模。
注2: 互联网支付业务，是指客户通过桌式电脑、便携式电脑等设备，依托互联网发起有商务交易背景的支付指令，实现货币资金转移的行为。
注3: 交易规模，是指用户通过支付交易平台进行交易活动所发生的资金总额，包括交易(含账户支付和网关支付两种方式)和账户间转账(仅单向转入或转出计算)所发生的资金总额，但不包括为账户充值和账户提现所发生的资金总额。
注4: 艾瑞根据最新掌握的市场情况，对历史数据进行修正。

图 3.3　2006—2015 年中国支付行业互联网支付业务交易规模

来源：艾瑞咨询。

方支付市场的市场集中度较高，市场份额主要集中在少数几家企业中，但新的第三方支付服务发展很快，第三方支付在中国发展潜力巨大。

据中国互联网络信息中心(CNNIC)《第 29 次中国互联网络发展状况调查统计报告》数据显示，截至 2011 年 12 月底，我国使用网上支付的用户规模达到 1.67 亿，使用率提升至 32.5%，如图 3.5 所示。与 2010 年相比，用户增长 2 957 万，增长率为 21.6%。

与此同时，支付企业在手机支付的全面布局，也带动了手机在线支付用户的增长，截至 2011 年 12 月，手机在线支付用户达到 3 058 万，占手机网民的 8.6%。除第三方支付企业外，运营商和银行在网上支付领域的大力推进，以及支付的技术革新和服务模式创新等，都将推动手机支付业务未来实现快速发展。

4. 第三方支付应用的新拓展

(1) 移动支付

移动互联网技术的飞速发展带动了移动支付的技术创新，而用户对于支付便捷性的需求也在催生新的支付方式。智能手机为代表的移动终端的迅速普及，使得相关技术在移动支付领域的应用更加广泛。

2011 年 9 月 1 日，快钱公司对外发布"快＋"支付平台及移动支付战略，"快＋"移动

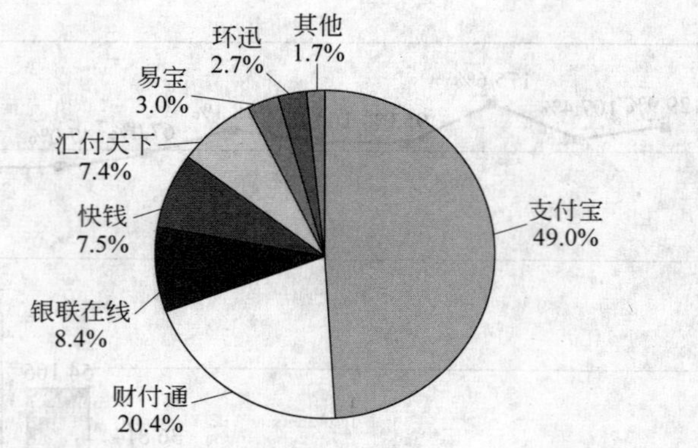

注1: 数据按央行对支付七块主要业务的划分为依据,只统计了规模以上企业“互联网支付业务”的交易规模,并不包含“货币汇总”、“银行卡收单”和“移动电话支付”等业务的交易规模。
注2: 互联网支付业务,是指客户通过桌式电脑、便携式电脑等设备,依托互联网发起有商务交易背景的支付指令,实现货币资金转移的行为。
注3: 交易规模,是指用户通过支付交易平台进行交易活动所发生的资金总额,包括交易(含账户支付和网关支付两种方式)和账户间转账(仅单向转入或转出计算)所发生的资金总额,但不包括为账户充值和账户提现所发生的资金总额。
注4: 2001年中国支付行业互联网支付业务交易规模为22 038亿元。

图 3.4　2011 年中国第三方网上支付核心企业互联网支付业务交易规模市场份额

来源:艾瑞咨询。

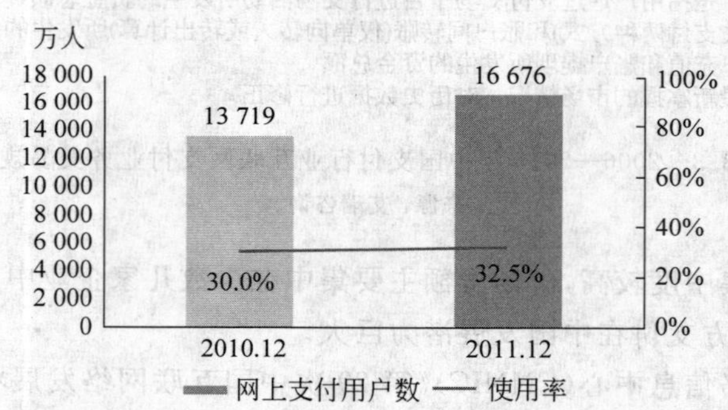

图 3.5　2010—2011 年网上支付用户数及使用率

来源:CNNIC,2012 年

支付产品包括电话语音支付、无卡支付 API、Inapp 客户端以及“快刷”产品。

2011 年 11 月 15 日,第三方支付企业汇付天下发布名为 Asi@的移动支付战略,全面进军移动支付市场。

2011 年 12 月,支付宝推出的 iPad 版支付宝客户端,上线仅一周下载量即突破 10 万次。目前支付宝已经实现 iOS(iPhone+iPad)、Android(含 Pad)、Symbian、WP7、MTK 和 JAVA 等市面上绝大多数平台的覆盖。支付宝基于手机或 Pad 移动终端的客户端,可以随时随地完成支付宝账户管理操作和生活缴费类等功能的 APP 应用,为用户提供随时随地便捷的、基于移动终端的移动支付服务,如信用卡还款、转账到卡、通讯录转账、手机充值、购买水电煤、购买彩票等。而支付宝推出的短信支付,只需绑定手机,用短信即可轻松完成付款,只需最简单的操作,通过发送或回复短信就可完成付款。

根据艾瑞咨询统计数据显示：2011 年中国移动支付市场交易规模达 481.4 亿元，同比增长 149.4%；预计 2012 年移动支付市场规模将达 1 209.6 亿元，同比增长 151.2%。

(2) 条码支付

2011 年 7 月 1 日，支付宝发布了手机条码支付产品，正式进入线下支付市场，为小卖店、便利店等微型商户提供低价的收银服务。条码支付是以支付宝账户为核心，在支付宝手机客户端中显示与账户关联的动态随机一维条码或二维码，对方只需扫描手机屏幕即可快速创建交易，用户可当场查看和确认付款。手机条码支付不需要手机的额外改造，只需要下载安装客户端，就可完成线下消费。这一产品将使商户获得最低成本的非现金收银方案。Android、iPhone 和 Symbian 三大智能机系统手机用户都已经获得支持。

(3) 跨境支付

继 2008 年推出跨境支付服务后，2012 年 2 月，支付宝宣布将快捷支付的商户支持范围扩展到境外。国内的消费者可以通过银行卡快捷支付直接支付人民币即可在网上进行境外购物。支付宝跨境支付业务目前已获得全球 34 个国家的 600 多家境外商户支持。

此外，快钱于 2011 年 11 月起推出外贸 B2C 企业在境外收单、结汇业务。快钱在国外选择了运通、VISA 等作为合作伙伴，并通过与国内银行的合作，将境外消费者支付的金额兑换为人民币打入中国外贸企业账户中。

3.1.4 电子商务物流体系

随着中国电子商务市场的快速发展，与之相适应的物流体系正面临前所未有的发展机遇与巨大的挑战。一方面，电子商务的快速发展离不开物流服务的支持；另一方面，电子商务对现代物流的发展又起着重要的促进作用。快速发展的网上零售市场为中国物流行业的发展奠定了坚实的基础。

1. 中国电子商务物流行业发展概述

电子商务物流是指根据电子商务的特点对整个物流配送体系实行统一的信息管理和调度，为电子商务企业提供服务，按照用户的订货要求，在物流基地进行理货工作，并将配好的货物交送收货人。电子商务物流利用电子化的手段，尤其是利用互联网技术来完成物流全过程的协调、控制和管理，从而实现网络前端到最终客户端的所有中间过程服务。

电子商务物流主要包括前端服务与后端服务的集成。前端服务包括咨询服务、网络设计/管理、客户集成方案实施等；后端服务包括订单管理、仓储与分拣、运输与支付、退货管理、客户服务以及数据管理与分析等。目前，电子商务物流服务不仅仅局限于简单的仓储与配送，而是通过构建新型的物流配送中心等模式提供供应链管理整体解决方案。新型物流配送中心为传统的物流配送带来了深刻的变革，网络对物流配送的实施控制代替了传统的物流配送管理程序。物流配送时间在网络环境下大大缩短，对物流配送速度提出了更高的要求。网络系统的介入简化了物流配送过程。

与传统物流相比，电子商务配送物流的最大特点就是用户分散和时间的不确定性。电子商务企业除了要提供物美价廉的商品外，更重要的是通过物流使消费者在尽可能短的时间内拿到产品，因此物流服务成为电子商务企业最后的也是最重要的一环。

随着我国电子商务的迅速发展和网上购物的人数逐渐增多，快递市场呈现出爆发式的发展。据统计，至今我国规模不等的快递公司已有 2 万余家，快递业务量每年以 60%～120%的速度递增。

2. 中国电子商务物流行业典型模式分析

从中国电子商务物流市场现状来看，主要可以分为自建物流和第三方合作物流两种模式。在模式的选择方面，电子商务企业根据自身交易规模、发展阶段、资金流等因素，选取的物流策略也存在不同。目前，一些较大规模的 B2C 电子商务企业多采用自建物流模式，如京东商城、当当网、亚马逊中国等。但是对于平台型电子商务企业以及一些初创阶段的中小型电子商务企业来说，主要是采用和第三方物流企业合作的模式。

(1) 自营物流模式

电子商务企业通过自己的力量组建物流配送系统，经营管理企业的整个物流运作过程。一般而言，相较于第三方物流，自建物流渠道更有利于对配送进程进行掌控。优点是能够保证配送的及时性和可靠性，从而保证配送质量，更好地为客户服务。同时对于货到付款的服务能够大大缩短回款时间，提高现金流动性。缺点是配送规模小而使得物流成本较高。典型企业如京东商城、当当网、亚马逊中国等。

京东商城采用的是自建物流与第三方配送相结合的方式，目前近 70%订单实现自主配送。一方面，京东自营配送体系已经覆盖全国超过 180 座重要的一、二线城市，通过自建物流可以有效地保证用户的购物体验。另一方面，如果自建物流成本过高，时效性较差，京东则选择与地方上一些成熟的物流企业合作。

亚马逊在中国的配送体系也是“自建+第三方”模式，由自有配送队伍和诸多第三方配送合作伙伴构成。自有配送方面，亚马逊中国在 9 个城市拥有自己的配送队伍，能够满足中国的地域特点及用户的多样化需求。第三方配送方面，包括中铁、中国邮政、EMS、宅急送、联邦快递、各地专业电子商务配送公司等众多合作伙伴。亚马逊称已在中国 1 500 个城市和地区实现货到付款；移动 POS 机让 50 个城市支持刷卡支付；53 个城市实现当日下单、次日送达；在北京、上海、广州等 16 个城市，实现当日送达的配送能力。

当当网有自己的物流中心，但是配送队伍依靠外部力量，属于自建物流与第三方物流的中间阶段。当当网方面的介绍是，公司拥有位于全国 6 个城市的 10 个物流中心，每天能够处理约 165 000 个订单。

国美旗下家电网购商城库巴网的配送是以自建物流为主，第三方物流给予一定配合，如分仓所在地的市内全部用自建物流满足。库巴目前已在东北、华北、华东、华南、华中、西南、东南建立起了七大运营中心，其自建物流系统已经辐射到了全国大部分地区，甚至包括传统渠道都难以覆盖的三线城市。另外，库巴还有国美物流的支持，以保证产品的周转速度。

苏宁旗下苏宁易购是自建物流渠道。苏宁易购目前拥有 96 家物流配送中心，在大家电上共享苏宁的物流配送体系，包括 1 700 家门店和 4 000 家售后服务网点。苏宁易购物流配送体系目前覆盖全国 30 多个省市自治区，330 多个二级以上的城市。

(2) 第三方物流模式

一般来说，电子商务物流活动和配送工作由专业的物流公司或储运公司来完成，它们不参与商品的买卖，只提供专门的物流服务，因此是独立于买方和卖方的第三方，故称为

"第三方物流"。随着中国电子商务的快速发展,第三方物流的发展程度体现着一个国家物流业发展的整体水平。

电子商务企业将自己的物流业务通过契约委托给专业的第三方物流企业来运作。优点是第三方物流企业拥有发达的物流网络,能提供一定水平的物流配送服务能力,其专业化运作可以为电子商务企业提供准确、及时、低成本的物流服务。缺点是商品出库后物流环节掌握在物流公司手中,电子商务企业自身无法监管,而且与物流公司在信息沟通上、账务交易上和经营管理上存在着一定的差距,会出现配送不及时、忘记送货或者无法送货等问题,这将会严重影响电子商务企业的服务水平。如前所述,典型的几家自主经营式B2C企业多采用以自建物流为主,第三方物流为辅的物流配送模式,但是平台型电子商务网站,如淘宝网和天猫网购(原淘宝商城)则完全是依靠与第三方物流企业合作的物流模式来完成配送。2011年,淘宝网和天猫网购总共产生30多亿个包裹,仅11月11日"光棍节"大促一天就产生2 500万个包裹。

【案例】 申通快递的高速发展历程

电子商务的蓬勃发展,给第三方物流创造了巨大的发展机遇。申通快递有限公司于2007年8月正式涉足电商物流,当年8月在淘宝网日承接6万件快递包裹,而到2011年10月底,这个数字达到日收250万件,超过2007年8月初涉淘宝业务的40倍。申通快递2011年全年业务量达到7.5亿票,年营业额有望达到100亿元,员工总数从2010年底的6万余人增加到近13万人。

另一方面,电子商务对物流业,尤其是第三方物流的改造力度日趋加强,以淘宝网的物流开放平台——淘宝网大物流计划为例。这一计划包括了三方面,分别是基于物流信息、交易消息和商家ERP系统全面打通的淘宝物流宝平台,以及淘宝物流合作伙伴体系和物流服务标准体系。这一平台将联合国内外仓储、快递、软件等物流企业组成服务联盟,提供一站式电子商务物流配送外包服务,解决商家货物配备(集货、加工、分货、拣选、配货、包装)和递送难题的物流信息平台。

为提高交易效率,API接口将全面开放,使物流服务商、淘宝卖家和外部商家以及各类电子商务网站均能借助物流宝平台实现订单交易信息、物流信息和商家自身ERP系统的全面信息打通。

同时,为了满足商家和消费者的多样化需求,淘宝大物流计划中还包括了对多种社会物流服务资源的整合,把各类物流合作伙伴归入体系。此外,淘宝大物流计划还特别推出了物流服务标准体系,其中包括了统一服务标准、统一合作伙伴流程、统一买家购买体验等。

【名词解释:淘宝物流宝】

为了进一步降低淘宝网上开店的物流费用,淘宝开始组建自己的物流渠道,淘宝物流宝就应运而生。淘宝物流宝的工作流程是,由淘宝合作的物流公司帮商家管货发货。商家把货放到淘宝合作仓库,有客人下单时订单会自动转到仓库,由专业物流公司拣货、包装和发货。

【名词解释：淘宝物流服务平台】

2010年6月，淘宝网宣布推出大物流计划，该计划的核心包含了API接口全面开放的淘宝物流服务平台(http://e56.taobao.com)、物流合作伙伴体系以及物流服务标准体系三大块内容。淘宝物流服务平台将针对行业特征，提供完整、灵活、专业的物流解决方案，包括并不仅限于以下服务：

- 基础服务：仓储服务、配送服务、退换服务、增值服务。
- 管理服务：多渠道库存管理、退换货统筹管理、库存短期融资。
- 信息服务：订单信息流转、库存实时监控、成本费用管理。
- 担保服务：服务质量担保、库存安全担保。

来源：淘宝物流服务平台：http://e56.taobao.com/

3.1.5 电子商务安全体系

在电子商务快速发展的同时，电子商务安全问题也日益突出。主要体现在：网络欺诈形式多样，钓鱼网站愈演愈烈，虚假信用扰乱市场等。

1. 电子商务安全要素

与信息安全要求一样，电子商务交易安全也需要有保密性、完整性和可靠性。

保密性是要保证电子商务交易双方以及交易标的的信息、商业秘密、隐私等在未经允许的情况下不泄露。

完整性是要在交易的过程中，防止由于数据储存、传输造成的丢失、更改等问题，保证呈现交易双方的原有意图。

可靠性是要保证电子商务交易双方在签订合同或者进行交易确认时不可抵赖。

2. 电子商务安全技术

电子商务安全在很大程度上依赖于技术的完善，这些技术包括防火墙技术、加密技术、电子认证技术、访问控制技术、信息流控制技术、数据保护技术、病毒检测及清除技术、内容分类识别和过滤技术、网络隐患扫描技术、系统安全检测报警与审计技术。在实际安全应用中，这些技术往往并不是单独出现的，而是会多项技术综合应用，提高电子商务的安全。

防火墙是网络发展进程中最重要的安全技术，也是电子商务安全最基本的安全保障技术之一。它的主要功能是加强网络之间的访问控制，防止外部网络用户以非法手段通过外部网络进入内部网络。

加密技术即利用技术手段把重要的数据变为乱码(加密)传送，到达目的地后再用相同或不同的手段还原(解密)，是电子商务采取的主要安全保密措施，是最常用的安全保密手段。根据加密和解密手段的相同或者不同，可以分为对称密钥加密和非对称密钥加密两类。电子商务安全的很多应用都是基于加密技术形成的，如电子认证技术、安全协议等。

数字签名技术是指以电子形式存在于数据信息之中，或作为其附件，或逻辑上与之有联系的数据，可用于辨别数据签署人的身份，并表明签署人对数据信息中包含的信息的认可，是不对称加密算法的典型应用。

3. 电子商务安全协议

网络安全是实现电子商务的基础，而一个通用性强、安全可靠的网络协议则是实现电子商务安全交易的关键技术之一，它也会对电子商务的整体性能产生很大的影响。现在应用比较广泛的电子商务安全协议主要有安全套接层协议 SSL、安全电子交易协议 SET 和三方域安全协议 3-D Secure。

(1) 安全套接层(SSL)协议

安全套接层协议(Secure Socket Layer，SSL)是美国网景公司(Netscape)推出的一种安全通信协议，其主要设计目标是在 Internet 环境下提供端到端的安全连接，是目前网上购物网站中常使用的一种安全协议，它能使客户/服务器应用之间的通信不被攻击者窃听。所谓 SSL 就是在和另一方通信前先讲好的一套方法，这个方法能够在它们之间建立一个电子商务的安全性秘密信道，确保电子商务的安全性，凡是不希望被别人看到的机密数据，都可通过这个秘密信道传送给对方，即使通过公共线路传输，也不必担心别人的偷窥。SSL 安全协议主要提供三方面的服务。一是用户和服务器的合法性保证，使得用户与服务器能够确信数据将被发送到正确的客户机和服务器上；二是加密数据以隐藏被传递的数据；三是维护数据的完整性。

(2) 安全电子交易(SET)协议

安全电子交易协议(Secure Electronic Transaction，SET)是美国 Visa 和 MasterCard 两大信用卡组织联合于 1997 年 5 月 31 日推出的电子交易行业规范，其实质是一种应用在 Internet 上、以信用卡为基础的电子付款系统规范，目的是为了保证网络交易的安全。SET 本身并不是一个支付系统，而是一个安全协议集，SET 规范保证了用户可以安全地在诸如 Internet 这样的开放网络上应用现有的信用卡支付设施来完成交易，具有保证交易数据的完整性，交易的不可抵赖性等种种优点。SET 协议要达到 5 个目标：保证电子商务参与者信息的相应隔离；保证信息在互联网上安全传输，防止数据被黑客或被内部人员窃取；解决多方认证问题；保证网上交易的实时性，使所有的支付过程都是在线的；促使不同厂家开发的软件具有兼容性与交互操作功能，并且可以运行在不同的硬件和操作系统平台上。SET 较好地解决了信用卡在电子商务交易中的安全问题，因此它成为目前公认的信用卡网上交易的国际标准。

(3) 三方域安全协议(3-D Secure)

三方域安全协议(Three-Domain Secure，3-D Secure)是 Visa 等继 SET 协议之后，推出的新一代安全交易技术。与 SET 协议一样，它也是公钥基础设施(Public Key Infrastructure，PKI)框架下基于可信第三方的开放规范，设计目标同样是为在 Internet 上传输的信用卡支付信息提供安全保护机制。3-D Secure 协议主要采用 SSL 加密技术和商家服务器插件(Merchant Server Plug-in，MPI)技术来实现。在线交易中，它既能够查询并鉴别持卡人的身份，又能够保护支付卡信息在网络中传递的安全性。3-D Secure 协议的这些功能是通过一个能够在支付交易过程中明确各方责任的模型——三方域模型(Three Domain Model)。三方域模型的组成包括发卡域、收单域和互操作域。

3.2 典型电子商务模式

经过十余年的发展，主要的电子商务模式 B2B、B2C 和 C2C 都在逐渐趋于成熟，尤其是网络零售模式 B2C 和 C2C 在中国取得了爆发式增长，截至 2011 年底，网络购物用户规模已达到 1.87 亿人。2010 年以来，随着移动互联网的迅猛发展以及网购用户规模的形成，移动电子商务、C2B、O2O 和社区化电子商务等新热点、新模式不断涌现出来。

3.2.1 电子商务模式简介

按交易对象划分，电子商务的主要模式可以划分为 B2B、B2C、C2C 等若干种，如表 3.1 所示。其中 B2C、C2C 都是面向最终消费者的，因此可以统称为网络零售模式。

表 3.1 电子商务按交易对象分类

按交易对象分类		所属大类
B2B	Business to Business，企业对企业	B2B 电子商务
B2C	Business to Consumer 企业对消费者	网络零售
C2C	Consumer to Consumer 消费者对消费者	

来源：阿里研究中心整理

此外，电子商务模式还有 G2B（Governmen to Business，指政府与企业之间的电子政务）、BMC（Business Medium Consumer，企业、中间监管与消费者之间的电子商务模式）、ABC（Agents Business Consumer）等，这里不展开介绍。

3.2.2 企业间电子商务（B2B）模式

1. B2B 电子商务概念

B2B（Business To Business），电子商务按交易对象分类之一，广义上是指通过因特网、外联网、内联网或者私有网络，以电子化方式在企业间进行的交易。

目前，中小企业主要通过第三方 B2B 电子商务平台来完成企业间电子商务贸易。而大型企业一般会选择自建系统来加强电子商务和信息化基础设施建设，进而提高与上下游合作伙伴的协同，改变传统采购和销售模式。典型的大企业电子商务应用，如海尔集团、中国石化、宝钢、国家电网等。结合中国 B2B 电子商务发展现状，本书着重介绍的 B2B 电子商务主要是指通过第三方 B2B 电子商务平台在企业间进行的交易。

2. B2B 电子商务分类

根据所服务对象涵盖行业的不同，B2B 电子商务平台可分为综合类 B2B 与垂直类 B2B（即行业 B2B 网站），前者不区分行业，为所有行业厂商和所有产品、服务提供交易服务，如阿里巴巴、慧聪网等；后者则专注于某一行业或产品、服务，主要提供专业信息资讯、搜索、专业解决方案等服务，如中国化工网、我的钢铁网等。

根据贸易类型，又可分为国内 B2B 电子商务交易(内贸 B2B)和国际 B2B 电子商务交易(外贸 B2B)。

按照服务模式分类，可以分为信息服务类和交易服务类。信息服务类是指 B2B 电子商务企业为中小企业提供一个信息平台，中小企业可以在这个平台上充分展示自己，从而带来商机，这种信息服务主要是减少了中小企业信息获取的难度，一定程度上拓宽了中小企业销售渠道。代表企业有环球资源网和慧聪网。交易服务类是指中小企业可以通过 B2B 电子商务平台实现在线交易，实现信息流、物流和资金流的三流合一。代表企业有敦煌网、金银岛和阿里巴巴的速卖通。

【案例】 阿里巴巴

阿里巴巴于 1999 年成立，现在主要通过旗下三个交易市场协助世界各地数以百万计的买家和供应商从事网上生意：集中服务全球进出口商的国际交易市场(www. alibaba. com)；集中国内贸易的中国交易市场(www. 1688. com)；以及在国际交易市场上的全球批发交易平台(www. aliexpress. com)，为规模较小、需要小批量货物快速付运的买家提供服务。所有交易市场形成一个拥有来自 240 多个国家和地区接近 7 280 万名注册用户的网上社区。

3. B2B 电子商务总体发展状况

根据艾瑞咨询统计数据显示，2011 年中国中小企业 B2B 电子商务营收规模达 131.0 亿元，增长 35.1%，其中 2011 第四季度营收规模达 36.3 亿元，同比增长 33.5%，环比增长 9.6%。纵观 2011 年，中小企业 B2B 电子商务市场营收规模呈现出稳定的增长态势，但同比增幅下滑明显。图 3.6 中显示 2007—2015 年中国中小企业 B2B 电子商务市场营收规模的统计和预测数据。

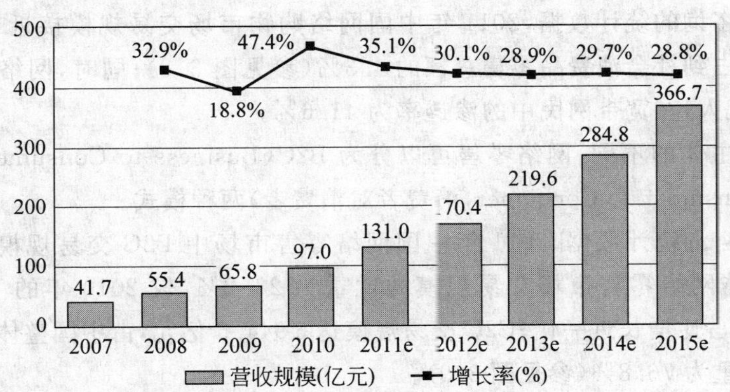

图 3.6 2007—2015 年中国中小企业 B2B 电子商务市场营收规模

来源：艾瑞咨询

2011 中小企业 B2B 电子商务排名前 8 位的运营商合计营收份额为 74.8%，较去年同期下降了 8.7 个百分点；其中阿里巴巴占比为 48.9%，环球资源、慧聪网、中国制造网和敦煌网分别占到市场营收规模的 11.1%、3.5%、3.4%和 3.3%，如图 3.7 所示。

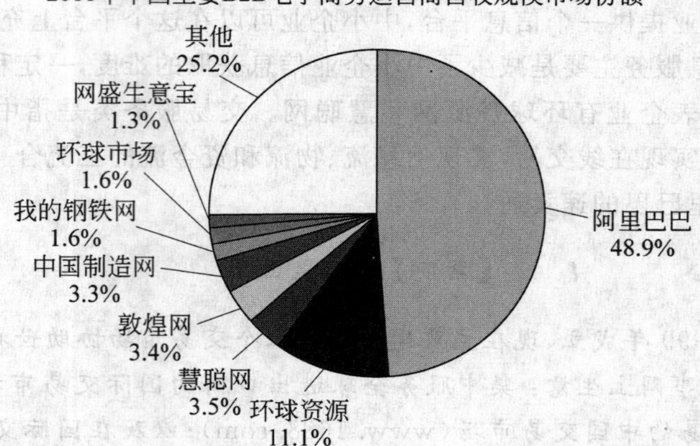

注：1. 2011年中国B2B电子商务营收规模为131.0亿元，为预估值。
2. 环球资源营收仅统计来自中国大陆地区的营收额。

图 3.7 2011 年中国主要 B2B 电子商务运营商营收规模市场份额

来源：艾瑞咨询

3.2.3 网络零售模式

1. 网络零售的基本概念和发展现状

网络零售是指借助网络实现商品或服务从商家/卖家转移到个人用户（消费者）的过程，在整个过程中会涉及信息流、资金流和物流。

根据艾瑞咨询的统计数据，2011 年中国网络购物市场交易规模接近 8 000 亿元，达 7 735.6 亿元，占到社会消费品零售总额的 4.3%（参见图 3.8）；同时，网络购物用户规模将达到 1.87 亿人，在宽带网民中的渗透率为 41.6%。

根据交易主体的不同，网络零售可以分为 B2C（Business to Consumer，企业对消费者）和 C2C（Consumer to Consumer，消费者对消费者）两种模式。

根据艾瑞咨询统计数据，2011 年中国网络零售市场中 B2C 交易规模达 1 791.1 亿元，占中国整体网络零售市场交易规模的比重为 23.2%，较 2010 年的 13.7%增长了 9.5 个百分点，占比增长近一倍；C2C 交易规模达 5 944.5 亿元，占中国整体网络零售市场交易规模的比重为 76.8%（参见图 3.9）。

2. B2C 模式

目前，在我国电子商务领域主要的 B2C 模式可分为三种，分别是平台式 B2C、自主销售式 B2C、品牌商官网 B2C（参见表 3.2）。这三种 B2C 电商模式各有优势。

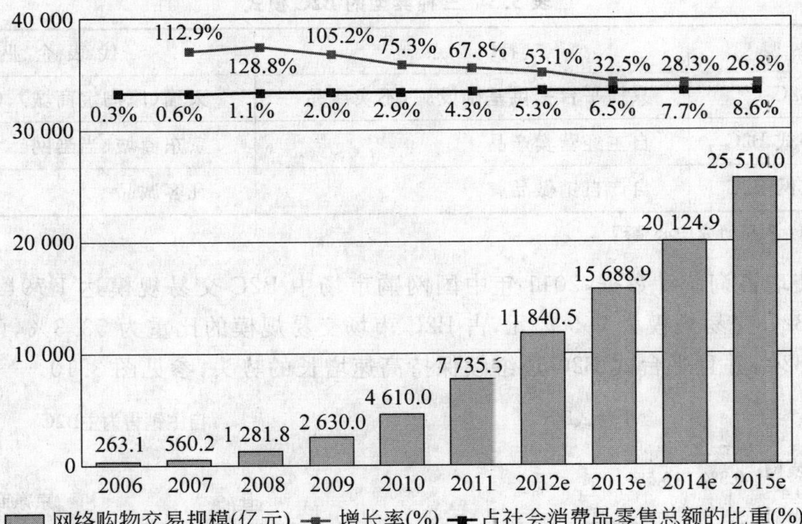

注: 网络购物市场规模为B2C与C2C购物网站市场规模之和,其中暂不包括付费数字产品下载、航空客票交易、网络代缴费等商品类别的交易规模。

图 3.8 2006—2015 年中国网络购物市场交易规模

来源：艾瑞咨询

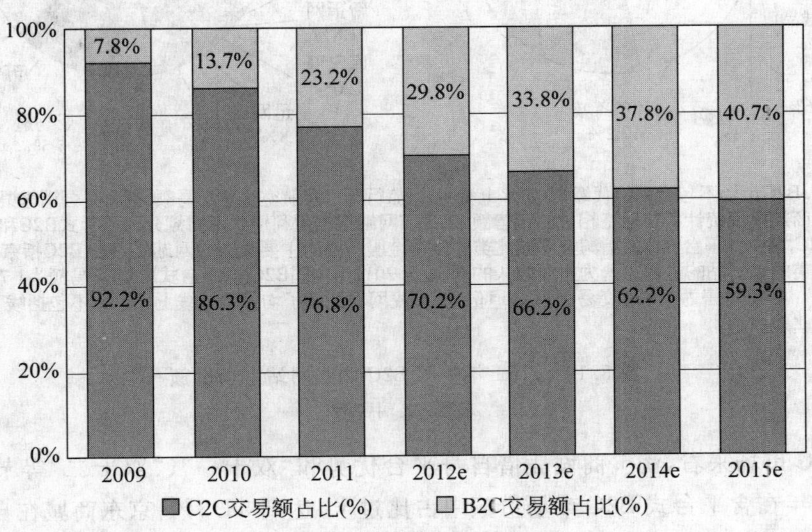

注: 2011年中国网络购物市场交易规模为7 735.6亿元,其中C2C为5 944.5亿元,B2C(含平台式B2C)为1 791.1亿元。

图 3.9 2009—2015 年中国网络购物市场交易规模结构

来源：艾瑞咨询

表 3.2　三种典型的 B2C 模式

类　型	特　点	代表企业
平台式 B2C	只搭平台提供基础设施，不卖产品	天猫(原淘宝商城)、QQ 商城
自主销售式 B2C	自主经营卖产品	京东商城、当当网
品牌商官网 B2C	自产自销做品牌	凡客诚品

资料来源：阿里研究中心整理

根据艾瑞咨询统计数据，2011 年中国网购市场中 B2C 交易规模达 1 791.1 亿元，其中平台式 B2C 交易规模为 955 亿元，占 B2C 市场交易规模的比重为 53.3%，已经超过自主销售式 B2C，并且平台式 B2C 还继续保持高速增长的势头，参见图 3.10。

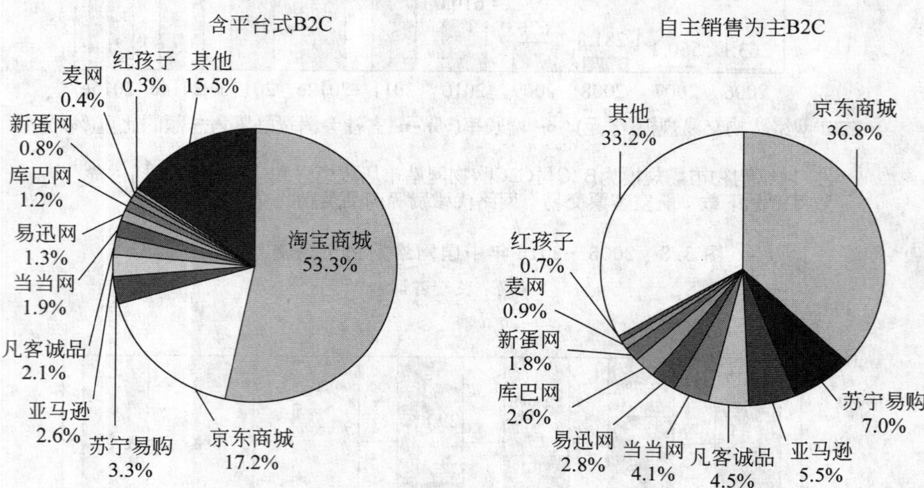

注: 1. B2C市场不包含网络代缴费(如水电费等)、旅行预订及航空客票交易额; 拥有复合销售渠道的运营商规模仅统计其与网络相关的销售额; 2. B2C网站根据盈利模式不同划分为平台式B2C和自主式B2C;其中，平台式B2C指淘宝商城此类的以佣金服务费为主要收入的网站;自主式B2C指京东商城之类的以商品的进销差价为主要收入的网站; 3. 2011年中国B2C(含平台式B2C)交易额为1 791.1亿元，自主销售为主B2C交易额为836.1亿元; 4. 麦网和红孩子均只统计线上渠道，不包括线下及目录业务。

图 3.10　2011 年中国 B2C 购物网站市场份额

来源：艾瑞咨询

从 B2C 市场来看，淘宝商城凭借自身平台优势和“双十一”、“双十二”等节日取得快速发展，全年在含平台式 B2C 市场份额中占比过半，达到 53.3%；京东商城在自主销售为主 B2C 市场保持领先优势，2011 年交易额突破 300 亿元，占比 36.8%。

(1) 平台式 B2C

平台式 B2C 的代表天猫网购(原淘宝商城)成立于 2008 年 4 月。2010 年 11 月 1 日，淘宝商城启用独立域名(www.tmall.com)，同时公布了未来发展战略：坚持平台化发展，吸引众多合作伙伴，包括品牌商家、物流、售后服务等合作伙伴。2011 年 6 月 16 日，淘宝分拆为三个独立的公司，即沿袭原 C2C 业务的淘宝网、平台型 B2C 电子商务服务商淘宝商城和一站式购物搜索引擎一淘网。2011 年 9 月 10 日，淘宝商城宣布 38 家垂直 B2C 网站入驻 Tmall.com，这些网站均有较大知名度并且涵盖各品类。2012 年 1 月 11 日，淘宝商城宣布更名为天猫(Tmall.com)。

(2) 自主销售式 B2C

在我国，最早出现的 B2C 模式是自主销售式 B2C，这种模式的典型代表当当网和卓越亚马逊[①]，分别成立于 1999 年和 2000 年，两家网站均是以销售图书起步，发展到已现在成为覆盖全品类的综合型 B2C 网站。

与当当网相同类型的 B2C 网站还有这个领域的后起之秀京东商城、一号店，这些 B2C 网站还有一个共同的特点，就是它们都是纯电商，线下没有任何实体店作为依托。随着电子商务的快速发展，在自主销售式 B2C 领域出现了越来越多的传统零售商的身影，包括苏宁旗下苏宁易购、国美旗下库巴网、中粮集团旗下我买网、银泰百货集团旗下银泰网等。

(3) 品牌商 B2C

凡客诚品(VANCL)由卓越网创始人陈年创办，正式运营于 2007 年 10 月，选择自有服装品牌网上销售的商业模式，定位为互联网快时尚品牌。凡客诚品销售的品类目前已拓展涵盖至男装、女装、童装、鞋、配饰、家居六大类。

传统线下品牌方面，继李宁、爱慕等推出官方独立网上商城后，中国最大的女鞋零售商百丽国际在经过两年电子商务试水后，正式投资创立独立运作的电子商务平台。这也意味着我国 B2C 网络购物进入快速增长期。

3. C2C 模式

2003 年，C2C 市场交易规模仅占网络购物市场总规模的 29.3%，经过 5 年的发展壮大，2008 年达到最高点，占到总规模的 98.6%。随着 2008 年以来，B2C 业务的迅猛增长，C2C 市场交易规模占网络购物市场总规模的比重有所下滑，但市场交易规模仍然保持较高的增长速度。

从 C2C 市场格局来看，淘宝网市场份额占到九成以上，达到 90.4%，拍拍网次之，占比为 9.0%，易趣网仅占为 0.6%，如图 3.11 所示。

C2C 购物网站尤其淘宝网作为国内网民网购的启蒙平台，已为国内大部分网购用户所熟知，商品的丰富程度也大大超过单个 B2C 网站。

C2C 模式的核心是平台模式，在平台上聚集海量的个人或企业卖家，以及数以亿计的买家。从中国最大的电子商务平台淘宝网消费者的增长(参见图 3.12)可以从一个侧面看到整个网购市场的快速成长。截至 2011 年上半年，淘宝网卖家数量超过 600 万家，淘宝网注册用户基本每年在翻番增长，2010 年底已经达到 3.7 亿。

---

① 2000 年成立的卓越网，是我国早期 B2C 网站之一，2004 年 8 月，亚马逊以 7 500 万美元协议收购卓越网，并更名为卓越亚马逊。

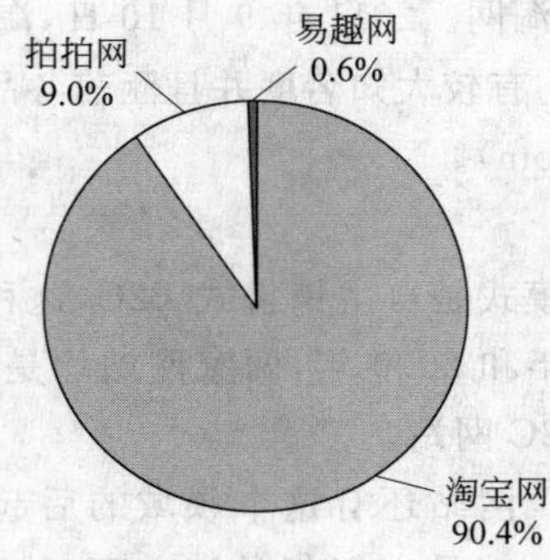

注: 2011年中国C2C(不含C2C推出B2C商城)市场交易额为5 944.5亿元。

图 3.11　2011 年中国 C2C 购物网站市场份额

来源：艾瑞咨询

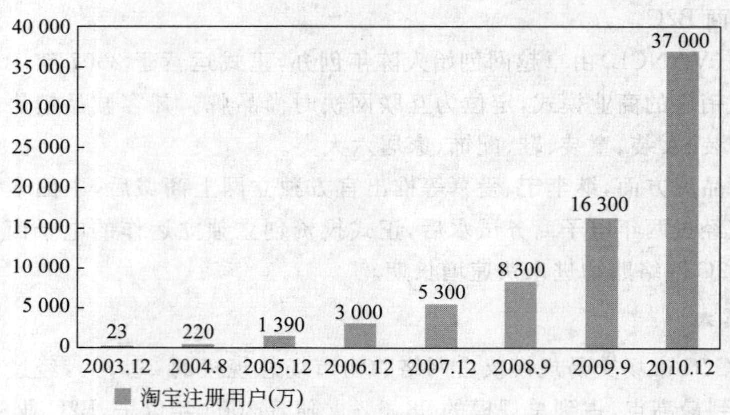

图 3.12　2003—2010 年淘宝网注册用户数增长情况

来源：淘宝网. 2011

【案例】　淘宝网——高速增长的零售平台

淘宝网成立于 2003 年 5 月 10 日，由阿里巴巴集团投资创办。经过 8 年多的发展，截至 2010 年底，淘宝拥有注册会员 3.7 亿。

2011 年全年交易额近 4 000 亿人民币，是亚洲最大的网络零售商圈。2008 年，“大淘宝战略”应运而生。秉承“开放、协同、繁荣”的理念，通过开放平台，发挥产业链协同效应，大淘宝致力于成为电子商务的基础服务提供商，为电子商务参与者提供“水、电、煤”等基础设施，繁荣整个网络购物市场。淘宝网和天猫每天包裹量已超过 800 万，占到整个快递业总包裹数的近六成；2010 年淘宝网创造的直接就业机会是 182.3 万，而这一数字在 2011 年底变成了 270.8 万，比 2010 年增长了 48.5%①。推动“货真价实、物美价廉、按需

① 来源：IDC 与阿里研究中心合作.《加速信息社会进程——阿里巴巴电子商务服务业白皮书》。

定制"网货的普及是大淘宝的使命。通过缩减渠道成本、时间成本等综合购物成本，淘宝帮助更多的人享用网货，获得更高的生活品质；通过提供销售平台、营销、支付、技术等全套服务，大淘宝帮助更多的企业开拓内销市场，建立品牌，实现产业升级。大淘宝的出现将为整个网络购物市场打造一个透明、诚信、公正、公开的交易平台，进而影响人们的购物消费习惯，推动线下市场以及生产流通环节的透明、诚信，从而衍生出一个"开放、透明、分享、责任"的新商业文明。

3.2.4 移动电子商务模式

1. **移动电子商务概念**

移动电子商务(M-Commerce)本质上是电子商务的一个类别，是电子商务的一个新分支，是由电子商务(E-Commerce)的概念衍生出来的。它是移动通信网、互联网、IT技术和手持终端设备技术发展的必然产物，突破了互联网的局限，更加高效、直接地进行信息互动，扩张电子商务的领域，是一种全新的数字商务模式。

2. **移动电子商务在中国的发展现状**

全球范围内，2011年，智能手机和平板电脑的合计出货量首次超过了传统PC[①]，而这一标志性事件反映了用户需求的根本性变化——人们对于随时随地接入互联网的需求正在变得越来越强烈。

随着智能手机的普及，庞大的智能手机网民规模为移动电子商务的爆发提供了基础。根据中国互联网络信息中心(CNNIC)统计数据，截至2011年12月底，中国手机网民规模达到3.56亿，同比增长17.5%，与前两年相比，增长速度开始放缓，但仍然展现出了巨大的发展潜力，如图3.13所示。

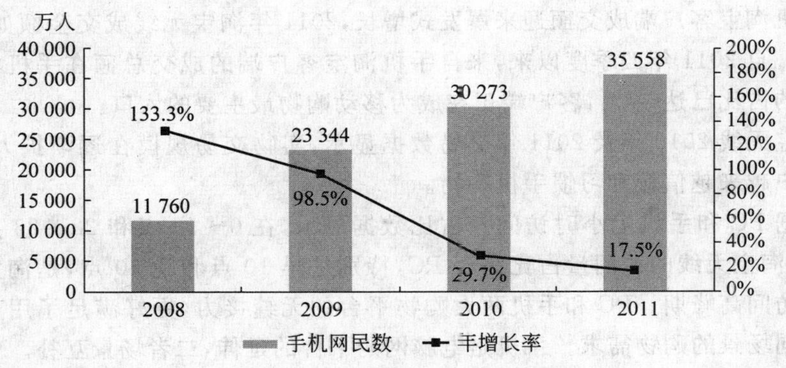

图3.13 手机上网网民规模

来源：CNNIC

通信技术方面，3G技术的发展为移动电子商务在传输速度、传输质量、安全性能等方面提供了良好的技术保障，为提高移动电子商务的服务质量，开拓增值业务创造了条件。

① 市场研究公司Canalys，2011年第四季度全球智能手机和PC出货量报告：2011年全年全球智能手机出货量为4.877亿部，平板电脑出货量为6 320万台，全球PC出货量为3.51亿台。

随着 3G 技术广泛使用，建立在 3G 平台上的移动电子商务将具有巨大的应用前景。

根据艾瑞咨询的数据显示，2011 年移动互联网市场的细分格局发生了进一步的变化，移动电子商务的占比进一步增加，达到 29.2%，预计到 2015 年移动电子商务在移动互联网市场的占比将达到 71.7%，如表 3.3 所示。艾瑞分析认为，传统互联网电商企业已发展到一定规模，有足够的经验和资本转移到移动端，促进移动电商交易规模快速增长。

表 3.3 2006—2015 年中国移动互联网细分行业结构占比

	2006	2007	2008	2009	2010	2011	2012	2013	2014	2015
移动增值	90.0%	80.8%	74.9%	73.8%	58.3%	46.5%	25.0%	19.2%	15.4%	12.5%
移动电子商务	0.1%	0.9%	1.5%	3.1%	11.2%	29.2%	57.1%	63.2%	66.9%	71.7%
移动游戏	7.2%	11.8%	10.8%	10.5%	12.9%	9.9%	6.7%	5.2%	4.8%	4.5%
移动营销	0.6%	1.4%	4.4%	5.3%	6.0%	6.2%	6.5%	5.7%	5.7%	5.8%
移动搜索	0.2%	1.0%	1.1%	1.0%	1.2%	0.8%	0.5%	0.7%	0.7%	0.6%
其他	1.9%	4.1%	7.3%	6.3%	10.4%	7.4%	4.2%	6.0%	6.5%	4.9%

注：2011 年中国移动互联网市场规模为 376.3 亿元；2012 年、2013 年、2014 年和 2015 年的数据是预测数据。

来源：艾瑞咨询，根据企业公开财报、行业访谈及艾瑞统计预测模型估算，仅供参考。

亚洲最大的网络零售商圈淘宝网是中国电子商务典型代表，通过对手机淘宝的数据分析，可以发现中国移动电子商务发展的现状和趋势。

- 2011 年淘宝无线累计成交金额 118.8 亿元，对比 2010 年的 18 亿元，同比增长 6 倍，预计 2012 年累计成交金额还将保持逾 4 倍的增幅。[①]
- 手机淘宝客户端成交额迎来爆发式增长，2011 年淘宝无线成交金额如图 3.14 所示。自 2011 年四季度以来，来自手机淘宝客户端的成交总额在手机淘宝全网成交的占比已达 37%，客户端正在成为移动购物最主要的入口。
- 淘宝无线 2010 年及 2011 年交易数据显示，实物交易规模在逐渐扩大，移动网购用户越来越信赖和习惯手机购物。
- 根据 PC 和手机上小时访问量占比数据显示，在 0～10 点和 22～23 点两个时间段，淘宝无线的访问量占比高于 PC，特别是早 10 点和晚 10 点，是淘宝无线用户的访问高峰期。PC 和手机两大购物平台的无缝接力，更好满足了用户不同时段不同场景的购物需求。手机是电脑网购平台的延伸，二者场景互补。
- 根据淘宝无线用户年龄数据显示，16～30 岁年龄段用户仍旧是核心用户，占比 75% 左右。23～30 岁年龄段的份额有小幅的提升，白领群体的比例正在逐渐增大。
- 根据淘宝无线用户性别数据显示，12 月份女性占比已经达到 50%，女性用户的增加表示移动网购正在步入快速成长期。
- 淘宝无线双十二活动日成交峰值超过 2 亿元。经活动统计，每 5 个淘宝会员在

① 来源：《淘宝无线 2011 年度电子商务数据报告》。

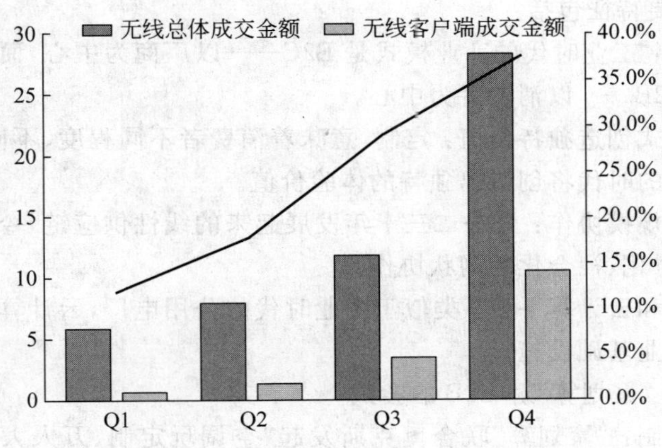

图 3.14 2011 年淘宝无线季度成交金额分布

来源：淘宝无线

PC 淘宝购物的同时，就有 1 个通过手机购物；此外，十余家手机店铺当日成交额超过百万。

- 在消费能力上，iPad 用户人均消费额是 iPhone 用户的 1.3 倍，是 Android 用户的 2.2 倍。有意思的是，在 iOS 客户端上，女性用户数量已经远超过男性用户，而且女性用户占比仍然有上涨趋势。而 Android 客户端上，男性用户则一直占据较高比例。

3.2.5 新兴电子商务模式

互联网、电子商务发展中，创新是永恒的主题，电子商务领域每年都会有新的热点涌现出来。本书选取了当下比较典型的几个新兴电子商务模式加以介绍。

1. C2B

(1) C2B 基本概念

C2B(Consumer to Business)，即消费者对企业，这种模式的核心是通过聚合相对弱势群体提升与强势个体进行交易的话语权并最终获得更大的利益空间。C2B 模式是对工业时代 B2C 模式的彻底颠覆，它将商品的主导权和先发权，由厂商身上交给了消费者。工业时代以厂商为中心的 B2C 模式，正在逐步被信息时代以消费者为中心的 C2B 模式所取代。

C2B 理念与电子商务实践结合，大致会出现三个阶段。第一阶段，基于价格的团购，属于 C2B 的初始阶段，由一群用户自发(较少)或者由第三方平台通过聚合众多个体消费者形成相对较大的采购订单来使企业提供更大的优惠空间。第二阶段，基于产品的团购，这和国民经济的实力提升和人们消费水平实质性提升有很大关系，通过自发或者第三方平台聚合为数众多的该类用户，促使企业按他们的需求进行设计和生产，甚至可能改变企业所提供的产品内容，如材质、外观设计、组合方式等。第三阶段，个性化定制，这个阶段的 C2B 商业模式将极具有创新性，对企业而言，需要在满足用户个性化定制所需更高成本和群体采购所要求的低价格之间达到平衡。

C2B 模式的主要特征包括：

- 消费者驱动：工业时代的商业模式是 B2C——以厂商为中心，而信息时代的商业模式则是 C2B——以消费者为中心。
- 以定制等方式创造独特价值：定制，意味着消费者不同程度、不同环节上的参与，在供过于求的时代将创造出独特的体验价值。
- 网络化的大规模协作：过去二三十年发展起来的线性供应链，今天必须能够实现大规模、实时化、社会化的网状协作。
- 基于互联网和云计算平台：类似于工业时代的公用电厂，云计算是信息时代最具代表性的商业基础设施。

(2) C2B 实践："聚划算"对 C2B 的尝试

- 空调在线定制："聚划算"联合奥克斯发起"空调玩定制、万人大团购"活动，数万名用户在 6 天时间里，以选票形式决定了空调的外观、功能、功率等特性。开团 10 分钟后，便销出空调 1 223 台；开团 38 小时后，共售出 10 407 台。
- 团什么你做主：通过聚划算"我想团"平台，用户可以对待团购的商品和服务进行投票，商家会根据投票数的多少来决定展开团购的商品。
- D2C(Design to Cousumer)平台：在淘宝网的 D2C 平台上，个性化需求与个性化设计直接对接。设计师吴海燕一件标价 688 元的衣服，在高于淘宝女装平均 2.5 倍价格的情况下，短时间内就销售了 2 267 件。在前端淘宝营销平台的拉动下，基于后端轻量级、伸缩性很强的供应链，7 天内就可完成按单下料、设计生产和物流发货。

2. O2O

(1) O2O 基本概念

O2O(Online To Offline)，即将线下商务的机会与互联网结合在一起，让互联网成为线下交易的前台，同时起到推广和成交的作用。O2O 模式的核心很简单，就是把线上的消费者带到现实的商店中去——在线支付购买线下的商品和服务，再到线下去享受服务。O2O 的特点也就是把线上的用户带到线下，同时又把线下的信息反馈到线上。

O2O 模式要求消费者网上支付，支付信息就会成为商家了解消费者购物信息的渠道，方便商家对消费者购买数据的搜集，进行精准营销，更好地维护并拓展客户。

(2) O2O 与 B2C、C2C、团购的关系

O2O 与 B2C、C2C 的区别是：B2C、C2C 是在线支付，购买的商品通过物流公司送到消费者手中；而 O2O 是在线支付，购买线下的商品、服务，消费者必须再到线下去享受服务。

采用 O2O 模式经营的网站有很多，其中最普遍的是生活服务的团购网站。2010 年开始风靡的团购网站，在线上支付和线下享受服务之间搭起了桥梁。O2O 与团购不同的是，O2O 的常态会是生活服务的网上商城(类似服务类的"淘宝")，团购却是低折扣的临时性促销。不过，团购用低价推销的模式，完成了 O2O 行业的用户教育工作，使得 O2O 概念迅速崛起。

(3) O2O的未来

随着互联网上本地化电子商务的发展,信息和实物之间、线上与线下之间的联系变得更加紧密。

O2O模式打开的将是一个万亿元级别的市场。数据显示,美国线上消费只占8%,线下消费的比例依旧高达92%;而中国的这一比例,分别为3%和97%。网购消费只占消费者支出的一小部分,餐馆、理发店、干洗店、服装定制、KTV这些与生活息息相关的服务消费才是占据最大比重的,而这些服务必须要消费者到实体店去享受。由此可见将线上客源和实体店消费对接蕴涵着巨大商机,生活服务类的网销市场或将比货物网销潜力更大。

3. 社区化电子商务

社区化电子商务其实并不向用户直接销售商品,它既不是B2C,也不是C2C。社区化电子商务网站集成了SNS的社会化特征,让用户在分享和交流经验过程中获得其他买家的意见和建议,产生购物的欲望。

社区化电子商务并不是一个新兴的概念,早在2007年,社区化电子商务就在国内网络零售领域成为未来发展的方向之一。门户、电商平台、网络社区都曾计划打造社区化电子商务平台。但是在探索过程中,一直没有成形的商业模式。直到2010年,美国Pinterest模式在不到一年时间在国内被大规模复制,美丽说、蘑菇街、爱物网获得爆发式增长。在这里用户可以关注人,也可以分享、收藏自己感兴趣的内容,图片瀑布流的视觉冲击,兴趣的采集分享,精准的信息导购,全新的社区化电子商务终于有了一个较为清晰的模式。

从目前蘑菇街和美丽说等社区的本质来看,还是"发现"时尚和分享"喜欢"。美丽说、蘑菇街等社区聚集了一批时尚达人,通过分享与电子商务形成一个比较好的结合点。美丽说有接近3万"美丽达人",她们会在社区中充当"意见领袖"的角色,分享自己的购物、搭配心得,同其他用户交流有关时尚、美丽的话题等,兴趣话题的引导提高了用户的参与度。这种分享网站2.0的爆发解开了电子商务的第一道密码,未来市场空间很大。

目前该类平台的盈利主要由两部分组成,一部分是平台通过与其他电商合作,在每件商品成交后,抽取一定的返现比例。另一部分是社区化电商拥有庞大的流量和用户资源数据,通过对用户个人信息的整合和分析,从而把握用户喜欢和需要的商品,同电商企业合作,利用平台投放精准广告推销。

有调查显示,网友的意见在所有的购买行为影响因素中位居第一,成为打动网民购买行为的第一因素。可见网民在产生网络消费行为之前更依赖于其他买家的意见、建议,因此社区化电子商务具有巨大的发展潜力。

第4章 电子商务的作用和影响

随着电子商务在经济和社会生活各个环节的应用日益广泛和深入，电子商务的价值日益重要。总体来看，可以从企业、产业、宏观经济、社会发展和商业文明演进多个层面分析电子商务的作用和影响：

从企业来看，电子商务能够帮助企业成长、提升企业竞争优势、助力传统企业转型、支持企业创新等。

从产业来看，电子商务既对物流、IT、金融、会展等传统服务业产生促进作用，同时，也进一步催生新兴的电子商务专业服务。

从宏观经济来看，电子商务正产生日益深远的影响，特别是在助力经济增长方式转变、促进区域经济发展等方面。

从社会发展来看，电子商务在促进就业、创业和为农村发展提供新舞台等的价值尤其值得重视。

从商业文明演进来看，在网络化和全球化的促动下，新商业文明即信息时代的商业文明正在快速地浮现。电子商务正加速新商业文明的生长与展开。

4.1 电子商务对企业的影响

电子商务对企业特别是中小企业的影响体现在多个方面，包括帮助企业成长、提升企业竞争优势、助力传统企业转型、支持企业创新等。

4.1.1 帮助中小企业成长

电子商务在中小企业成长的各个阶段几乎都能发挥重要作用。大多数中小企业在起步阶段，以"求生存"为基本目标，关注的核心在于"更多的订单"所带来的"更多的销量和收入"。电子商务在帮助中小企业解决"订单难"问题上能发挥实质性作用。调研显示，通过电子商务，中小企业能及时、准确地把握市场信息（占 63.2%），并进一步促进客户数和销售额的增加（占 47.3%）。解决订单问题对于中小企业意味着提高生存的几率，具有至关重要的意义。

【案例】

2004 年，何荣生创立杭州开源艺术品有限公司，通过数字印刷技术生产名画艺术品。从 2005 年到 2009 年，何荣生通过电子商务获得的订单直线上升，销售额从最初的 350 元快速增长到 5 000 万元。回顾应用电子商务开拓市场的过程，何荣生欣喜地说道："短短五年多时间，借助阿里巴巴的B2B电子商务平台，我们的产品快速占领欧美市场。企业注册资本从50万元，增加到了4 000万元；企业用房从租房700平方米，变成了拥有108亩土地；还创建了'CanLuck'和'翰源艺品'两个自主品牌。我们的帆布墙挂艺术画产品成为了国内同行的标杆，我们的企业也成为行业的隐形冠军。"

企业在形成一定规模后进入成长和发展阶段，管理和人才成为新的关注点。专业化的电子商务服务商凭借各自的专业服务能力，为中小企业提供低成本的IT解决方案，支持其信息化进程，在物流、营销等环节帮助企业提高效率，帮助中小企业培养企业管理和电子商务人才，快速提升小企业的竞争力，实现发展瓶颈的突破。

【案例】

搜酷是经营箱包的网店，每天发送2 000～3 000个包裹。以前，采用手工的方式处理订单，打印部有14人负责相关的工作。因为包裹量大，错发、漏发等问题突出。使用"e店宝"软件服务后，订单打印和传送都实现自动化，在包裹量扩大两倍的情况下，错发、漏发的比率非常低，售后服务部门的工作几乎为零，而且打印部人员减少到2人。专业软件的提升作用相当明显。

电子商务带给中小企业的价值是多层次的，如图4.1所示。除了以上几个方面，电子商务在帮助中小企业提升信息化水平、拓展商业人脉、提升企业品牌等方面均有不同程度的促进作用。

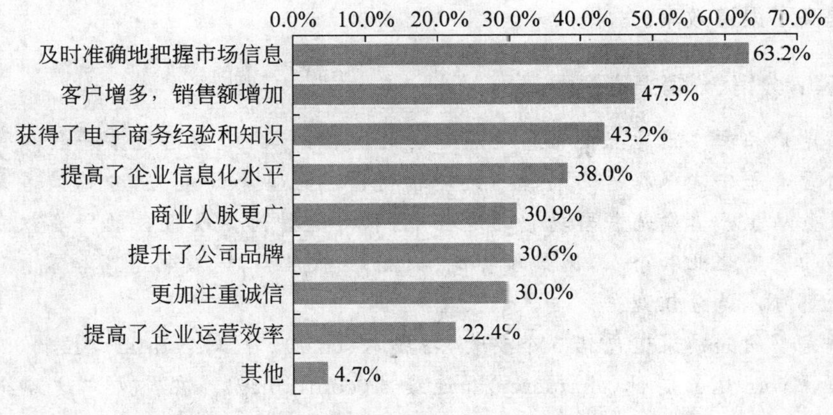

图4.1 电子商务给中小企业带来的价值

来源：阿里研究中心，2009

4.1.2 提升企业竞争优势

电子商务有利于增强企业，特别是中小企业的竞争实力。中小企业通过电子商务，获得与大企业同台竞技的机会，获得来自国内和国外两个市场提供的更为广阔的空间。调研显示，21.7%的中小企业认为应用电子商务后取得了显著的竞争优势，60.2%的中小企业认为有一定的提升作用，如图 4.2 所示。也就是说，80%以上的中小企业都能从电子商务中获益。借助电子商务，中小企业的综合竞争实力普遍增强。

进一步来看，电子商务提升企业竞争优势的核心在于帮助企业降低成本。咨询机构 IDC 研究显示，电子商务平台在降低企业成本方面的作用十分显著，使得企业能够建立起价格优势，同传统销售渠道相比，在线销售的商品价格平均可以降低 10%以上。具体来看，在营销、渠道、仓储、物流、支付等环节，电子商务都能有效降低成本。

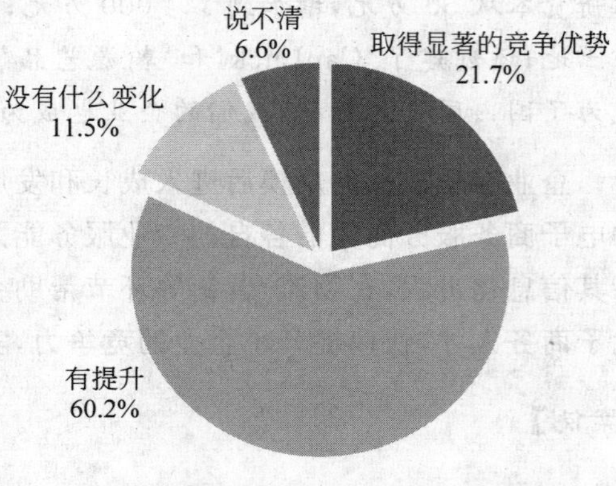

图 4.2　中小企业应用电子商务后的成效

来源：阿里研究中心，2009

1. 降低营销成本

电子商务的营销成本普遍低于传统营销方式，在电子商务平台上，企业不仅可以免费展示产品，还可通过博客、论坛等推动关系营销，并且通过数据监测营销效果，及时调整营销策略。

2. 降低渠道成本

调研显示，相当多的网店卖家绕过分销商，直接向厂商下订单；而企业也可以建立网络直营店，直接抵达海量的用户。传统的多级销售渠道正被缩短为“生产商—网络零售商/网络直营店—海量消费者”的新型渠道体系，简化了产品从生产商到最终消费者之间的层级，提高了渠道效率。

【名词解释：分销、分销渠道】

分销是产品由生产地点向销售地点运动的过程，产品必须通过某一种分销方式才能到达消费者手中。根据著名的营销大师菲利普·科特勒的定义，分销渠道是指某种商品或服务从生产者向消费者转移的过程中，取得这种商品或服务的所有权或帮助所有权转移的所有企业和个人，例如零售商、批发商、代理商，以及制造商和零售商的分支和办事处都可以是分销商。

一个完整的分销渠道包括 6 个要素，即成本(cost)、资本(capital)、控制(control)、市场覆盖(coverage)、特性(character)和连续性(continuity)。在英文中这 6 个因素均以字母 C 开头，因此有人称之为“渠道 6 个 C”。对这 6 个 C 的分析是分销系统的基础。

其中，渠道成本由两部分构成，一是开发的成本，包括固定设备的投资，调研费用。二是维持的成本，包括设备租金、车辆油耗、人员工资等各项可变成本。有些系统开发成本较低，但是维持成本却很高，有些则相反，开发初期需要巨额投入，而后期维持成本却很低。企业在选择分销系统时应从长远发展角度权衡这两种成本。

3. 降低库存和物流成本

零售业的电子商务化，使零售商可以实时了解到商品的销售情况和供求信息，动态调整进货清单，商品积压或短缺的情况显著减少，降低了库存成本。电子商务还可以帮助卖家有效控制物流成本。例如，淘宝网与近20家快递物流企业合作为淘宝用户服务，并推出推荐物流、时效物流和大件物流等细分服务，使卖家能够根据需求选择最经济的物流方式。

4. 降低支付成本

传统的多级分销零售体系中，各级分销商和零售商之间往往存在复杂的账目关系，呆账、坏账比较普遍，并影响到资金的流转速度。电子商务让渠道层级得到简化，有利于财务成本的降低。电子支付帮助企业直接在网上完成支付结算过程。同样的资金规模，更快的资金周转率能够帮助用户支撑更高的业务量。这也是全程电子商务的魅力所在。

4.1.3 助力传统企业转型

越来越多的传统企业在采购、销售、营销等环节应用电子商务。电子商务应用与企业内部价值链深度融合，提升传统企业的资源配置效率、运营管理水平和整体创新能力，并逐步转变发展模式。许多传统企业通过电子商务平台从外贸转型发展内贸，从替知名品牌代工转型为创立自有品牌，或从单一品类扩展为多元化产品线。尤其是在金融危机背景下，众多中小企业借助电子商务转变发展模式，不仅经受住了金融危机的考验，同时还实现了转型升级，成功化风险为机遇。

【名词解释：代工生产、OEM、ODM】

OEM(Original Equipment Manufacturer，初始设备制造商)就是通常所说的“代工”或“代工生产”，基本含义为品牌生产者不直接生产产品，而是利用自己掌握的关键核心技术负责设计和开发新产品，控制销售渠道，具体的加工任务通过合同订购的方式委托同类产品的其他厂家生产。之后将所订产品低价买断，并直接贴上自己的品牌商标。这种委托他人生产的合作方式简称OEM，承接加工任务的制造商被称为OEM厂商，其生产的产品被称为OEM产品。

OEM方式在制造业，特别是在飞速发展的信息技术行业中是极其普遍的。例如，日本为迅速占领市场，降低生产成本，最早采用国际OEM的生产贸易形式；“亚洲四小龙”的腾飞与OEM亦有密不可分的关联；而印度也是通过OEM成为世界最大的计算机软件出口国。在我国台湾地区的厂商早期在国际分工的角色也是以OEM为主要的业务形态，运用充裕的劳动力提供国际市场上所需的产品制造、组装之委托代工服务。

OEM生产的最大缺点在于订单来源不稳定，产品行销、设计阶段的利润无法掌握。因此某些OEM厂商随着产品生产经验的累积及新产品开发活动的投资，逐渐由OEM转型为ODM；部分厂商更是尝试建立自有品牌，直接经营市场，即OBM。

ODM(Original Design Manufacturer,原始设计商)是指一家厂商根据另一家厂商的规格和要求,设计和生产产品。受委托方拥有设计能力和技术水平,基于授权合同生产产品。OBM(Own Branding & Manufacturing,自有品牌生产)指的就是生产商自行建立自有品牌,并以此品牌行销市场的一种做法,从设计、采购、生产到销售皆由单一公司独立完成。

席卷全球的金融危机,使很多中小企业进入了一个"经济寒冬"。大多数中小企业受到了不同程度的影响,如图 4.3 所示。调研发现,总体而言,外贸中小企业所受的影响较内贸中小企业大。具体来看,金融危机对中小企业的主要影响是订单减少和资金回笼放缓,其他的影响还包括影响员工信心、库存增加、坏账增加等。

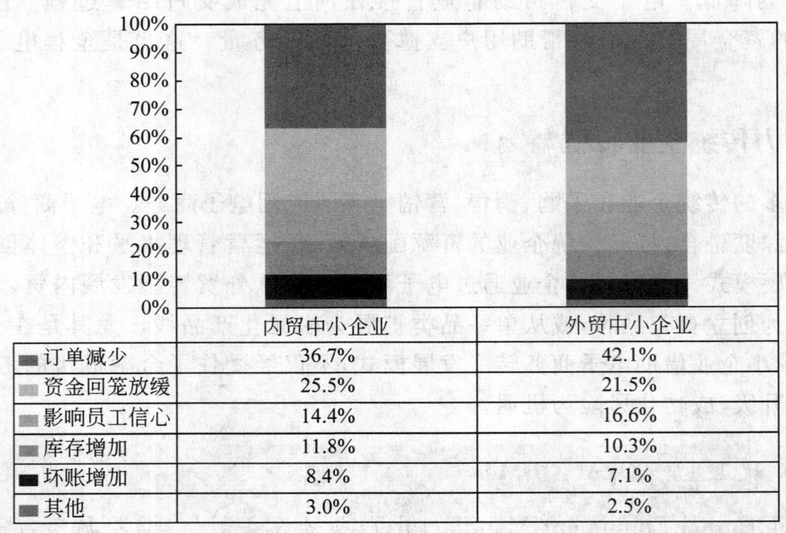

	内贸中小企业	外贸中小企业
订单减少	36.7%	42.1%
资金回笼放缓	25.5%	21.5%
影响员工信心	14.4%	16.6%
库存增加	11.8%	10.3%
坏账增加	8.4%	7.1%
其他	3.0%	2.5%

图 4.3　金融危机给中小企业带来的影响

来源:阿里研究中心,2009

面对影响深远的金融危机,有一部分中小企业因为缺乏实力、应对不及时等原因关闭。但这其中非常值得关注的是,电子商务在帮助中小企业"过冬"方面发挥了明显作用。一方面,电子商务帮助中小企业及时感知市场的变化,提升应对市场变化能力,另一方面,电子商务帮助中小企业低成本地开拓新兴市场,扩展市场空间。调研显示,使用电子商务的线上中小企业在金融危机下的存活率要高出传统线下企业 5 倍。

【案例】

从 2001 年开始,张翔一直为欧美客户代工生产内衣,2 000 人的现代化制造工厂在 2007 年末受到金融危机的冲击,订单和利润急剧下滑,于是决定转向国内市场。在对比了传统渠道和网络渠道后,他决定尝试电子商务。2007 年,张翔投入数百万元建立网站,但在此后的几个月里,网站的访问量非常小,更谈不上销量,他被迫关闭了网站。

2008 年初,张翔进驻淘宝商城,并注册了"歌瑞尔"作为自己的品牌。在淘宝这个电子商务交易平台上，从2008年4月到2009年4月一年间，歌瑞尔销售额突破1 000万元，净利润50%。歌瑞尔作为一个网货品牌渐渐获得网购用户的认可。2010年，歌瑞尔的产品从内衣扩展到家居服装，电子商务团队增长到近百人。通过电子商务平台，张翔不仅实现了从外贸订单加工向网络零售的转型，成功地度过了金融危机，而且开始拥有属于自己的品牌，圆了自己长久以来的品牌梦。

4.1.4 支持企业多层次创新

电子商务为企业提供了全新的市场空间和发展平台，支持企业特别是网商企业在产品、服务、营销、商业模式等实现多层次创新。

1. 产品创新

网商们通过不断开发新产品，丰富产品线，尽可能多地满足消费者个性化、差异化的需求。网商们在产品创新上的实践分为多个层次，有的是对原有产品进行功能或外观上的改进，有的是推出全新的产品，还有的是通过将原有产品全新搭配而赋予新的用途。进一步地，网商们通过系统性创新，克服产品多样化在成本、客户服务等方面带来的新问题。

【案例】

在竞争激烈的家电市场中，“小熊电器”独辟蹊径，大胆尝试，先后开发了酸奶机、煮蛋器、炖盅等新产品，渐渐地形成“早餐电器”系列。因为新颖的产品能较好地满足消费者特别是“上班族”自做早餐的需求，新产品的销量快速、持续增长。“小熊电器”在“早餐电器”寻找到了属于自己的蓝海市场。

2. 服务创新

专业的服务可以满足消费者个性化的需求，也有利于创造良好的消费体验和提升客户忠诚度。服务已经成为商品增值的重要组成部分，也成为企业获得差异化竞争优势的重要源泉。例如，“北美阳光”为客户提供私人营养师的个性化服务；“韩都衣舍”的时尚选款师，为客户提供专业的服饰搭配意见；“爱尚鲜花”在鲜花速递中融入了温馨的情感关怀。

【案例】

服装电子商务企业Justyle独创了一套“客服服务秘籍”：3S+6s=Me。3S代表三大标准(3 Standards)：亲切、可信赖、满意。6s代表6个服务步骤(6 steps)：7秒微笑、探寻需求、主动促销、建议订单、愉快付款、满意评估。Me代表明星客服扮演的角色(亮相、功底、功力、会演、票房、我的奥斯卡)。Justyle在服务创新上的努力获得了客户的充分认可和高度评价，客户对Justyle淘宝旗舰店服务的评分长期保持在4.7分高位(满分是5分)。

3. 营销创新

过去几年，网商们在博客营销、短信营销、搜索营销等方面进行了多样的探索。近一年来，越来越多的网商开始尝试利用微博、问答社区、社会化网络（SNS）等进行社会化营销。

【名词解释：社会化网络、SNS】

社会化网络致力于以网络沟通人与人，倡导通过网络拓展人际关系圈，让用户尽情享受社交和沟通的乐趣。社会化网络以提高网络诚信、建立信任沟通为己任，为互联网应用带来清新健康的新风尚。社会化网络给越来越多的用户带来社交新乐趣用户使用社会化网络的服务，创建诚信安全的个人社交圈，从结交朋友、休闲娱乐、商务投资、学习探讨等一系列的交流活动中获得乐趣。社会化网络的社交圈拓展模式不但帮助用户净化了网络社交空间，而且为用户构建了诚信安全的社交圈氛围。

SNS，是 Social Network Service 的缩写。在互联网领域，SNS 专指旨在帮助人们建立社会性网络的互联网应用服务。对 SNS 最早期的理解可以追溯到 1967 年哈佛大学的心理学教授 Stanley Milgram（1934—1984 年）创立的“六度分割理论”，即“你和任何一个陌生人之间所间隔的人不会超过 6 个，也就是说，最多通过 6 个人你就能够认识任何一个陌生人”，按照这一理论，每个个体的社交圈都不断放大，最后成为一个大型网络。

SNS 进入中国最重要的是形态是社交化，则其含义已经远不止“熟人的熟人”这个层面。例如根据用户经历进行凝聚（如 Facebook、人人）、根据空间主题进行凝聚（如 Qzone、百度空间）、根据社交游戏进行凝聚（如开心网、社交游戏），以及许多 Web 2.0 网站如网络聊天、交友、视频分享、博客、播客、网络社区、音乐共享等，都被纳入“SNS”的范畴。在电子商务领域，“蘑菇街”、“美丽说”这样的购物分享社区也是近年来兴起的一类社交网站，消费者可以在上面分享购物经验、推荐单品和网店、秀搭配、分享购物乐趣等。

通过碎片化的信息与互动的人际网络，网商们以极低的成本准确地定位自己的潜在顾客，与他们建立联系并友好对话。顾客的主动参与和积极互动极大地提升了营销效果。更重要的意义在于网商能够有效聚合先前高度离散的个性化需求，迈出个性化生意的第一步。

【案例】

收藏紫砂壶属于小众爱好，传统的营销方式很难精准地覆盖这方面的顾客。“藏壶者”吴永乐通过微博搜寻、互动，在短短五个月里就找到 2 000 余位紫砂壶爱好者。他通过微博分享选壶、赏壶、养壶的知识和经验，并与爱好者们对话互动。渐渐地，他在微博上形成自己的品牌和影响力，不少微博粉丝成为他的忠实客户。

4. 商业模式创新

在商业模式方面，网商们进行着不断的创新和突破，比如混批、预售、团购、定制等。例如，义乌有超过 100 家网商建立起“混批”网站，在网上把小商品生意做得有声有色；曲美家具采用“预售＋团购＋定制”的模式不断创出佳绩。有的模式尽管不是网商首创，但他们结合电子商务不断创造出新的辉煌。

【名词解释：混批】

混批就是可以在同一个供应商那里同时批发他所供应的不同品种的产品，不受单款产品的装箱数量的限制。

【案例】

义乌网商何洪伟在经营网店的过程发现一个商机：很多网店卖家缺乏货源，而义乌是小商品的海洋，拥有天然的货源优势。于是，何共伟领先于众多卖家，开始做起了网络批发生意。他建立起“万客商城”网站，主营批发各类新奇特家居用品。卖家首次进货时，500元起即可混批，产品的数量、品种均可任意搭配。补货时，用快递发货的不限金额，用物流发货的三百元起。“混批”这一创新，让何洪伟在各类批发网站中取得领先优势。

4.2 电子商务对产业的影响

随着企业应用电子商务日益广泛和深入，以及电子商务服务日益完善，电子商务对物流、IT、金融、会展等传统服务业产生直接或间接的促进作用，并且进一步催生新兴的电子商务专业服务，比如网店运营托管、网络零售代购、网络交易保险、网货质检等。

4.2.1 促进物流、IT、会展等传统服务业的转型发展

物流、IT、金融、会展等服务业在不同环节对企业产生重要的支持和促进作用，电子商务的快速发展，一方面为这些产业提供了新的发展空间，另一方面也提出了新的要求，因而不断推动其转型、创新。

1. 拉动物流行业经济，刺激物流企业变革

电子商务能够引导中国物流企业完成向网络化、信息化的现代物流转型。电子商务平台通过与物流企业建立合作关系，加强对物流配送流程的监控，推动行业服务质量的提升，并带动物流企业管理模式的转变。例如，2008年，淘宝网为物流企业开通了网上订单结算服务，促进物流企业信息化水平的提升；2009年，淘宝网先后推出“限时物流”和“货到付款”等物流配送政策，激励了物流企业配套服务制度的完善。

IDC研究显示，2009年，淘宝网给中国物流业带来约68.4亿元的直接收入，接近中国民用快递行业市场收入的30%。预计到2013年，淘宝网提供的订单业务量将占到中国民用快递市场的近60%。此外，以支付宝为代表的第三方电子支付体系，建立了可靠的信用机制，消除了物流行业电子化的瓶颈，加快了资金周转速度，保障了物流企业的发展壮大。

2. 面向电子商务的IT创新

(1)电子商务技术开放平台

电子商务服务平台通过应用接口(API)对外开放电子商务数据。第三方软件开发

商可以通过这些接口查询在线交易数据库，开发电子商务的配套软件，完善电子商务应用和服务。以淘宝网开放平台为例，自2009年开始，淘宝网在卖家业务、买家业务、无线、物流等领域全面深度开放，引入第三方开发者、企业和服务商。开放的内容涉及电子商务的各个环节，包括开放商品、店铺、交易、物流、评价、仓储、营销推广等。2011年12月，淘宝网开放平台每天提供超过17亿次的API调用，共接入应用数超过30万，较2010年同期增加150%，调用量峰值超过20亿次，成为世界上第7家"API调用十亿级俱乐部"成员。

(2) 电子商务云计算平台

未来的电子商务软件与服务，将广泛部署在云计算平台上。电子商务云计算平台能够作为基础设施，为广大第三方应用提供商业运营资源和高效可靠的计算能力，还可以从基础设施层面推动电子商务平台各模块的资源整合，并进行数据挖掘，提升平台的整体商业价值。2009年9月，阿里巴巴集团创立"阿里云计算"公司，专注于云计算领域的研究和开发。"阿里云"基于分布式运算架构，将大量计算资源集中起来，并提供智能化管理，支持面向中小企业和网商的电子商务在线服务。

【名词解释：API】

API是Application Programming Interface(应用程序编程接口)的缩写，是指一些预先定义的函数，目的是为应用程序与开发人员提供基于某软件或硬件的访问一组例程的能力，而又无须访问源码，或理解内部工作机制的细节。

基于互联网的应用正变得越来越普及，在这个过程中，有更多的站点将自身的资源开放给开发者来调用。对外提供的API调用使得站点之间的内容关联性更强，同时这些开放的平台也为用户、开发者和中小网站带来了更大的价值。

开放是目前的发展趋势，越来越多的产品走向开放。目前的网站不能靠限制用户离开来留住用户，开放的架构反而更增加了用户的粘性。在Web 2.0的浪潮到来之前，开放的API甚至源代码主要体现在桌面应用上，而现在越来越多的Web应用面向开发者开放了API。

像Windows、Google、百度、腾讯、新浪微博等都有开放API平台。淘宝也开放了300多个核心API接口(即淘宝开放平台TOP)，第三方开发者可以通过这些接口访问淘宝数据。

【资料链接：淘宝开放平台TOP】

TOP即Taobao Open Platform(淘宝开放平台)的缩写。淘宝开放平台项目是淘宝网面向第三方应用开发者提供API接口和相关开发环境的开放平台。软件开发者可通过淘宝API来获取淘宝用户信息、淘宝商品信息、淘宝商品类目信息、淘宝店铺信息、淘宝交易明细信息(在取得用户授权的情况下，查询每笔交易的详细情况)、淘宝商品管理等信息，并建立相应的电子商务应用。同时，作为淘宝开放平台TOP项目的唯一合作平台——阿里软件平台在其中也扮演着重要的角色，它将为开发者提供整套的淘宝 API 的附加服务：测试环境、技术咨询、产品上架、版本管理、收费策略、市场销售、产品评估等。

淘宝开放平台是大淘宝电子商务基础服务的重要开放途径，它将推动各行各业定制、创新、进化，并最终促成新商业文明生态圈。淘宝开放平台的使命是把淘宝网的商品、用户、交易、物流等一系列电子商务基础服务，像水、电、煤气一样输送给有需要的商家、开发者、社区媒体和各行各业。

来源：淘宝开放平台 http://open.taobao.com/。

3. 提供会展服务、促进虚拟经济与实体经济融合

在新的商业服务体系中，线上的虚拟经济与线下的实体经济将通过电子商务和会展业实现融合。展会网站涵盖了包括消费品、工业品、原材料等不同类别产品的展会信息，为参展商和展会专业服务商提供互动平台。参展商可以获得展台设计与搭建、礼仪、设备租赁、物流等各环节的服务商信息。

2009 年 5 月，首届网货交易会在广州开幕，3 万名来自全国各地的网店卖家与广东地区的 400 家供应商，通过直接的贸易集市方式实现供需对接；第二届网货交易会于 2009 年 9 月在杭州举行，有 1 200 多家供应商和超过 5 万个网店卖家参会，现场成交额为 2 660 万元，订单成交额近 2 亿元。会展服务打通了电子商务分销商和供应商渠道，推动新的 B2B2C(供应商—零售商—消费者)商业模式的形成。从 2009 年到 2011 年，网货交易会连续举办了 11 届，累计促成订单超过 100 亿元。

4. 开辟中小企业金融信贷的创新模式

融资困难，一直是制约中小企业发展的瓶颈。不同于大型企业，中小企业生命周期较短，发展不确定性大，缺乏足量信用资产，同银行沟通合作不足。这些不利因素，使中小企业成为银行信贷的盲区。金融危机以来，国家实施了积极的财政政策和适度宽松的货币政策，但是中小企业并没有从中获得与大型企业同等的信贷扶持。工信部数据显示，2009 年头三个月，全国信贷规模总量增加了 4.8 万亿，其中中小企业贷款增加额度只占不到 5%。融资问题已经成为改善中小企业经营环境，落实中小企业扶持政策的重点和难点。

阿里巴巴面向中小企业推出无抵押的新型信贷机制“网络联保”。这一机制通过 3 家或 3 家以上企业共同申请贷款、签署联保协议的方式，降低了银行风险；通过中小企业信用数据库，银行可以实时了解企业的资金流向和经营状态，以及过往交易历史和诚信记录，有效控制不良贷款率。此外，阿里巴巴和银行合作，推出凭阿里巴巴订单申请贷款的“供应链贷款”、凭借信用评价申请贷款的“纯信用贷款”，以及传统的抵押物贷款等多种服务模式，满足不同条件的中小企业差异化需求。

以网络诚信体系为基础的“网络联保”贷款，不仅帮助众多中小企业顺利“过冬”，也带动了金融业信贷模式的创新。目前，中国建设银行、中国工商银行等 5 家银行已与阿里巴巴建立网络联保贷款合作，预计今后几年中将有更多银行加入该信贷体系。建设银行副行长赵林说，银行网络联保贷款“具有里程碑式的意义”，是“现代商业银行首次突破传统信贷模式，以网上电子商务的信用度评级作为银行贷款发放的重要依据的一次金融创新”。

数据显示，中小企业获得的网络贷款呈跳跃式增长。2007 年，中小企业共获得网络贷款 2 000 多万元，2008 年跃升至 10 亿多元。截至 2009 年 10 月，阿里贷款共计发放贷款 40.9 亿元，惠及中小企业超过 2 000 家，不良贷款率仅 0.74%，低于此前银监会公布的 1.77%的商业银行平均不良贷款率。截至 2011 年底，阿里金融向 96 800 家小微企业累计发放了 154 亿元贷款。

这种新型信贷机制将获得更广阔的发展空间，其覆盖范围将从上海、江苏、浙江等扩展到广东、北京等地区，贷款金额和受惠企业数量也将继续攀升。

4.2.2 催生新兴电子商务专业服务

随着电子商务应用的深入发展，网商对于电子商务服务的需求也必然越来越大，进一步催生新兴的电子商务专业服务，例如网店运营托管、网络零售代购、网络交易保险、网货质检等。

新兴的电子商务服务（参见表 4.1）对于电子商务应用的普及与发展具有重要的作用，其价值主要体现在：

（1）降低企业或个人进入和开展电子商务的门槛。企业或个人进入和开展电子商务，需要具备多种能力，并且在人力、IT 等多个领域进行投资。此时，各类衍生电子商务服务商则可以帮助商家补足不具备的电子商务知识与技能，进而降低商家进入和开展电子商务的综合成本，跨越知识鸿沟，快速形成电子商务服务能力。

（2）提升消费体验，满足快速、便捷、安全、个性化的消费需求。例如，“淘宝社区店”的出现就可以帮助更多的线下消费者有机会进行网购，充分享受网上购物的丰富、便利、实惠及乐趣。

表 4.1 常见的电子商务服务

领域	说　明	服 务 内 容
技术	工具类软件	满足商家店铺管理需求的工具，如店铺流量统计等
	IT 系统	如后台进销存系统、ERP 等与网店系统对接，独立外店系统、CRM 系统、分销系统等
市场营销	市场研究和咨询	支持商家进入电子商务所需要的市场研究与咨询
	营销推广	低成本地找到适合品牌定位的目标用户流量，包括直通车、淘宝客、搜索引擎广告投放
		淘宝客推广插件
运营与销售服务	帮助商家完成电子商务的运营服务	• 事务性服务，如店铺装修、商品陈列、商品拍照等 • 客服服务，包括通过网络手段、传统电话、Email 等方式进行售前服务 • 分销服务，包括分销渠道建设、分销促销活动、渠道管理等服务 • 人才服务，培养更多电子商务人才，如培训机构、高校等 • 认证、检测服务：认证商家和商品的资质 • 保险理赔服务 • ……

续表

领域	说　明	服务内容
物流	仓储/配送	• 提供物流园区建设、管理的基础设施投资者 • 提供流程、作业标准的服务提供商 • 提供运输、配送服务的运输、配送服务商 • 提供技术支持的管理软件服务商 • 包装材料供应商 • 提供加工、售后服务的流通加工服务提供商 • 提供流通融资服务的流通融资服务提供商
资金流	支付、信用	支付服务
	资金	为电子商务活动服务的各类资本等

来源：淘宝网，2010年

【名词解释：ERP】

ERP是Enterprise Resource Planning（企业资源计划）的缩写，是一个由美国著名管理咨询公司Gartner于1990年提出的企业管理概念，现在已经发展成为一个重要的现代企业管理理论，也是一个实施企业流程再造的重要工具。

简单地说，ERP是一个大型模组化、整合性的流程导向系统，它将企业的物资资源管理（物流）、人力资源管理（人流）、财务资源管理（资金流）、信息资源管理（信息流）集成一体化，把客户需要和企业内部的生产经营活动以及供应商的资源整合在一起，从而达到最佳资源组合，取得最佳效益。

【名词解释：CRM】

CRM是Customer Relationship Management（客户关系管理）的缩写，其目的在于管理企业与顾客的关系，为企业从各种不同的角度来了解及区别顾客，以发展出适合顾客个别需要之产品/服务，使他们达到最高的满意度、忠诚度、维系率及利润贡献度，并同时有效率、选择性地找出与吸引好的新顾客。

在不同场合下，CRM可能是一个管理学术语，可能是一个软件系统。而通常所指的CRM，是指用计算机自动化分析销售、市场营销、客户服务以及应用支持等流程的软件系统。CRM是选择和管理有价值客户及其关系的一种商业策略，CRM要求以客户为中心的企业文化来支持有效的市场营销、销售与服务流程。

【名词解释：淘宝直通车】

淘宝直通车是为淘宝卖家量身定制的，按点击付费的效果营销工具，实现宝贝的精准推广。淘宝直通车推广，在给宝贝带来曝光量的同时，精准的搜索匹配也给宝贝带来了精准的潜在买家。淘宝直通车推广，用一个点击，让买家进入你的店铺，产生一次甚至多次的店铺内跳转流量，这种以点带面的关联效应可以降低整体推广的成本和提高整店的关联营销效果。同时，淘宝直通车还给用户提供了淘宝首页热卖单品活动和各个频道的热卖单品活动以及不定期的淘宝各类资源整合的直通车用户专享活动。

【名词解释：淘宝客】

“淘宝客”是由淘宝和阿里妈妈合作开发，专为淘宝卖家打造，按成交计费的推广模式，之前叫淘客，自2009年1月12日起，正式更名为淘宝客。淘宝客从阿里妈妈拿到卖家待推广商品的链接，在聊天、论坛、博客或者个人网站或其他地方帮淘宝卖家推广，商品买家通过推广的链接进入完成交易后，淘宝客拿到该卖家发布推广商品时承诺的一定比例的佣金。

4.3 电子商务对宏观经济的影响

随着电子商务广泛渗透，电子商务交易规模正从万亿数量级向十万亿数量级迈进，电子商务对宏观经济产生日益深远的影响，特别是在助力经济增长方式转变、促进区域经济发展等方面。

4.3.1 助力经济增长方式转变

金融危机冲击的背后，是中国经济增长方式如何转变的问题，即“出口拉动”如何转向“内需驱动”？“丰盛的中国制造”如何对接“旺盛的国内消费需求”？

未来几年，国际贸易将重新洗牌，出口导向型的发展中国家，将更多关注国内需求，发达国家则将加大对海外市场的投入；全球贸易体系需要提升效率，成熟行业将面临更多的重组与整合，新兴产业则会得到更多扶持。

值得中国深思的是：单一的来料加工模式支撑了过去20年的繁荣，也导致了经济体系的脆弱，中国的中小企业需要改变过分依赖外贸出口的经济模式，向复合经营转型；中国的多数中小企业以贴牌生产为主，仅能获得短期的微利。政府需要引导中小企业走上品牌之路，提升产品的附加价值。

电子商务能够有效地支持上述转变。借助电子商务，中小企业能够在外贸基础上，继续打通内销、零售、专业市场、网络销售等多种渠道；电子商务正在创造更多的网络品牌，中小企业能够突破传统市场的束缚，通过互联网直接服务全国乃至海外的顾客，迅速确立自主品牌。

IDC研究发现，电子商务可以有效地帮助中国企业实现“出口转内销”，减缓金融危机带来的不良影响，为经济复苏赋能。在经济低迷、出口贸易严重萎缩的恶劣环境下，中国的B2B电子商务仍保持较快增长。

同时，电子商务在生产、流通和消费过程中的广泛应用，能够提高物质资源的使用效率，降低物质资源的消耗水平，减少对环境的影响，具有良好的环保效应，有助于经济增长从高能耗、高污染向低能耗、低污染转变。

中国社会科学院中国循环经济与环境评估预测研究中心发布的《电子商务发展的环境影响》报告明确指出：相较传统商务模式，电子商务可以显著减少能耗。这主要体现在：(1)电子商务能够减少传统商务活动在广告营销方面带来的能耗；电子商务节约实体店开店和节约社会仓储面积，从而减少相应能耗。(2)由于电子商务物流延长了物流路线，增加了网上交易平台能耗和个人网上购物能耗，在一定程度上带来了能源消耗的增加，但总体而言，电子商务对于减少能耗具有明显效应。

另外，欧盟研究了电子商务到2020年的环境影响。根据这份研究，电子商务发展对总能源消费有降低的影响，有利于提高可再生能源在电力供应中的比重，能够减少总温室气体的排放，还能够减少旅客运输量，减少私人轿车使用。这些都是电子商务对环境的正向影响。

4.3.2 促进区域经济发展

我国经济正处于工业经济向信息经济转型的过程，传统经济增长模式不堪重负，经济转型已经成为必然。中国经济发展中“不平衡、不协调、不可持续问题依然突出”[①]。城乡区域发展不协调尤为明显。

电子商务的发展，有利于促进区域经济、特别是中西部地区经济的发展。数据显示，2010年度淘宝网各省成交金额的前十位中，东部沿海地区仍然占据其中8席，但中西部地区网购增速已超过沿海地区。2010年淘宝上交易额增长最快的三个地区有两席是二三线地区，2010年购买人数增长最多的前三个省份湖南、河北和河南都不是东部沿海省市。

此外，随着越来越多的商人开始应用电子商务，加入网商队列，特别是产业集群、专业市场中的商人大规模集体“上网”，电子商务为产业集群、专业市场注入了新的活力，有助于促进产业的升级发展，并进而带动区域经济的发展。近几年，浙江、广东、江苏等地网商所取得的成就，特别是在经济危机中相对于传统商人所表现出的优势，正充分地说明了这一点。而各地政府不遗余力地大力发展电子商务，把电子商务作为产业升级的有力武器，则从另一方面方面证明了网商和电子商务的价值。

4.4 电子商务对社会发展的影响

随着电子商务应用广泛扩散、电子商务服务快速崛起，电子商务在社会发展方面正发挥着日益重要的影响。在中国经济持续增长，同时也在经历经济转型发展的背景下，电子商务在促进就业、创业和为农村发展提供新舞台等的价值尤其值得重视。

4.4.1 多层次促进就业与创业

电子商务成为创造就业机会的新动力。一方面，电子商务的发展直接创造就业机会。

---

① 中共中央关于制定国民经济和社会发展的第十二个五年规划的建议. 2010年10月. http://news.xinhuanet.com/politics/2010-10/27/c_12708501.htm.

越来越多企业应用电子商务，以及电子商务服务业本身的发展，创造出大量新的就业机会。据不完全统计，2009 年上海来自电子商务的新增就业岗位接近一半，浙江约 1/4，广东近 1/5。另一方面，电子商务通过带动起来的相关产业发展，间接为社会提供更多的就业机会。例如，电子商务带动物流业的发展，物流业又带动相关领域的就业岗位的增长。2008 年，我国社会物流从业人员约 2 000 万人，物流业每增加 1 个百分点，就可以新增 10 万个就业岗位。根据测算，在网络零售中平均 1 个直接就业可以带动 2.85 个间接就业。以淘宝网为例，至 2011 年 12 月底，通过淘宝网实现直接就业的人数约 270.8 万，同比增长 48.5%，并且另外带动约 770 万人间接就业。在促进就业方面，电子商务具有显著的"乘数效应"。

中国正处于城市化进程的关键时期：庞大的人口基数、国有企业员工再就业、大学扩招和农民工进城等因素，使中国一直承受着巨大的就业压力。2008 年下半年爆发的金融危机使以出口为主导的劳动密集型行业遭受冲击，就业形势愈加严峻。

电子商务的快速发展离不开物流服务的支持，中国网络零售市场的繁荣有效推动了物流行业的扩容。网络零售平台不断增长的订单量，是第三方物流公司重要的业务来源之一。以淘宝网为例，到 2011 年 12 月底，淘宝网日订单达到 800 万件，其中实物订单在 7 成左右。IDC 通过对物流行业人员配置的调研分析，预计到 2012 年底，淘宝网给物流行业带来的就业超过 40 万个。

电子商务创业具有门槛低、起步快、机会多、空间大等优点，越来越多创业者和创业团队选择了电子商务创业。网商群体的壮大和成功，也吸引更多的人加入其中，从而有力地推动了创业。更进一步，网商发展壮大后，必然增加对电子商务相关人才的需求，从而创造出了新的就业机会。

4.4.2 为农村发展提供新舞台

近年来，全国各地不断涌现出农民网商创业的"星星之火"，通过网络销售农产品、当地土特产和优势产品，开辟了一条全新的发家致富路。特别是 2009 年下半年以来，农民网商创业的氛围更加浓郁，由农民个体扩展到村、镇、县的大规模农民群体，如江苏沙集镇、浙江义乌青岩刘村、河北清河县，这些地方逐步形成了一个个农民网商集群。

【案例】

河北省邢台市清河县是我国最大的羊绒纺纱基地。从 2007 年底开始，村民们先后开通网店卖羊绒线，两年多来，很多村民实现了跨越式的发展。据清河县县委的工作人员介绍，东高庄村 400 户村民，注册的品牌竟有 400 多个，年销售额在 100 万元以上的达到了 20 多家[①]。

从农民网店的发展可以看出，一些农民网商已经从卖农产品、土特产的初级阶段，发展到了联系当地工厂，采取品牌分销代理、代发货、委托加工等多种形式，并尝试销售当地的优势产品。在网店销售的有力拉动下，当地工业产业也得到带动，如江苏沙集镇已由原

① 郭炳华，闫秀真．清河有个"淘宝村"．农民日报．2010 年 5 月 18 日．http://www.farmer.com.cn/wlb/nmrb/nb1/201005180009.htm.

来的“木材销售镇”成为新的“木材加工生产基地”，有家具加工厂33家[①]。

随着宽带网络的普及，农村网民成为一支不可忽视的力量。根据中国互联网络信息中心发布的数据，截至2011年12月底，我国农村网民规模已达到1.36亿人，占整体网民的26.5%[②]。十多年来，电子商务的发展深刻影响了城镇居民的购物习惯，现在，也逐渐影响到了广大农民，并为农村发展提供了全新的舞台。

4.5 电子商务催生新商业文明

回顾历史，从农业时代到工业时代再到信息时代，社会经济变革在很大程度上都遵循了一个演变逻辑，即“技术改变商业，商业改变社会”。随着信息技术被日益广泛地应用到各个领域，信息的制造、贸易、消费等各个环节产生关键性影响，新的商业文明即信息时代的商业文明正在浮现。

4.5.1 商业文明的演进：从工业社会到信息社会

19世纪末，信息技术已经无法处理由工业活动（例如庞大而复杂的铁路公司）、全球贸易以及民族国家复杂的社会经济事务所带来的海量信息。制表机和打孔机等的陆续发明，意味着处理信息的技术开始了酝酿和起步的进程。直至后来人们熟悉的电子计算机的发明，处理信息的技术才终于追上了处理物质和能源的技术，使得社会经济系统的运转重新恢复了均衡。

20世纪下半叶，信息开始逐渐与土地、资本和劳动力一起成为了关键性生产要素，乃至成为核心要素。信息的生产、加工、传输对社会经济产生关键性影响的历史时代，即被认为是信息时代。正如吴敬琏先生所指出：人们常将信息通信技术同火车、电力等一起列为革命性的重大通用性技术，不过，信息通信技术对人类社会经济运行方式的影响，远远超过了其他的通用技术。信息通信技术将人类带入了知识社会。财富创造将更多地取决于知识创造、获取和利用的效率。

正如工业时代的到来不等于工业文明的成熟，信息时代的到来也不等于信息文明的成熟。从工业时代的发展来看，工业时代早已到来，但直至电力的普遍应用，支撑起大规模流水线的生产方式，工业文明才得以实质性展开，及至后来以沃尔玛为代表的大规模零售的产生，工业文明才逐步达到了成熟。以此对照信息时代的发展，我们也可以认为，信息时代虽然自上世纪初已经开始，但其实质性展开则将始于计算服务的普及。当前流行的云计算的模式与理念，以及它准备大规模提供的计算服务，就非常类似于促动工业时代走向成熟的公用中央电厂。

“技术改变商业，商业改变社会”，农业时代、工业时代和信息时代的社会经济变革，在

① 李晓航．睢宁县“农户＋网店”模式促农民致富．http://www.xz.gov.cn/zwgk/shgl/shjj/20091211/930071517264.html.

② 中国互联网络信息中心．中国互联网络发展状况统计报告．2012年1月．

很大程度上都遵循了这一演变逻辑。图 4.4 揭示了信息时代的商业文明演进。

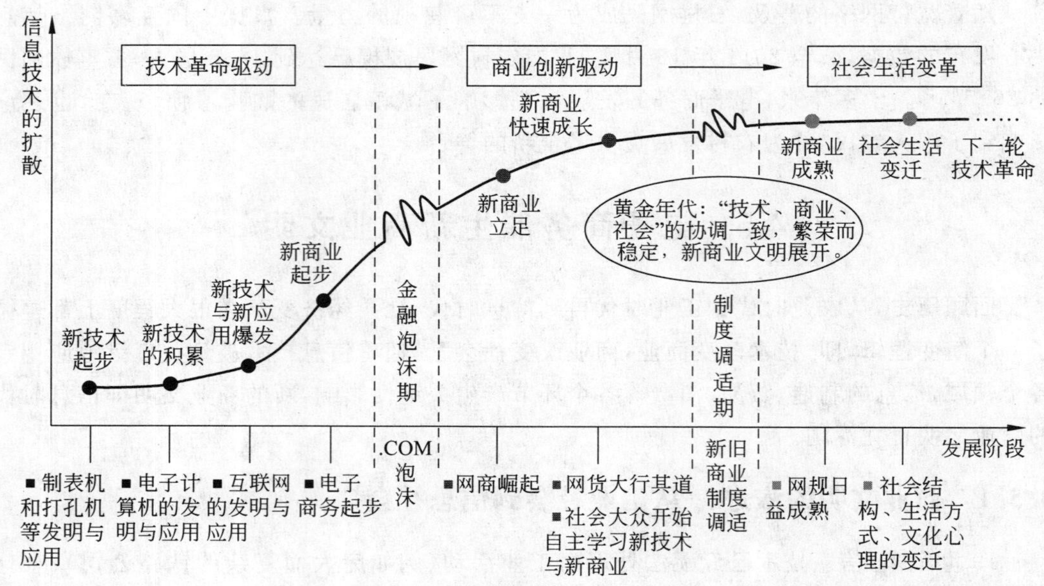

图 4.4　信息时代的商业文明演进

来源：阿里研究中心

4.5.2　浮现中的新商业文明

在网络化和全球化的促动下，经由网商等商业主体每一天、每一点的创新实践，一个新的商业世界，乃至一个新的商业文明正在快速地浮现、生长与展开。诸多事实已经表明，这样一个新商业文明的发端，将是人类商业史上的一次跃变："诚信、透明化、责任、全球化"是它的前提，"网商、网货、网规"是它的支柱，"信息时代的商业文明"则是它必然的演进方向。

新商业文明在今天的加速到来，有其社会经济方面的契机。从推动力来看，十余年来，互联网为代表的信息技术，加速渗透并直接改变了商业形态、商业规则，而新的商业则带动了社会经济形态的巨变。当前，互联网这一核心推动力所激发的商业革命，已处于爆发的前夕。

2008 年以来的全球金融危机，则集中地暴露了既有的工业文明的内在不足。西方工业文明的环境下，生产者与消费者之间、所有者（委托人）与管理人（代理人）之间存在着大量的中间环节（迂回经济），其结果就是不可避免地会出现欺诈、库存等现象。此外，西方工业文明环境下消费为生产而存在、消费缺乏节制，消费者福利被牺牲，自然环境被污染，以及人的异化等诸多弊端，也再一次地被学者所关注和思考。这一事件，加速了全球对传统工业文明的反思，必将引发制度重建与文化反思。

"网商、网货、网规"，是新商业文明在互联网条件下的具体展现。如果我们把视角放宽、放远，想象一下新商业文明的未来样貌，将会有更多令人激动的发现。

【名词解释：新商业文明】

新商业文明即信息时代的商业文明。

信息技术革命引发生产力、生产关系和生产方式的变革，正在形成新的文明范式。新商业文明既有一般文明和商业文明的共同特征，也有自身新的特点，包括主体的新（网商）、环境的新（网络生态）、规则的新（网规）等。新商业文明拥有开放的产权结构与互动关系，追求透明的信息环境，倡导共有的分享机制，奉行对等的责任关系，开放、透明、分享、责任是新商业文明的四个基本准则。

来源：2010年新商业文明论坛. 新商业文明宣言. 2011年9月。

1. 信息时代的商业基础设施日益成熟

每一时代都有与其相适应的商业基础设施。例如，农业时代有水利设施或乡村集市，工业时代则是运河、邮政、电报和电话网络、电力网络、交通网络等。而信息时代最具代表性的商业基础设施，在今天已经显现出了雏形：正处于发育过程中的各类云计算平台，将有可能成为提供公用计算服务的巨型计算中心，它们也将成为信息时代商业文明的基础设施。

在《IT不再重要》一书里，作者重点阐释了私有电厂向中央电厂的转变，是如何激发出了电力的全部能量。当从20世纪开始时，美国有5万个私人发电装置在运营，但大型中央电厂的发展，体现出了良好的规模经济效益。很快越来越多的客户改由公用电网供电。1930年，中央电厂的比例就占到了80%。作者分析认为，公用电网这种技术改造的精华在于：它极大地改变了社会中的经济交换。实际上，电力的普及应用，直接支持了大规模流水线生产的到来。

提供公用运算的云计算平台，终将替代小型的、分散的计算中心。而公用计算系统的成熟，也将为信息时代的商业文明提供良好的基础设施。这一设想正在快速地成为现实。随着软件服务化和软件互联网化的快速发展，作为电子商务基础服务的“商业云”理念应时而生并得到了业界的普遍认可。

2. 大规模定制乃至个性化定制的商业模式将大行其道

在商业模式层面，如果说工业时代的经济活动是以生产商为中心，那么信息时代的商业模式将会是以客户和消费者为中心、按需驱动、先消后产的大规模定制，乃至个性化定制。电子商务平台企业阿里巴巴公司提出的CBBS战略，也即这一含义：这一战略认为消费者（C）乃万物之源，商业模式将是以消费者的需求带动企业（BB，渠道商和制造商），并辅以各类生态服务伙伴（S）。

这一点在当前已经部分地成为了现实，并可能在未来成为一种普遍的现象：大规模定制的基石“柔性化生产”，在过去一段时间以来已经较为成熟；社会化的物流服务网络，至少在发达国家也已经成为普遍化的现实；互联网的到来，则为大规模定制的普及提供了最后一个环节——个性化营销，与个性化营销相适应的，则是电子商务市场的巨大规模，使得个性化定制模式在经济上成为了可能，原本由于市场狭小而无法成立的个性化小生意，现在也得以成立了。

3. 企业竞合将走向商业生态圈的格局

在企业竞合层面，商业生态圈将日益成为企业竞合的主流形态，而传统的价值链形态也正在演变为价值网形态。实际上，商业生态圈在线下也同样存在，但互联网和电子商务的发展，则推动几乎所有的商业领域都走向生态化的良性格局。以电子商务平台为例，平台内部、平台与其用户之间、用户之间、平台与合作伙伴之间都发生了显著的、而且是大规模的生态化演变。

4. 企业组织将走向开放、透明

在电影业，不同人群会围绕着一个电影组成一个临时性的剧组，当拍摄完成，剧组也就自然解散。这样的组织形态，会是未来所有企业的发展终局吗？结论当然是否定的，但这一形态所具备的一些特性，却将必然在未来的企业组织中得到体现。

工业时代的企业组织，典型表现为金字塔的等级制，员工与企业是一种从属关系，企业与市场也界限分明，企业与消费者更是边界清晰。然而在信息时代，随着交易成本的降低，企业的组织边界越来越模糊，不确定、迅速变化的交易环境，也需要企业做出更大的改变。未来的企业组织可能会发生这样的演变：企业与市场的边界将越来越模糊(例如“众包”)；企业与社会的关系越来越一致化(商业模式与社会责任统一)；企业内部将走向结构扁平化、信息透明化(员工将获得更多的信息，金字塔结构也将走向扁平化)；此外，消费者也将获得更多的权力(例如参与到企业的决策之中)。

5. 商业变迁将引发社会结构与生活形态的转变

技术改变商业，商业改变社会。随着新商业的发展，社会生活也将发生一系列变迁。

第一，是经济生活与社会生活的融合，工业时代的“经济人”将回归为更加全面的“社会人”，社会网络也将嵌入经济行为(例如，以社会网络构建诚信体系，可降低交易成本)。

第二，工业时代的消费分层以及背后的生产过程，通常表现为一种金字塔状，层间差异大，层内同质化，而信息时代的消费分层，则将更多地呈现出一种蜂窝状结构(扁平化，以兴趣和爱好而实现区隔与分化、存在多个中心)，其背后的生产过程由此也将走向定制化。

第三，在就业结构方面，越来越多的社会成员，其工作领域将与互联网商务活动密切相关，而互联网商务活动也将更多地体现为一种信息处理的活动。国际咨询机构 IDC 研究显示一项研究中曾预测：到 2010 年底，阿里巴巴 B2B 平台涉及中小企业专业电子商务人员达到 1 520 万[①]。托夫勒在《再造新文明》一书中，也提及了这种就业结构的转变：第三次浪潮“历史的转折点，在美国约是在 1955 年后的 10 年间出现，白领及服务业劳动者的人数，在这 10 年间首次超越了蓝领劳动者的人数。”

第四，在生活形态方面，居住、生活、工作、学习将可能走向一体化，SOHO 式或“宅经济”的形态将越来越普遍。而工业时代，这些“场所”之间则是相互割裂的：学习在提供标准化教育的学校；生活在家庭；工作在企业的办公室。

---

① IDC 与阿里研究中心合作. 电子商务服务业及阿里巴巴商业生态的社会经济影响. 2010 年 1 月.

6. 商业文化将体现诚信、分享、平等、责任的特性

在商业文化层面，诚信、分享、平等、责任将真实而具体地体现在每一位商业主体的心智结构与行为模式之中。在目前的网商群体中，这些要素已经显著地体现了出来：

- 诚信：自发、草根、透明、可积累、可实现价值，它不仅是美德，更是必需。
- 分享：互联网环境下基于兴趣和爱好去分享已经是一种普遍的现象，网商群体中也发现，越善于分享的网商越容易走向成功。
- 平等：中小企业和个体创业者以及消费者将掌握更多信息，拥有更多的权力。
- 责任：在一个透明化的商业环境下，扬善（如基于网络信用去申请网络联保信用贷款）惩恶有了强烈的现实性与必然性。

7. 商业变革将引发一系列与信息时代相适应的制度变迁

先进的生产力要求与之相适应的生产关系，信息时代的商业文明也需要与之相适应的制度框架。

事实上，正如很多专家所指出，网络化和全球化将引发一系列的、多个领域的制度变迁，工业时代的制度体系的理念、原则、框架、细节，可能都将或多或少地发生改变。诸如"反垄断、知识产权"等工业时代形成的制度框架，至今仍在发挥着良好的促进社会整体利益、鼓励创新的功能，但由于信息经济的独特性，如开放、分享等，这些工业时代形成的制度框架，可能因此需要重新定义。而制度变迁的过程，将可能既包括在原有框架内进行调整，也包括创设全新的制度框架。

以网络联保贷款为例，这种基于企业的网络诚信度去为其提供贷款的模式，就带动了银行业的制度创新，改进了银行与中小企业之间的协作关系。

8. 自治、平衡将成为未来治理框架的重要原则

在公共事务和社会治理的视角下，人们不难发现，各类云计算平台等商业基础设施，将具备很强的公共基础设施的特性，它的定位及治理将不同于一般性的商业主体。其治理框架中将可能引入利益相关方，并需要保证一种多边互动机制的有效性。

而在用户群体内部，以及用户与商业基础设施之间，正如有研究者已经指出的，也将体现为一种自治、平衡和有序的良性互动格局。当用户参与了生产过程（如互联网上的"用户产生内容"），当用户相互之间做出评价（如网络诚信体系），当用户"公投"了企业的某项决策，当用户在互联网平台上交流、交友、交易，他们就是这个商业社会的"商业公民"，而不再是被隔绝于企业之外、承担单一的被动角色的消费者。

上述8个方面属于对未来的想象，然而它们又不仅是想象。随着商务基础设施正在走向成熟，随着大规模定制的商业模式日益普遍，随着商业生态的不断演进，"企业组织、社会生活形态、商业文化、制度框架、治理结构"等多个方面的转变，实际上也已经开始。如果一定要寻找一个最确切的事实，那就不妨观察社会成员的流动方向，当前最显见的结果就是：越来越多的企业和个人，已经开始主动地、大量地学习新商业相关的新技术、新产品、新应用、新模式等知识，而原本新奇的互联网商业，也正在走向"常识化"；随着时间的推演，越来越多的人将能够真正理解新商业的发展方向，视之为必然趋势，并努力去把握这一进程中属于自己的机会。

第5章 中小企业电子商务应用与服务

中小企业是中国经济发展的重要引擎，以其“小而美”的优势特征，近年来发展迅速，在国民经济和社会发展中的地位和作用日益增强。中小企业在飞速发展的过程中面临成本、订单、融资、管理等多重困境。

中小企业电子商务应用在一定程度上缓解了企业自身困境所产生的影响，加速了企业升级转型，降低了社会交易成本，提高了整个社会的资源配置效率。随着电子商务服务业的产生和蓬勃发展，推动了整个社会的发展进程。未来，电子商务将被越来越多中小企业认可，中小企业对电子商务的投入也将不断增加。

5.1 中小企业发展状况

中小企业是中国经济最活跃的群体，以其自身小巧、多样、灵活的特征，在中国经济发展大环境下独具特色，一定程度上代表了中国企业未来的竞争力。与此同时，中小企业在生存和发展过程中，面临多重困境，主要体现在成本问题、订单问题、融资问题、管理问题四个方面。

5.1.1 中小企业概况

中小企业是中国经济最活跃的群体，是中国经济发展的重要引擎。中小企业的竞争力在相当程度上代表了中国企业未来的竞争力。

根据国家发改委统计数据，截至2007年6月底，我国中小企业达4 200万户(包括个体工商户)，占全国企业总数的99.8%以上。根据《中国中小企业蓝皮书——现状与政策(2007—2008年)》的数据，中小企业占中国企业总数90%，其产值占全国GDP的65%，贡献了50%的税收，80%的就业机会。

1. **中小企业特征及分布**

(1) 中小企业特征

① 小、灵、快。与大型企业相比较，中小企业的首要特征之一，即指企业规模小、经营决策权高度集中，但凡是小企业，基本上都是一家一户自主经营，使资本追求利润的动力完全体现在经营者的积极性上。由于经营者对千变万化的市场反应灵敏，实行所有权与经营治理权合一，既可以节约所有者的监督成本，又有利于企业快速作出决策。

其次，中小企业员工人数较少，组织结构简单，个人在企业中的贡献轻易被识别，因而便于对员工进行有效的激励，不像大企业那样在庞大的阶层化组织内容易产生怠惰与无效率的情况。可见，中小企业在经营决策和人员激励上与大企业相比具有更大的弹性和灵活性，因而能对不断变化的市场作出迅速反应。所谓企业小、动力大、机制灵活且有效率。当有些大公司和跨国企业在世界经济不景气的情况下不得不压缩生产规模的时候，中小企业却在不断调整经营方向和产品结构，从中获得新的发展。

② "小而专"、"小而精"、"小而美"。中小企业由于自身规模小，人、财、物等资源相对有限，既无力经营多种产品以分散风险，也无法在某一产品的大规模生产上与大企业竞争，因而，往往将有限的人力、财力和物力投向那些被大企业所忽略的细小市场，专注于某一细小产品的经营，从而不断改进产品质量，提高生产效率，以求在市场竞争中站稳脚跟，进而获得更大的发展。从世界各国的类似成功经验来看，通过选择能使企业发挥自身优势的细分市场来进行专业化经营，走以专补缺、以小补大、专精致胜的成长之路，这是众多中小企业在激烈竞争中获得生存与发展的最有效途径之一。此外，随着社会生产的专业化、协作化发展，越来越多的企业摆脱了"大而全"、"小而全"的组织形式。中小企业通过专业化生产同大型企业建立起密切的协作关系，不仅在客观上有力地支持和促进了大企业发展，同时也为自身的生存与发展提供了可靠的基础。

③ 小批量、多样化。一般来讲，大批量、单一化的产品生产才能充分发挥巨额投资的装备技术优势，但大批量的单一品种只能满足社会生产和人们日常生活中一些主要方面的需求，当出现某些小批量的个性化需求时，大企业往往难以满足。因此，面对当今时代人们越来越突出个性的消费需求，消费品生产已从大批量、单一化转向小批量、多样化。虽然中小企业作为个体普遍存在经营品种单一、生产能力较低的缺点，但从整体上看，由于量大、点多、且行业和地域分布面广，它们又具有贴近市场、靠近顾客和机制灵活、反应快捷的经营优势，因此，利于适应多姿多态、千变万化的消费需求；凡是在零售商业领域，居民日常零星的、多种多样的消费需求都可以通过千家万户中小企业灵活的服务方式得到满足。

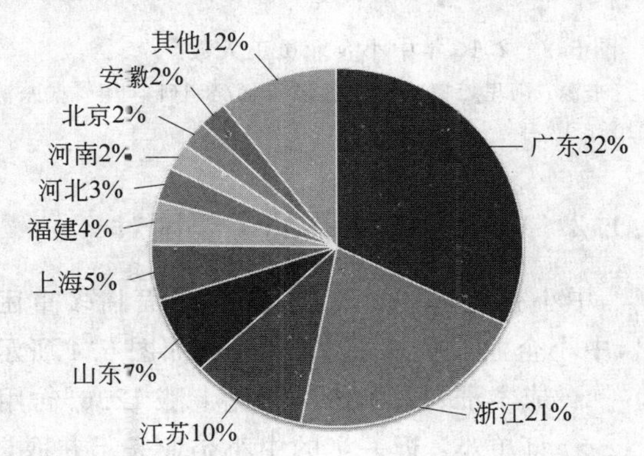

图 5.1　中小企业样本省份分布

来源：阿里巴巴中小企业经营状况调研，2010 年 12 月

(2) 中小企业分布

2010 年中小企业生存状况调研在全国范围内，共抽取 3 997 家中小企业有效样本，比较客观地反映了 2010 年中小企业的经营状况，如图 5.1 所示。具体样本地区分布：沿海地区企业数超过 79%(广东 32%，浙江 21%，江苏 10%，山东 7%，上海 5%，福建 4%)。

2. 中小企业经营及人员概况

(1) 人员数量

近 5 成中小企业员工人数为 10～50 人。

中小企业员工规模普遍较小，《2010 年中小企业生存状况报告》数据显示(如图 5.2 所示)，9 成以上的中小企业员工人数低于 300 人；10 人以下的小微企业占比不足 2 成，逾

40%的中小企业员工人数集中分布在10～50人之间。

(2) 经营规模

平均每家中小企业年销售额约1 614万元，中位数接近500万元，样本总数4成以上的中小企业年销售额不足500万元，如图5.3所示。

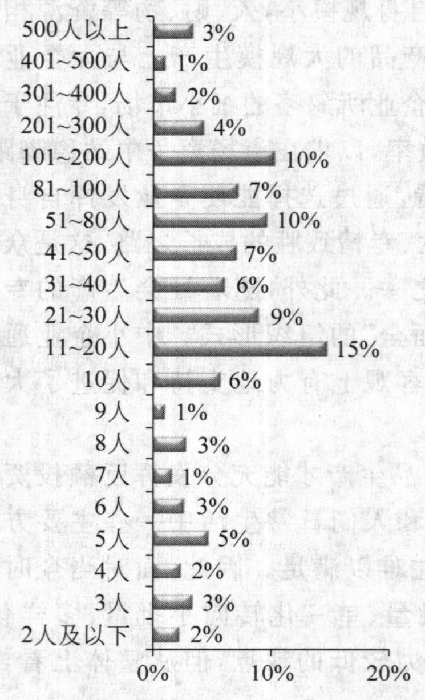

图5.2　2010年中小企业员工人数

来源：阿里巴巴中小企业经营状况调研，2010年12月

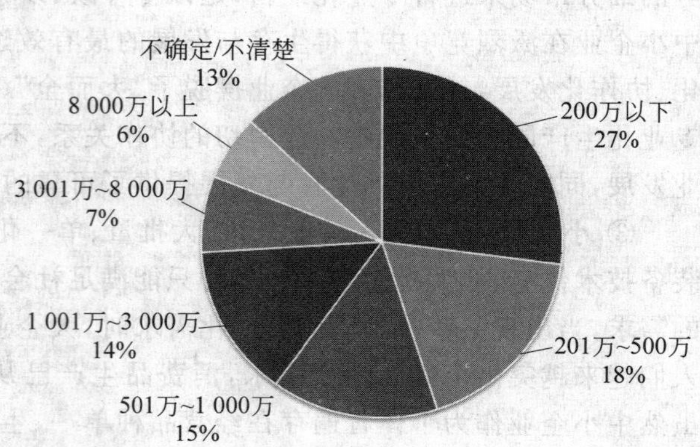

图5.3　2010年中小企业销售收入

来源：阿里巴巴中小企业经营状况调研，2010年12月

5.1.2　中小企业面临的主要困难

中小企业生存和发展过程中，面临多重困境。《2010年中小企业生存状况报告》指出，中小企业面临如下主要困难，如图5.4所示。

- 成本涨：采购价格同比上涨12.6%，用工成本同比上涨14.8%。
- 订单难：近一半的中小企业表示获取订单较难。
- 缺钱、缺人：超过两成的中小企业出现资金短缺、用工短缺问题。

总体来看，无论2008—2009年宏观调控政策宽松，还是2010年至今政策开始收紧，中小企业经营始终面临原材料成本上升、劳动力成本上升、订单困难、用工荒、融资成本高等问题。其中，出口型企业对汇率敏感，内贸型企业产能相对订单过剩，同质化严重。

此外，中小企业也同时面临着管理问题、支付问题、信用问题、储运问题、技术创新等方面的挑战。

1. 成本问题

2011年6月，《小企业经营与融资困境调研报告》报告指出，以小企业面临的两大压力“劳动力成本上涨”、“原材料成本上涨”为例，2010年以来，压力系数分别达到了

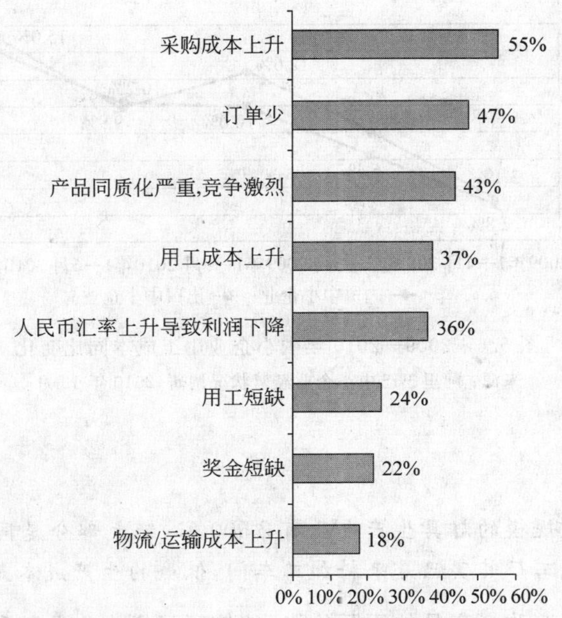

图 5.4　2010 年中国中小企业经营困难

来源：阿里巴巴中小企业经营状况调研，2010 年 12 月

81.67％和 81.43％的高值。而在 2010 年以前，这样的系数仅为 52.10％和 55.56％，可见成本问题已经成为困扰小企业发展的首要问题。

《2010 年中小企业生存状况报告》数据显示，2010 年中小企业采购价格同比增长了 12％～13％，创 2009 年以来最大涨幅，如图 5.5 所示。

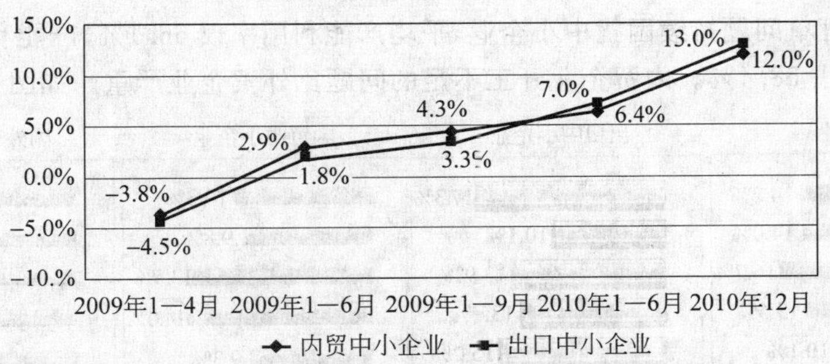

图 5.5　2009—2010 年中小企业采购价格同比变化

来源：阿里巴巴中小企业经营状况调研，2010 年 12 月

2010 年用工成本的上涨幅度创金融危机以来新高，达到 14.8％，如图 5.6 所示。

在调研中发现，2010 年，中小企业的产品销售价格同比增长仅 4.5％，尽管面临成本上涨的压力，但较充分的市场竞争制约了产品销售价格的上涨幅度。

中小企业难以通过提高产品价格来消除生产成本上升的影响。在这个高度竞争的市场中，产品高度同质化，企业缺少通过品牌建设、核心技术等提升利润的能力，普遍缺乏盈利增长点。

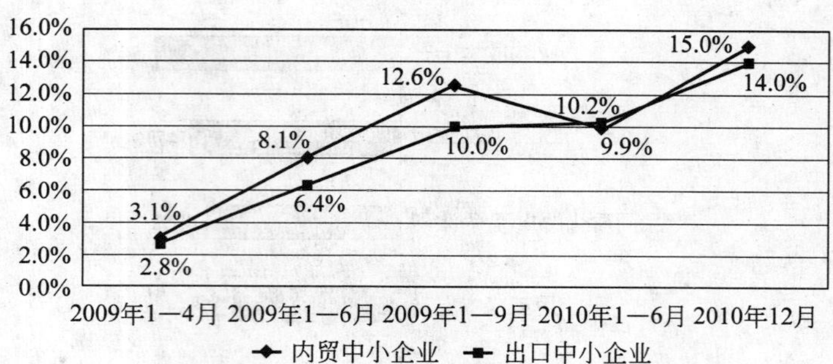

图 5.6 2009—2010 年中小企业用工成本同比变化

来源：阿里巴巴中小企业经营状况调研，2010 年 12 月

【案例】

中山市具有一定规模的灯具生产企业有 2 500 家，绝大部分是同质商品的价格竞争。珠三角的很多欧美代工厂其实只是来料加工车间，低廉的生产成本是他们的生存之本。

生产成本上升没有改变产品的国际价格，却挤压了中小企业的利润，缩小了中小企业的生存空间。

2. **订单问题**

中小企业经营困难的第二表现是：订单量逐步萎缩，开工率下滑。受原材料价格波动及人民币升值等不稳定因素的影响，来自欧洲、北美的采购商谨慎下单，中小企业谨慎接单，成交的订单以额度小及结算周期短的订单为主。小额的短周期订单不利于国内中小企业规模化生产以降低成本，一定程度上减少了企业开工率。

2010 年，订单问题持续困扰中小企业，平均产能利用率仅 66.1%，产能利用率超过 70%的中小企业仅占 58.4%。内贸企业开工不足的问题比外贸企业严重。如图 5.7 所示。

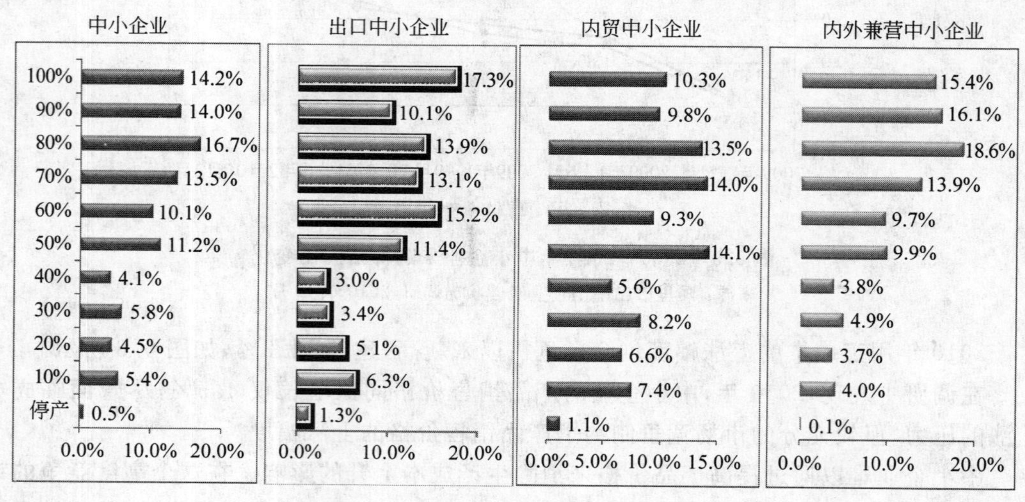

图 5.7 2009—2010 年中小企业产能利用状况

来源：阿里巴巴中小企业经营状况调研，2010 年 12 月

在调研中发现：一方面，约有50%的小企业因订单不足而无法全力开工；另一方面，27%的中小企业人员不够，极大地限制了企业产能的发挥。中小企业产能利用率低的原因如图5.8所示。

3. 融资问题

融资问题是中小企业面临的另一大问题，《2010年中小企业生存状况报告》数据显示，中小企业的融资需求比较强烈，超过一半的中小企业有明确的贷款融资需求，如图5.9所示。

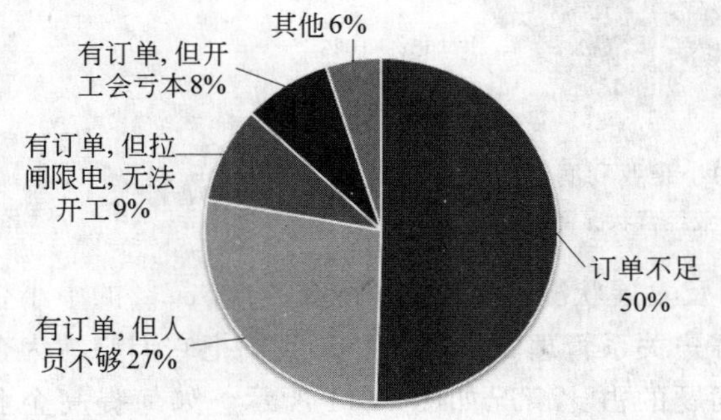

图5.8 中小企业产能利用率低的原因

来源：阿里巴巴中小企业经营状况调研，2010年12月

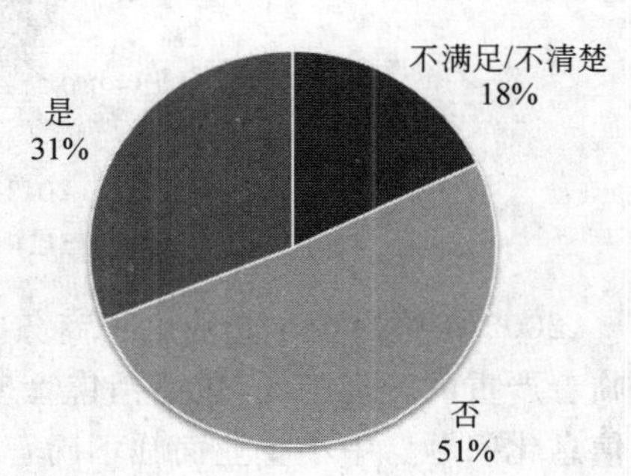

图5.9 2010年中小企业的贷款需求

来源：阿里巴巴中小企业经营状况调研，2010年12月

2011年6月，《小企业经营与融资困境调研报告》报告指出，53%的被调查小企业完全依靠自有资金发展，没有外部融资。只有46.97%的企业曾有过借贷历史，其中包括房地产和信用卡。在有外部融资记录的企业中，其中30.23%的企业获得过银行贷款，也就是只有13%的小微企业曾向银行融资。一部分原因是小微企业缺少健全的财务报表、优质的抵押物；另一部分原因是信贷资金紧张，银行业务缺乏开拓中小企业融资业务的动力。小微企业资金来源主要依赖自身资金的积累、亲戚朋友借款，还有供应链融资，其中61%的企业把亲戚朋友借款列为借款的首要渠道。

随着企业经营规模的扩大，亲戚朋友借款作为借款首要渠道的比例不断下降，银行及信用社贷款的比例不断上升。

与此同时，企业融资供需缺口变大，具体表现为企业信贷额度下降、借款利率水平上升，贷款期限变短。

整体而言，中小企业主对未来6个月利润预期不高。其中，认为利润基本持平或下滑的企业占到样本总数的5成以上，如图5.10所示。随着经营规模扩大，预计未来利润上升的企业比例增加，预计未来利润下滑的企业比例下降，企业的盈利状况和经营规模密切相关。

4. 管理问题

除了上述各个问题之外，中小企业在生产经营的管理中也面临着不同的问题，这将有可能成为制约中小企业进一步发展的瓶颈。尤其是在信息化管理问题方面，中小企业距大型企业的差距越来越大。

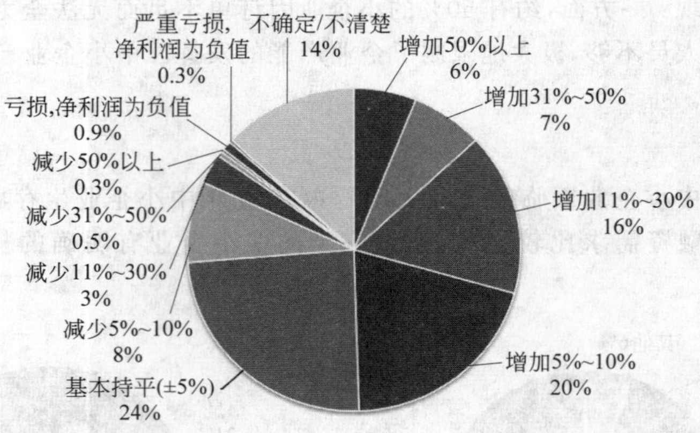

图 5.10　2011 年中小企业利润额变化(预测)

来源：阿里巴巴中小企业经营状况调研，2010 年 12 月

《2009 年中国中小企业电子商务应用及发展状况调查》数据显示，约有 57%的中小企面临着严重的管理问题，包括销售管理、客户关系管理、财务管理等，我们把它们归纳为企业信息化问题。中小企业面临不同管理问题的占比情况如图 5.11 所示。如何提高企业的管理水平，规范企业的作业模式，以适应信息化管理方式，是中小企业在生存与发展过程中必须解决的问题。

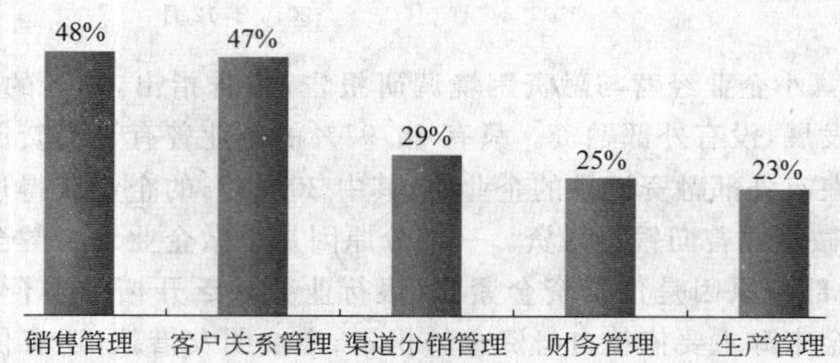

图 5.11　中小企业面临不同管理问题的占比情况

来源：中国中小企业电子商务应用及发展状况调查，2009 年

5.2　中小企业电子商务应用

电子商务作为企业在采购、生产研发、销售、支付等整个生产经营环节中通过互联网进行的一切商务活动，在中小企业生产经营的多个环节中得到应用。然而，这部分企业占比很小，还有相当比例的中小企业尚未使用电子商务，应用水平也有待提升。

5.2.1　中小企业电子商务应用概况

1. 中小企业电子商务整体投入增加

中小企业目前最迫切的需求是市场与营销。调查表明，52.7%的企业首先关注市场与营销（销售）方面的问题。中小企业对于信息化的主要需求，集中在解决眼前急迫的生存问题，明显有别于更多关注长期效益和无形效益，更加关注战略、管理控制问题的大企业。

2. **中小企业电子商务服务环境将持续改善**

根据艾瑞咨询统计数据显示，2011 年中国中小企业 B2B 电子商务交易规模达 3.4 万亿元，同比增长 35.7%。

B2B 电子商务企业提供的服务将更加有效。随着中国中小企业对电子商务认识程度的提高，其对电子商务服务的要求也会越来越高。为了满足用户的需求，B2B 电子商务企业开始改造产品，以帮助中小企业实现精准营销，提高中小企业在电子商务平台上的询盘质量。除此之外，B2B 电子商务核心运营商推出了面向中小企业的小额贷款，帮助解决中小企业融资难的问题。由此可见，未来中国 B2B 企业将继续不断优化服务，为中小企业提供更加人性化的在线服务体验。

【名词解释：询盘】

询盘（inquiry）也叫询价，是指交易的一方准备购买或出售某种商品，向对方询问买卖该商品的有关交易条件。询盘的内容可涉及价格、规格、品质、数量、包装、装运以及索取样品等，而多数只是询问价格。所以，业务上常把询盘称做询价。

5.2.2 中小企业电子商务在各环节中的应用

电子商务是企业互联网应用中的重要一环，对于提升中小企业竞争力具有很重要的作用。金融危机以来，我国的中小企业电子商务取得了较大的发展。阿里巴巴、慧聪网、淘宝网、敦煌网等一大批为中小企业提供电子商务交易服务的平台蓬勃发展起来；而以百度、谷歌中国为代表的搜索服务、黄页服务提供商也借助中小企业电子商务的兴起而得以快速成长。

中国互联网络信息中心（CNNIC）《中国中小企业互联网应用状况调查报告（2011 年上半年）》及《中国中小企业网络营销调查报告（2011 年上半年）》两份报告中指出，超过八成的受访中小企业使用互联网办公，接近一半的受访中小企业拥有独立网站或网店，接近三成的受访中小企业在互联网中进行过广告和营销推广投入。

1. **营销环节**

营销是企业市场活动的出发点和归宿，所以，电子商务活动的首要环节也应该是营销环节。调查数据显示，33.2%的受访企业过去一年曾有过在线销售活动，重点行业曾进行过在线销售活动的企业比例如图 5.12 所示。其中，信息传输、计算机服务和软件业，以及文化、体育和娱乐业中的普及率较高；而建筑和房地产业中的普及率偏低。

对比不同规模、不同贸易类型及不同产业链的中小企业来看，中型企业在电子商务营销环节应用水平高于小型和微型企业，外贸企业高于内贸企业，生产商要高于批发零售商。

其中，在线销售是指通过互联网接收订单的行为，包括通过网站、电子邮件等各种方式。

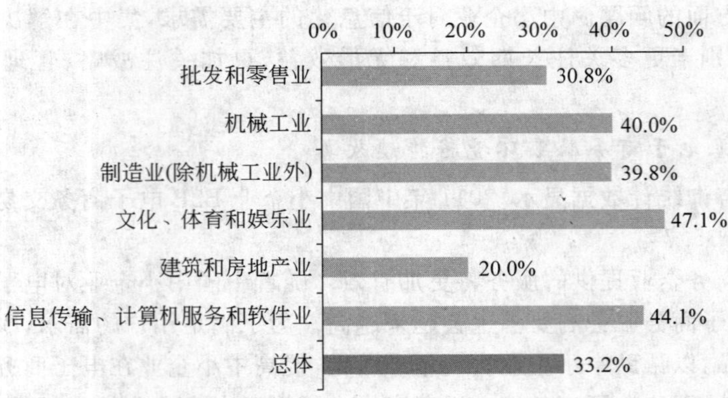

图 5.12　重点行业过去一年中曾有在线销售活动的企业比例

2. 采购环节

中小企业的采购环节同样也逐渐开始利用互联网手段。根据调查数据显示，26.2%的受访企业过去一年曾有过在线采购活动，重点行业中曾进行在线采购活动的企业比例如图 5.13 所示。其中，信息传输、计算机服务和软件业，以及文化、体育和娱乐业中的普及率较高；其他行业中的普及程度比较接近。

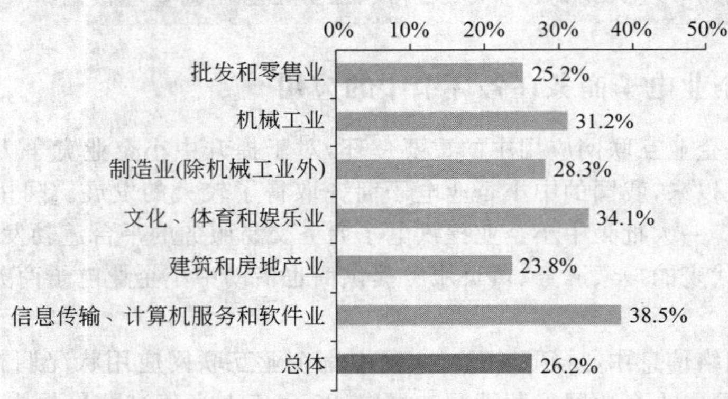

图 5.13　重点行业过去一年中曾有在线采购活动的企业比例

其中，在线采购是指通过互联网发送订单的行为，包括通过网站、电子邮件等各种方式。对比不同规模、不同贸易类型及不同产业链的中小企业来看，中型企业在电子商务在采购环节应用水平高于小型和微型企业，外贸企业高于内贸企业。与营销环节的生产型企业要高于批发零售型企业不同的是，采购环节生产型企业电子商务应用水平要高于批发零售型和服务型企业。

3. 储运环节

(1) 9.6%的中小企业熟练通过电子商务寻找物流及仓储服务。

在储运环节中，通过电子商务平台寻找物流、仓储服务的中小企业占比达 18%，如图 5.14 所示，这说明中小企业对通过电子商务寻找物流及仓储服务等方面，有着一定程度的需求。而在营销环节能熟练使用电子商务的中小企业只占到9.6%。

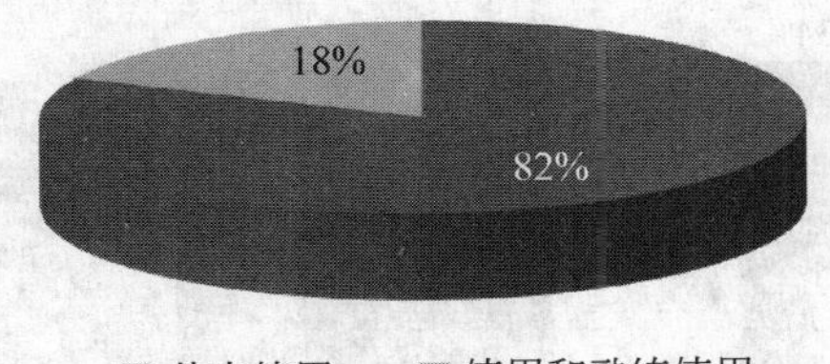

图5.14　中小企业在储运环节的电子商务应用程度

(2) 在储运环节使用电子商务的中小企业数量年均增速达到12%。

从中小企业电子商务应用的增速来看，在储运环节使用电子商务的中小企业数量年均增速达到12%。对比不同类型企业来看，在物流环节，使用电子商务的微型企业增速比小型企业和中型企业分别高出10和14个百分点。图5.15揭示了不同类型和不同地区的企业在储运环节使用电子商务的数量增速。

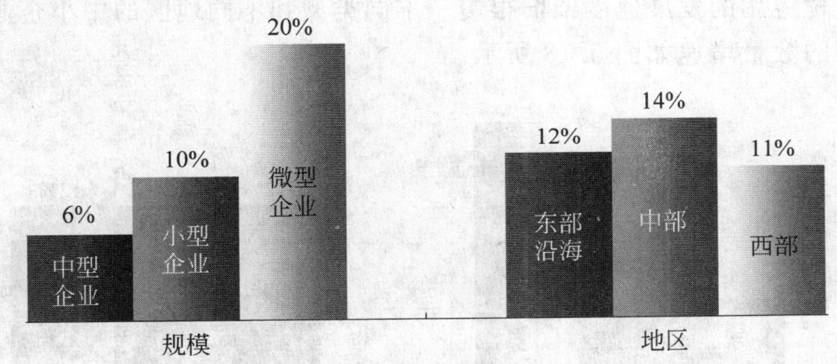

图5.15　在储运环节使用电子商务的中小企业的增速

4. 支付环节

(1) 6.5%的中小企业熟练使用在线支付

目前，有13%的中小企业使用过在线支付，其中能熟练使用在线支付占到6.5%，如图5.16所示。

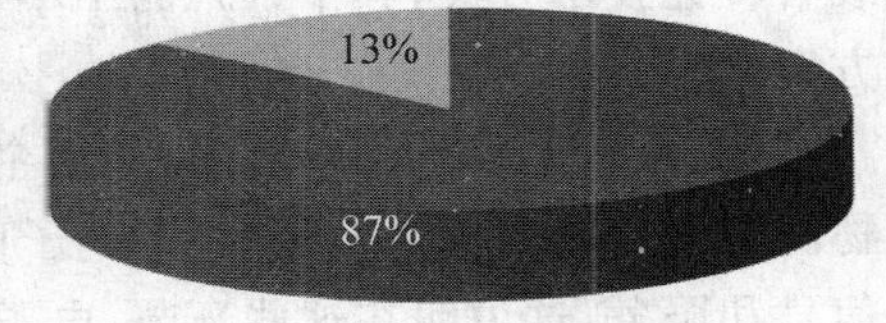

图5.16　中小企业在线支付的使用情况

对比不同规模、不同贸易类型及不同产业链的中小企业来看，中小企业在支付环节的应用水平与采购和销售环节呈现不同的应用状况。从规模来看，在使用在线支付的中小企业中，企业规模越小，电子支付应用水平越高，说明小型和微型企业的小额支付，更适合通过在线方式来完成。从贸易类型来看，内贸企业电子支付的水平和在线支付应用比例高于外贸企业，说明外贸企业在销售中的清算和支付问题在在线支付上依旧存在。从产业链位置来看，在支付环节，生产型企业和批发零售型企业电子商务应用水平基本相当。使用在线支付的不同类型和不同地区的中小企业在线支付占支付总额的比例如图 5.17 所示。

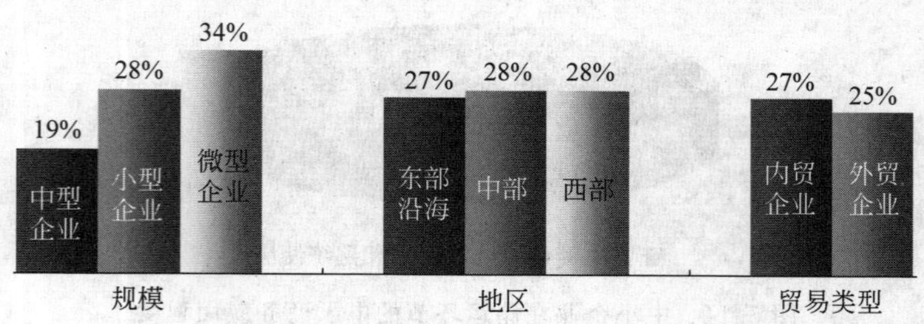

图 5.17　使用在线支付的不同类型和不同地区中小企业在线支付占支付总额的比例

(2) 使用在线支付的中小企业数量年均增速达到 12%

使用在线支付的中小企业数量年均增速达到 12%。对比不同类型企业,企业越小,在支付环节使用电子商务的企业增速越快,微型企业增速比小型和中型企业分别高出 7 和 13 个百分点,也表明由于政策限制等因素,在线支付目前主要是小额资金的支付手段,在大额资金支付应用的发展速度依旧很慢。不同类型和不同地区的中小企业在支付环节使用电子商务的数量增速如图 5.18 所示。

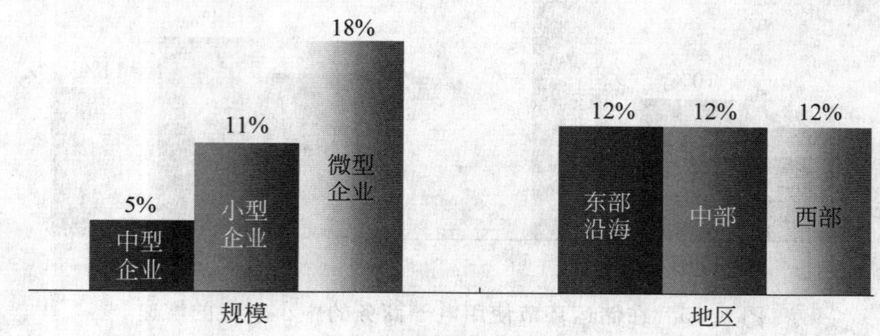

图 5.18　中小企业在支付环节使用电子商务的数量增速

除此之外,中小企业在技术环节的电子商务也得到了一定的应用。《2009 年中国中小企业电子商务应用及发展状况调查》数据还显示,有 12%的中小企业通过电子商务寻找或者转让技术方案,其中,7%的中小企业曾熟练通过电子商务成功转让或者寻找到技术方案。

总之,从以上分析可以看出,中小企业电子商务的应用主要集中在营销和采购环节,在物流、支付、技术等其他环节中,电子商务的应用程度还很低,主要通过电子商务寻找相关信息和服务,这说明在这些环节,电子商务的应用程度还有很大的提升空间。

5.3　中小企业电子商务服务业

电子商务服务业是一个动态演进的生态系统,十年来在规模和质量上取得长足发展,已渗透到各个垂直行业,同生产、流通、消费、资本等相关领域发生深刻的融合。未来中小企业电子商务服务业发展趋势是平台化、个性化、生态化。

5.3.1 中小企业电子商务服务业概况

1. 中小企业电子商务服务业市场格局

中国电子商务服务业将成为全球领先的战略性新兴产业。按当前的发展曲线计算，到2015年，电子商务平台的交易规模将增长5～10倍。截至2010年12月，电子商务平台服务业的网络零售交易额占全国社会消费品零售总额的比例超过2.7%；同时，基于平台的大中型衍生电子商务服务商数量同比2009年增长约8倍。以淘宝网为代表的网络零售平台将覆盖5亿消费者，交易额有望超过20 000亿，占中国社会消费品零售总额的比例将达到7%，带动直接及间接就业3 000万，给物流业带来超过1 000亿的收入。

电子商务服务业是一个动态演进的生态系统，十年来在规模和质量上取得长足发展，已渗透到各个垂直行业，同生产、流通、消费、资本等相关领域发生深刻的融合。

从淘宝网来看，电子商务服务业的生态体系已经形成了良好的互动正反馈循环，到2011年上半年，淘宝网卖家已经达到600万，2010年淘宝网过亿元规模的卖家数量已经达到54家。因为有这个基础，电子商务服务商的数量也在快速增长，目前淘宝网上电子商务服务商总量接近20万并仍在迅速增长。

2. 中小企业电子商务服务市场发展现状及特征

(1) 中小企业电子商务整体投入增加

中小企业最优先的需求是市场与营销。2010年中小企业在加大对电子商务的投资(如图5.19所示)，电子商务平均花费3.8万元，占总营销费用的比例提升至42.2%，而2009年这个比例为23%。其中出口中小企业花费5.2万元，同比增长116%；内贸中小企业花费0.5万元，同比增长160%。

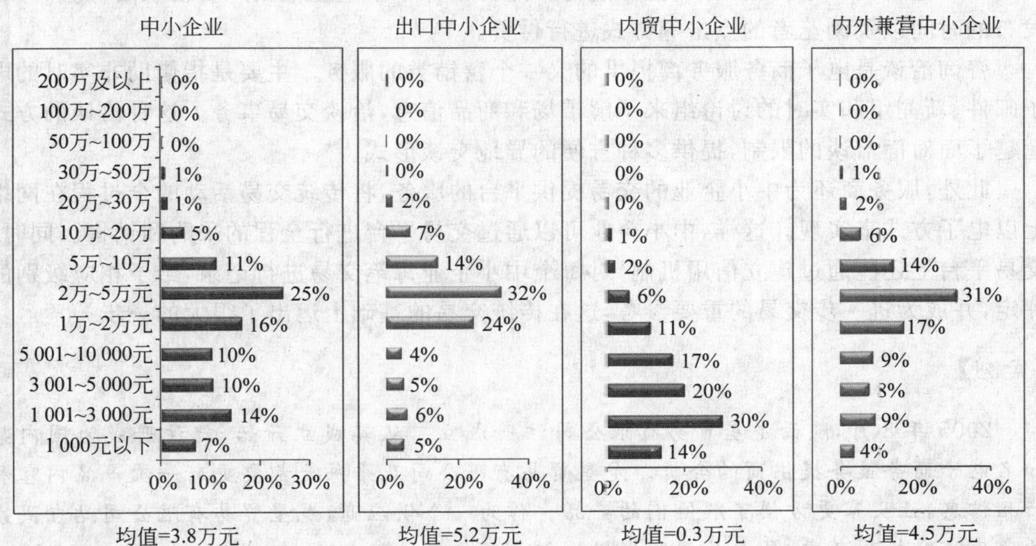

图5.19 2010年中小企业电子商务投资状况

来源：阿里巴巴中小企业经营状况调研，2010年12月

(2) 中小企业电子商务服务环境将持续改善

根据艾瑞咨询统计数据显示，2010 年中国中小企业 B2B 电子商务交易规模达 2.53 万亿元，同比增长 36.4%，较 2009 年有了大幅提升。

B2B 电子商务企业提供的服务将更加有效。随着中国中小企业对电子商务认识程度的提高，其对电子商务服务的要求也会越来越高。为了满足用户的需求，B2B 电子商务企业开始改造产品，以帮助中小企业实现精准营销，提高中小企业在电子商务平台上的询盘质量。除此之外，B2B 电子商务核心运营商推出了面向中小企业的小额贷款，帮助解决中小企业融资难的问题。由此可见，未来中国 B2B 企业将继续不断优化服务，为中小企业提供更加人性化的在线服务体验。

5.3.2 中小企业电子商务服务模式

1. 营销服务

电子商务营销服务包括广告宣传、建站、产品展示和咨询洽谈等服务。

广告宣传主要是指服务商通过产品展示和营销推广，为中小企业进行产品营销提供帮助，包括帮助中小企业建站、提供产品展示等服务。

建站主要是中小企业通过在电子商务平台上建立一个展示形象和产品的网站，进行产品营销和推广。网站设计、维护等由服务商负责。网站不仅完成产品静态展示，还包括动态功能，一方面可以通过动画等技术形象展示产品，并有联系方式、客户留言等附加功能；另一方面，中小企业可以自行通过网站后台进行内容更新，实现产品网上营销和销售。

产品展示是指通过网络广告的方式帮助中小企业采购与销售相关的产品，中小企业通过购买电子商务平台上的广告位，进行产品营销。中小企业根据广告投放的位置、广告发布的时间以及浏览者的点击等方式进行付费。

咨询洽谈是电子商务服务商提供的又一个营销类的服务。主要是指借助非实时的电子邮件、新闻组和实时的讨论组来了解市场和商品信息，洽谈交易事务。这种洽谈的方式超越了面对面洽谈的限制，提供多种方便的异地交谈形式。

此外，服务商还为中小企业的交易提供平台的服务，将传统交易活动的全过程在网络上以电子方式来实现。这样，中小企业可以通过交易平台进行全程的采购和销售。同时，交易平台上还能通过建立信用机制，对每个中小企业每笔交易进行记录，给予相应级别的评定，并成为进一步交易的重要参考，这在传统交易的基础上迈出了很大的一步。

【案例】

2005 年 8 月，陕西龙星贸易有限公司注册成立。从其成立开始，就注册成为国内某知名电子商务服务提供商的会员。龙星贸易有限公司几乎每天都要更新一次产品内容和产品信息，让买家更方便了解他们的产品。作为一个供应商，龙星贸易有限公司站在买家的角度去分析和考虑，尽量为买家提供他们力所能及的服务。

收到买家的询盘后，龙星贸易有限公司需要做的工作就是仔细地阅读买家发来的邮件，准确理解买家的意图，然后及时、有针对性地回复客户。他们秉承的信念就是：永远要做的就是任何时候都要诚信，只要您用心去对待您的客人，他们也会同样尊重您。

服务商还为他们提供了另一个便捷就是——不用出门，每天就可以与他们的买家洽谈。龙星贸易有限公司认为这“节时、节力、节开支”。通过这个平台，龙星贸易有限公司每天都可以收到很多不同国家朋友的询盘，并通过这个平台达成交易。目前龙星贸易有限公司的产品已经远销到欧洲、美国、非洲等地。

2. 支付服务

电子商务服务商要为中小企业提供一个完整的交易过程，不仅需要信息和营销服务，还需要支付服务。主要是指为帮助中小企业实现交易成功，提供电子支付。目前有两种典型的支付服务，一是由商业银行提供的支付服务；二是由第三方支付平台提供的支付服务，即电子商务服务商提供的支付服务。目前，第三方支付的交易规模激增，未来几年内企业第三方支付规模还将翻番。不过，电子商务服务商提供的支付服务也存在着一些问题，诸如交易平台安全性、交易信息传递安全性等问题，这其中一个重要原因就在于传统行业领域的企业对第三方支付安全隐患的担心。

【案例】

支付宝是国内领先的第三方支付平台，主要为电子商务提供简单、安全、快速的支付服务。截至 2011 年 12 月，支付宝注册用户数超过 6.5 亿，日交易额超过 40 亿，日交易笔数峰值达到 3 369 万笔。支付宝帮助客户解决支付问题，首先是帮助他们解决了信任问题。对很多中小企业来说，支付问题的瓶颈其实在于信任，所以支付宝不仅帮助解决支付问题，更重要的是以担保交易模式进行了“信用输血”。未来，以支付宝积累的海量数据为基础，完善电子商务诚信体系，为网上资金流的畅通提供更基础的诚信环境，让支付宝成为电子商务时代的“基础设施”。

3. 在线软件

管理问题是中小企业在各个环节都面临的问题，一直以来，中小企业通过购买专业的管理软件来提升自身的管理水平和管理能力。但随着 SaaS 模式的普及，电子商务服务商通过向中小企业提供在线软件服务，把软件交付向互联网迁移，实施 SaaS、ASP 或 Web Service，既方便中小企业使用，又能降低购买成本。更为重要的是，在线软件管理是对企业的信息流、物流和资金流的有效动态管理，能有效打破企业“制造链”和“流通链”之间壁垒，实现企业的内外部协同经营。目前提供在线软件服务的公司除了电子商务服务商外，还有专业的信息化服务商，如用友、金蝶，它们将已经实现的信息化应用（如 ERP）通过互联网向上下游扩展，进而为全行业提供服务。

4. 融资服务

中小企业融资难是一个普遍问题，电子商务服务商根据其特点和优势，通过直接提供担保、网络联保、信用贷款等方式，解决中小企业融资问题，为中小企业贷款提供担保，其效果非常显著。目前为中小企业提供的融资服务分可为以下几种。

第一种是中小企业提供直接融资，即小额短期贷款，例如阿里巴巴的纯信用贷款，主要根据阿里巴巴会员的信用状况，提供短期贷款。适合无法提供抵押和无法找到担保企业的中小企业。

第二种是网络联保贷款，网络联保是不需要任何抵押的，由3家或3家以上企业组成一个联合体，共同向银行申请贷款，同时企业之间实现风险共担。当联合体中有任意一家企业无法归还贷款，联合体其他企业需要共同替其偿还所有贷款本息。网络联保贷款无须提供任何抵押，同时贷款利率远远低于其他无抵押民间借贷，方便快捷，随借随还、可循环支用。目前，网络联保贷款已经在浙江、广东、江苏、北京、上海得到广泛的应用和推广。

第三种是供应链贷款，银行根据供应商持有的买家未付款订单，向贷款申请人提供的无抵押信贷业务。其最大的优势是：其一，无须抵押，借助供应链融资中采购商的信用，以买家的订单作为放款依据；其二，额度较高，单笔贷款最高不超过1 000万元；其三，使用灵活，在授信有效期内，贷款额度可循环使用。

第四种是抵押贷款，是由电子商务服务商联合银行共同合作完成，为希望获得抵押物更高估值的企业提供的贷款服务。但需要抵质押物，类似传统银行贷款。

表5.1中给出了2011年1～6月电子商务企业融资的一些典型案例。

表5.1　2011年1～6月电子商务企业融资案例监测表(5 000万美元及以上)

时间	融资方	投资方	融资方式	所属行业	融资金融
2011年11月	乐淘网	老虎基金、策源基金、德同资本	风险投资	鞋类B	2亿人民币
2011年2月	腾邦国际	/	IPO	电子票务B	6.07亿人民币
2011年3月	好乐买	腾讯、德丰杰	风险投资	鞋类B	6 000万美元
2011年3月	钻石小鸟	方源资本、联创策源	风险投资	奢侈品B	5 000万美元
2011年3月	宜搜	软银中国、联电弘鼎、VENTECH	风险投资	移动电子商务	5 000万美元
2011年4月	京东商城	DST、老虎基金等	风险投资	综合商城	10亿美元
2011年4月	乐淘(第三轮)	老虎基金、策源基金、德同资本	风险投资	鞋类B	2亿人民币
2011年4月	彼爱钻石	涌铧资本、嘉信资本	风险投资	奢侈品B	1亿元人民币
2011年5月	唯品会	红杉、DCM	风险投资	奢侈品B	5 000万美元

【案例】

截至2009年10月底，阿里巴巴联合中国建设银行、中国工商银行等银行及金融机构通过网络联保、纯信用贷款等方式向中小企业贷款累计近40亿，为超过2 000家中小企业提供了融资服务。目的就是帮助中小企业从银行低成本、高效率地获得贷款，扶持中小企业的迅速发展。

阿里巴巴提供的贷款服务有网络联保贷款、纯信用贷款、供应链贷款和电子商务速贷通。网络联保贷款是由阿里巴巴与中国建设银行共同推出的一款无抵押低利息新型贷款产品。网络联保贷款不需要任何抵押，但通过联合体中企业互相担保互相监督，实现共同发展。

纯信用贷款是由阿里巴巴联合中国工商银行共同研发，是无须任何抵押、无须联保的纯信用贷款。纯信用贷款利率远低于民间借贷，非常适合无法提供抵押和无法找到担保企业的广大中小企业使用。目前开放杭州、绍兴、嘉兴、金华、台州 5 个城市试运营。

供应链贷款是由阿里巴巴联合中国建设银行共同研发，建设银行根据供应商（即贷款申请人）持有的买家未付款订单，向贷款申请人提供的无抵押信贷业务。该贷款产品无须抵押，只需要借助供应链融资中采购商的信用，以买家的订单作为放款依据，而且额度较高，在授信有效期内，贷款额度可循环使用。

电子商务速贷通是由阿里巴巴联合中国建设银行共同合作完成，为希望获得抵押物更高估值的企业提供的贷款服务。电子商务速贷通贷款金额最高可达 2 000 万元，但需要抵押物，类似传统银行贷款。

5. 其他服务

除以上服务外，向中小企业提供的服务还有外包服务、管理提升服务等。外包服务包括业务外包服务、信息技术外包服务。业务外包服务向中小企业提供基于网络的研发设计、现代物流、财务管理、人力资源、管理咨询和技能培训等服务；信息技术外包服务包括提供网络基础设施和技术支持，以及基于网络的信息处理、数据托管和应用系统管理等信息技术外包服务（IT 外包服务）。

管理提升服务主要是指帮助中小企业提升各种管理能力，如物流管理服务，帮助中小企业寻找、选择和管理物流公司，降低物流成本。

5.3.3 中小企业电子商务服务业发展趋势

从中小企业电子商务的发展趋势来看，平台化、个性化、生态化是中小企业电子商务的发展趋势。

1. 集成化和社会化：电子商务服务业正在成为新的"商务基础设施"

由于电子商务服务平台的专业化优势，越来越多的中小企业将通过平台而不是自建网站应用电子商务，越来越多的商务活动通过平台完成。而服务与应用作为电子商务发展中的两个方面，二者良性互动，既以电子商务服务平台促进大规模电子商务应用，也以大规模电子商务应用促进电子商务服务平台的发展和完善，并催生电子商务服务业的兴起。

电子商务服务平台是电子商务服务业的核心，也是电子商务服务业越来越重要的表现形式。按服务类型划分，电子商务服务平台大致分为以下三种类型。

（1）电子商务交易服务平台：提供网络营销、网上销售、网上采购和交易信息发布等交易服务，如阿里巴巴、慧聪网等。

（2）电子商务业务服务平台：提供基于网络的研发设计、现代物流、财务管理、人力资源、管理咨询和技能培训等服务，如金算盘全程电子商务平台等。

（3）电子商务技术服务平台：提供网络基础设施和技术支持，以及基于网络的信息处理、数据托管和应用系统管理等 IT 外包服务，如中国万网等。

更进一步看，电子商务服务平台拥有海量客户以及理解和服务客户的能力，为电子商务服务体系中的其他角色——如信用、认证、支付和现代物流等提供良好的运营环境。未来将有越来越多的信用、认证、支付和现代物流等服务集成于电子商务服务平台上，从而进一步提高整个电子商务服务业的服务水平。

此外，正处于快速发展中的各类电子商务平台，作为中小企业电子商务服务体系的核心，正在成为新的“商务基础设施”，电子商务服务业将扮演“公共服务”的角色，为全社会提供无处不在、随需随取、极其丰富、极低成本的电子商务服务，越来越体现出社会化特征。

2. 个性化：后工业时代的商务模式

电子商务应用中的个性化特征日益突出，并成为电子商务发展中的又一重大趋势。大规模的网络市场使大量个性化产品和服务得以涌现，既极大地提高了专业化分工水平，促进了商务模式创新，又更充分地满足不断增长的个性化需求。同时，近乎完全竞争的网络市场迫使越来越多的企业和个人摆脱同质化产品和服务的价格竞争，采用产品、服务、客户或商务模式的差异化战略，也加剧了电子商务应用的个性化。

电子商务发展中的个性化趋势正在加速“后工业时代”的到来。与工业时代的大规模、标准化和产品导向不同，后工业时代的经济特征是小批量、个性化和客户导向，是柔性化制造、个性化营销和社会化物流的商务模式。而个性化趋势及其“个性化营销”最为关键——向前倒逼“柔性化生产”，向后带动“社会化物流”。

3. 生态化：在平台中的共同进化和发展

生态化是中小企业电子商务服务发展的趋势之三。随着中小企业对电子商务的认知、需求、应用水平的不断提升，中小企业电子商务服务平台专业化和集成化能力的不断提升，中小企业电子商务服务平台将从“工具性平台”向“生态性平台”升级。构建和服务基于电子商务服务平台的电子商务生态，将成为未来电子商务服务平台的重要功能，基于中小企业电子商务平台的生态化特征将不断显现。

电子商务平台将通过不断吸引更多的中小企业、配套服务商的加入，并促进企业、消费者和政府等的大规模、全方位资源整合与协同。共同进化是电子商务生态最显著的特征。在平台与中小企业电子商务应用之间、电子商务服务商与配套服务商之间均存在共同进化的生态关系。

5.4 中小企业电子商务的作用和影响

中小企业电子商务促进了技术创新，不但支撑了企业自身实现转型升级，也降低了社会交易成本，提高了整个社会的资源配置效率。尽管未来一段时间内，中小企业仍然面临严峻的外部环境，但随着电子商务作用的逐渐显现，电子商务将被越来越多中小企业的认可，中小企业对电子商务的投入也将不断增加。

5.4.1 中小企业电子商务的作用

随着电子商务作用的逐渐显现，电子商务得到了越来越多中小企业的认可，中小企业对电子商务的投入也在不断增加。

1. 降低社会交易成本和促进就业

在社会交易成本上，电子商务服务业的“降成本”效应非常明显，包括信息成本、营销成本、渠道成本、信用成本、物流成本与时间成本等。通过淘宝物流平台，将长途物流转为短途后，将有效降低货车空返率，物流成本显著降低30%。

电子商务服务业有效提高了社会资源配置效率，促进了社会分工协作，并引爆了商品、服务、营销、模式、金融等多个领域的创新。

【案例】

在阿里巴巴B2B平台上，阿里巴巴为每个加入诚信通服务的小企业建立企业信用档案，目前已经积累起超过50万小企业的信用档案，并且设立了10亿人民币的诚信保障金，来保障买家因为诚信而受到的相应损失。为推进小企业商业信用体系在全社会的覆盖，阿里巴巴诚保计划除保障线上贸易，如果线下交易在阿里巴巴备案，亦可享受诚保计划对交易的保障。

电子商务服务业能够带来数十倍于投资额的社会总需求和国民收入。以就业为例，IDC研究发现，截至2010年底，阿里巴巴B2B平台涉及中小企业专业电子商务人员已达到1 520万。2010年，淘宝网创造的直接就业机会是182.3万，而这一数字在2011年底增长至270.8万，比2010年增长了48.5%。

【案例】

“魔范团”是包括珂兰钻石、植物语、麦包包、Justyle、格瑞尔、飘飘龙等18家网货品牌的中小企业组成的联合体，充分利用了互联网开放、协同的游戏规则，使异业合作的内容不断走向深层次。

“魔范团”成员企业联合促销是深化协作的标志性事件。每家企业出一份价值不低于10元的赠品组成一个礼包，消费者在任何一家店里购买的产品价值超过188元，就可以获得由联盟企业赠品组成的大礼包。据了解，在推广活动中，18家企业平均每天的销售额达到了3万元。在短短半个月时间内，“魔范团”成员企业的销售额之和超过了800万元。

2. 促进中小企业创新

电子商务服务使更多企业可以以较低的成本使用诸如客户管理、进销存管理和财务管理等现代企业管理服务，直接提升生产和经营水平；同时，电子商务服务商为网商提供包括采购、营销、融资等环节的全程服务，从而使网商从冗余流程中解放出来，中小企业能够将更多资源投入到核心竞争环节——即发掘客户需求，实现产品和服务创新。

中小企业一方面通过不断丰富产品线，尽可能多地满足消费者个性化、差异化的需求，实现在产品上的多层次创新；另一方面也专注于以专业的服务满足消费者个性化的需求，使得服务成为商品增值的重要组成部分，利于创造良好的消费体验和提升客户忠诚度。

在营销方面，越来越多电子商务应用企业通过碎片化的信息与互动的人际网络，以极低的成本准确地定位自己的潜在顾客，与他们建立联系并友好对话，有效聚合先前高度离散的个性化需求，迈出个性化生意的第一步，在商业模式方面产生诸如混批、预售、团购、定制等广泛的突破和创新。

3. 提高社会资源配置效率

在电子商务服务业的支撑下，无论是传统企业还是个人创业者都可以通过外包、采购、战略合作等方式，与供应链不同环节的合作伙伴建立起广泛而紧密的联系，有效整合人力、技术、生产与资本等社会资源，高效地为客户提供产品和服务。以 IT 服务为例，服装、鞋帽、化妆品等行业的电子商务企业在采用了 ERP 解决方案后，客户的业务质量与管理水平不断提升，其中 75%客户的仓库及货架管理效率得到了显著提高①。

4. 支持中小企业实现转型升级

(1) 对中小企业生长周期全程支持

电子商务服务平台为中小企业提供了产品展示平台、国内外贸易信息和多功能建站等多种服务。企业借助电子商务服务平台能够低成本地开拓市场，得到与大企业同台竞技的机会，在国内和国外两个市场提供的广阔空间中，获得来源广泛的订单，提高收益。调研显示，21.76%的中小企业在阿里巴巴 B2B 平台上获得了平均 238 倍的交易额回报，59.35%的中小企业获得了平均 171 倍的交易额回报，大大高于传统营销方式带来的投入回报比。

在企业形成一定规模后，运营管理的效率和人才培养就成为“成长”阶段的新命题。专业化的电子商务服务商凭借各自的专业服务能力，为中小企业提供低成本的 IT 解决方案，支持其信息化进程，帮助中小企业培养企业管理和电子商务人才，快速提升小企业的竞争力，实现发展瓶颈的突破。

(2) 推动中小企业转变发展模式

在金融危机中，许多中小企业通过电子商务平台，从外贸转型为内贸，从替知名品牌代工转型为创立自有品牌，或从单一品类转扩展多元化产品线，不仅经受住了金融危机的考验，同时还成功化风险为机遇。截至 2010 年 12 月底，仅经过短短 2 年的时间淘宝商城共认证了 119 个淘品牌，其中由内外贸小企业创立的品牌占 69%。在后危机时代，“中国制造”正在升级为“中国创造”，电子商务平台将在这一重大转变中发挥关键的作用。

5.4.2 中小企业电子商务发展趋势

1. 中小企业面临严峻的外部环境

2010 年以来，随着宏观经济环境变化，在成本增加、人民币升值和国际环境不明朗的形势下，在连续加息及提高存款准备金率等宏观调控的货币政策的背景中，中小企业的生存状况成为经济界最为关心的话题之一。

---

① IDC 与阿里研究中心合作. 为经济复苏赋能：电子商务服务业及阿里巴巴商业生态的社会经济影响. 2010 年 1 月.

我国中小企业面临越来越严峻的发展环境。《2010 年中小企业生存状况报告》指出，中小企业营收、利润额分别同比增长 8.3%和-3.1%，速度慢于 2010 年 GDP 增长率 10.3%。中小企业经营水平仅相当于国有企业的四分之一，远远落后于国有企业同期经营水平(同比增长 32.5%和 43.1%)①。

【案例】

以外向型经济为主的珠三角地区中小企业调研为例，该地区中小企业经营出现困难，突出表现在生产成本上升、盈利能力减弱、订单量萎缩、开工率下滑；特别是小微型企业，在银行贷款难，其他融资渠道窄，融资供需缺口变大。

综合各个调研报告得出结论：2009 年以来，中小企业的净利润率呈现持续下降的态势。

【资料链接：企业利润率】

利润率是剩余价值与全部预付资本的比率，是反映企业一定时期利润水平的相对指标。利润率指标既可考核企业利润计划的完成情况，又可比较各企业之间和不同时期的经营管理水平，提高经济效益。成本利润率＝利润÷成本×100%，销售利润率＝利润÷销售×100%。

中小企业的盈利水平持续下降，尤其是出口型中小企业，不同规模经济体继续两极分化。

【案例】

报告调研过程中，部分小企业主表示拥护国家的宏观调控政策和货币政策，这些政策对抑制通货膨胀是有益的。小企业主认为，宏观环境的变化对企业是一种压力也是机遇，能够淘汰部分低成本恶性竞争的企业，同时对有一定实力的企业是适度发展的好机会。他们表示将借此机会进行产业升级，增加附加值提高利润。还有企业主表示，大局势不好的情况，也未必不是中小企业的春天，可以趁局势不好的时候，稳步发展。中小企业船小好调头，开源节流，为稳定发展奠定厚实基础。

尽管国际经济形势不明朗，中小企业正面临成本上升等困境，但是大多数企业仍在积极经营，并不存在“倒闭潮”。很多小企业表示其经营并不依靠银行贷款，而主要是用自有累积的资金周转及亲友间的借贷。

部分小企业倒闭，分析原因有三：一是投资高风险行业失败；二是市场的正常淘汰，部分被淘汰的企业处于饱和且竞争过度的行业，或者产能低，或者产业升级失败；三是小企业主动停产待机。2011 年中小企业面临的压力更甚从前，来自于人工成本提高、原材料价格上涨、人民币升值、结款趋紧、电力供应限制、赋税成本较大等不同方面，这的确使

① 国家统计局和海关总署统计数据. 2010 年.

得如履薄冰的小企业经营较往年更加困难。

2. 中小企业电子商务发展趋势

(1) 电子商务社会化浪潮助推中小企业

自 1995 年以来,中国电子商务发展历经了三个五年:第一个五年是技术潮流,第二个五年是企业潮流,第三个五年是产业潮流。从 2011 年起,已迈进第四个五年,社会潮流,电子商务的影响已遍及社会各个领域。网商已从初创、草根,逐步走向发展、壮大和知识化,电子商务生态也已经从初建走向繁荣。一个开放、分享、透明、责任的新商业文明已经从涌现到普及。中国电子商务的成长曲线如图 5.20 所示。

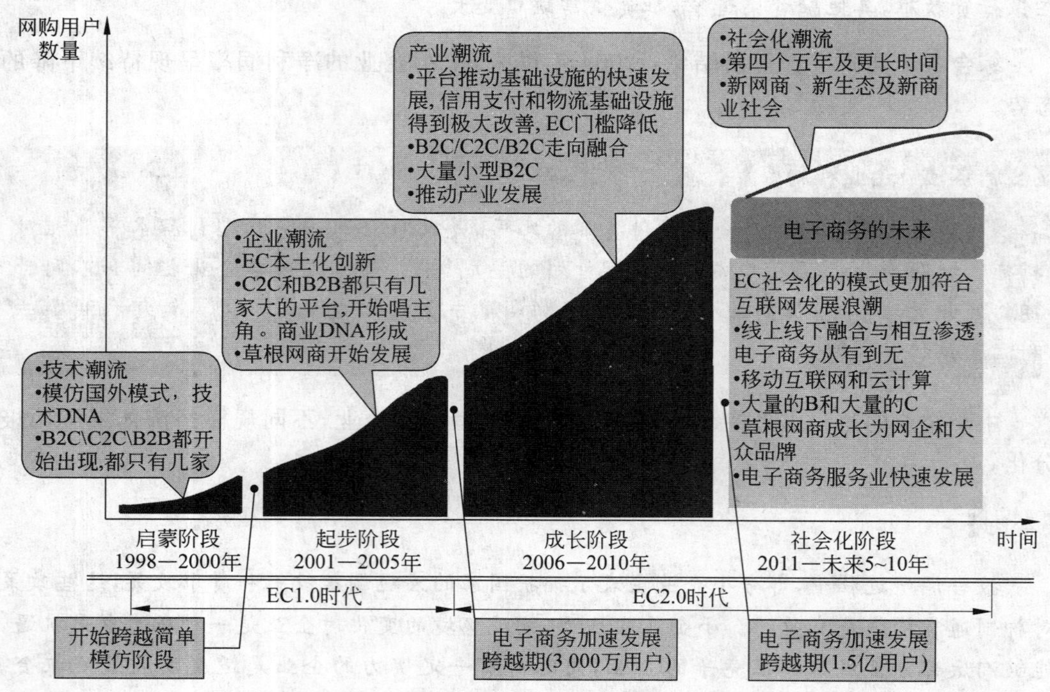

图 5.20 中国电子商务的成长曲线

来源:阿里研究中心,2011 年 9 月

以新网商、新生态和新商业文明为基础的新商业社会将成为未来发展的图景。电子商务将大量融入到主流经济体系中,使得电子商务从有到无,逐渐融入到主流社会经济体系中,成为社会化潮流。从发展趋势来看,中小企业电子商务扶持政策将陆续推出,新技术将在电子商务上得到广泛应用,支撑环境与电子商务关系也越来越紧密,发展环境越来越有利于中小企业电子商务的发展,中小企业应用电子商务将成为普遍现象和未来趋势,中小企业应用电子商务的广度和深度不断拓展和加深已成为必然趋势。

(2) 中小企业电子商务生态良性循环加速形成

电子商务发展从规模量级和结构综合来看在跨越一个临界点,以中小企业为主体组成的网商产业阶层不断壮大并呈现新的面貌,网商促进生态发展,生态发展又带动网商发展,网商、生态与社会正呈现自驱动的良性循环。中小企业电子商务生态体系正逐渐壮大，并将改变传统商业社会结构，新的商业社会扑面而来。

我们援引义乌市青岩刘村的案例来直观感受网商发展与生态的良性循环的形成。

【案例】

义乌市青岩刘村在2005年完成旧村改造后，闲置了大量的房子，房租便宜，加上毗邻义乌最大的货运市场——江东货运市场，运输方便，这就让一些网商选择在此创业。到2008年下半年，青岩刘村的网商开始多了起来。到2009年4月，达到了120多家。

原住人口只有1 000多人的青岩刘村，现在外来网商和村民们经营着大约2 000家网店，其中有2家金冠店，100多家皇冠店，淘宝网甚至已经把青岩刘村列为中国第一淘宝村。现在青岩刘村的电子商务的交易量几乎每个月都在飞速改变：青岩刘村电子商务2008年的交易量为2亿元，2009年达到8亿元，2010年超过20亿。淘宝网上交易超过50万笔的“金冠”店铺，近十分之一都在这里。

与此同时，青岩刘村的网商结构也发生了变化，从过去的单一的零售网商，发展出了专门为网商提供货物的混批网商。网商的聚集也让青岩刘村不断发生变化，现在除了进驻的20多家快递公司，饭店、文印店、广告公司和包装箱、胶带供应商等围绕电子商务的配套产业也在这里兴起。

电子商务服务业在青岩刘村，以及整个义乌市快速兴起，快递、摄影、网络推广、仓储外包等电子商务服务业快速兴起，成为行业发展的新热点。现全市共有快递公司百余家，日发担过万的快递公司近10家。全市从事产品拍摄的网店摄影师已达上千人，部分还关掉了原有的影楼，成为了专业网店摄影公司。一条完整的电子商务产业链在青岩刘村和义乌市渐趋成型。

类似青岩刘村的案例很多，网商带动生态，生态促进网商发展的这样一个良性循环的小循环正在跨越临界点，呈现快速发展和融入主流社会经济的态势。

(3) 中小企业的电子商务服务业高速增长

汇聚海量生产信息、交易信息与消费者信息的电子商务服务平台正在成为信息经济的核心生产要素和商业基础设施。以电子商务平台为核心的电子商务服务业承担了促使核心生产要素广泛应用于经济生产活动，加快信息在传统经济中的渗透速度，促进传统经济变革的角色。

电子商务服务业作为信息经济的基础设施的趋势和特征日益清晰，电子商务服务正在成为面向全社会的无处不在、随需随取、极其丰富、极低成本的公用服务。基于海量数据，电子商务服务平台将更加敏锐地感知企业和消费者的动态和细分需求，有望帮助广大中小企业通过网络以按需、易扩展的方式获得所需的资源（如硬件、平台、软件和数据等），进一步降低中小企业应用电子商务服务的门槛，成为推动电子商务应用普及、深化和创新的更加强大的引擎。

围绕丰富、深化和大规模的电子商务应用，与电子商务相关的信用、支付、物流、IT和金融等领域，将出现大量电子商务外围和业务流程（外包）服务商，为电子商务应用提供更加多样化的服务，成为日益繁荣和健康的电子商务生态系统的重要组成部分。

5.4.3 中小企业电子商务对社会发展的重要作用及影响

1. 加速中小企业电子商务实现经济转型

在改变经济结构的过程中，要逐步增加服务业在国民经济中的比重，同时也要注意服务业的内部结构。相对于传统服务业，现代服务业更注重以现代化的技术手段、管理方法、商业模式，来提供附加值更高的生产及消费服务。

中小企业电子商务将极大促进现代服务业的发展，中小企业开展电子商务将拉动平台、物流、金融、客户服务、第三方服务、软件业等服务业的发展，推动电子商务服务业的发展。

从现代服务业的角度看，电子商务服务业以互联网等计算机网络为基础工具，以营造商务环境、促进商务活动为基本功能，是传统商务服务在信息技术——特别是计算机网络技术条件下的创新和转型，是基于网络的新兴商务服务形态，位于现代服务业的枢纽位置。

2. 电子商务对中小企业竞争力的提升

全球经济正从工业时代走向信息时代，工业社会在向信息社会转型，作为国家经济活力源泉的中小企业需要融入信息社会，中小企业电子商务已经成为趋势，也是未来中小企业竞争力的重要环节。

按照新制度经济学的观点，企业组织是“价格机制的替代物”，企业的存在是为了节约交易费用，即用费用较低的企业内部交易替代费用较高的市场交易；企业的最优规模由企业内部交易的边际费用等于市场交易的边际费用或等于其他企业内部交易的边际费用的那一点决定的。

网络经济到来以后，企业的边界逐渐呈模糊化的趋势。这表现在两个方面：一方面导致企业向超大规模方向发展，发挥规模经济效应；另一方面导致企业向“细胞化”、“原子化”方向发展，发挥专业化优势。因此，电子商务对企业边界的影响，会在企业管理中形成规模管理效应，从而引起企业成本的收缩，并相对地扩大了企业管理的最优边界，使企业获得了在把握企业最优规模的同时获取竞争优势。

第6章 电子商务服务业：快速崛起的战略性新兴产业

中国电子商务市场规模实现量级飞跃，电子商务服务业正在成为快速崛起的战略性新兴产业。截至2011年底，中国电子商务服务企业将突破15万家；电子商务服务业收入将达到1200亿元，支撑3万多亿元电子商务交易规模。预计到2015年，产业营收将突破1万亿元，支撑超过13万亿元电子商务交易规模。未来几年，电子商务服务业将成为中国经济增长的新动力，引导未来经济发展的方向和模式，是中国进入信息经济时代的基础设施，对于中国经济转型具有重大意义和影响。

6.1 电子商务服务业综述

随着网络运行基础条件的不断改善、网民数量的快速增加，我国电子商务应用快速发展、规模急剧扩大，模式不断创新、分工不断细化，已经成长为电子商务交易、电子商务服务和电子商务环境几个联系紧密、相互依存的新业态。电子商务服务业将成为引导传统产业提升和电子商务演化衍生的主导行业，将是未来国家和社会发展的战略性新兴产业和信息时代的基础性产业。

6.1.1 电子商务服务业的概念与内涵

1. 电子商务服务业的概念

电子商务服务业是伴随电子商务的发展，基于信息技术、为电子商务活动提供服务的各行业的集合；是构成电子商务系统的重要组成部分和新兴服务行业体系；是促进电子商务应用的基础，促进电子商务创新和发展的重要支撑性力量。

新兴的电子商务服务业在为电子商务提供服务应用的同时，也为传统服务业提升和改造提供服务支持，是电子商务发展的基础，是电子商务生态健康发展的保障，也是每一个国家经济社会发展信息经济、进入信息社会的战略性基础产业。

2. 电子商务服务业的内涵

目前，电子商务服务业在内涵上有以下两种理解。

一是指传统服务业自身的电子化，即传统服务业借助互联网信息技术优化升级后实现服务的电子化。这适用于服务业电子商务的一般概念，其实质是技术进步引起的产业自身的优化升级，属于新技术应用，产业改造升级的范畴。

二是指伴随电子商务的发展催生(衍生)出的专门为电子商务活动提供服务的新兴服

务行业体系，其实质是服务业自身的延伸和深化，具有创新性和拓展性，是新技术应用背景下催生或衍生的新兴产业或行业，富有广阔的发展前景，属于创新技术应用和衍生的范畴。本书在没有特殊说明的情况下，后续章节中出现的电子商务服务业均是指第二种内涵意义上的理解。

3. 电子商务服务业的结构

为了清晰地理解电子商务服务体系，依据电子商务服务对象以及服务特征绘制电子商务服务构成体系，如图 6.1 所示。

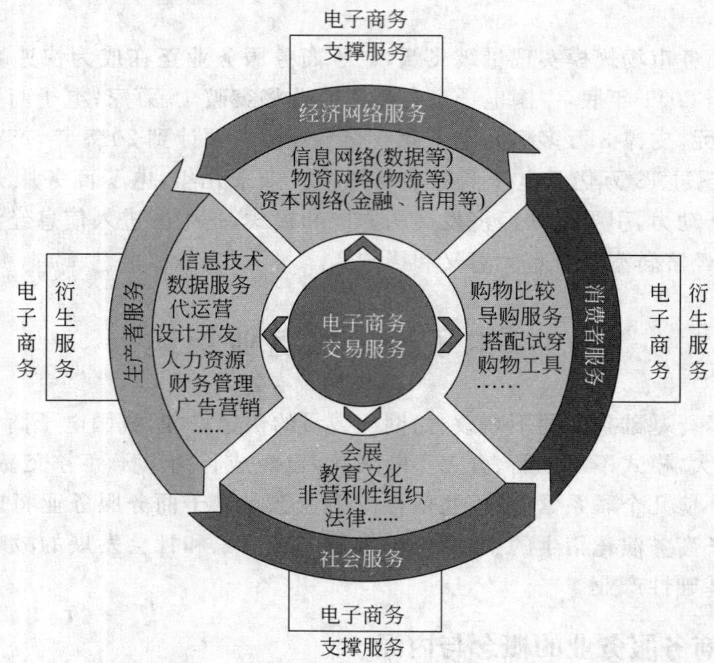

图 6.1　电子商务服务业的分类

来源：阿里研究中心，2011 年 12 月

以服务对象来划分，电子商务服务可分成：

- 生产者服务：包括信息及数据处理、研发设计、人力资源、财务管理及广告营销等服务。
- 消费者服务：包括购物比较、导购、穿衣搭配等服务。
- 经济网络服务：包括信息网络（如交易平台服务、基础数据服务）、物资网络（如物流等）、资本网络（如支付、信用、保险等）服务。
- 社会服务：包括会展、教育、文化、法律、非营利性组织（如网商协会、商盟）等服务。

以服务特征来划分，电子商务服务可分成：

- 电子商务交易服务：连接整个企业、个人电子商务应用与服务，横向产业链长，纵向连接着衍生服务和支撑服务，是电子商务整体生态中的链核，对于降低交易成本、提高交易效率，具有不可替代的协调、规制作用；主要是指经济网络服务中的交易平台服务。

- 电子商务支撑服务：支撑整个企业、个人电子商务应用的基础性服务体系，降低电子商务应用的成本；主要指经济网络服务中的物资网络服务、资本网络服务、数据网络基础服务以及社会服务等。
- 电子商务衍生服务：提供从企业、个人电子商务应用内部所衍生出来的各种服务，实现电子商务应用效率的提升；主要包括生产者服务和消费者服务。

6.1.2 电子商务服务业与服务业、现代服务业的关系

人类社会经过工业社会发展到后工业社会（或者说是信息社会），相应地，经济活动也由以制造为中心转向以服务为中心。服务业尤其是以金融、物流、信息等为主的生产性服务业与制造业的关系日益紧密，并呈现出互动发展的趋势。

【名词解释：服务业】

服务业是指农业、工业和建筑业以外的其他各行业，即国际通行的产业划分标准的第三产业，其发展水平是衡量生产社会化和经济市场化程度的重要标志。

【名词解释：生产性服务业】

生产性服务业也称生产者服务业，指的是市场化的中间投入服务，即可用于商品和服务的进一步生产的非最终消费服务。

现代服务业并不特指某一类服务行业，而是指受工业化高度发展的推动，依托高新科学技术和现代管理理念而发展起来的服务业。现代服务业包括两类：一类是随信息化或其他科学技术发展而产生的新兴服务业形态，如计算机和软件服务、移动通信服务、信息咨询服务、现代物流业等；另一类是通过应用信息技术或者现代管理方式对传统服务业进行改造而形成的服务业形态，如银行、证券、信托、保险、租赁等现代金融服务业。

生产性服务业的产生和发展就是建立在成本优势基础上的专业化分工的深化，以及企业外包活动的发展。生产性服务业包括五大类，它们是流通型服务业、信息服务业、资本服务业、商务性服务业和科技研发服务业。

电子商务服务业基于信息技术，以商务活动为主体，在法律许可范围内为电子商务应用提供各种服务。从现代服务业和电子商务服务业的概念和范围看，电子商务服务业不仅属于现代服务业，而且是最先进的知识密集型现代服务业。与此同时，电子商务服务业主要是为企业开展电子商务服务的，大体上可归入信息服务业和商务性服务业的范畴，因此属于典型的生产性服务业。

6.1.3 电子商务服务业相关理论

1. 信息技术发展相关理论

信息技术代表当今先进生产力的发展方向，是用于管理和处理信息所采用的各种技

术的总称。信息技术主要应用计算机科学和通信技术来设计、开发、安装和实施信息系统及应用软件；其推广和应用的成效显著。几十年的发展经验表明，信息技术本身遵循以下规律或理论。

(1) 摩尔定律：也可以称为"芯片定律"，由 Intel 创始人之一戈登·摩尔提出来。指集成电路上可容纳的晶体管数目，约每隔 18 个月便会增加一倍，性能也将提升一倍；当价格不变时，每一美元所能买到的计算机性能，将每隔 18 个月翻两倍以上。摩尔定律揭示了信息技术进步的惊人速度。

(2) 吉尔德定律：又称胜利者浪费定律，由乔治·吉尔德提出，指在未来 25 年，主干网的带宽将每 6 个月增加一倍，其增长速度超过摩尔定律预测的 CPU 增长速度的 3 倍，并预言将来上网会免费，一定意义上预示了电子商务模式出现并成为主流商业模式的技术必然。

(3) 麦特卡尔夫定律：由以太网的发明人鲍勃·麦特卡尔夫提出，指网络的价值同网络用户数量的平方成正比，即 N 个联结可创造出 $N \times N$ 的效益。互联网上众多应运而生的网络公司是麦特卡尔夫定律最好的证明。

按照摩尔定律和吉尔德定律，未来的计算机成本将会持续回落；麦特卡夫定律表明，网络将呈指数级发展。随着网络用户数量迅速膨胀到数以亿计，网络的价值越发不可估量。

2. 网络经济和电子商务相关理论(规律)

网络经济具有快捷性、高渗透性、自我膨胀性、边际效益递增性、外部经济性、可持续性和直接性等显著的特征。网络经济的发展遵循以下理论(定律)。

(1) 达维多定律：由英特尔公司副总裁威廉·H. 达维多提出并以其名字命名。认为，任何企业在本产业中必须第一个淘汰自己的产品。一家企业如果要在市场上占据主导地位，就必须第一个开发出新一代产品。如果被动地以第二或者第三家企业将新产品推进市场，那么获得的利益远不如第一家企业作为冒险者获得的利益，因为市场的第一代产品能够自动获得 50%的市场份额。

(2) 边际收益递增：网络经济与传统经济相反，在信息网络成本递减和信息累计增值效应的作用下显现出明显的边际效益递增性。信息网络的平均成本随着入网人数的增加而明显递减，其边际成本则随之缓慢递减，网络的收益随入网人数的增加而同比例增加；网络规模越大，总收益和边际收益就越大。

(3) 外部经济性规律：信息产品存在着互联的内在需要，这种需求的满足程度与网络的规模密切相关。随着用户数量的增加，所有用户都可能从网络规模的扩大中获得更大的价值。此时，网络的价值呈几何级数增长。即某种产品对一名用户的价值取决于使用该产品的其他用户的数量，在经济学中称为网络外部性(network externality)，或称网络效应。

(4) 长尾理论：由美国人克里斯·安德森(Chris Anderson)于 2004 年提出，认为：由于成本和效率的因素，当商品储存流通展示的场地和渠道足够宽广，商品生产成本急剧下降以至于个人都可以进行生产，并且商品的销售成本急剧降低时，几乎任何以前看似需求极低的产品，只要有卖，都会有人买。这些需求和销量不高的产品所占据的共同市场份额，可以和主流产品的市场份额相比，甚至更大。

(5) 六度空间理论：在互联网普及应用的背景下，通过熟人之间产生的聚合效应将产生一个可信任的网络。按照六度分隔理论，每个个体的社交圈都不断放大，最后成为一个大型网络。社会网络软件和六度分割理论中蕴涵着巨大的商业潜能，一旦那些预见先机的人找到聚合它们的商业价值，被改变的将不仅仅是网络世界。

(6) 维基经济理论(大规模协作理论)：揭示了4个新法则——开放、对等、共享以及全球运作——正在取代一些旧的商业教条，展示了个体力量的上升是如何改变商业社会的传统规则。这种利用大规模协作生产产品和提供服务的新方式，正颠覆对于传统知识创造模式的认识。

6.2 电子商务服务体系

2006年中国电子商务交易规模实现从千亿跨入万亿数量级，达到1.5万亿元，占中国GDP总量的6.9%；2011年电子商务交易额占GDP的比重已经达到13%。中国电子商务市场规模的快速增长，离不开电子商务服务业的支撑，而电子商务服务业又得益于中国电子商务市场的快速扩大，获得了高速成长，实现了专业化分工及产品服务的多样化，促进形成完整的电子商务产业链。

根据阿里研究中心的统计，2011年底，中国电子商务服务企业突破15万家；电子商务服务业收入达到1 200亿元，支撑了中国电子商务交易规模中的3万亿元。其中，电子商务交易平台服务为410亿元，电子商务支撑服务约为550亿元，电子商务衍生服务为240亿元。预计到2015年，电子商务服务产业营收将突破1万亿元，支撑超过13万亿元电子商务交易规模。中国将拥有世界上规模最大、最为领先的电子商务服务产业。图6.2预测了2011—2015年中国电子商务服务业的营收规模。

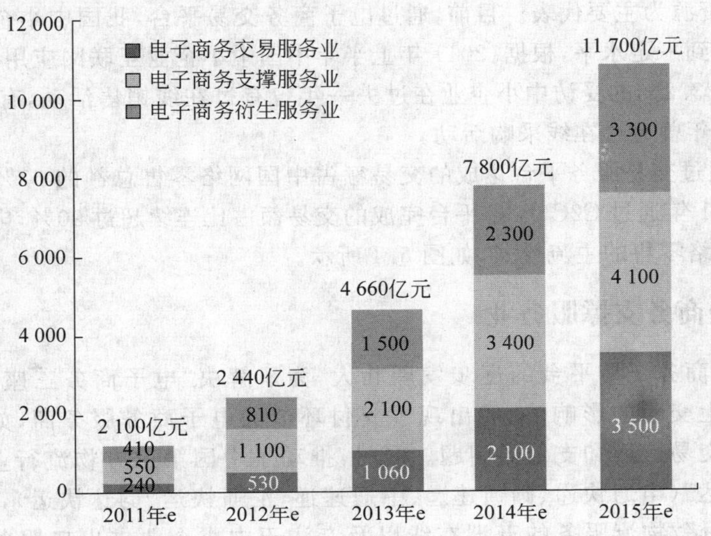

图6.2 2011—2015年中国电子商务服务业营收规模

来源：阿里研究中心，2011年12月

6.2.1 电子商务交易服务业

电子商务服务中最重要的环节是交易服务环节，也就是处于核心层的电子商务交易平台，连接着整个企业、个人电子商务应用与服务，如图6.3所示。从1995年成立的中国黄页，到1997年的中国化工网，以及后来的阿里巴巴、易趣、携程等，在市场需求和商业模式创新的推动下，电子商务交易平台呈现了专业化、行业化、产业化的趋势，经历了从最初的信息平台到综合交易平台的演变过程。

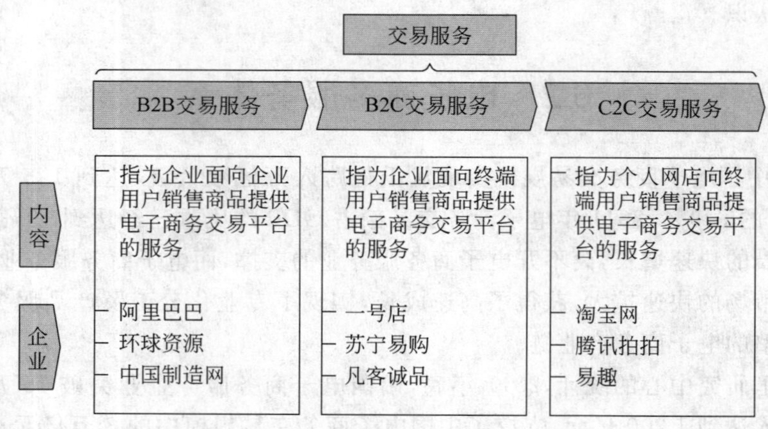

图6.3 电子商务服务生态系统核心层——交易服务

来源：IDC，2012

根据买家、卖家的类型，电子商务交易平台已经细分为B2B、C2C、B2C三种主要类型。B2B电子商务交易平台已经发展出综合型B2B、垂直行业型B2B、外贸型B2B，以阿里巴巴、环球资源为主要代表。目前，通过电子商务交易平台，我国中小企业电子商务普及程度已经达到一定水平，根据《2011年上半年中国中小企业互联网应用状况调查报告》数据显示，有33.2%的受访中小企业在过去一年曾有过在线销售活动，有26.2%的受访小企业过去一年曾有过在线采购活动。

2003年通过交易服务平台达成的交易额占中国网络零售总额的67%。此后逐年上升，2008—2011年通过C2C、B2C平台完成的交易额占比连续超过90%，电子商务交易平台已经成为网络零售的主流模式，如图6.4所示。

6.2.2 电子商务支撑服务业

随着电子商务交易平台的逐步发展壮大，为了解决"电子商务三座大山"信用、支付、物流对网上交易的影响，先后出现了支付环节的电子商务服务商，如支付宝、财付通等，解决了交易信用和支付的问题。同时，推动了中国第三方物流行业的成长，从最初的"四通一达"(申通快递、圆通速递、中通速递、汇通快运、韵达快运)，到后来更专注于电子商务仓储/物流服务的五洲在线以及专注于中小企业进出口服务的一达通等。提供基础数据、信息网络服务以及社会服务的企业和机构也属于电子商务支撑环节的重要组成部分，如图6.5所示。

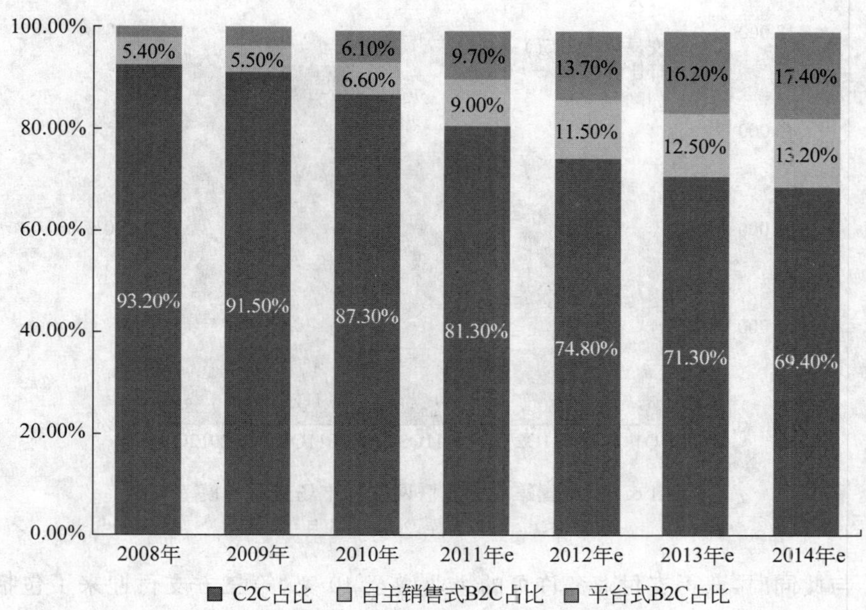

图 6.4 2008—2014 年中国网络购物市场交易规模结构

来源：艾瑞咨询 2011 年 1 月

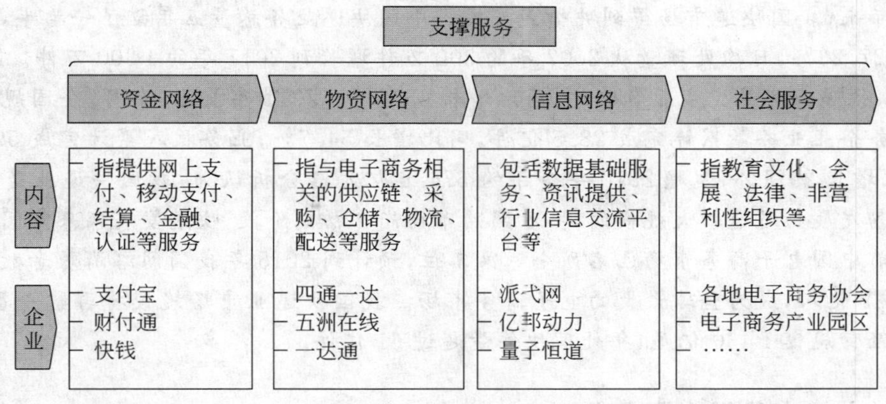

图 6.5 电子商务服务生态系统扩展层——支撑服务

来源：IDC，2012

作为电子商务支撑服务之一的网上支付，不仅有利于减少社会交易成本，更降低了交易延迟、信用欺诈等方面的风险。第三方网上支付服务商推出的支付担保服务模式，充分地融合了我国国情，解决支付问题的同时，还有效地解决交易过程中的信任问题。根据 EnfoDesk 易观智库《2012Q1 中国第三方支付市场季度监测》数据报告显示，2012 年第一季度中国第三方互联网支付市场交易规模达到 7 583 亿元人民币，环比增长 2.7%，同比增长 90.9%，如图 6.6 所示。

2011 年，更多传统行业开始向第三方支付企业开放，更为广泛和深入的合作模式开

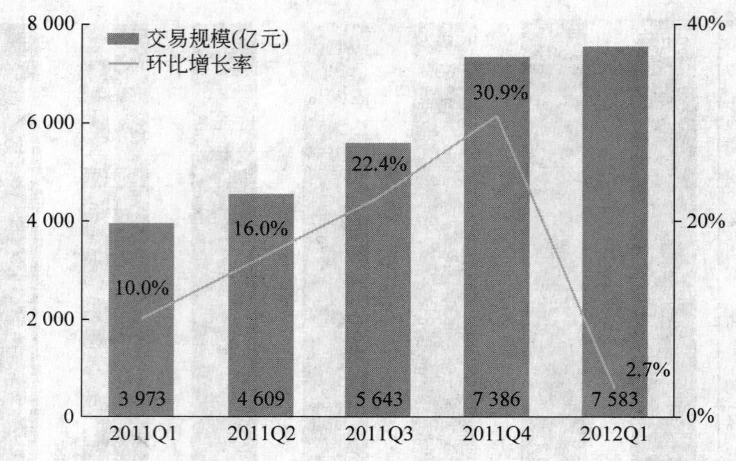

图 6.6 中国第三方互联网支付市场交易规模

来源：易观智库，2012 年 5 月

始涌现。与此同时，获得支付业务许可的企业增至 40 家，第三方支付迎来了包括移动支付企业、预付卡发卡企业在内的更多的运营主体。

【案例】 网购助力中国快递市场规模跃升世界第三[①]

近年来，我国快递市场得到井喷式发展。中国快递业务总量五年翻了一番半，年均增长率达 27.23%，日均处理量从 2007 年的 300 万件增长到 2011 年的 1 300 万件。2011 年 10 月份，快递业务量完成 3.3 亿件，同比增长 65.7%。2011 年前 10 个月，全国规模以上快递服务企业业务量累计完成 28.5 亿件，同比增长 54.7%；业务收入累计完成 597.8 亿元，同比增长 29.1%，超越 2010 年全年的 574.6 亿元。分析认为，我国快递业是跟随网购的蓬勃发展而迅速扩大规模的，鉴于网购市场尚在初期阶段，快递发展未来空间更大。

目前中国电子商务市场已名列全球第二位，预计到 2015 年我国网络消费者数量将激增至 3.29 亿人，成为全球最大的电子商务市场。我国快递业市场规模将再翻一番以上，达到年经营规模 1 430 亿元，年处理快件量超过 61 亿件。

6.2.3 电子商务衍生服务业

电子商务衍生服务是电子商务服务生态系统的扩展层，如图 6.7 所示。

衍生服务可以分为生产者服务和消费者服务，并且逐步专业化，细化到了咨询、信息、IT 外包、市场营销、人力资源等领域。不断扩大的电子商务市场、不断涌现的多样化需求以及中国市场的不成熟为电子商务服务领域的专业化、规模化创造了历史机遇，电子商务服务市场随同中国电子商务市场一同成长和壮大。

众多专业服务商加入到服务生态中，不断为网商创造价值。以接入淘宝开放平台

① 通信信息报. 中国成全球第三大快递市场. http://www.zhicheng.com/html/archive/142/201112/2304336.html，2011 年 12 月 1 日.

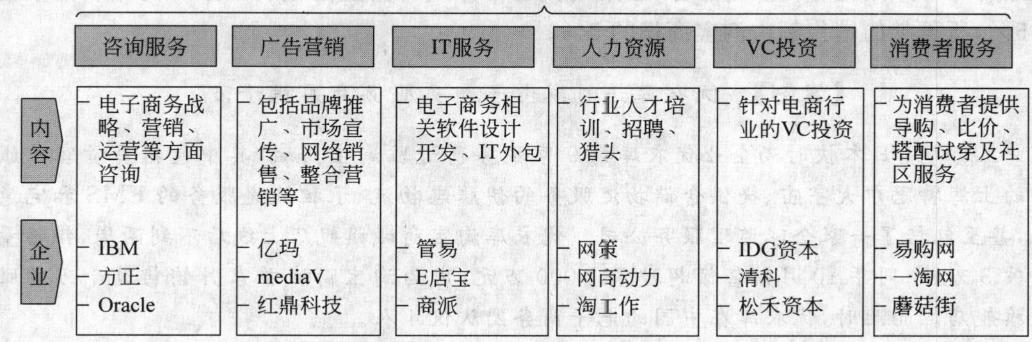

图 6.7 电子商务服务生态系统扩展层——衍生服务

来源：IDC，2012 年

(TOP)的服务商数量为例，截至 2011 年 9 月已超过 42 000 家，是 2010 年同期的 11 倍多。目前持续保持日均新增接入服务商 200 家的增长速度，如图 6.8 所示。

图 6.8 2010 年 7 月—2011 年 9 月接入淘宝开放平台的服务商数量

来源：淘宝开放平台(open. taobao. com)，2011 年 10 月

截至 2011 年底，在淘宝商圈[①]已累计超过 156 万位卖家付费购买专项服务，平均订购工具类软件 2.75 个，一钻以上卖家占在线工具订购用户的 87.5%[②]；75.6%的淘宝商

① 淘宝商圈：包括中国最大的在线零售网站淘宝网(taobao. com)、中国领先的 B2C 优质品牌产品零售网站天猫(原淘宝商城，tmall. com)。

② 淘宝网：2011 年中国网购服务市场数据. 新浪网：http://tech. sina. com. cn/i/2011-11-01/10586258988. shtml，2011 年 11 月.

城网商曾在23 000位淘女郎中挑选模特[①],模特服务市场的规模近3.96亿元[②];52%的传统品牌考虑采用托管代运营服务,已采用代运营方式的淘宝商城店铺数为商城店铺数的0.5%,所贡献的销售额占淘宝商城的5%。

【案例】 优衣库携9家电子商务服务商月销千万

2009年,日本快时尚企业优衣库携9家服务商进驻淘宝商城,其中包括负责客户服务的上海特思尔大宇宙、提供仓储物流服务的伊藤忠物流、承担快递服务的EMS和宅急送,甚至包括了一家全球监理服务公司。优衣库淘宝商城旗舰店上线后不到两周,销售量突破3万件;同年10月销售额超过了1 000万元,成为淘宝商城首家月销售过千万的服装旗舰店。而此时,优衣库在中国的电子商务团队仅4人。

【名词解释:网店托管、代运营、整体托管】

网店托管就是网店卖家把店铺日常客服、装修、管理、策划等的工作委托给网店托管公司,由具备丰富网店管理经验的专业人员为网店卖家全天候经营网店,有效地提高网店的综合指数,快捷、专业、安全地提升店铺的核心竞争优势,帮助网店店主节约时间成本、费用成本以及管理成本。

网店托管主要包括网店代运营和网店整体托管。网店代运营是指提供开店(账号注册)、装修、摄影、客服接单、店铺日常运营、数据分析、投诉处理、商品管理服务,其中,客服接单、店铺日常运营为必须涵盖的服务。网店整体托管是指提供开店(账号注册)、装修、摄影、客服接单、店铺日常运营、数据分析、投诉处理、物流系统、品牌推广、商品管理、渠道管理、系统开发服务,其中,客服接单、店铺日常运营、品牌推广为必须涵盖的服务。

6.3 电子商务服务业的演进

社会已经进入信息化时代,中国网络基础设施的改善、网民规模的扩大和普及率提高为电子商务与电子商务服务业的互动发展奠定了良好基础,电子商务服务业的演进呈现酝酿—构造—扩张—领导四个阶段。我国电子商务服务业正处于发展的第二阶段——构造期,并向第三阶段扩张期过渡,电子商务服务生态体系已经初步形成。

6.3.1 电子商务服务业兴起的背景

1. 社会进入信息化时代

20世纪90年代以来,计算机互联网络技术飞速发展,大大增强了计算机的处理能

① 淘宝网对淘宝商城及5钻以上卖家进行抽样调查,76%的卖家邀请过淘女郎,其中有33.67%的卖家邀请过4个以上的模特。

② 淘宝网:2011年中国网购服务市场数据.新浪网:http://tech.sina.com.cn/i/2011-11-01/10586258988.shtml,2011年11月.

力，信息的传递和处理更为快捷，大大增强了人类社会处理信息的能力和意识，“信息就是效率”、“信息就是财富”的观念已经深入人心。伴随计算机和互联网应用的普及，企业运营效率提高了，成本下降了，商机增加了，为消费者也带来了更方便的生活。互联网已经把全世界连在了一起，社会已经进入信息化时代；经济出现全球化、一体化的趋势，这为电子商务和数字贸易的兴起和发展奠定了坚实的时代基础。

2. 电子商务发展环境不断改善

在发展思想转变和发展战略调整的背景下，我国信息技术快速发展，网络基础建设务实推进，移动互联网加快发展，网络安全保障体系更加完善，农村信息化使用深度增强等导致网民规模快速增长，互联网普及率快速提高。截至2011年底，中国网站规模达到229.6万，较2010年底增长20%；国家顶级域名.CN的注册量达到353万个，较2011年增长26 000余个；中国网民规模达到5.13亿，全年新增网民5 580万；互联网普及率较上年底提升4个百分点，达到38.3%。中国手机网民规模达到3.56亿，同比增长17.5%[①]。网络基础设施的改善，网民规模的扩大和普及率的提高为我国电子商务发展奠定了良好的基础。

3. 国家加大电子商务服务业发展的支持力度

伴随互联网的大规模普及，电子商务作为网络化的新兴经济活动，信息化的核心应用之一，正在成为国民经济持续、协调发展战略实现的重要路径之一。在此背景下，国家进一步明确电子商务的地位与发展目标，加大对电子商务发展的支持力度。在《“十一五”发展规划》、《2006—2020年国家信息化发展战略》和《电子商务发展“十一五”规划》中明确电子商务的地位和发展目标：普及深化电子商务运用，提高国民经济运行效率和质量；大力发展电子商务服务业，形成国民经济发展新增长点；着力完善支持环境，促进电子商务协调发展；鼓励电子商务自主创新，提高自主发展能力；加强市场监管，规范电子商务秩序；加大教育宣传力度，促进电子商务普及运用。这使电子商务发展的定位作用和目标得到明确，有力地支持了电子商务的快速发展，同时也对电子商务服务业提出了新的要求。

4. 电子商务自身快速发展

近年来，特别是2006年以来，我国电子商务呈加速发展态势，网上交易额、网络购物用户和网商都急剧增加，呈爆发式增长态势。截至2011年12月，我国网购用户规模达1.94亿人，较2010年底增长20.8%；团购成为全年增长第二快的网络服务，用户年增速高达244.8%，用户规模达到6 465万，使用率提升至12.6%；网上支付、网上银行使用率也增长至32.5%和32.4%[②]。电子商务自身的快速发展也促进了电子商务服务业的快速兴起。

6.3.2 电子商务服务业的发展阶段

从电子商务和电子商务服务业的关系看，电子商务服务业培育了电子商务；同时，电子商务的发展也催化电子商务服务业不断衍生。电子商务服务业是电子商务应用规模不

① 中国互联网络信息中心(CNNIC).第29次中国互联网络发展状况统计报告.2012年1月.

② 中国互联网络信息中心(CNNIC).第29次中国互联网络发展状况统计报告.2012年1月.

断扩大、影响不断深化的结果。图 6.9 揭示了 1998—2011 年中国电子商务服务发展阶段与电子商务交易规模的对比情况。

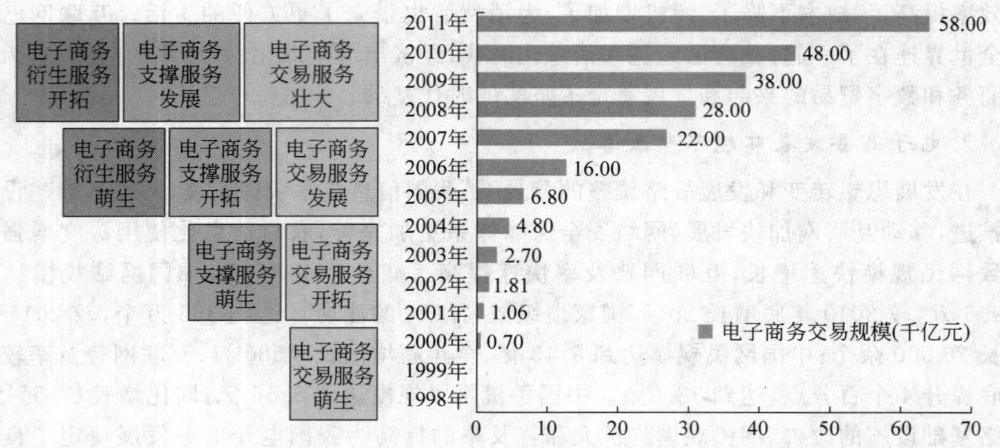

图 6.9　1998—2011 年中国电子商务服务发展阶段与电子商务交易规模对比

来源：赛迪顾问、艾瑞咨询，整理：阿里研究中心，2011 年 12 月

信息技术和互联网应用为降低或减少信息不对称提供了基本技术条件。随着信息技术的发展和互联网应用的日益普及，电子商务和电子商务服务业的演进将呈现 4 个阶段：酝酿-构造-扩张-领导，如图 6.10 所示。

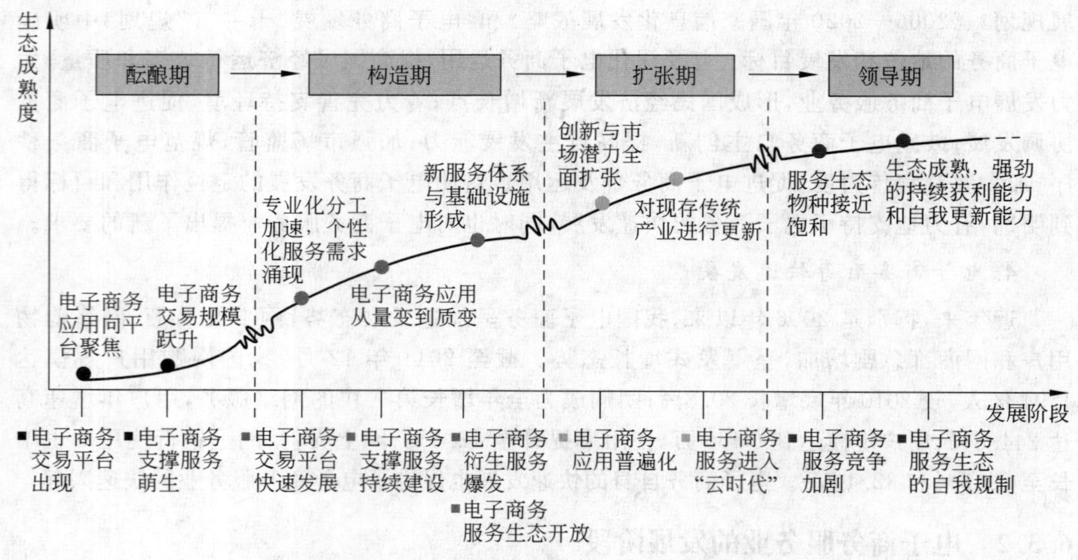

图 6.10　电子商务服务生态演进的 4 个阶段

来源：阿里研究中心，2011 年 12 月

1. 第一阶段：酝酿期（1999—2004 年）

第一阶段是酝酿期（1999—2004 年），这一阶段的主要动力机制是“聚集经济”。电子商务交易（平台）服务业是整个电子商务服务业起步最早的环节，是电子商务服务业得以

萌芽发展的“核”。1999 年，以阿里巴巴为代表的电子商务平台的诞生为标志，意味着中国电子商务服务业的萌芽。电子商务交易服务平台出现，中小企业的电子商务应用向平台聚集，实现规模效应。

2003 年，电子商务服务业的中小企业电子商务平台——阿里巴巴开始盈利，标志着中国电子商务服务业开始真正兴起。此后，中国电子商务服务业的综合性服务网站，行业性服务网站，面向个人的服务网站，以及提供支付、认证、信用和现代物流信息服务的电子商务服务网站纷纷涌现。当当、卓越、阿里巴巴、慧聪、全球采购、中国化工网、淘宝网、eBay 易趣、支付宝、中国金融认证中心等成了互联网的热点。这些生在网络长在网络的电子商务服务企业，在短短的数年内崛起，电子商务服务业规模迅速壮大。

2. 第二阶段：构造期（2005—2011 年）

第二阶段是构造期（2005—2011 年），这一阶段的主要动力机制是“柔性专业化”。2005 年，随着《电子商务发展“十一五”规划》的实施，在国家、各级政府的政策引导下，电子商务交易额呈现稳定持续增长态势。以阿里巴巴为代表的服务平台开始与金融、物流、法律、IT、营销等外部机构合作，提供更丰富的细分服务。电子商务应用对个性化服务的需求开始出现，开放的生态系统为支撑体系的建设和衍生服务爆发提供环境。

据计世资讯（CCW Research）数据显示，2005 年我国电子商务交易额达到 3 875.1 亿元人民币；网上支付机构超过 50 多家，国家授权许可的 CA 认证机构有 17 家。围绕电子商务开展的第三方物流、网上支付、CA 认证机构的年销售额已经突破百亿元。到 2011 年中，网商数量从 2004 年的 400 万发展到 8 300 万；网民在线购物花费的规模超过 7 000 亿元。根据淘宝服务平台（fuwu.taobao.com）数据，2011 年进入服务平台应用数量极速增长，截至 11 月底共有 2 074 个应用，是上年同期的 6.15 倍，如图 6.11 所示。

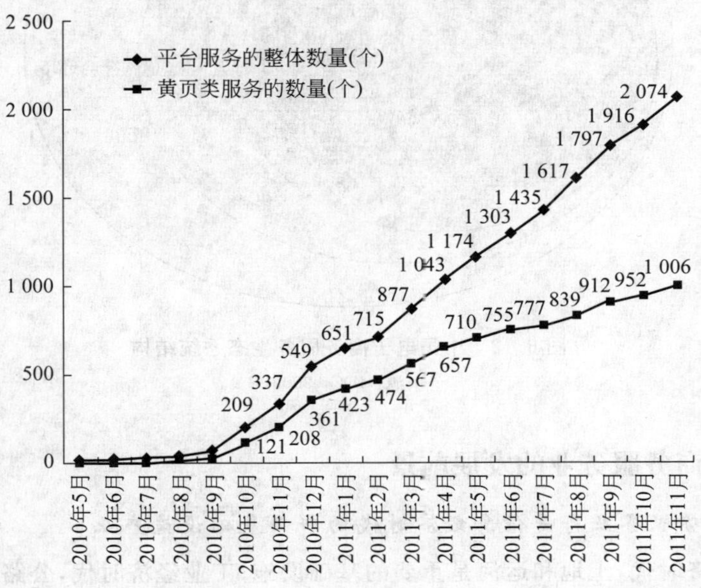

图 6.11　2010 年 5 月—2011 年 11 月淘宝服务平台的应用数量

来源：淘宝开放平台（open.taobao.com），2011 年 11 月

3. **第三阶段：扩张期（2012 年至今）**

第三阶段是 2012 年开始的扩张期，这一阶段的主要动力机制是“社会网络”，一方面电子商务服务生态内部实现社会化协同，以极低成本实现电子商务“云服务”，中小企业得以按需取用，从而推动中小企业电子商务应用普遍化实现，电子商务服务业对传统产业实现更新。

4. **第四阶段：领导期**

第四阶段是领导期，这一阶段的主要动力机制是“根植”，鼓励潜在竞争者进入，电子商务服务的主体、群落、互动方式基本稳定，服务商之间呈动态竞合关系。协同并不排斥竞争，生态圈各角色的协同进化也不等同于同步进化，良性、适度的竞争乃至优胜劣汰仍然是商业生态圈保持健壮性的必然要求[①]。

经过 10 多年的发展，我国电子商务服务业正处于发展的第二阶段——构造期，并向第三阶段——扩张期过渡。在这一时期，电子商务核心服务——交易服务强势发展，支撑服务体系形成规模，不断扩大电子商务在企业间商业活动和消费者中的渗透率，与信息依赖程度高的衍生服务类型创新活跃，加速成长，竞争性加强，电子商务服务生态体系已经初步形成，如图 6.12 所示。

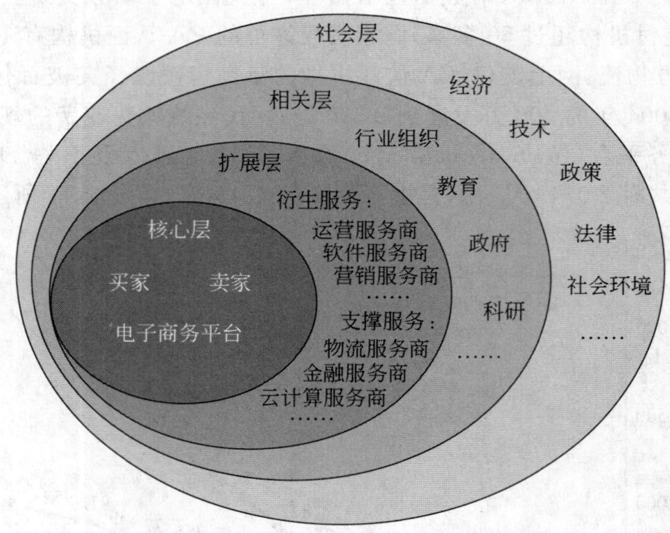

图 6.12　中国电子商务服务生态系统结构

来源：IDC，2009

6.3.3　电子商务服务业的发展前景

1. **电子商务服务业将是信息经济时代的新兴基础设施产业**

在农业经济时代，土地和运河是重要的基础设施；工业经济时代，公路、铁路和电网是

① 淘宝网. 2010 年度大淘宝生态圈百年合作伙伴发展倡议书. 2010 年 9 月.

重要基础设施；到了信息经济时代，互联网成为重要的基础设施。信息经济的主题是大规模整合并应用信息，以互联网为基础的电子商务服务业将成为新兴的基础设施产业。表6.1总结了上述各个经济时期的核心生产要素及基础设施。

表6.1 各个经济时期的核心生产要素及基础设施

	农业经济	工业经济	信息经济
生产要素	土地、简单劳动力	资本、能源	信息、知识
核心生产工具	犁、锄头	大型机械设备	计算机、互联网
产业特点	劳动密集型	资本密集型	知识密集型
主导产业	农业	工业	信息产业
基础设施	土地、运河	铁路、公路、电网	互联网

来源：IDC，2011年1月

电子商务引起的社会经济变革使信息这一核心生产要素广泛应用于经济生产活动，加快了信息在商业、工业、农业中的渗透速度，极大地改变了消费行为、企业形态和社会创造价值的方式。

在国际金融危机的冲击下，世界各国为了应对金融危机对经济发展战略做出调整；全球新一轮基础设施建设正在展开，其中电子商务服务业是重要的建设内容。特别是2008年国际金融危机爆发后，电子商务服务业对经济发展的"乘数效应"显现，有力地拉动经济增长，一定程度上有效减缓了金融危机对我国经济的冲击，对我国经济快速恢复作出了很大的贡献。

我国电子商务服务业经过10年的发展，已经汇聚了海量生产信息、交易信息与消费者信息，成为目前国内信息经济的重要生产要素；电子商务服务业也正在成为信息经济重要的基础设施产业，对零售业、制造业、物流业等传统行业产生着深刻的影响。

2. 电子商务服务业将成为国家战略性新兴产业的重要组成部分

中国信息经济的深化发展迫切需要加大信息生产要素的投入，利用信息技术改造传统经济结构，促进信息经济与传统经济融合。信息经济结构特征的完善是中国信息经济发展的重要方向，也是衡量中国信息经济发展水平的重要指标。在互联网领域，来自产业链需要的电子商务服务业的分工协作、角色互补和利益共享将创造巨大的价值。在未来几年里，电子商务服务业将成为经济增长的新动力，引导未来经济发展的方向和模式。

电子商务服务业在降低社会交易成本、促进社会分工协作、提升社会创新机会、提高社会资源配置效率以及促进新商业文明发展几方面的作用显著；同时，电子商务服务业能够有效增加就业，促进经济发展模式转型，提升产业结构竞争力，促进区域协调发展。因此，作为信息经济的基础设施产业，电子商务服务业在国民经济中的地位将进一步提升，在国家发展战略和国民经济协调发展中具有重要的作用和意义，必将成为引导经济发展的国家战略性新兴产业。

3. 电子商务服务业将成为服务贸易新的增长点

20世纪60年代以来，全球产业结构由工业型经济向服务型经济转型，并出现了以电子商务服务为特征的新型服务业。电子商务服务业通过建立全球化的交易规则、标准和服务体系，在不同国家地区贸易商之间、贸易商和政府之间形成高效的电子化业务流程，进而实现跨境电子化贸易和贸易高效化。

中国电子商务服务业并不是一种自然演化的自发过程，而是一种面对国际竞争压力的追赶结果。因为国际环境以及经济和社会发展水平的原因，中国不可能完全重复先行国家和地区走过的道路。中国电子商务发展的当务之急是：树立创新意识，结合国情，选择成本低、见效快、可持续发展的有效模式。未来20年，电子商务服务业将成为中国服务贸易中新的经济增长点，并加速国际贸易服务领域的变革，这也是全球贸易服务领域变革的必然趋势。

4. 电子商务服务的全球化时代即将到来

电子商务服务方式的出现，突破了传统贸易以单向物流为动作的格局，实现了以物流为基础，信息为核心，商流为主体的全新战略。这意味着只要市场的开放程度纳入一定的规范，电子商务就具备可贸易的条件，将畅通无阻地进入国际贸易领域。目前，随着国际电子商务环境逐步完善，可贸易的条件日趋成熟，国际电子商务服务正从区域、经济体成员内信息聚合向跨区域、跨境和全球化电子商务交易服务发展，使得电子商务服务也从经济体内向跨经济体、跨区域及全球化服务延伸。可以预言，电子商务服务业将带动全球电子商务发展，成为新时期国际电子商务发展的焦点问题，这预示着电子商务服务全球化时代即将到来。

6.4 电子商务服务业的作用和影响

中国现阶段的特点是，已经完成了一定程度的工业化，同时因为互联网等信息技术的同步引入，与欧美同步开始信息社会进程。中国经济的发展呈现了一种跨越式发展的景象：跨过了一些工业化的进程，直接进入信息社会。电子商务服务业的发展，对个人、产业、经济乃至社会产生层层影响，形成一股不可估量的力量推动了信息社会进程，如图6.13所示。

对于个人，电子商务服务带来了工作、生活方式的转变，使得SOHO和数字化生活成为现实；掌握了电子商务技能的草根阶层获得了自我实现的机会，诚恳勤奋的网商通过自身的努力，不仅解决了生存和发展的问题，也获得了社会认同，尊严感和幸福感得到大幅提升。

对于产业，电子商务服务对企业各环节都产生了影响，如从本地市场低成本拓展到全国、全球市场（销售）、基于网络收集客户需求开发新品、在运营环节降低成本提高效率等，促成了产业的转型、升级和创新。而电子商务交易服务、支撑服务和衍生服务的出现，可以集聚小规模的个性化需求，实现柔性大规模定制，在细分市场上做出大产业。

对于经济，电子商务服务业的出现和壮大，充实了中国第三产业，推动了服务转型进程。农村电子商务的发展，则实现了城市的扩散化（城镇化），成为中国“三农”问题的对策之一。电子商务所引发的跨区交易，在一定程度上也降低了区域经济发展的不平衡，与农村电子商务一起推动欠发达区域经济的发展。

图 6.13　电子商务服务对产业、经济、社会的影响

来源：IDC，阿里研究中心，2012 年

对于社会，电子商务服务带来的开放、共享、透明、责任等互联网精神，通过信用评价系统、交易规则等形式，渗入到社会生活的每个角落，最终从一个互联网应用工具演变成社会生活的基本要素，在现在乃至未来，都将产生不可估量的社会影响。

总体来看，作为一个与信息技术紧密结合的行业，电子商务与外部环境的关系是交互影响、相互推动的。中国电子商务通过对个人、产业、经济乃至社会的影响，最终促进了信息社会的进程，推动了中国经济的增长和社会的成熟。

6.4.1　电子商务服务业的经济功能

1. 电子商务服务是产业倍增器

电子商务服务对产业影响的本质是通过信息化手段改造价值链的各个环节，降低生产成本，提升效率，并提高客户价值，进而带来产业的转型/升级和创新。

以降低生产成本为例，电子商务服务可以为商家节省约 20%～30%物流成本；交易成本方面，支付宝平台日均 400 万笔交易，其中 80%来自网银，如果通过线下进行，需要 2 万个银行柜台和每年 100 亿元支出；以网店节省的租金成本计算，根据行业平均数据，可以得出，淘宝能够为全社会节省 280 亿的租金成本，合每月 23 亿元。

【案例】　买家委托采购服务：30 个行业专家带来 25 亿美金订单

买家委托采购服务，即阿里巴巴 30 多位行业外贸专家对买家提交的采购需求(Request for Quotation，RFQ)，进行分析和筛选，将其中的优质需求推荐给合适的供应商，并全程指导报价的服务。服务旨在帮助买卖双方高效快速的达成采购意向。

目前，每天采购单量超过 1 000 单，平均每单有 5 个供应商参与报价，供应商端覆盖阿里巴巴 B2B 中供会员 13 万。预计 2011 年市场规模接近 15 万单，为中供客户带来的涉及金额高达 25 亿美元。预计 2012 年每天采购单量超过 4 000 单，涉及金额将高达百亿美元。

2. 电子商务服务业显著降低交易成本

电子商务服务商为交易提供了方便、高效的基础设施，在交易的各个环节提供专业的服务，提高了交易对象的可得性和交易过程的便利性，从而有效地降低准备成本、营销成本、渠道成本、物流成本、资金周转成本等交易成本。

调研显示，21.76%的中小企业在阿里巴巴 B2B 平台上获得了平均 248 倍的投入回报，59.35%的中小企业获得了平均 171 倍的投入回报[①]。中西部城市网购用户在淘宝上的跨省消费也明显高于东部城市，反映出企业通过电子商务服务实现了跨地域、跨国界、不限时间的销售，以远低于线下市场的成本和高于线下的效率，为企业、产业获得了巨大的营销空间。

【案例】 上海拜般：手机店铺魔盒

对中国绝大多数的中小企业来说，移动 APP 开发中的高成本、高门槛、长周期、少资源成了他们投身移动互联网浪潮最大的困扰。上海拜般为此推出了“手机店铺魔盒”产品，零成本、零技术、快速生成店铺客户端，帮助店主快速把店开到手机上。网商只需要输入店铺昵称，挑选频道、决定配色模板，整合店铺的 SNS 通道，就能一键生成包括 Android、Windows Mobile、Symbian60、JAVA、黑莓、iPhone 等多个主流手机操作系统的店铺 APP。

目前上海拜般已升级了 8 000 多个淘宝店铺、3 000 多个淘宝客应用，软件生成数达 14 092 个。用平台化、自动化、批量化的方式，解决了模版化不可复制的瓶颈，使中小网商个性化、多系统、低成本地占领移动电子商务市场成为可能。

3. 电子商务服务业促进社会分工协作细化

电子商务服务业促进社会交易成本降低的过程也是传统产业重构价值链的过程。交易成本的下降促进企业整合，利用外部优秀的专业化服务，达到降低成本、提高效率、充分发挥自身核心竞争力和增强企业对环境的迅速应变能力的目的。在这一过程中，电子商务服务业与传统经济进一步融合，企业与市场的边界越来越模糊，企业内部走向扁平化与透明化，企业与消费者的关系也在发生根本的变化。

(1) 新的职业类型不断涌现：电子商务对于团队配合的依赖程度越来越高，只有不同环节的专业团队进行紧密的配合与协作，才能更好地完成电子商务的经营工作，这促使电子商务服务领域的分工进一步细化。电子商务服务分工细化催生出一批新的职业类型。

【案例】 九儿设计：开启云设计

2005 年初开店卖饰品的九儿夫妻俩经营亏损，却因为店铺 logo 的独特设计吸引了众多淘宝卖家的咨询，发掘机会开创九儿设计。从 2006 年 2 人兼职设计模板，每月 1 000 元左

---

① IDC. 为经济复苏赋能——电子商务服务业及阿里巴巴商业生态的社会经济影响. 2010 年 1 月.

右收入起步，到2011年九儿设计已有企业级客户2 000～3 000家，其中包括国际化妆品品牌倩碧、伊丽莎白雅顿，服务形式多为年度合作，为客户量身定制店铺装修方案，并按营销需求不定期提供专题设计。除此之外，还有近8万家普通客户，每套模板售价从50～500元不等。整个团队24人，服务客户之多、类型跨度之大、设计频次之密集，在线下商铺装修行业是难以想象的。目前淘宝卖家服务装修市场已入驻设计师4 500多位，模板数30 000多套，到年底的交易总额超过1.2亿元。

(2) 新的协作模式不断呈现：信息技术的进步和网络应用的普及使信息获取的便利性大大提高，信息透明的程度大大增强，传统信息不对称条件下的竞争关系正在向竞合关系转变，向多赢共享转变。合作者分别依据自身的优势进行分工协作，共同构建和谐的产业链条。社会竞争由产业链中上下游企业的竞争，同行业单个企业之间的竞争向产业链之间的竞争转变。在电子商务服务业的发展促进下，企业可以根据自身的业务优势，定位于产业链的特定环节，企业之间基于供应链关系进行自发的协作。同时，随着电子商务应用渗透率不断提升，客户对电子商务交易的需求进一步提升，围绕电子商务服务的工作流程不断细化，新的商业形态不断涌现。新的协作模式与新的商业形态正在促生一个开放、协同、共赢的商业生态系统。

【案例】 淘宝商城"双十一"大促销的背后

2011年11月11日淘宝商城网购狂欢节创下33.6亿元销售纪录，当日有GXG、骆驼服饰、博洋家纺等3家品牌店突破4 000万元，另有1家超3 000万元、4家超过2 000万元、38家过1 000万元、75家过500万元，共497家品牌店销售突破100万。2010年同期淘宝商城销售额9.36亿元，2家超2 000万元、11家过1 000万元，20家过500万元，181家过100万元。"双十一"参与人数达到1.2亿，主会场游玩次数超4亿次，淘宝全网(淘宝网与淘宝商城)当日交易额52亿元，撑起这个奇迹的正是整个中国电子商务服务体系！

第三方支付：2011年11月11日当天支付成功交易达到3 369万笔，比2010年记录增长了近170%，刷新了网购单日交易成功笔数的记录。其中，无线支付笔数达171万笔。2010年11月11日支付宝成功交易笔数为1 261万笔。11日凌晨0:01分，支付宝在一分钟内的付款笔数瞬间超过5.5万笔，是前一分钟的10倍，也是2010年峰值的2.5倍以上。支付宝早在2011年7月份就开始跟淘宝商城沟通大促销的准备工作，展开了一系列的技术准备和测试。为11月11日这一天，支付宝比平时增加了10%的服务器，另外增加了近20%的服务器作为后备。①

快递：早在2011年8月份，淘宝商城就开始与快递企业沟通，并与申通、圆通、中通、汇通、韵达、CCES、邮政EMS、海航天天、顺丰等9家快递企业达成协作，全力保障"双十一"大促销的货物运送。这9家快递公司已从9月份开始调配资源，据不完全统计，这些快递企业总共调集约4万名快递员，超过700辆快递车专门负责"双十一"大促销的货物运输。同时，在货物分拣中心设立超过300条"双十一"货物运送绿色通道，并组建超过

---

① 新浪科技：支付宝双十一交易数3 369万笔同比增长170%，新浪网：http://tech.sina.com.cn/i/2011-11-12/01486309899.shtml，2011年11月12日。

2 000 人的客服团队解决消费者货单服务问题[①]。

数据开放平台：淘宝开放平台(TOP)从 11 月 11 日—18 日的 API 调用量超过 140 亿。参加"双十一"大促销的商家共为 1 885 个，11 月 11 日—18 日调用 TOP 接口的商家为 1 816 个，该期间接入率为 96.34%。11 月 11 日，接入 TOP 的商家发货率[②]已达到了 22.29%，比未接入 TOP 商家发货率的 6.05% 远远高出 16.24 个百分点。截至 11 月 18 日，大促商家的总发货率为94.24%，其中接入 TOP 的商家的发货率为 94.22%，未接入 TOP 的商家的发货率为 95.15%，在订单量笔数呈 64 倍的比例下，接入 TOP 的商家仍能有效把握发货速度，呈现了很大的优势。

第三方应用：以旺旺插件客道精灵为例，在线客服数 10 284 个，比日常增加 57%；API 调用总量 1 708 万次，是平日的 3.5 倍；接入客户数 692 万人次，是日常的 2.6 倍；备注提交 24.6 万次，修改价格 12.8 万次，查询物流 15.7 万次，响应时间保持在 0.06～0.7 秒。

4. 电子商务服务业推动产业创新

从价值链模型来看，电子商务服务与各个环节的结合，都能带来新的模式、产品和服务。工业社会以大生产(福特模式)＋大零售(沃尔玛模式)＋大品牌(全国性/全球性媒体与现代广告)＋大物流(中央仓储)为代表，是典型的产品导向。而在互联网加全球化的影响下，信息社会的商业形态在电子商务服务的催化下有了丰富的变化。

在云计算、移动互联网等基础设施的推动下，围绕消费者多元化的需求，电子商务服务与传统产业结合萌生了无数以消费者为中心、由消费者驱动、创新的商业形态、模式，低成本高效率地创造独特的客户价值。

(1) 产品创新

【案例】 淘宝旅行为提供旅游产品信息搜索、购买、售后服务的一站式解决方案

淘宝旅行是淘宝网旗下的综合性旅游出行服务平台，整合数千家机票代理商、航空公司、旅行社、旅行代理商资源，在线合作伙伴超过 2 万 5 千家，拥有 700 多个 IATA 认证的航空企业卖家，4 万间可预订酒店，200 万条旅游商品信息，是国内规模最大的一站式旅游商品搜索购买平台。2011 年，淘宝旅行全年交易额高达 109 亿元，较去年同期同比增长 122%。其中，机票完成了 73 亿元的交易额，酒店预订完成了 15 亿元的交易额，旅游度假完成了 21 亿元的交易额[③]。

(2) 服务创新

【案例】 一达通：立志服务中小企业，只做五百万，不做五百强

一达通企业服务有限公司是国内第一家专门向中小企业提供进出口全程外包服务的

① 杭州日报：急调 4 万快递员 淘宝商城为保双 11 网购品质动真格. 新浪网：http://zj.sina.com.cn/finance/biz/biz/31/2011/1104/7932.html，2011 年 11 月 4 日.

② 发货率＝已发货量(物流公司取货)/订单总数

③ 网易财经. 淘宝旅行 2011 年交易额 109 亿元. 网易：http://money.163.com/12/0207/14/7PLR3JHJ00253B0H.html，2012 年 2 月 7 日.

外贸 B2B 平台，改变了传统外贸经营模式，集约分散的外贸交易服务资源，为广大中小企业和个人减轻外贸经营压力、降低外贸交易成本、解决贸易融资难题。

一达通平台为中小企业实现了进出口管理的外包，一单外贸进出口服务收费不分大小固定收费，中小企业不用再聘请报关、物流以及涉外财务等专业人士，专注外贸本身，管理成本节省了超过 70%。同时因为平台整合了大量的通关、金融和物流资源，大规模以及持续地降低各项环节开支，目前一达通平均为中小企业降低 30%的物流开支以及超过 40%的金融服务开支。

(3) 营销创新

【案例】 茶多网：组建商家联盟，与消费者良性互动

作为由商务部中国国际电子商务中心、中国茶叶流通协会、安溪中国茶都集团共同组建的官方电子商务平台，茶多网不满足于既有的营销模式，而是不断创新。通过茶多网的平台，商家之间可以直接交流、谈判、签合同，消费者也可以把自己的反馈建议反映到企业或商家的网站，而企业或商家则要根据消费者的反馈及时调整产品种类及服务品质，做到良性互动。茶多网将进一步积极探索，组建电子商务商家联盟，即组织茶商进行培训、组成集中办公联盟，建立规范、权威的茶叶销售电子平台。

(4) 商业模式创新

【案例】 聚划算：消费者驱动柔性制造

2011 年 6 月 1 日上午 10 点，淘宝商城电器城联合淘宝团购聚划算平台发起的“空调玩定制、万人大团购”开团。开团 10 分钟，火速销出 1 223 台空调。截至当天下午 4 时，空调总销量已经达到 4 300 台。据线下某知名家电连锁卖场的门店负责人透露，线下大卖场的单店一天销售的空调平均数量为 150 台左右，最好的门店日销数量也差不多就 400 台左右。也就是说，聚划算 6 小时，卖出了线下一个大卖场 10 天的量，相当于线下卖场速度的 28 倍。

聚划算团购空调，使得消费者可以选择定制机型的功率、面板外观、功能等，并采取“人越多越便宜”的模式进行团购。空调厂商会按照消费者“聚需求”的结果量身定制，在最短的时间内下单生产，依托淘宝物流宝完成送货，货到后快速上门安装。淘宝网在中国实现了一个可能——互联网不仅仅是作为一个应用工具存在，它将最终构成生活的基本要素[①]。

5. 电子商务服务业提高社会资源配置效率

在电子商务服务业的支撑下，无论是传统企业还是个人创业者都可以通过外包、采购、战略合作等方式，与供应链不同环节的合作伙伴建立起广泛而紧密的联系，进而有效

① 中国经济时报. 网络定制的市场机会. 搜狐科技：http://it.sohu.com/20110616/n310291336.shtml，2011 年 6 月 16 日.

整合人力、技术、生产与资本等社会资源，高效率为客户提供产品和服务。以IT服务为例，服装、鞋帽、化妆品等行业的电子商务企业在采用了ERP解决方案后，客户的业务质量与管理水平不断提升，其中75%客户的仓库及货架管理效率得到了显著提高[①]。

【案例】 绫致时装公司

绫致时装公司是BESTSELLER时装集团在中国的全资子公司，目前在中国30个城市均设有分公司，拥有840家ONLY店和954家JACK & JONES店，以及791家VERO MODA专卖店，随着绫致时装电子商务渠道业务的不断发展，对财务数据的及时性、迅速增长的客户管理、产品的分类管理、产品的质量跟踪等方面都提出了更高的要求。

IT服务商维富友为绫致搭建了树形架构管理体系，将线上与线下系统对接，实现了多品牌运营优化和所有终端信息化。目前，只需1名员工在2小时内完成9 900种商品活动的定义，145人在4天内完成12.5万张订单的处理，15个人在当天处理完2.5万张订单，大大提高了库存周转速度和效率。正是得益于此，2010年"双十一"促销活动中，绫致时装旗下JACK & JONES品牌创下一天销售额超过2 000万元的单日纪录。

6.4.2 电子商务服务业的社会功能

电子商务服务业的发展促进了电子商务的快速发展，对于社会的发展也产生了深远的影响，在拉动内需、提升产业结构、提高产业竞争力、增加就业、促进区域协调发展以及节能减排方面具有显著的功能。同时，对我国经济转型，实现跨越式发展，加快知识传播，发挥内生与外生优势以及推进信息化、工业化和城镇化进程具有重要意义，如图6.14所示。

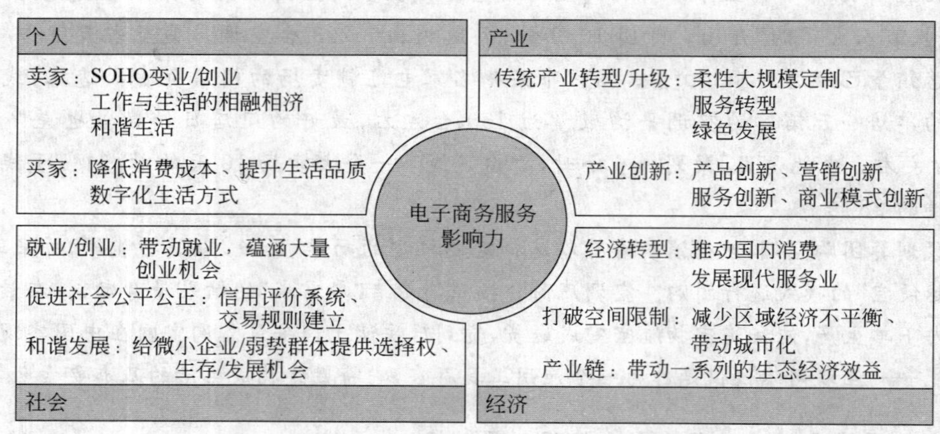

图6.14 电子商务服务对于个人、产业、经济、社会的影响和意义

来源：IDC，2012

① IDC与阿里研究中心合作.为经济复苏赋能：电子商务服务业及阿里巴巴商业生态的社会经济影响.2010年1月.

从个人、产业、经济乃至社会的分析，电子商务服务带来了个人的弹性工作、SOHO和数字化生活；也带来了产业的柔性大规模定制，以及促进产业的转型/升级和创新；还促进国内消费助力经济增长方式转型，促成服务转型、平衡区域经济；更带来了社会就业的增长，以及促进社会公正公平，和谐发展。中国电子商务服务通过对个人、产业、经济乃至社会的影响，最终促进了信息社会的进程，推动了中国经济的增长和社会的成熟。

1. 电子商务服务业拉动内需功能显著

由于电子商务的互联网特性，使得其最明显的两个优势就是：跨越地域，全天营业。跨越地域给卖家和买家都带来收益。对于卖家，可以让企业对接全国甚至全球大市场。对于中西部地区来说，更是突破地域限制拓展市场的不错选择。对于买家来说，电子商务是三四级城市和中西部地区消费者可以与一线城市一样方便买到大牌商品的较好途径。2011 年，甘肃、青海、贵州等省超过 2/3 的淘宝消费都是跨省消费。

以淘宝网为例，全天营业带来了电子商务购物的两个独有购物高峰，一是周一到周四的高峰日期；二是晚上 21—22 点的购物高峰时辰。而这两个时点刚好是传统零售业的低谷甚至是不能提供服务的时段。

另外，电子商务平台服务给消费者提供了方便的比价渠道，海量的商品、低成本的筛选成本，让消费者可以轻松采购到性价比最好的商品。如淘宝网 2010 年在线商品数达到 8 亿件，平均每分钟出售 4.8 万件商品；到 2011 年，淘宝网类目已经达到 12 000 个，比三年前提高了三倍；天猫品牌数达 7 万多个，较上年增幅超过一倍。

因此，电子商务服务能让消费者、企业对接全国的供应能力和消费需求，延长了消费者的有效购物时间，提供了海量的产品和方便低成本的比价渠道，无疑能够有效拉动国内消费。

2. 电子商务服务业增加就业功能明显

就业是最大的民生，中国正处于城市化进程的关键时期，庞大的人口基数、国有企业员工再就业、大学扩招和农民工进城等因素，使中国一直承受着巨大的就业压力。经济结构转型使以出口为主导的劳动密集型行业遭受冲击，就业形势愈加严峻。作为一个开放的生态系统，电子商务服务业在拉动就业方面成效显著。

2009 年，仅中小企业通过开展电子商务促成的新增就业数超过 130 万个；每增加 1% 的中小企业使用电子商务，将带来 4 万个新增就业机会[①]。网络零售业的发展也创造了大量就业机会。据测算，在网络零售中平均 1 个直接就业可以带动 2.85 个间接就业。到 2011 年 11 月淘宝就业数据增长了 472%。截至 2011 年底，淘宝网创造了 270.8 万直接且充分就业机会[②]。

基于电子商务服务衍生出的各种职业类型也为解决就业开拓了一个新的思路。为了满足淘宝平台上超过 600 万卖家对于经营管理方面的各种个性化需求，众多衍生电子商务服务蓬勃发展。例如淘宝开放平台通过开放平台数据吸引了大量的草根开发团队，到

---

① 工信部中小企业司：中国中小企业电子商务发展报告(2009). 2010 年 5 月.

② IDC. 推动信息社会进程——电子商务和阿里巴巴商业生态的社会经济影响白皮书. 2012 年 3 月.

2011 年 10 月底，淘宝开放平台带动的开发团队总体人员数量已经超过 4 万。

3. 推动微小企业转型升级

依托海量数据，电子商务服务平台更加敏锐地感知企业和消费者的动态和细分需求，有望帮助广大中小企业通过网络以按需、易扩展的方式获得所需的资源（如硬件、平台、软件和数据等），提升微小产业的资源配置效率、运营管理水平和整体创新能力，推动传统制造企业转向以用户为中心，由“产品提供者”向“制造业服务提供者”转变，在产品基础上衍生出日益多元化、个性化的服务，通过电子商务实现了转型和升级。主要表现在两个方面：将电子商务融入企业（特别是中小企业）成长的各个阶段，满足企业在不同时期的需求；以及通过电子商务推动企业（特别是中小企业）完成战略转型，实现业务模式的突破。

【案例】 阿里金融：用互联网的方式“微贷款”

2011 年阿里金融各个贷款产品所服务的小微企业已经超过 10 万家。这 10 万小微企业在获得资金的同时，也收获着与绝大多数小企业截然相反的融资体验——没有一家小企业是通过担保或者抵押获得贷款的，获贷的途径都通过互联网。

在阿里金融各个贷款产品中，数据和互联网的作用极其关键，数据化的运作降低了小微企业获贷的门槛，也能有效控制阿里金融自身的放贷风险。北京大学国家发展研究院院长周其仁教授评价阿里金融在小企业融资领域的探索时指出，“阿里金融的微贷技术为国内解决小企业融资困境打开了一扇窗户。”目前阿里金融所掌握的微贷技术，借助互联网和云计算的能力，而非大量使用人工，一方面降低了自身运营的成本，同时也能有效对应更多的小企业客户群，这是以往技术所不能比拟的。

4. 电子商务服务业促进区域协调发展

电子商务服务的跨地域特性，能够帮助不发达的中西部地区有效拓展全国乃至全球市场。以淘宝网为例，其跨省消费主要是两个方向，一是日常消费品、品牌产品从发达地区流往中西部地区；二是地方特产从中西部地区流往全国各地。通过电子商务交易平台，三四级城市及中西部地区的消费者可以购买到只在一线城市销售的品牌商品。如 2011 年甘肃、青海、贵州、内蒙古等省和地区在淘宝全网（含淘宝网和天猫）的消费金额中超过 67%都是跨省购买的。另一方面，中西部地区如新疆、内蒙、四川等地超过 70%的销售都是销往外省。通过电子商务平台，新疆的大枣、内蒙的奶酪乃至四川的特色小吃等得以销往全国。在电子商务服务企业的帮助下，中西部的电子商务应用在增长。2011 年淘宝全网各省成交金额的前 10 名中，中西部地区网购增速已经超过沿海地区，增长最快的前五个地区分别是山西、内蒙、新疆、安徽和甘肃。

据统计，2011 年淘宝全网跨省交易额为 1 630 亿元，比 2010 同比增长 78%，比中国网购交易总额增速（66%）高出 12 个百分点。可以说，电子商务交易平台明显有助于各地尤其中西部地区企业对接全国大市场，打破区域壁垒，推动建立全国统一大市场，从而也促进了区域经济平衡。

同时农村电子商务也从 2009 年开始快速发展起来，已经从最开始的卖土特产、农产品发展到形成以村、镇、县为单位的产供销产业群，如江苏沙集镇、浙江义乌青岩刘村、河北清河县等。截至 2011 年 12 月 31 日，淘宝全网的农民网商注册人数占比达到 10.33%，即每 10 个网商中就有 1 个是农民网商。

【案例】 江苏沙集：最佳网商沃土

江苏省睢宁县的沙集镇的农民通过开网店，彻底改变了命运。沙集镇东风村全村 1 180 户，原有产业是“收破烂”。当初，村里没有快递公司，没有木材加工厂，甚至根本不出产木料，主要产业是废塑料回收加工，年轻人大多外出打工。2006 年以来，通过在网上开店，网下生产加工，网店模式被更多的村民成功复制，上千名农民在淘宝网上卖起了木制家具，外出打工的农民纷纷回到家乡做起了网店生意。每个网店的月均利润可达 2 000 元至几万元。东风村的家具因为物美价廉，远销北京、上海等全国各地，甚至韩国、日本、香港的订单也源源不断。

据统计，整个沙集镇网店的年销售额已经超过 3 亿元。加工厂也如雨后春笋般涌出，快递公司从无到有，目前达到 15 家，年物流费用至少 3 000 万元。镇上还破天荒出现了 7 家电脑专卖店，周边的纸箱厂、胶带厂、五金配件厂等都跟着生意兴隆。一个带动了上下游多个产业的新产业链在东风村诞生并茁壮成长。

5. 电子商务服务业显著减少能耗

正是由于电子商务服务业大大推动了劳动生产率与商品流通效率的提高、交易成本的大幅降低，有助于实现生产投入的减量化；电子商务信用服务的建设，也有利于促使企业提高产品质量。由中国社会科学院中国循环经济与环境评估预测研究中心发布的《电子商务发展的环境影响》报告明确指出：电子商务服务业推动网络零售，对减少能耗具有明显效应。2009 年我国网络零售能耗相当于每亿元销售额减少了能耗 393 吨标准煤。

【案例】 淘宝网的低碳效应

通过对电子商务交易服务平台淘宝网的抽样调查统计，2009 年通过淘宝网进行的电子商务交易额，与等值传统商务交易额相比，相当于减少了 97.55 万吨标准煤，这部分节约的能源至少能够满足 182.9 万户中国家庭一年的用电（由于 2009 年 70% 中国家庭月用电量为 110 度以内，按每月 110 度估算）；同时，减少了约 212.3 万～261.3 万吨的二氧化碳排放量，其中，能耗减少直接减少了 204 万～253 万吨二氧化碳排放量，物耗减少相当于间接减少了约 8.3 万吨二氧化碳排放量，平均每亿元销售额减少的二氧化碳排放量为 8 214～10 187 吨，2009 年淘宝网电子商务的减碳效应相当于森林生长 116 万～143 万立方米木材的减碳量，按照我国人工林每亩木材蓄积量为 3 立方计算，相当于增加了 39 万～48 万亩左右的人工林①。

6.4.3 电子商务服务业发展的重要影响和意义

预计到“十二五”末，我国网民总数将增长至 7 亿，电子商务渗透率将增长至 60%，网

① 中国社会科学院中国循环经济与环境评估预测研究中心. 电子商务发展的环境影响. 2011 年 2 月.

络零售交易额将增长至20 000亿元，占社会消费品零售总额的比例将增长至7%。到“十二五”期末，我国将拥有全球最大规模的电子商务服务体系和最具竞争力的电子商务基础服务企业，电子商务应用规模位列世界第一。

电子商务正在深刻改变着中国企业与消费者，而电子商务服务业的兴起则加速了这一进程。由电子商务平台提供的支付、物流及云计算等服务有效降低了企业及消费者应用电子商务的门槛，而各种衍生电子商务服务则多方满足了网商及消费者的个性化需求。电子商务服务业在促进电子商务应用普及的同时，正逐步改变了消费者的消费理念，改变了企业的商业模式，改变了企业的协作模式，乃至改变了整个商业社会的价值观。

电子商务引起的社会经济变革正在进行之中。这场变革使信息这一核心生产要素广泛应用于经济生产活动，加快了信息在商业、工业、农业中的渗透速度，极大地改变了消费行为、企业形态和社会创造价值的方式。在此过程中，电子商务服务业有效地降低了社会交易成本，促进了社会分工协作，引爆了社会创新，提高了社会资源的配置效率，深刻地影响着零售业、制造业、物流业等传统行业。电子商务服务业正在成为信息经济重要的基础设施。

第7章 网规与电子商务治理创新

互联网与电子商务在我国蓬勃发展十几年，政府部门为理顺当中关系，平衡当中权益做出了巨大的努力。但是，我们也应当看到，我们在面对互联网与电子商务治理的复杂性时，仍存在着许多不足。互联网电子商务治理的复杂性给当今社会和政府带来许多机遇和挑战，我们仍要不断地通过创新和借鉴，完善治理思路、改善治理方法，以抓住机遇，应对挑战。

网规是伴随电子商务发展而成长起来的"非官方"规则，但它在电子商务治理中，发挥着十分积极、不可或缺的作用。其作用之积极、方法之先进，值得我们在制定政策以及法律法规时加以借鉴。

随着互联网的迅速发展，互联网治理创新已成必然。

7.1 互联网治理综述

随着互联网电子商务的深入发展，其相关治理也已势在必行，和传统行业相比，互联网电子商务治理具有一定的独特性和复杂性，而这将会给政府治理带来新的机遇和挑战。在这种情况下，创新性治理思路是必不可少的。

7.1.1 互联网治理的提出

人类正迈入互联网信息时代，信息和网络成为21世纪的主题之一。我国互联网的发展达到了前所未有的程度，各种各样依存于互联网而发展的应用如雨后春笋般涌现。互联网在以空前速度发展的同时，各种涉及网络安全、秩序以及诚信的事件也在不断发生。这些问题当中，有些是现实世界的问题在互联网上的延伸和映射，有些却是互联网本身独有的。随着互联网应用的深入和发展变化，互联网治理已经成为摆在世界各国政府面前的一个新课题。

互联网发展中暴露的问题主要表现在以下4个方面。

第一，个人信息的泄露。网络的高速发展使得个人信息收集和转移越来越普遍，甚至是跨越国界限制的。而在信息技术的不断发展，批量处理和传递个人信息越来越容易的今天，个人信息的收集和使用变得更加难以控制和监管。个人信息遭到不当收集、恶意使用、篡改以致扰乱公民个人正常生活秩序、侵犯公民人身及财产安全的事件频发。

《中国青年报》社会调查中心通过腾讯网对2 422名公众展开的一项调查显示，88.8%的人表示自己有因为个人信息泄露而遭遇困扰的经历[①]。垃圾短信、电话骚扰、垃

---

① 腾讯网. 88.8%的人表示曾因个人信息泄露遭遇困扰. http://lady.qq.com/a/20110425/000070.htm. 最后访问日期：2011年4月25日.

圾邮件被视为因个人信息泄露而带来困扰的三大“罪魁祸首”，分别有83.9%、69.4%和62.7%的公众选择这三项。除了在现实生活中存在的个人信息买卖的行为，在网上随意传播他人个人信息，也成为个人信息泄露的重要渠道。

【案例】 2011年的个人信息泄露事件

2011年12月29日，《北京晨报》报道：针对近期部分互联网站信息泄露事件，工信部28日发布通告表示，近期发生的一些网站用户信息泄露事件严重侵害了互联网用户的合法权益，危害互联网安全，工信部对窃取和泄露用户信息的行为表示强烈谴责。同时要求各互联网站要开展全面的安全自查。

据介绍，近期，CSDN、天涯社区等网站发生用户信息泄露事件，引起社会广泛关注。工信部要求，发生用户信息泄露的网站，要尽快通过网站公告、电子邮件、电话、短信等方式向用户发出警示，提醒用户修改在本网站或其他网站使用的相同用户名和密码。各互联网站要引以为戒，开展全面的安全自查，及时发现和修复安全漏洞。要采用加密方式存储用户信息，保障用户信息安全。

第二，侵犯知识产权。随着网络的高速发展，知识产权侵权行为迅速增多，信息量的剧增以及灵活的获取方式在带来便捷的同时也可能导致信息的滥用。随意使用他人的智力劳动成果、恶意剽窃并据为己有等各种行为不仅会降低他人创新的积极性，同时也侵犯了原作者的权益。侵犯他人知识产权是对智慧财产创造者劳动的践踏和剥夺，是危害科技进步和文化繁荣的腐蚀剂。

【案例】 韩寒等四作家起诉百度文库

2011年11月4日，《新京报》报道：认为百度文库中存在大量侵犯著作权的文档，韩寒等四位作家分别起诉百度在线网络技术（北京）有限公司和百度时代网络技术（北京）有限公司（简称“百度”），要求关闭百度文库并公开道歉。

百度方表示，已关闭了文库文学类别。四原告认为，百度作为专业文档分享平台，明知文学作品的著作权属于原告，但对网友上传的作品是否取得合法授权不加以审查，直接编辑加工，并向社会公众提供下载和阅读，以此来增加用户量和广告投放量，获取经济利益，其行为严重侵害原告的著作权。原告要求被告立即删除百度文库中的侵权作品，关闭百度文库，连续7日在百度网站首页赔礼道歉，并赔偿相关经济损失。

第三，恶性竞争。2010年9月底，国内著名的杀毒软件公司360发布“隐私保护器”，宣称该软件可实时监测并曝光QQ客户端软件窥视用户计算机隐私的行为。在随后的10月29日，360推出一款“扣扣保镖”的安全工具，可屏蔽QQ弹窗和广告，360的这一行为，被网友称为“向腾讯宣战”，并一度成为微博最热话题，微博上的相关讨论有17万条之多。但腾讯迅速否认窥视行为并指责360的行为涉嫌不正当竞争，还于11月3日发表公开信，称将在装360软件电脑上停止运行QQ软件，亦在当晚对装有360的电脑实施QQ强制下线处理。一场被称为“3Q大战”的商业斗争随即上演，关于互联网垄断、恶性竞争的争论也随之喧嚣尘上。

【案例】 微博第一案

2011 年 3 月 27 日，中国网报道：3 月 26 日，沸沸扬扬的国内"微博第一案"已由海淀法院审结。法院认定，作为被告的 360 董事长周鸿祎构成名誉侵权，法院判令其向金山公司赔偿 8 万元，并连续 7 天在新浪、搜狐、网易三大网站的微博首页刊发致歉声明。

法院认为，周鸿祎作为同业竞争的负责人，利用微博作为"微博营销"的平台，密集发表针对金山公司的不正当、不合理评价，目的在于诋毁金山公司的商业信誉和产品声誉，削弱对方的竞争能力，从而使自己任职的公司在竞争中取得优势地位，势必造成金山公司社会评价的降低。因其微博对于金山公司名誉权的影响有限，同时难以认定与金山软件的股价下跌存在必然因果关系，法院认定，周鸿祎的行为构成名誉侵权。

第四，诚信体系不完善。互联网的虚拟性与间接性，导致人们在判断对方身份和权限时存在一定的困难。在网上交易领域，部分大型电子商务平台已经建立了属于自己的诚信体系。但整体而言，电子商务行业的诚信体系并不完善。如近年来如雨后春笋般出现的团购网站，人们在被低价团购吸引的同时，也暴露出了低价团购的很多消费陷阱，团购网站的恶性竞争及诚信的缺失使得消费者权益保障问题突出，影响了行业的健康发展。

【案例】 团购消费陷阱

2011 年 3 月 15 日，央视《3·15 在行动》栏目曝光了团购网站存在的乱象，诸如不审核团购企业资质、提供虚假商品、无法保证团购商品质量等，美团网、拉手网以及满座网等团购网站均被点名。

央视也曝光了团购网站存在的虚假货品问题，一位消费者在满座网上团购了一款隐形眼镜，原价 276 元现价只要 55 元，结果当消费者在此款眼镜的官方网站进行序列号查询时，怎么也查不到这款眼镜的序列号，说明根本不是正品，该消费者表示："因为之前看到已经有很多人购买，没有想到会不是正品。"

针对互联网的"失序"，近年来，国际上对互联网基础设施安全、垃圾邮件、内容管制、版权、美国政府对 DNS 根区文件[①]的单边控制等互联网治理问题的讨论日渐升温。为了寻求这些互联网治理问题的解决方案，2005 年，联合国信息社会世界峰会(WSIS)第二阶段会议提出成立一个广泛参与、民主透明、没有约束力的论坛，名为互联网治理论坛(IGF)，联合国秘书长安南特别任命了一个 46 人的咨询小组来协助 WSIS 筹备 IGF 第一次会议。咨询小组于 2006 年 5 月举行会议，就 IGF 第一次会议的议程、工作方案、结构和形式提出了建议，并将会议主题确定为"互联网治理促进发展"。

不少国家政府认为，政府作为国家和公众利益的代表，必须积极介入互联网治理，并与民间团体、私营部门密切合作，共同促进互联网的安全和健康成长。政府的主导作用主

---

① DNS 服务器是(Domain Name System 或者 Domain Name Service)域名系统或者域名服务，域名系统为 Internet 上的主机分配域名地址和 IP 地址。用户使用域名地址，该系统就会自动把域名地址转为 IP 地址。域名服务是运行域名系统的 Internet 工具。执行域名服务的服务器称之为 DNS 服务器，通过 DNS 服务器来应答域名服务的查询。

要体现在确立发展策略、立法、执法、推动公众教育和行业自律等方面。美国政府通过“艾肯”(ICANN)牢牢控制着全球互联网的基础资源。在德国、英国、芬兰等国家，家庭接入宽带，不仅需要实名登记而且必须使用固定 IP 地址。在欧盟国家，购买无线上网卡需要提交身份证，在公共场所无线上网也需要用身份证或信用卡注册。在德国，为保护知识产权和网络资源，使用“电骡”[①]或 BT 等点对点技术进行网络下载也被视为违法行为。

与此同时，各国也认同互联网的治理需要明确的“边界”，即为了促进互联网行业健康发展，政府治理哪些行为、程度如何，均需有明确的界限。

7.1.2 互联网与电子商务治理的复杂性

目前，我国市场经济体制的建立、全球化进程的加速、科学技术的发展、大众消费社会的来临、虚实空间的互动及相互影响，以及城市化过程的加快，都使得今天的经济社会生活日益复杂化。这种复杂化的经济社会生活，客观上要求政府具备更强的治理能力。

信息时代既不同于农业社会，也不同于工业社会。农业社会对法律的需求很小；工业社会由于经济和科技的快速发展，社会关系极为复杂，人类对法律的需求急剧增加。信息社会则不同，人们从一元世界进入两元世界——现实世界和虚拟世界，尽管网络世界是现实世界的延伸，但其具有不同于现实世界的诸多特点。

此外，现代市场经济既不同于计划经济，也不同于传统的自由市场经济。与计划经济相适应的是全能政府，而与现代市场经济相适应的是法治政府和服务型政府，治理的主体不再是单一的，被治理者的自治和第三方的治理快速发展，成为政府治理的有力补充[②]。

电子商务的高速发展，海量与个性化，对治理的快速响应要求，多样性、生态化与跨区域性以及低成本等都使得传统的治理模式不能很好地适应于电子商务，客观上呼唤一种与之相适应的治理模式。

具体来说，这种治理模式转型的挑战主要来自以下 6 个方面。

1. 虚拟环境

电子商务与互联网治理与物理世界治理的最大不同就是虚拟环境带来的相应影响：虚拟的主体、虚拟的环境、虚拟的权限、虚拟的物品，买卖双方之间虽然可能已经对其喜好和习惯熟悉得不能再熟悉，但却永远隔着一个无所不在的网络。对于管理者更是如此，在没有当面确认当事人和事实之前，恐怕很多的判断和处理都难以做出。而如果我们非要买卖方见面并验货后再做交易，要管理者一一面对面核实市场参与者的身份和资质，在物理上还原每一个交易的过程，恐怕都会使网络交易的优越性荡然无存，得不偿失。

交易是虚拟的，主体是虚拟的，而风险和损害却是现实的，相应的治理也必须是现实且有效的。概括地说，就是虚拟性是电子商务的本质，带来便利也带来与生俱来的风险，而管理者的命题就是如何在这种风险必然存在的前提下实施有效的治理，最大程度地减

---

① eMule 是一个开源免费的 P2P 文件共享软件，基于 eDonkey2000 的 eDonkey 网络，遵循 GNU 通用公共许可证协议发布，运行于 Windows 下。eMule 中文名称在大陆用户中有争议，根据 eMule 官方网站的简体中文版说法，eMule 译为“电骡”，其名称也来源于动物：骡。

② 姜明安. 完善软法机制，推进社会公共治理创新. http://www.aisixiang.com/data/37079.html.

少风险。

【案例】 支付实名制

2011 年 12 月 29 日，《21 世纪经济报道》报道：12 月 28 日，央行日前已向多家第三方互联网支付企业下发了《支付机构互联网支付业务管理办法》征求意见稿（下称“征求意见稿”）。

征求意见稿规定，支付账户的开立应实行实名制，支付机构不得为客户开立匿名、假名支付账户。客户开立个人支付账户时，支付机构应登记客户的姓名、性别、住址、联系方式以及有效身份证件的种类、号码和有效期限等详细身份信息，并对其真实性进行审核。对于单位支付账户，还需登记单位名称、地址、经营范围、税务登记证号码、组织机构代码等。

2. 跨行业和区域

跨行业和区域是电子商务与互联网的又一大本质特点，与虚拟环境一样，也是一把双刃剑，带来便利和更大范围的资源配置的同时带来很多管理上的难题，而这些难题又恰恰是对我们条块分割的政府管理模式的最大挑战。

某种程度上，面对错综复杂的互联网与电子商务，政府管理职能的划分可能需要重构。当然，这里的重构并不是真的重组，而是政府部门的网络空间的重组，即构建适应电子商务和信息社会发展的跨行业和区域的电子政务体系。这也是很多国家都把电子政务和电子商务往往放在一起讨论的原因，而我们的问题是近几年只看到电子商务的飞速发展，对电子政务的发展和规划却远远滞后，这种局面必将制约我国电子商务下一步的发展。

3. 开放系统

针对开放系统的治理又是电子商务与互联网治理的一大主题词，开放系统给治理带来极大的挑战，而这种挑战又与虚拟环境、跨行业和区域等特性叠加，使得问题更加复杂化。

举一个简单的例子，一个封闭的小区的治理和一个火车站的治理所面临的问题肯定是不一样的，而互联网恰恰又是一个没有实名的来自地球村各地旅客组成的“小站”，随到随走，问题的复杂性可想而知。

再例如，我们知道，目前的高校论坛基本都是实名的，为此教育部下发了很多的文件和规定[①]，成效也是很不错的。但这一切实现的前提都是环境的封闭性，很难想象把同样的做法移植到互联网上能达到什么样的效果。针对同样的问题，是在封闭环境内治理还是在开放环境下治理，解决方案很可能会大相径庭。

4. 复杂关系

有人把互联网比作一个“江湖”，有人说网络上的关系是一种“湿的关系”。而随着微

---

① 2004 年 12 月 28 日，教育部、共青团中央《关于进一步加强高等学校校园网络管理工作的意见》明确要求高校 BBS 严格实行用户实名注册制度。

博、社交网络、团购的快速发展，网络中人与人之间关系的复杂性在进一步演化，已经远比原来简单的买卖或服务关系更“立体”、更“生态”，或者说，简单的交易关系、合同关系已经演化为一种复杂的交易关系。这种变化有时反映为服务者的免费服务；有时反映为交易过程融合进很多人性化、个性化的因素，交易的目的也更加多样化；有时还反映为买方之间围绕交易建立的合作与沟通；有时又反映为平台作为“第三者”的“剪不清、理还乱”的参与。

面对这样的复杂关系，传统的消费者保护、产品质量监管、广告监管和市场监管等都必须做出微妙的、或多或少的调整。至于怎么调整，调整到什么程度，甚至是不是需要重构监管体制，都有很多值得进一步探讨的问题。

5. 比特化

比特化与虚拟化相对应，体现为网络上各种行为和信息的比特化，而传统的证据和司法体系完全建立在原子的基础上，以书面、原件、物证、签字盖章等司法程序运行的基础，当所有的意思表示和行为轨迹都比特化以后，对证据体系和司法体系就带来巨大的挑战。

比特化扭曲了证据体系和行为判定，扰乱了价值判断，也使控制本身失去了原有的“抓手”。新的“抓手”在哪里，在没有“抓手”的前提能否仍旧维持有效的控制，就是治理时面临的棘手但不得不面对的问题。

6. 动态化

最后，电子商务与互联网另一个不得不提到的特点就是高速的动态化。这个领域中动态化和颠覆成为必然的原因有很多，既与 IT 技术建立在“摩尔定律”等定律的基础上有关，也与网络自身的覆盖率和影响不断拓展和更新有关。而动态化的技术带来动态化的产业，动态化的产业带来动态化的应用，同时伴随着动态化的问题，对相关领域的立法、司法、执法、修法和治理都提出了极高的动态化的要求。

以上 6 个方面的问题不是一个一个发生的，它们之间往往会叠加在一起，形成正反馈效应，都使得治理面对的问题大大复杂化。

此外，对于我国互联网电子商务的治理复杂性，还包括以下两个方面的原因。

第一，立法和规范的滞后与缺失。互联网这个曾被认为是中国管制最少的领域，通过十余年起起落落的发展变化，2011 年 3 月中国备案网站数量已达到 382 万个[①]，2011 年中国网民的在线交易额达到 7 849 亿元[②]，但这样一个蓬勃发展的产业却一直缺乏系统的法律法规。

在我国，与互联网直接相关的法律只有一部，即 2004 年出台的《中华人民共和国电子签名法》，其他均是行政法规、部分规章及政策文件等，法律位阶较低，数量较多且存在部分领域内容交叉、部分领域又完全空白的问题，缺少有序的监管体系及有效的监管手段，可操作性较差。这成为我国互联网健康发展的障碍之一。

第二，行为的随意性难以得到有效治理。在缺少强制性互联网法规的时代，每一个人如何在网上有效规范自身的行为，就成了亟待解决的问题。

---

① 新华网 2011 年 5 月 16 日报道，工业和信息化部电信管理局副局长王建文表示，中国互联网近年来飞速发展，截至 2011 年 3 月底，中国已备案网站数量达到 382 万个。

② IDC 中国. 加速信息社会进程——电子商务和阿里巴巴商业生态的社会经济影响. 2012 年 2 月.

互联网拉近了人与人之间的距离，方便了陌生人之间的交流，汇聚了大众的智慧与思想，但并不是由于互联网的虚拟性导致了网络秩序的失控，而是因为人们自身缺乏足够的自制导致了互联网治理的困难。很多人往往抱着既然不是面对面，且别人也不知道我的任何真实情况，就可以为所欲为然后消失的想法。落实责任，加强自我约束意识，是一条行之有效地促使互联网健康发展的道路[①]。

7.1.3 社会转型中的电子商务治理

在我国电子商务政策法律环境十多年的发展过程中，分别出现了这样一些法律法规和政策文件，极大地推进了我国电子商务政策法律环境的发展和完善：

《国务院办公厅关于加快电子商务发展的若干建议》，于 2005 年 1 月 18 日颁布，由国家发改委牵头起草，是我国第一个电子商务政策文件，也是我国目前为止级别最高的电子商务政策性文件。它启动我国电子商务政策制定的进程，并对我国电子商务政策环境的发展奠定了根基。该文件的第七部分对电子商务立法作出了系统的规划：

“（七）推动电子商务法律法规建设。认真贯彻实施《中华人民共和国电子签名法》，抓紧研究电子交易、信用管理、安全认证、在线支付、税收、市场准入、隐私权保护、信息资源管理等方面的法律法规问题，尽快提出制订相关法律法规的意见；根据电子商务健康有序发展的要求，抓紧研究并及时修订相关法律法规；加快制订在网上开展相关业务的管理办法；推动网络仲裁、网络公证等法律服务与保障体系建设；打击电子商务领域的非法经营以及危害国家安全、损害人民群众切身利益的违法犯罪活动，保障电子商务的正常秩序。”

《电子签名法》，于 2005 年 4 月 1 日实施，是我国第一部电子商务立法，该法对电子签名、数据电文、电子认证的法律效力做出了明确的规定，开启了我国的电子商务立法。但到目前为止，数字签名在网上交易、支付领域的应用进展依然缓慢，或者说，我国电子签名法的贯彻实施依然任重道远。

《全国人大关于维护互联网安全的决定》，于 2000 年 12 月 28 日颁布；《互联网信息服务管理办法》，于 2000 年 9 月 20 日颁布。这两部法规是我国最早的一批互联网立法，对我国互联网法律监管的基本制度作出了规定，如对网络传输内容合法性的“九不准”[②]的判断标准；关于网站登记许可与备案的基本制度，等等。

《信息网络传播权保护条例》，于 2006 年 7 月 1 日实施，第一次在我国的法律体系中提出了网站责任的安全港原则，为网站“松了绑”，但该原则的适用范围是，信息存储空间、搜索、链接、自动接入和自动传输服务；在此基础上，我国又出台了《侵权责任法》，于 2010

---

① 毛俊华，王歆妙. 浅析第三方治理与互联网规的发展. 见：首届“网规与中国互联网治理”学术研讨会论文集. 2012 年 1 月.

② 我国《互联网信息服务管理办法》第十五条规定：“互联网信息服务提供者不得制作、复制、发布、传播含有下列内容的信息：（一）反对宪法所确定的基本原则的；（二）危害国家安全，泄露国家秘密，颠覆国家政权，破坏国家统一的；（三）损害国家荣誉和利益的；（四）煽动民族仇恨、民族歧视，破坏民族团结的；（五）破坏国家宗教政策，宣扬邪教和封建迷信的；（六）散布谣言，扰乱社会秩序，破坏社会稳定的；（七）散布淫秽、色情、赌博、暴力、凶杀、恐怖或者教唆犯罪的；（八）侮辱或者诽谤他人，侵害他人合法权益的；（九）含有法律、行政法规禁止的其他内容的。”被业界简称为互联网信息传播的“九不准”。

年 7 月 1 日实施，其 36 条被称为“网络专条”，明确网络服务提供者承担侵权责任的前提是“知道”；至此，我国网站承担法律责任的法律规定体系初步成型。

《电子商务发展“十一五”规划》，由国家发改委牵头起草，于 2007 年 6 月 1 日颁布，在这个规划中，第一次提出大力发展电子商务服务业的思路，为我国零售电子商务 2008 年后的大发展奠定了基础。

《网络商品交易及有关服务行为管理暂行办法》，于 2010 年 6 月 1 日颁布。它的贡献在于，第一次全面明确了我国电子商务工商监管的一系列要求，如网店实名制、交易平台的责任范围等。尤其是，针对十分敏感的个人网商是否必须办理营业执照的问题，该办法创新性地规定了：“自然人具备登记注册条件的，依法办理登记注册”，让纠结的个人网商大大松了一口气。

纵观这十几年的发展，我国电子商务的政策环境大致经历了三个发展阶段：2005 年到 2007 年，由《国务院办公厅关于加快电子商务发展的若干建议》开创的通过重点工程和行业龙头企业应用带动全社会电子商务发展的第一阶段；2007 年到 2011 年，由《电子商务“十一五”规划》开创的通过促进电子商务服务业的发展来推进电子商务的第二阶段；2011 年后，通过深圳、北京等 22 个城市创建“国家电子商务示范城市”活动开启的由示范城市全面带动我国电子商务应用、发展和治理创新的第三阶段。

通过前两个阶段的发展，我国目前电子商务政策环境的特点可以简单概括为：各类电子商务商业模式日趋成熟，从 B2B、B2C 到 C2C、团购、交易平台、第三方支付等形成了良性互动的局面，电子商务成为各类互联网应用重要的确立商业模式的突破口；支付、物流、信用、安全、认证、电子商务服务业等电子商务配套服务水平大幅提高、逐步完善；电子商务对传统产业的带动作用明显，对推动消费、进出口和经济转型的作用凸显；电子商务的治理与规范提速；电子商务交易平台和企业自治日渐成熟，积极先行先试，积累了大量有价值的经验。

而另一方面，随着以淘宝为代表的面向消费者的电子商务每年以近乎 100% 的速度增长，以及京东、凡客，众多团购网站的“野蛮生长”，网商、网货成长神话的不断涌现，电子商务的发展及面临的一些问题，在我国受到了各方面的高度关注。各个政府部门都在致力于改善我国互联网电子商务治理环境，但现实中仍存在许多问题和不足。主要表现在以下两个方面。

第一，政策法规出台密集，但管理手段和规范方式缺乏创新。随着 2010 年以来国家各部委以及地方围绕电子商务的相关规定陆续出台①，我国的电子商务和互联网已经进

① 从 2010 年开始，我国各部委围绕电子商务颁布的相关政策法规骤然增多：2010 年 6 月 1 日，国家工商总局颁布《网络商品交易及有关服务行为管理暂行办法》；6 月 9 日，文化部发布《网络游戏管理暂行办法》；6 月 21 日，央行正式公布《非金融机构支付服务管理办法》；6 月 24 日，商务部发布《关于促进网络购物健康发展的指导意见》；6 月 29 日，海关总署发布《关于调整进出境个人邮递物品管理措施有关事宜的公告》；7 月 1 日，我国《侵权责任法》实施，其中第三十六条被称为“网络专条”；8 月底，财政部下发《互联网销售彩票暂行办法（征求意见稿）》；8 月 26 日，新闻出版总署就《关于促进出版物网络发行健康发展的通知（征求意见稿）》公开征求意见；8 月 31 日，最高人民法院、最高人民检察院、公安部公布《关于办理网络赌博犯罪案件适用法律若干问题的意见》。这些政策法规的颁布，加强了我国电子商务的监管措施，规范了我国电子商务的行为，可以促进我国电子商务走上又好又快的发展轨道，实现规范与发展的统一。但另一方面，与电子商务产业自身存在的较多的特殊性和快速发展等特点相比照，这些政策法规仍存在一定程度上的与产业发展实践的脱节和滞后。

入政策密集期。而这些政策措施和法规，出台时间密集，规定的内容又比较零散，给电子商务的治理带来了一定的复杂性，一些政府部门之间的职能交叉和不清晰也在阻碍着电子商务的健康发展。

第二，传统的“管制”而非“促进”的立法思想仍占主导，缺乏有针对性的治理创新。电子商务作为高度市场化的新生事物，需要新的立法指导思想，但长期以来，传统的立法思想仍占主导。制定法规的指导思想，大多是想“管理”和“管制”，而不是着眼于积极地促进电子商务的发展，其常用的管理手段又过于依赖传统的行政许可。现实中，这种“一刀切”的行政许可模式，将绝大多数个人网商拒之门外，不利于电子商务的发展；另外，一些政府部门在有关政策法规的制定中不能充分考虑网络经济的特殊性[①]。

长期以来，由于我国在立法层面上对电子商务的重视程度不够，我国电子商务立法缺乏顶层设计，普遍使用“管制法”的思路进行立法，造成了电子商务的政策和立法的政出多门、多头管理和系统性差、治理创新不足的局面。

7.2 网规与电子商务规范

网规可以弥补法律的局限性，甚至在某些方面延伸至法律无法涉及的领域，尤其在电子商务治理中发挥着不可或缺的作用。而对于网规的理解，会对互联网电子商务治理的新思路有一定的裨益。

以下将从网规的概念、性质和作用这些基本点出发，逐步展开。

7.2.1 网规的缘起

互联网与电子商务的发展不可避免地会与规则、法规发生碰撞，有调整与适应，也有摩擦和互动。不仅如此，来自网络经济内部规则的演变也在悄悄发生，从交易到支付、从网商到平台、从信用到消费者保护、从量变到质变，形成了一套完全不同于国家制定的政策法规的新的规则和行为准则，我们将其称之为“网规”。

首先，制度和规则是信息社会的基础。无规矩，不成方圆，制度和规则的重要价值之一就是社会秩序价值。制度与规则属于社会意识形态范畴，蕴涵着一定时期的社会文化，大到国际公约和国家法律，小到行业惯例，都是制度和规则的体现，无不彰显文化内涵。制度和规则作为一种社会的意识形态，作为社会存在的反映，其衡量标准是能否适应某一领域和某一时期并促进了生产力的发展。

其次，商业规则是互联网社会规则的重要组成部分。商业规则只是社会规则的一部

---

① 2010年8月26日，新闻出版总署就《关于促进出版物网络发行健康发展的通知（征求意见稿）》公开征求意见，规定在网上售卖图书、报纸、期刊、音像制品和电子出版物，必须事先取得《出版物经营许可证》和《音像制品经营许可证》。9月30日后，还未按照规定办理《出版物经营许可证》而仍通过网络发行出版物的，新闻出版行政部门将依法取缔，并提交电信主管部门关闭违法网站。

按照通知规定，从事出版物网络发行的零售卖家必须有固定经营场所；批发卖家除了场所面积不得小于50平方米之外，注册资本也不得低于200万元；有总发行权的网络卖家要求则更高。对违反通知规定的，将依照《出版管理条例》、《出版物市场管理规定》有关条款予以处罚，情节严重的，责令限期停业整顿或者由原发证机关吊销许可证。

分，互联网商业规则不能代表互联网社会规则的全部。商业规则之所以重要，是因为商业有区别于其他行业的特殊性，其发展远远快于法律环境的变化且有社会的利益均衡要求，使得商业对规则的需求更为明显，更容易形成新的规则。在互联网时代，从一个从事民事行为的人到成为一个从事商事行为的商人，已经变得轻而易举，互联网上个人网商的出现让民事主体与商事主体的界限变得模糊[①]。

互联网时代成了"全民皆商"的时代，商业规则占据了互联网社会规则的主导地位。另一方面，商业规则始终不是孤立存在的，它受来自于商业之外的社会多种因素的影响和制约，是新商业文明在规则层面的集中反映。

最后，从商业行为出发，产生商业规则，形成商业文化，才能到达商业文明。文化与文明相伴随，而规则源于行为、指导行为。互联网应用从工业社会经济环境里成长并逐步剥离，并最终反过来影响工业社会经济的方方面面。规则相对于行为始终具有滞后性，所以，先有行为、后有规则成为社会发展的常态，这又注定了制度和规则、文化的形成需要更多的时间积累。工业革命发展多年，人类才建立起基本完善的一套社会行为规则，而时隔不久人类又逐渐步入了信息社会，又一次面临着制度和规则的重构和社会文明的变迁。

7.2.2　网规的概念和性质

关于网规的概念，已经有一些学者进行了阐述。有学者认为，网规是由互联网电子商务参与者制定的，在特定范围内普遍适用的网络规则[②]。有学者认为，网规是一种软法，它具有法律的某些特性，是一种"非典型意义的法"，既不同于法律，也不同于契约，是网络交易平台治理中的主角，它的存在对规范网络交易的发展是十分必要的[③]。

尽管目前网规的定义还没有形成"通说"，但按照现有研究来看，网规分为广义和狭义两种性质，这已经基本达成共识。作为新商业文明一部分的网规代表着互联网商业规则，形成互联网商业文化，积淀互联网商业文明，这种意义上的网规应属狭义的网规。

与此相对应的，广义网规是全部互联网社会规则的总和，既有商业规则，也有基本民事行为规则；既有平等主体之间的权利义务规则，也有管理者与被管理者之间的权责制度；既有成文的政策法律制度，也有不成文的行业惯例；既有国际条约、公约，也有国内政策法律；既有传统社会规则，也有互联网新型社会规则；既有对有形物的规则，也有对虚拟物的规则[④]。

大量的实践表明，网规虽属自发的、自下而上的规则，但却在互联网治理的许多方面发挥着法律和道德无法比拟的作用。淘宝网的《淘宝规则》就属于典型的网规，其在互联网电子商务治理方面发挥了巨大的作用，相比法律的治理，网规对电子商务第三方交易平台的不规范行为的治理效果明显且富有效率。

以《淘宝规则》为例，在 2011 年 12 月 2 日修改后一共有 7 章 93 条，基本上涵盖了在

---

① 阿里研究中心《2010 年网商研究报告》数据显示：截至 2010 年 6 月底，我国网商规模达到 7 700 万，其中个人网商 6 500 万。

② 聂东明. 谈网规的法律性质及其与法律的关系. 网规研究通讯，2011 年第 1 期.

③ 徐家力. 网规的性质及其存在的必要性初探. 首届"网规与中国互联网治理"学术研讨会论文集. 2012 年 1 月.

④ 阿里研究中心、网规研究中心. 新商业文明的治理规则——2010 年网规发展研究报告.

淘宝上从注册到交易完成会遇到的所有问题。有个性化的网络术语的解释，如拍下、绑定、限制社区功能等；有个性化和人性化的处罚措施，如扣分、屏蔽店铺、限制交易等。其处罚措施具体分为行为限制类、信息限制类、永久处罚类，这些与法律的强制性措施不同，它紧密地结合了淘宝上交易的特点，以限制性措施为主，并且很少涉及主体的实体权益，主要是对其能够享受的平台服务进行限制。

而这些限制之所以有效，是因为这些限制会影响店铺的实际交易。除此之外，淘宝规则还对一些特殊物品交易进行了详尽的规定，如书刊杂志、彩票、旅游等。上述的处罚措施和特殊物品交易的规定都十分具体，所以具有较强的操作性，对于解决实际问题十分有效，如柠檬绿茶事件[①]的很好解决就说明了这点。

【案例】 小虫米子案

号称100%的真丝，其实是100%的涤纶。2011年7月9日，淘宝网论坛“消保专区”里，一则名为《小虫米子金冠卖家！涤纶当真丝卖！》的帖子被广泛关注，回帖量短时间内就达2 600多条。“100%真丝披肩只卖69元，还包邮哦，亲。”在淘宝聚划算的一次活动中，金冠卖家“小虫米子”推出的这款披肩，颇受“亲”们喜爱，短短十几天，销量就过了两万件。

可是，经权威机构鉴定，这款披肩并非100%真丝，而是100%涤纶！

淘宝网接到投诉后进行了及时处理：依照淘宝规则对“小虫米子”处以退一赔一的处罚，并扣6分[②]。另外，淘宝网还要求卖家根据《消费者保护法》，对所有购买该款商品的买家退一赔一，也就是每位买69元披肩的买家都能获得138元的赔付。

最终“小虫米子”完成了对售出的22 224件披肩的赔付306.6万元，并在网店首页作出道歉。“小虫米子”为其售出的22 224件“真丝”披肩付出了赔付300多万元的惨痛代价，信誉损失更是不可估量。

上述案例中，淘宝网是依照《淘宝规则》第七十四条对网商“小虫米子”进行的“处罚”。

---

① 柠檬绿茶是淘宝网第一家五皇冠店铺，淘宝网第一家突破50万信誉卖家，淘宝网综合交易排行第一的卖家，淘宝网化妆品交易排行第一卖家，也是淘宝网人流量最大网店，淘宝网第一个突破100万信誉的双金冠网店。日均PV80万以上，日均UV10万以上，日发送包裹2 000余个、商品数量20 000余件。

就是这样一个“超级网店”，网友反映2010年10月26日至11月1日期间淘宝网第一店铺“柠檬绿茶”打不开，淘宝搜索也搜索不出来，网友纷纷猜测该店是因为销售假冒伪劣产品而遭到淘宝网封店。淘宝网客服工作人员证实，“柠檬绿茶”因侵犯知识产权遭到厂家投诉，已受到淘宝处罚，网店被暂时屏蔽，一般几个工作日后会恢复。广州芳奈尔服饰有限公司负责人证实，“柠檬绿茶”因为销售该公司假货，受到该公司投诉，而遭到淘宝网关店处罚。

② 《淘宝规则》规定：会员发生违规行为的，其违规行为应当纠正，并扣以一定分值且公布三天。违规扣分在每年的十二月三十一日二十四时清零。

淘宝网对会员的严重违规行为采取以下违规处理方式：(一)会员严重违规扣分累计达十二分的，给予店铺屏蔽、限制发布商品、限制创建店铺、限制发送站内信、限制社区功能及公示警告七天的处理；(二)会员严重违规扣分累计达二十四分的，给予店铺屏蔽、下架店铺内所有商品、限制发布商品、限制创建店铺、限制发送站内信、限制社区功能及公示警告十四天的处理；(三)会员严重违规扣分累计达三十六分的，给予关闭店铺、限制发送站内信、限制社区功能及公示警告二十一天的处理；(四)会员严重违规扣分累计达四十八分的，给予查封账户的处理。会员因单次违规扣分较大，导致累积扣分满足多个节点处理条件的，或在违规处理期间又须执行同类节点处理的，仅执行最重的节点处理。

淘宝规则第七十四条(描述不符)规定：描述不符，是指买家收到的商品与达成交易时卖家对商品的描述不相符，卖家未对商品瑕疵、保质期、附带品等必须说明的信息进行披露，妨害买家商品满意权益的行为。(一)卖家对商品材质、成分、品质等信息的描述与买家收到的商品严重不符，或导致买家无法正常使用的，每次扣十二分；(二)卖家未对商品瑕疵等信息进行披露或对商品的描述与买家收到的商品不相符，且影响买家正常使用的，每次扣 6 分；(三)卖家未对商品瑕疵等信息进行披露或对商品的描述与买家收到的商品不相符，但未对买家正常使用造成实质性影响的，每次扣三分。

这种“处罚”集中体现了网规在诚信方面的治理和制约作用。因为淘宝上的“分数”代表了诚信度，分数越低，扣分越多，便越无法赢得消费者的信任，最终对经营造成巨大损失，付出惨重的经济代价。久而久之，平台的所有用户会发自内心地下意识地遵守网规，网规的“软规则治理”的目的即告达成。

7.2.3　网规的积极作用

网规的本质决定了网规对互联网电子商务的发展，乃至整个国民经济的良好健康发展都具有巨大的推动作用。

1. 网规是平台赖以生存和发展的基础

互联网在给人们带来便利、快捷、高效的电子商务同时，其全球性、虚拟性和管理的非中心化等特点也带来了各种风险：交易主体身份不确定的风险、信用风险、法律风险、技术风险等。如何降低或规避这些风险，促进电子商务的健康发展，需要在行业规范、自律、立法等各个方面对电子商务中所涉及的关系进行规范。

具体到我国的电子商务法制环境，依然任重而道远，在一些重要的电子商务领域，如网上支付、交易规范等方面仍旧处于法律的相对真空地带，阻碍我国电子商务的发展。

第三方电子商务交易平台是指为各类电子商务交易(包括 B2B、B2C 和 C2C 交易)提供服务的网站或者网络系统。第三方电子商务交易平台在电子商务发展中的意义重大，规范、健康、有序和信用良好的网络交易平台服务对于素未谋面的交易主体之间的交流和合作起着关键作用，是使得电子商务的顺利进行不可或缺的因素。

第三方电子商务交易平台(简称为平台)，我们认为它主要有两个特点，一个是它在电子商务交易中起到十分关键的承上启下的作用，是联系交易方、消费者、支付方、配送方、电信服务提供方等的纽带，是交易服务的核心与主体；另一个是由于其在电子商务交易中的特殊地位和作用，其面临的法律问题相当广泛，既包括电子合同、消费者保护、隐私权保护方面的，也有信用管理、信息安全、违法及不良信息监控等领域的。

无论是交易平台、支付平台、社交平台、门户网站、搜索平台还是团购平台，它们的共性是：首先，它们提供的往往是一种综合而非单一的服务；其次，它们都是高度依托互联网的新型服务模式，是一种交互的、跨地域的服务，而且大多还是免费的服务；最后，从表面看，这些平台只是一个网站，但网站的背后，是个性化的服务、完善的规则体系、多样化的功能和海量用户之间的互动，也就是说，平台最大的特点或优势，就在于它可以成为一个生态圈的“土壤”。

【案例】 淘宝商城事件

为杜绝假货，打造“品质之城”，淘宝商城于 2011 年 10 月 10 日发表公告，对 2012 年度商家招商续签及相关规则作出调整，将原有的每年 6 000 元的技术服务年费提高至 3 万元和 6 万元两个档次。此外，商家一旦有达到一定程度的违约行为，将扣除至少 1 万元的保证金。

淘宝商城的新规成为了导火索。不少中小商家在某些幕后组织的鼓动之下，对淘宝商城内的大商家，如麦包包、七格格、韩都衣舍、优衣库等通过“拍商品、给差评、拒付款”的方式展开连续数天的恶意攻击，并成立了“反淘宝联盟”。针对愈演愈烈的攻击，淘宝商城 10 月 15 日下午 4 时半在官方论坛发表公告解释新政，称有部分商家和媒体对于新规则有所误解，并对新规则进行了详尽的解释。

尽管淘宝商城对新规重新做了详尽解释，但是，反淘宝联盟并没有对淘宝商城上的大卖家“手软”。从 10 月 15 日下午 4 点多开始，反淘宝联盟便重新启动了对韩都衣舍等大卖家的“恶意团购”。10 月 15 日晚，商务部表示将介入淘宝商城事件，随后，阿里巴巴集团董事局主席兼 CEO 马云发表声明，将采取一系列措施保障中小卖家的利益，但是淘宝商城的新规改革仍将坚持继续。马云发表声明之后，一部分真实中小卖家便退出了“反淘宝联盟”。11 月下旬，反淘宝联盟再次集结，要求淘宝“改进”信用评价体系，此种“改进”实际上是完全废除原有的信用评价体系。

最终，“反淘宝联盟”的一号人物“佐伦”被司法机关因制售假 LV 品牌箱包而查处并刑事拘留，幕后真相终于浮出水面。

可以说，淘宝商城事件的发生源于网规。正是由于规则的修改，并且没有预见到这种新型的突发事件，才使得事件得以发生；正是网规和我国政策法律制度衔接中间存在许多不足，没有建立有效的衔接制度，该事件才会愈演愈烈。可以看出，网规已经成为平台赖以生存和发展的基础，互联网和电子商务的发展越来越依赖治理环境和网规建设。

2. 网规提供了平台化治理的手段

平台的价值在于对生态环境的支撑作用，这种支撑是靠服务、技术和规则完成的。在互联网时代，在信息社会的大背景下，电子商务服务等平台化服务成为现代服务业的核心。

平台化治理既是平台履行责任的结果，也是平台承担责任的过程；平台责任与平台化治理密不可分，从法规遵从的角度，我们看到的是平台的各种责任，从新商业文明治理的角度，我们看到的更多的是平台化的治理。

(1) 平台化治理是适应新商业文明发展的需要

平台化治理是新商业文明治理的典型模式，也是网规的核心内容。

电子商务的高速发展，海量与个性化，对治理的快速响应要求，多样性、生态化与跨区域性以及低成本等，都使得传统的治理模式不能很好地适应于电子商务，客观上呼唤一种与之相适应的治理模式，平台化治理就是顺应这种信息社会复杂环境治理要求的结果。

平台化治理确保了网规的开放性和动态性，平台既是交易的平台、信息的平台、数据的平台、信用的平台、消费者保护的平台，也是治理的平台。在一个开放的治理平台上，网民才可以充分参与到治理过程中，成为治理的主角，而不仅仅是被约束者；同时，只有平台化治理，才可以建立起治理的生态系统，使大量第三方专业机构也参与进来，用它们各自的特长为新商业文明的治理贡献力量。

(2) 平台化治理是适应信息社会的需要

信息时代既不同于农业社会，也不同于工业社会。农业社会对法律的需求很小；工业社会由于经济和科技的快速发展，社会关系极为复杂，人类对法律的需求急剧增加。信息社会则不同，人们从一元世界进入两元世界——现实世界和虚拟世界，尽管网络世界是现实世界的延伸，但其具有不同于现实世界的诸多特点。

(3) 平台化治理是适应经济全球化的需要

经济全球化大大加强了世界各国的相互依赖与联系，世界越来越变成了一个"一荣俱荣，一损俱损"的"地球村"。在网络世界中，国家的藩篱在弱化，各国的司法自治成为网络世界法制化的一大障碍，达成共同认可的规则往往需要一个极其漫长的过程。

而当平台化治理逐步发挥更大作用的时候，这种缺陷则可以得到一定程度的弥补。平台上没有国界，各种国籍、各种肤色的网商都在自愿遵守的前提下认可共同的交易规则，认可诚信与开放、分享，使得跨国治理更容易实现。

【案例】《大淘宝宣言》节选

对于消费者——我们认为：在新商业文明中，消费者理应获得优于传统商业环境的商品与服务。

对于经营者——我们认为：经营者是新商业文明中不可或缺的组成部分，经营者以服务好每一位消费者为己任，与消费者共同创建、维护和谐的商业环境。

对于合作伙伴——我们认为：合作伙伴是新商业文明中极其重要的新兴力量，由各类合作伙伴组成的"大淘宝"生态系统也是新商业文明的主要结构与功能单位。

对于平台责任——我们认为：交易平台是新商业文明的基础设施，平台在遵守国家法律、服从政府监管的前提下，为消费者提供完美稳定的购物体验，为经营者及各类企业提供安全自由的商业环境，为合作伙伴提供宽广通畅的合作渠道，也为社会创造更多的就业机会和内部需求。交易平台以法定义务为责任边界，在此基础上，注重自身的社会责任，不断为社会和谐与发展作出积极贡献。交易平台有权制订并执行交易规则。在规则执行过程中，应充分尊重消费者、经营者、合作伙伴、政府及社会舆论等各方的意见，力求审慎透明。

7.2.4 网规与法律的关系

网规与法律的关系主要体现在二者的相互衔接上。网规的制定主体应当包括电子商务第三方交易平台、网商、商盟、消费者等，所呈现出的规则形态包括平台规则、B2C网站规则、团购规则、商盟规则等。由于电子商务第三方交易平台规则(如《淘宝规则》)较具典型，本节也以平台规则为例，阐述网规与法律法规的衔接问题。

平台规则的产生是一个关注社会和平台经济发展，注重历史，逐步演化的过程。以《淘宝规则》为例，它是通过淘宝网建立以来的电子商务实践经验，对电子商务平台服务和治理中出现的各种新问题不断及时改变，并引入许多法律的制定方法，听取平台参与者，特别是网商的声音并吸收他们的治理经验，从小到大，从零散到集中，从习惯到成文，不断演化而来的。其制定的目的是促进开放、透明、分享、责任的新商业文明的发展，保障淘宝网用户合法权益，维护淘宝网正常经营秩序①。

按照西方法学理论和经济学理论，社会秩序有两种情况，一是所谓的演进秩序及其规则，又称内生秩序及其规则；二是所谓的建构秩序及其规则，又叫外生秩序及其规则。根据这种看法，民商法是典型的演进的经济秩序规则，经济行政法是典型的建构经济秩序规则。其中，演进的经济秩序及其规则是内生的和基础性的，建构的经济秩序及其规则是外生的并建立在前者之上的。也就是说，相对于以建构经济秩序规则的经济行政法，民商法更多的是历史演进和社会经济关系相互博弈的结果。它不是刻意设计出来的，不能为立法者随意左右，其制定必须立足于历史和市场经济的发展。

可以看出，平台规则演化的过程和法律，特别是和民商法、消费者权益保护法等相关法律的演化过程、保护对象及制定目的等有所相似和共通，这便为网规和法律的衔接打下了基础。

1. 网规与法律衔接具有必要性

网规具备许多法律所不具备的素质，开放、透明、分享、责任等新特点，并且赋予了诚信、自治、公平、责任等存在于传统领域的规则中的内容以崭新的内涵。又如网规的软治理环境、对与电子商务实践中产生的新问题变通和反应迅速、对网商和消费者等电子商务参与主体保护更强、对社会经济发展的促进有更力等，成为法律的有益补充。网规与法律构建衔接机制颇具重要性。

第一，网规与法律衔接有助于法律借鉴更多的网规治理经验。平台自身有一个从小到大、从不完善到完善、从规则不健全到健全的过程，在这一过程中，平台承担责任的能力也逐渐增强，无论是法律责任还是治理责任。

在治理责任方面，平台在成为巨型平台后有能力也有经验做更多的事情，促进市场完善、公平和透明、有序，如对阿里巴巴各平台中小企业网上交易担保金的提供，主动承担买卖双方争议不下时的运费而化解矛盾，强化信用机制的完善和打击信用欺诈行为等，都和巨型平台的出现密切相关。对于此，法律可以借鉴和吸纳网规在该方面的丰富经验，完善法律对电子商务过程中产生责任的相关规定，明确责任，促进电子商务的发展。

第二，网规与法律的衔接能够有效弥补法律的滞后性。新商业文明和信息时代背景之下，由于技术和电信基础设施等飞速发展，电子商务越来越呈现出快速、多变的特点，这对治理规则也提出了新的要求。由于法律必然追求稳定性，导致了许多时候法律规定滞后，已经不适应信息时代背景下层出不穷的新现象，对许多新问题无法治理。例如，在团购网站风生水起的同时，也带来很多问题，但立法还没有跟上，团购网站已经走向下坡路了。此时网规的协助治理就显得非常重要，由于其自身的特点，它能够根据快速多变的新问题迅速作出反应，并达到治理的效果。

---

① 淘宝网：《淘宝规则》第一条，http://a.taobao.com/detail/2011/12/02/560015/1.php，最后访问日期：2011年12月12日。

第三，网规的软治理方式同法律偏向的硬治理方式能够达成互补。由于网规内生于电子商务第三方交易平台，带有更多的自下而上的因素，强制力较弱，这使其必然寻找一种软规则治理的方式，通过抓捕电子商务参与者最注重的事情，来使参与平台交易的所有主体逐渐形成一种习惯，达到软规则治理的目的。例如，淘宝网的信用评价体系，目的是直接将信用与财富挂钩，如果商家因信誉问题得到差评，那么其随后的交易会受到重创，影响业绩，甚至倒闭。此种情况久而久之，就在全平台形成一种心理上的共识，把守信作为交易的第一要务，网规亦达到了软规则治理的目的。而网规的软规则治理，恰好同传统法律通过强制力保障实施的硬治理达成互补，从根源上弥补了硬治理“治标不治本”的不足。

2. 网规与法律衔接具有紧迫性

随着互联网电子商务的飞速发展，其对经济的推动作用在整个国民经济中的地位越来越重要，发展中的问题若不能得到良好和妥善解决，将对国民经济的发展造成不可估量的损失。网规与法律的衔接的紧迫性凸现。

第一，政府部门该不该介入企业行为，何时介入，应由哪个部门介入，这一系列问题均未找到答案。事实上，正是由于法律缺乏和网规的沟通与衔接，成为了造成我国多头执法，政府对企业的干预性过强等问题的主要原因之一。网规的尊重行业自治、软规则治理在淘宝商城事件中均可以被法律所借鉴，应当在充分了解和尊重行业实际情况的基础上，明确规定主管部门和管理方式，实现软规则治理。

第二，网规与法律未能有效结合，建立紧急情况的发现和预警机制。在淘宝商城事件发生之后，淘宝商城商家的正常经营和淘宝网、支付宝等平台本身的正常运营均受到了巨大影响和破坏。此时，只依靠网规的规定来调整此种新型的恶意行为，未免缺乏强制力和威慑力，必须上升到法律层面来进行调整，这就需要网规与法律之间充分衔接，建立互动的紧急情况发现和预警机制，使得必须由法律调整的行为能够及时得到法律的调整。另外，打击新兴的网络黑恶势力，也应成为法律所必须关注的焦点问题，这都需要网规与法律的相互结合，共同配合才能得以完成。

第三，网规因适应电子商务的快速、多变，必然带来一定的不稳定性，需要法律进行弥补。淘宝商城事件中，淘宝商城新规的急于推进，是造成该事件的导火索。虽然该规则的出台和制定对消费者权益的保障乃至社会经济的健康发展均有利，但是其缺乏稳定性的弱点尚未克服，反而为网络黑恶势力所利用，给商家、消费者和平台均造成了巨大的损失。可以看出，法律与网规相衔接，使得网规的某些规定上升为法律，给予网规稳定性的支持，才能使该问题得以解决。网规与法律的衔接机制的建立迫在眉睫①。

7.3 互联网时代的治理创新

近 20 年来，中国互联网经历了跨越式发展，社会的经济增长方式也发生了巨大改变，我们正在步入信息社会，关于互联网和电子商务的新问题层出不穷。互联网信息社会发

① 聂东明. 网规与法律衔接问题之初探. 首届“网规与中国互联网治理”学术研讨会论文集.

展的快速多变的属性，要求政府治理必须不断持续地创新，以适应社会发展。

7.3.1 政府治理创新的必要性

2012年1月，中国互联网络信息中心（CNNIC）发布的《第29次中国互联网络发展状况统计报告》显示：截至2011年12月底，我国网民规模突破5亿，我国手机网民规模达3.56亿，互联网普及率攀升至38.3%，超过世界平均水平。中国互联网发展与普及水平居发展中国家前列，在近20年的发展历史中，中国互联网经历了跨越式发展。随着互联网和电子商务的飞速发展，我们正在步入信息社会，社会的经济增长方式已经发生了巨大改变，信息社会中的新问题也层出不穷。

一个开放、自由和共享的互联网络，一个日益商业化的互联网络，正在改变着我国的经济、生活、社会、政治等方方面面。改变传统治理方式，推进治理创新，促进互联网和电子商务的健康发展，将为政府和社会带来不可估量的价值：一方面，政府可以利用互联网络和电子商务，促进科技与经济的发展，促进经济结构调整和经济增长方式转变；另一方面，电子商务在降低市场交易成本、促进社会分工协作细化、推动创新发展、提高社会资源配置效率、拉动内需、增加就业、减少能耗等方面的作用也越来越显著，电子商务对整个国民经济的影响越来越大。促进电子商务的发展，从根本上讲就是促进国民经济的发展。

对于日新月异的社会不断生成的新问题来说，社会持续和谐有赖于政府治理的不断创新，从这个意义上讲，政府治理创新也是推进和谐社会建设的方法和源泉。解决信息社会中不断出现和遇到的新问题，构建社会主义和谐社会，显然，原有的治理体系已经不尽适用。互联网信息社会发展的快速多变的属性，要求政府治理必须不断持续地创新，以适应社会发展。

7.3.2 海外互联网治理创新

互联网与电子商务的治理创新对国民经济的发展、政府的稳定等都带来了巨大的挑战与机遇。基于这样的认识，世界各国对互联网和电子商务的治理创新都在进行着不懈的探索。

纵观世界各国的治理方式，政府多以保护者而不是以管理者角色出现，使管理措施更易于推行。一些国家在推行管理措施时，往往有意强调“保护”而淡化“管理”。例如，为保护公民“言论自由”而禁止政府事前干预；为保护公众免遭色情等网络信息和网络行为的侵害，以立法的形式明确规定一些言论和行为在互联网上是被禁止的，对人们的网上言行进行一定的法律限制；为保护国家安全和国家利益，允许对互联网进行监听监看，并对互联网内容进行审查；为保护健康、公平、有序的网络环境，制定政策，采取注册、登记、许可等制度，并对违反法律和政策的言论和行为进行处罚等。他们在法律和政策表述等方面都突出“保护”性，对外的印象是为行使“保护”职责才“不得不”对那些违法、有害的网络行为进行管理，“保护”是对整个互联网的“全面”保护，管理只是对某个方面的违法行为的局部治理。这不仅有利于政府形象树立，也使被管理者和公众感到合情合法。这种做法表面上看似乎管理比较宽松，但实际上该管的全都管住了，只要是管理者认为应该管的内容，均可从法律中找到相应的限制条款作依据。

政府不直接对网站和网民进行管理，而是把重点放在关键环节上，通过对关键点的管理实现对整个互联网的管理。政府不是互联网的唯一管理者，政府赋予互联网中的受益者以一定的管理责任，形成了纵横交织的管理结构。政府主管部门拥有互联网的管理责任，接入服务商对内容提供商有一定管理职责，内容提供商对网站内容负有一定管理责任，网民要对其所发布的网络言论负责，不履行职责的将会受到违法的指控和制裁。也就是说任何一个互联网经营者和参与者，在通过互联网获得收益或享受互联网带来的方便的同时，都要负担起相应的社会和行业的安全责任。这种方式符合权利与义务对等的法律基本原则，最大的好处是分散了政府的管理责任，使管理力量最大化。

1. 谨慎立法

有关机构对世界 42 个国家的调查表明，大约 33%的国家正在制定有关互联网的法规，而 70%的国家在修改原有的法规以适应互联网发展。对于立法，各国都持比较谨慎的态度，首先选择适用现有法律，继而再根据互联网的特点修订现有法律或重新立法。他们认为，“线下”法律同样适用于“线上”。英国非常强调依靠现有的法规，如刑法、猥亵物出版法及公共秩序法等。英国电信管制的法律基础主要是 1984 年的《英国电信法》和 1998 年的《竞争法案》以及《通信监控权法案》、《调查权法案》等，还有 1959 年和 1964 年的《黄色出版物法》、1978 年的《保护儿童法案》、1984 年的《录像制品法》和 1986 年《公共秩序法》。法国主要也是利用原社会的法制基础。法国民法、商法比较完备，有些只需移植或借用就可以，有些则要建立新法规。新加坡针对互联网的立法主要是 1996 年 7 月的《广播法令》和《互联网操作规则》。

2. 重视落实监管责任

许多国家在互联网行业准入上都比较宽松，但行为主体的责任十分明确。新加坡规定，内容提供商必须撤掉法律禁载的内容，网络服务提供商虽然不需要监控网站，但有义务与权威机构以任何必要的方式进行合作，对公众举报的非法内容必须进行处理。英国规定，互联网内容提供商作为信息发布者，要对所发布的信息内容负法律责任；互联网接入服务提供商在法律上也应对自己所开展的托管服务相应服务器上的内容负责，做到“有举必究”，必须与互联网监看基金会合作，并必须删除公众举报的非法内容。英内阁指出：“服务商保证撤除非法内容是出于自身的利益，采取合作态度的服务商将减少被起诉的风险。”荷兰于 1998 年出台法律，要求所有电信公司必须安装监控设备，对互联网用户进行有效追踪。

3. 注重和突出行业自律

充分发挥行业组织作用，把政府监管和行业自律结合起来，是各国管理互联网的通行做法。英国、日本、新加坡等大力支持行业自律组织开展工作。他们认为，政府不可能完全承担网上内容管理任务，行业自律是网上内容管理的重要手段，必须把大量的工作交给行业自律组织，只有把依法管理和行业自律结合起来，才能使网上内容管理更加有效。

目前，国际互联网举报热线联合会已有 22 个成员，都是各国负责网上举报工作的行业组织。设在剑桥附近小镇的英国互联网监看基金会(IWF),是在政府支持和影响下组成的一个行业自律组织,主要任务是使互联网上的潜在非法内容存量最小化,培养网络用户对网络的信任度,协助互联网内容提供商控制色情等违法内容,协助执法机构打击网络违法犯罪行为。监控的内容主要是儿童色情和极端成人色情信息及种族主义言论。基金会接受公众举报,核实举报内容,追踪非法信息并及时通知网站删除,每月向全国网站下达一次过滤关键词表。

日本电气通信业者协会、电信服务业提供商协会等行业组织,制定了一系列行业规范,与政府部门形成了互为补充的互联网管理体系。

4. 主张开展公众教育

新加坡政府认为,有效管理互联网的长远之计在于加强公共教育,而在教育过程中,家长对指导孩子正确使用至关重要。新加坡政府 1999 年成立“互联网家长顾问组”,由政府出资,通过举办培训班等方式,帮助家长指导孩子安全上网。从 2003 年 1 月起,新加坡传媒发展局还设立了 500 万美元的互联网公共教育基金,用于研制开发有效的内容管理工具、开展公共教育活动和鼓励安装绿色上网软件。此外,澳大利亚、欧盟等每年拨出数百万美元的专款用于儿童上网的咨询服务。

5. 强调国际协调合作

各国普遍感到,由于互联网服务的全球性,仅靠一国难以管理整个互联网,各国应该加强合作,共同管理和规范互联网。意大利政府认为,互联网的发展有利有弊,在改变世界面貌,缩短人们距离的同时,也引发很多问题,需要加强互联网管理。但由于服务商大量涌现,仅意大利一国很难有效管理。葡萄牙有关部门负责人表示,互联网管理仅靠一个国家对本土互联网管理远远不够。在处理违法信息、涉及未成年人的有害信息、打击网上恐怖主义等犯罪活动、处理垃圾邮件以及保护知识产权方面,需要各国共同努力,加强合作,联合行动。印度方面承认,在网站出现违法信息时,印度政府只能关闭.in(印度域名)的非法网站,而对在其他国家注册的网站无能为力。

6. 治理依据和核心思想各具特色

在管理依据方面,德国、澳大利亚和一些北欧国家倾向制定新的、单独的互联网管理法规,而美国、英国、日本则更多依赖现成法,特别是刑法。亚洲国家总体偏重行政管理。在管理思路方面,美国、英国、日本比较突出“言论自由”、“个人权利”和“不干涉主义”,强调间接干预、行业和公民自律。德国、法国及新加坡则主张在互联网发展、言论自由和限制不良信息传播三者间保持平衡,坚持政府有直接、强力干预的责任和权利。

在管理重点方面,西方国家侧重网络刑事犯罪,特别是亵童和恐怖主义,对新纳粹主义和种族主义也有所限制,但对其他政治性网站和言论网开一面。而发展中国家高度关切政治社会稳定,对政治性网站和信息的限制较多。在管理机制方面,多数发展中国家由行政和警察当局全权负责,而发达国家比较多元化,政府授权的管理机构(如英国的“互联网监察基金会”、澳大利亚的“网络警示机构”)、互联网从业者或 ISP 行业协会以及其他非政府组织都参与其中,分工协作。

7.3.3 互联网时代的政府治理创新

1. *为什么要有网络空间治理,谁来治理,怎么治理*

互联网治理是一个很大的话题,联合国教科文组织自 2006 年开始举办"互联网治理会议(Internet Governance Forum,IGF)",迄今已经 5 届。它是联合国根据信息社会世界峰会的决定设立的有关互联网治理问题的开放式论坛,它为各利益攸关方讨论互联网关键资源管理、安全、开放、隐私、多样性及新兴问题提供了唯一的联合国层面的场所,对于促进各国政府和相关组织的信息和经验交流,加深相互理解有着积极贡献。

按照一般的理解,"治理"问题来自公司发展史上"所有权与经营权分离",涉及"利益相关者"的权力均衡,包括股东、客户、供货商、管理人员、公司员工和社会方面。互联网治理问题基本也采纳这个思路,即探讨利益相关者的权益均衡。

在全球互联网民已突破 20 亿,占世界人口 1/3 的时候,互联网治理的问题已成为超越传统"公司治理"利益相关者制衡的层面,而成为组织对组织、国家对国家层面的博弈。举例而言,2006 年发起的 IGF,其实有一个深层次的背景,即出于世界各国对美国事实上"单边控制互联网关键资源"的状况表示不满。主要指美国政府通过与设立在美国加州的 ICANN(The Internet Corporation for Assigned Names and Numbers,互联网名称与数字地址分配机构,其组织结构如图 7.1 所示)签署协议,实际掌控 IP 地址、域名分配以及根服务器管理等的独断权。

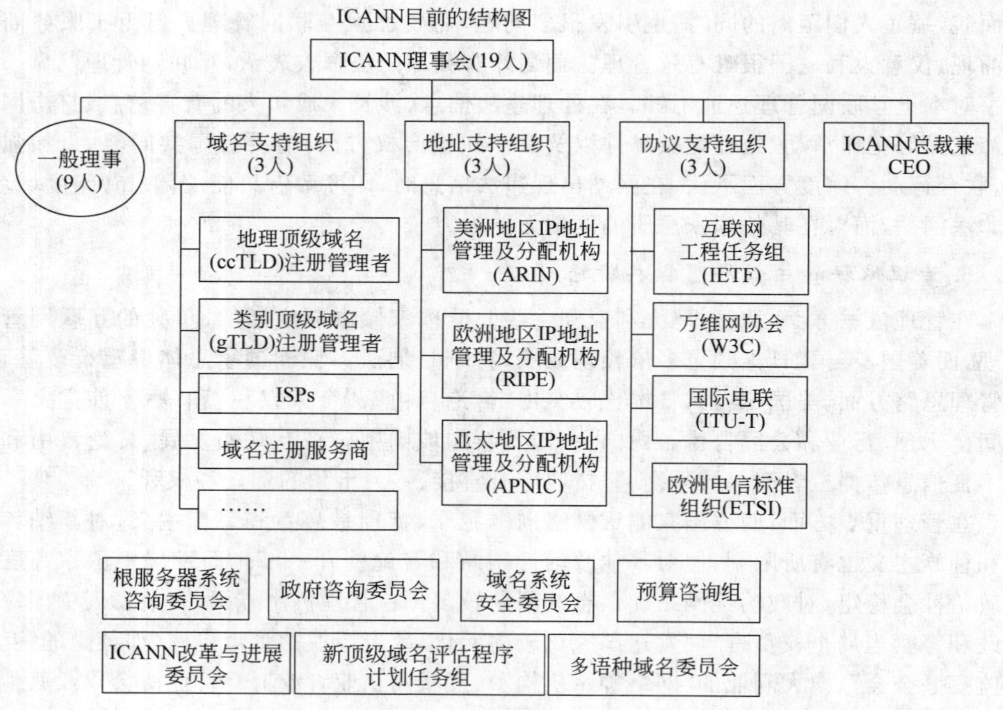

图 7.1 ICANN 的组织结构

长期以来，“治理”以及“互联网治理”的问题，不能摆脱元问题的追问：这是谁的治理？治理谁[①]？

美国乔治·华盛顿大学国际事务和政治学教授 James N. Rosenau 指出，“治理”和“统治”的区别在于，某些规制活动“虽未得到授权，但却能发挥作用”，“由共同目标支持的活动，主体未必是政府，也无须通过国家强制力量来实现”[②]。

德国前总理勃兰特在 1990 年代冷战结束之后成立的“全球治理委员会”上主张：“治理是各种公共和私人机构管理其共同事务的诸多方式的总合。它使相互冲突或不同利益得以调和，并采取联合行动使之得以持续的过程。”

在传统经济学和社会学中，支撑经济社会格局的假设系统，虽然因地域、经济社会发展水平和成熟度的不同，有较大的差异，但一个共同的特征就是，我们假设这是一个理性的、可计算的、可预期的确定性环境。这个假设系统 事实上延续了近 500 年西方社会文艺复兴以来的科学文化成果。这种假设系统称为“笛卡儿式”的。

互联网最大的革命，事实上就是对“笛卡儿式”的假设系统发出挑战。那些关注到复杂自然现象、社会现象和经济现象的物理学家、社会学家和生物学家们，在 30 年前逐渐萌发了全新的认识框架(典型的有普利高津、莫兰、圣塔菲研究所三个流派)，尽管他们使用的依然是“老工具”，但面对的是全新的问题，这个问题的方法论意义就是，采用还原主义的科学方法，解决互联网引发的全面变革的秩序问题，还缺少新的视角。

《连线》杂志创始主编 Kevin Kelly 在其 16 年前出版的著作《失控——全人类的最终命运和结局》中，描绘了一幅“人和机器化”与“机器的人化”的未来图景。互联网正是快速催生这幅“人造与天生”图景的创世力量。这股力量并非缘自笛卡儿或者牛顿图景中的那只“神秘的自然之手”，也不是亚当·斯密的“看不见的市场之手”——一切可以由“控制”导向的所谓“秩序”，都将分崩离析，烟消云散，一个以“失控”为标志的 21 世纪即将到来。“在一个超智能的时代，最智慧的控制方式将体现为控制缺失的方式”，Kevin Kelly 说，“要想获得聪明的控制，唯一的办法就是给机器自由”。

著名物理学家霍金在上世纪末宣称，21 世纪注定是复杂性的世纪。大概这一展望的价值就在于此：并发环境下个体、组织和资源之间的充分联结，所生成和形成的多样化的网络形态，是承载复杂性的物理和社会基础——理解、刻画、表述这一复杂性的任何努力，都不可能是确定性的，不可能是“离线”的(即“苦思冥想”下的分解与还原)；而注定是“不确定性”的、包容的和“在线”的(即“参与交互”下的沉浸与涌现)。

2. 非正式制度[③]

非正式制度是指一些文化道德、舆论的约束，如习俗、传统、道德伦理、意识形态等。它是人们在长期的交往中非有意识形成的，具有持久的生命力，并构成代代相传的文化的一部分。从历史上看，非正式制度早于正式制度，在没有形成文字之前，人类就有了非正

---

① 段永朝. 互联网治理的“台词”和“潜台词”. http://blog.sina com.cn/s/blog_60aa4a41010Cns0t.html，最后访问时间：2011 年 2 月 21 日.

② 罗西瑙，张胜军，刘小林. 没有政府的治理. 南昌：江西人民出版社，2001 年 9 月.

③ 邱力生，梁海卫. 经济制度创新的时空. 武汉：武汉出版社，2003 年.

式规则。其内容很广泛，甚至可以说除了正式制度外，凡是能对人的行为有制约的规则都是非正式制度，包括价值观念、伦理道德、风俗习惯、意识形态等因素。

与正式制度相比较，非正式制度可称为是“软制度”。因为非正式制度留下了演进的余地，附属于内在规则中的惩罚在很多情况下是可变的。由此增强了非正式制度的包容能力。当然，非正式制度同样可以制约人际关系，调整人的行为。非正式制度具有正式制度不具有的特点。

诺思曾在诺贝尔奖的演讲中指出，离开了非正式规则，即使成功地将西方市场经济制度的正式的政治、经济规则搬到第三世界和东欧国家也难以成为取得良好经济绩效的充分条件。因此，正式规则应立足于非正式规则，尽量减少“紧张性”，达到“相容性”，这样才能降低制度变迁成本，提高制度绩效。

非正式制度对在社会交往中，沟通自我中心的个人和实现社会整合上的重要性早已被哲学家和社会科学家们所认识。远在2500年以前，中国哲学家孔子就强调了所谓“礼”的重要性。“礼”创造和谐而可预见的人类行为，并使许多人能靠有限的资源在有限的区域内共同生活。

3. 网规与软法[①]

软法是相对于硬法而言的，软法与硬法比较，其特征有五个：

第一，软法创制的渠道是多元的，既可以由国家机关制定、认可，也可以由社会组织及民间团体制定、认可，还可以是人们在社会生活和政治活动及交往中自然地生长和形成，而硬法只能由国家机关制定、认可；

第二，软法通过个人、组织的自我约束和相互约束以及舆论约束和利益机制而实现规范人们行为，调整社会关系的作用，而硬法主要以国家强制力为后盾，由国家强制力保障实施；

第三，软法的法源既可以是法律文件，也可以是社会组织、团体的章程、村规民约以及政治惯例、社会惯例等，而硬法的法源只能是国家法律文件；

第四，软法既可以是静态的法规范，也可以是动态的公共治理方式、治理手段，如调解、协商、讨论、指导、说服等手段被认为是软法手段，而硬法一般仅指静态法；

第五，软法既具有相对的普遍性，又兼顾一定时间、地点、对象的特殊性，注重在保证形式正义的同时最大限度地保障实质正义，而硬法则更多地强调普遍性，注重形式正义优于实质正义。

软法机制是通过自律与他律相结合的规制方式规范人们行为，调整社会关系的制度创新。我国自改革开放以来，特别是自20世纪90年代逐步开始市场经济和民主政治建设的重要社会转型以来，行政管理范式不断创新，解决纠纷的机制模式不断创新，软法在行政管理和调整社会关系，解决社会争议中具有了越来越重要的地位，整个社会治理正在形成一种有别于传统模式的现代新型公共治理模式。

在现代社会，软法之治在公共治理中有着极为重要，而且越来越重要，且不可为硬法

---

① 姜明安.完善软法机制，推进社会公共治理创新. http://www.legal-theory.org/?mod=info&act=view&id=14843，最后访问时间：2011年2月23日.

和其他规制手段所取代的作用。今天的法治在很大程度上应该是软法之治。尽管软法也有着很多的缺陷和不足,如不统一、不稳定、缺少刚性等,从而需要硬法对之加以适当规制。但纯硬法的治理有着更多的弊病,如政府不得不为形式正义而牺牲实质正义,为严格执法、机械执法而不惜损害人的尊严,从而引发执法者与被管理者的尖锐对立,等等。

其实,网规就是非正式制度,是软法的一种,是软法中的软法。根据我国行政法学家姜明安教授的观点,农业社会并不需要很多的法;工业社会对法的需求量很大,但大多都是硬法,是硬性的规则;而信息社会更多的将是软法,虚拟空间则以软法规制为主。

4. 网络空间里只有法律规制人的行为吗

美国网络法学者劳伦斯·莱斯格教授提出了著名的网络行为规制四要素理论[①]:

在现实社会中,人的行为受四个要素的制约,它们分别是法律(law)、准则(norms)、市场(market)和结构(architecture),如图 7.2 所示。其中准则主要指社会行为规则和道德规则,市场指完成某行为所必需的市场成本或价格,而结构指天然的或人为的技术限定。

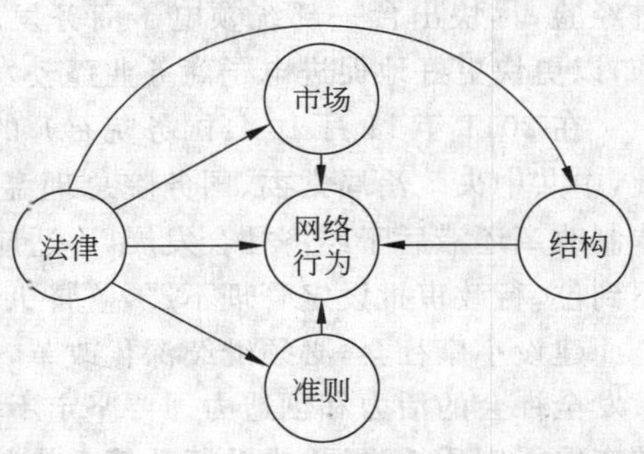

图 7.2　莱斯格的网络行为规制四要素理论

在四要素的规制模型中,法律不仅仅直接规制人的行为,而且还通过影响准则、市场和结构这三个要素来间接规制人的行为。也就是说,法律要素并非与其他三要素平行等列,而是位于一个更高的核心地位。但到底选哪一种或哪几种途径好呢?这就需要从经济学的角度考虑社会成本问题。

例如,盗窃机动车牌是一种令人厌恶的行为。如果采取以法律直接规制的手段,则会遇到两难问题。一方面,如果法律禁止此种行为,并对行为人予以轻微处罚,则使得实施法律的成本增加却收效甚微;另一方面,如果法律对之予以严厉制裁,则又与罪刑相应的现代法治理念背道而驰,从而会引发新的问题。

但如果采取法律的间接规制手段,则情况会不同。法律可以规定,车牌的生产与安装必须采用这样一种技术:使得车牌一经安装即不可拆卸,否则车牌就会损坏而无法再次使用。这样,盗窃车牌者就得不到预期的收益,从而会放弃盗窃行为。这就是法律通过规制结构来间接规制盗窃车牌的行为。通过这个例子我们可以明白,在许多情况下,法律通过其他规制要素的间接控制要比其直接控制更加有效和成本低廉。

在网络世界里,四要素的作用更加突出。网络世界与现实世界的最大差异,就在于它是一个纯人工的、非自然的虚拟空间。是人建构了它,因此,结构要素的规制作用更加凸显。

在网络环境中,莱斯格教授将"结构"改称为"代码"(code)。他认为,以美国为例,现实世界主要受法典(code)的规制,而网络世界则主要由代码所规制。相对于现实世界的

① [美]劳伦斯·莱斯格著.李旭,姜丽楼,王文英译.代码塑造网络空间的法律.北京:中信出版社,2004 年.

代码(real-space code)——结构——而言，代码在这里专指虚拟世界的代码——网络的结构(architecture of the net)，包括构成网络所必需的软件、硬件及网络协议和技术标准。

5. **相关建议**

(1) 在加强领导干部的认识方面

鉴于电子商务在我国经济转型中的重要作用，全国人大、国务院以及各级人大和政府部门应当增强认识，充分利用“十二五”规划制定的契机，明确电子商务业的战略产业地位，在制定各项具体规划和实施的过程中，对电子商务业的发展给予政策支持。

长期以来，我国电子商务立法的缺失引发了许多问题，老问题无法解决，新问题层出不穷。为解决这种局面，建议全国人大在立法的层面上加以考虑，参照学习国内外立法先进经验，尽快出台一部统领电子商务发展的法律，作为电子商务业的“根本大法”加以实施，以更快更好地促进电子商务业蓬勃发展。

在2011年11月14日国务院召开的深入推进行政审批制度改革工作电视电话会议上，中共中央政治局常委、国务院总理温家宝指出：“包括行政审批制度在内的行政管理体制改革还滞后于经济社会发展，不适应发展社会主义市场经济的要求。政府职能转变不到位，行政审批设定管理不严，监督机制还不健全。要推动我国走上科学发展的轨道，全面建设小康社会，必须继续深化改革，进一步破除制约经济社会发展的体制机制障碍，激发全社会的活力和创造力。要坚定不移地继续推进行政审批制度改革，推动政府职能转变取得实质性进展，推动行政管理体制改革取得实质性进展。”即凡是市场能够调节的，政府就不应设行政审批。政府部门应当做到不该介入的坚决不介入，不该设立行政许可的坚决不设立行政许可，不违背社会主义市场经济规律的发展要求。

另外，针对长期以来我国各级干部培训“重实体经济”的局面，我们认为，亟须在中央至地方各级党校的干部培训中加入电子商务课程，让领导干部了解和掌握信息社会背景下须掌握的电子商务专业知识，转变思想，将重心转移到大力扶持和发展电子商务上。另一方面，了解电子商务行业概况，也能让领导干部在实际工作中容易把握方向，正确引导和管理电子商务服务业，使其健康蓬勃发展。

(2) 在确定指导思想和明确权利保护方面

针对目前的现状，需要进一步明确处理政府管理部门与电子商务民事主体之间关系的基本原则。民商事主体间可以自行解决的公权力不介入；产业发展初期公权力不介入，尽量利用市场的手段解决市场发展中的问题；确实需要立法的，法律法规最大限度地吸取已有的商业惯例和网规；确实需要政府介入的，遵循政府最小干预的原则。规范的目的是为了发展，不能因为规范舍弃发展；监管电子商务时避免以文件替代法律，以标准替代法律，以部门规定、地方规定替代国务院、人大法律法规的现象。

及时确认和保护新的权利，积极探索电子商务财产权创新。明确店铺、网店名作为财产的法律地位；明确数据中的信息财产权；将信用纳入无形资产范畴。

尊重网络经济的客观规律和网商实践，积极探索治理创新。尊重市场自身规律和自主选择；明确规范与发展的关系；降低并减少门槛，鼓励产业发展；充分借鉴网规的原则和精华，扶持平台发展。

另外，网络舆论对长期以来社会和群众关心的对领导干部的监督起着积极有效的监督作用，同样值得重视和发展。

（3）在监管的具体政策措施方面

针对目前的现状，需要进一步实施有利于电子商务服务业发展的工商管理措施。按照网络经济的特殊性和需求调整原有的工商登记和管理体系；为避免基层执法部门可能出现的随意执法，建议将管辖权上移。

监管和执法的透明化。建议所有涉及许可证管理的部门都能强化其许可信息网上公开、公示和随时更新的制度，便于交易平台及时核实。

明确电子商务经营主体的法律地位。法律地位的不明确直接导致电子商务交易平台、支付平台等面临很多不确定的风险，或是承担了大量本不应该承担的责任，不利于电子商务服务业权利、义务、责任的明晰和轻装上阵、快速前进。

第8章　电子商务发展中的问题、选择与措施

随着我国工业化、信息化、城镇化、市场化和国际化的深化发展，电子商务将迎来加速发展的战略机遇期。在这个时期，作为新生事物的电子商务依旧面临着一系列发展中的制约因素和困难，我们的政府、企业和行业对于电子商务发展采取的选择和措施，将极大地影响我国电子商务的发展前景和未来。

8.1　影响和制约电子商务发展的主要问题

近年来，我国电子商务发展很快，但制约电子商务健康发展的因素依然存在，有的甚至很严重。这些因素主要集中在认识、基础设施、制度、政府支持、创新机制、社会和人文环境等方面。

8.1.1　认识不足

认识决定态度，态度决定高度。尽管电子商务在我国发展已经超过10年，但相对于传统的工业经济、农业经济来说，它依然是个新生事物。从总体而言，人们对于电子商务的作用、对于电子商务服务业的战略地位认识依然不足，相应的培训教育也显得不够。

1. 电子商务对宏观经济和社会发展的重要作用

电子商务是网络化的新型经济活动，已经成为我国战略性新兴产业与现代流通方式的重要组成部分。

商务部《"十二五"电子商务发展指导意见》指出，电子商务在我国各个经济领域的应用不断拓展，应用水平不断提高，正在形成与实体经济深度融合的态势。大型企业网上购销比重逐年上升，部分企业实现了在线交易、支付及物流局部集成应用。中小企业电子商务应用普及率迅速提高。2010年，应用网上交易和网络营销的中小企业比例达到42.1%。2010年，全国网络零售交易额达5 231亿元，约为社会消费品零售总额的3.3%，并呈现出加速增长态势，成为拉动消费需求、优化消费结构的重要途径。

业内有这样一句话——"现在不做电子商务，十年后将无商可务"，这在一定程度上表明了电子商务对于经济和社会的重要作用，以及人们对电子商务重要性的认识在不断提高。

2. 电子商务服务业作为战略新兴产业的重要意义

电子商务服务业是伴随电子商务的发展、基于信息技术衍生出的为电子商务活动提

供服务的各行业的集合，是构成电子商务系统的一个重要组成部分和一种新兴服务行业体系，是促进电子商务应用的基础和促进电子商务创新和发展重要支撑性基础力量。

国际著名分析机构IDC研究认为，经过10年的发展，汇聚海量生产信息、交易信息与消费者信息的电子商务服务业已经成为目前国内信息经济的重要生产要素。

IDC于2011年发布的《为信息经济筑基——阿里巴巴电子商务服务业白皮书》显示，中国电子商务服务业将成为全球领先的战略性新兴产业。按当前的发展曲线计算，到2015年，电子商务平台的交易规模将增长5～10倍，以淘宝网为代表的网络零售平台将覆盖5亿消费者，交易额有望超过2万亿，占中国社会消费品零售总额的比例将达到7%，带动直接及间接就业3千万，给物流业带来超过1千亿的收入，电子商务渗透率将突破60%。

3. 各级干部提高电子商务认识的重要性

各级干部是党在各级政府的中坚力量，是党的各项政策的宣传者和执行者，承担着推动基层经济社会快速发展的重要任务，要想快速发展电子商务，必须加强对各级干部的教育培训工作。

对电子商务了解深入、运用合理的干部班子，往往能够显著地推动区域电子商务的发展。以杭州为例，电子商务是重点发展的高端产业，近年来，杭州加大电子商务的人才培养，把电子商务作为新的商业模式来抓，积极推进电子商务的广泛应用，努力营造电子商务发展的良好环境，一大批知名电子商务企业得到良好发展。目前，杭州正在建立完善的电子商务诚信体系，支付交易平台建设已经走在前列，软件业发展迅速，现代物流体系不断完善，全市已经形成电子商务发展的良好氛围。正是由于政策支持得力，杭州不仅在2008年荣膺中国电子商务协会授予的“中国电子商务之都”称号，并且在2011年入围由国家发改委确认的“国家电子商务示范城市”。

8.1.2 基础设施不足

“工欲善其事，必先利其器”，基础设施的重要性不可忽视，对电子商务发展来说更是如此。

1. 云计算的束缚

云计算是计算机科学和互联网技术发展的产物，也是引领未来信息产业创新的关键战略性技术和手段。它将带来工作方式和商业模式的根本性改变，对我国冲出国外企业的技术壁垒、高新技术实现产业升级具有重要的战略意义。

我国是互联网大国，但还不是互联网强国。根据中国互联网络信息中心（CNNIC）发布的《第29次中国互联网络发展状况调查统计报告》显示，截至2011年12月底，中国网民规模达到5.13亿，全年新增网民5 580万；互联网普及率较上年底提升4个百分点，达到38.3%。中国手机网民规模达到3.56亿，同比增长17.5%。这说明我国网民数量、市场规模占据了优势，但我国互联网仍处于“低速宽带”阶段，我国互联网网速平均速率仅1.774M，全球排名第71位。

当前，带宽问题严重限制了我国云计算产业的发展。在美国，谷歌和微软可以用市场合理的价格接入宽带城域网，加上可以自行建设整个北美大陆的光纤传输网络，使得其整体带宽费用相对低廉，因此凸显了计算资源的折旧费用和数据中心的运营费用。为了有效降低折旧费用，他们乐于尝试利用先进的云计算技术来整合计算资源，而特别是他们大幅度利用非经济发达区域高度补贴的清洁能源（如哥伦比亚河谷清洁的水电）以及自然冷却/全直流供电等技术，使得其数据中心的运营费用仅仅是中国的40%，计算资源利用率平均高达42%（约比中国高三倍）。

在中国，由于宽带市场形成了双头体制垄断的原因，运营新型的云计算中心的企业所节省的能源费用，无法消化抵消高昂的带宽费用。而在传统数据中心产业中，目前由于缺少竞争，90%的数据中心业务在电信运营商手中，由于缺少竞争，运营商对云计算中心的建设热情很低。

2. 物流瓶颈

物流费用过高已经成为我国一个尖锐的社会问题。咨询机构毕马威去年发布报告称，总体而言，中国的运输成本占国家GDP的18%，比许多经济发达国家都要高出很多。高成本首先冲击的是最终用户，对厂家来说，物流成本可以高达生产成本的30%～40%。

物流同样是电子商务的一大瓶颈。电子商务用虚拟的网络店面代替了实体店面，虽然节约了店面租金，却对物流提出了更高的要求。以当当网为例，2010年前9个月当当网毛利润率为22%，营销费用、技术费用和一般管理费合计占总销售额的9.3%，但物流执行成本一项就占到销售额的13%，致使公司前三季净利润率仅为1%；而亚马逊在20世纪90年代时，物流执行成本也一度占到总成本的20%，目前下降到10%左右，仍占总销售额的8.5%。所以，物流执行成本已成为电子商务企业除销货成本外的最大支出，物流成本的高低直接决定了电子商务企业能否盈利。

就电子商务物流而言，我国发展总体水平仍然偏低，主要问题是：

一是全社会物流运行效率偏低，社会化物流需求不足和专业化物流供给能力不足的问题同时存在，电子商务企业自建物流的现象较为普遍，如京东商城、当当、红孩子等公司都自建了物流体系。在社会物流车辆空载率较高的情况下，这种现象造成了大量的资源浪费，我国社会物流总费用与GDP的比率高出发达国家1倍左右。

二是物流企业负担较重。物流行业属于劳动密集型行业，一些基金费用（如教育基金、建设基金、社保基金、环保基金等）按人头缴纳，物流企业负担较重；物流企业的收入40%左右为代收和垫付，按营业税缴纳需冲减垫付，在财务账务处理上比较麻烦，容易形成偷税、漏税的误解，也造成了每年审计的困难。

三是城市建设与发展物流之间的矛盾突出。由于城市人口膨胀，很多大城市实施严格的交通管制，限制货车进城，限制小客车拆座，实际造成物流公司运输中的困难；同时，城市没有货车的固定停车区域（发达国家均有），物流公司停车难的问题突出。

3. 城乡信息化水平差异

在信息化水平方面，我国城镇和乡村依然存在巨大的差异，图8.1中显示了2010年12月和2011年12月我国城镇和农村网民所占的比例。中国互联网络信息中心（CNNIC）报告显示，目前，农村非网民中，有38.8%的人是由于不懂电脑和网络而不能上网，19.7%的人是由于没有电脑等上网设备，3.5%的人是由于当地没有网络接入条件。同时，宽带接入和费用也是农村地区购买电脑、使用网络面临的问题，这些都限制了农村地区上网的实现。

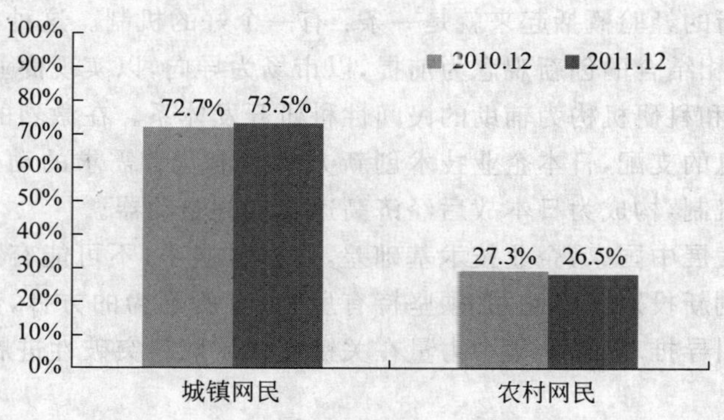

图 8.1　网民城乡结构差异

来源：CNNIC，2012

与城市相比，农村电信和互联网基础设施普及率偏低。农村经济发展、农业现代化以及农民增收都离不开信息化的支撑。分析人士认为，以信息化促进农村经济发展，更具实际意义，并且显得迫在眉睫。从很多国家和地区的经验来看，只有电信发展远远高于当地GDP发展才能带动农村快速发展。

8.1.3　制度创新不足

生产力和生产关系存在这样的作用机制：生产力决定生产关系，生产力的性质和水平决定生产关系的性质和形式，生产力的发展决定生产关系的变革；生产关系适合生产力状况则促进生产力发展，反之则阻碍生产力发展。

在电子商务相关制度的创新方面，我国还存在诸多不足，包括政策法律法规方面存在的问题，特别是工商、税收、知识产权以及个人和商业数据保护利用等。

电子商务发展迅速，但制度未能跟上变化，因此二者之间发生了多次摩擦和调试。2008年，某市工商部门按照原有管理传统企业的办法出台了所谓“网店新规”。这一规定一出台，立即在网络及电子商务界引起巨大反响，不仅多数网商明确表示反对，吕伯望、姜平奇、阚凯力等专家学者也纷纷表示质疑。著名经济学家吴敬琏也表示：“互联网创业让创业、就业的门槛更低，惠及更多人，更好地解决了公平问题，应该重点保护，而不是变相收费扼杀。”

除了上述“网店新规”事件，近年来还出现了与电子商务治理相关的纠纷和风波，凸显了现行法律法规、管理制度和飞速发展的电子商务之间开始出现种种不适合，亟待电子商务领域的制度创新和完善。

8.1.4　对企业家创新、技术创新的鼓励和包容不足

美国的技术创新是以市场为导向，其动力机制是由商品市场与资本市场共同推动。

具体表现在两个方面：一是直接融资方式，二是股票市场的外部监督。这种体制一方面为企业的技术创新提供了资金保证，另一方面为促进企业长远发展的技术创新提供了动力、压力和监督机制。

日本技术创新的经验概括起来就是一条：有一个好的机制。这种机制是在政府诱导下，以科技同经济相结合的创新观念为前提，以市场为导向，以实现商业利润为目标，以企业为主体，以大学和科研机构为辅助的民间性科研开发体系。在激烈的市场竞争中，受利润动机和市场信息的支配，日本企业技术创新方向对消费者需求的动态极为敏感。正是这样的技术创新机制，构成为日本战后经济高速发展的驱动器。

我国是一个发展中国家，企业技术基础差，规模普遍小，不可能有发达国家跨国公司那样巨额的技术创新投入。因此，必须坚持有所为、有所不为的方针，充分发挥政府在国家技术创新中的引导推动作用，集中力量在关键性领域取得突破性进展。

8.2 面向未来的战略抉择

我国电子商务正处在一个黄金发展的年代，这也是一个生死攸关的重要时刻，面对未来的电子商务发展，相关政府部门和行业采取怎样的战略抉择，将影响到我国电子商务的下一步发展势头，并进而影响国家的“软”竞争力。

8.2.1 以信息化引领工业化、城镇化、市场化和国际化

党的十七大报告指出，要全面认识工业化、信息化、城镇化、市场化、国际化深入发展的新形势新任务。作为一个发展中的大国，我国将在未来相当长时期处于“五化”同时推进并深入发展的过程中，这是绝大多数发达国家和发展中国家都不曾遇到过的问题。

十七大将“信息化”放在了空前重要的位置上。十七大报告的第五部分《促进国民经济又好又快发展》中强调了信息化的重要性，“发展现代产业体系，大力推进信息化与工业化融合，促进工业由大变强”。十六大以来是讲“工业化促进信息化，信息化带动工业化”，主要还是强调信息化对工业现代化的促进作用。现在将“带动”和“促进”更新为“融合”，表明信息化在政府工作中被放到了空前重要的位置。

我们认为，在“五化”之中，作为新生产力的典型代表，信息化具有引领作用，它的发展将极大地促进其他四化的发展。信息化的重要作用如图 8.2 所示。

8.2.2 构建面向未来的信息经济基础设施

云计算中心，是信息时代的国家商业基础设施，其重要性不亚于国家巨资建设的高铁网。只有国家介入并提供正确的政策，我们才有可能孕育并产生出世界级的云计算企业和互联网公司。当前，“宽带不宽”严重限制了我国云计算产业的发展，因此亟待国家重视宽带基础设施建设。

由于中国互联网宽带市场形成了中国电信、联通双头垄断的格局，建议国家行业主管部门调整并进一步完善监管思路，即，将原来主要是保护中国电信、联通的监管原则，调整为加强监督这两个企业的垄断行业，引入包括广电网在内新的竞争主体，促进宽带市场的

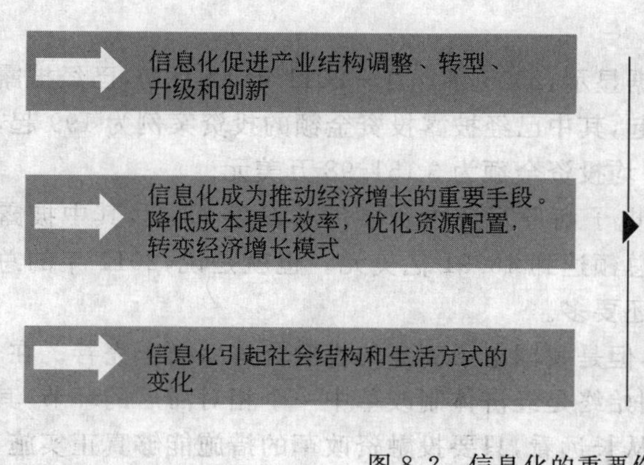

图 8.2 信息化的重要作用
来源：IDC，2012

充分竞争，降低宽带接入的成本费用，推动云计算的运营企业的技术与业务创新。

物流建设也是基础设施重要的一环。目前中国物流业发展中遇到的问题主要有 7 个方面：物流业税赋重且乱，行业内存在潜规则收费现象，导致行业内商业资本、产业资本和金融资本无法平均；目前国家在物流业基础设施的规定上缺乏规范性文件；物流行业内多是中小企业，国家对这些中小企业的扶持不够；行业内缺乏领军企业；物流成本仍然较高；物流管理能力不足等。

"十二五"期间，中国物流业的发展有 3 个关键词，即发展、调整和变革。这期间，中国物流业仍将处于发展过程中，未来发展空间大、机遇好。

8.2.3 发展与电子商务先进生产力相适应的生产关系，培育适应和促进电子商务发展的宏观环境

马克思主义历史唯物主义认为，人类社会是在生产力与生产关系，经济基础与上层建筑这一社会基本矛盾的作用下不断向前发展的；生产力和生产关系矛盾的形成和发展是由生产力的发展状况所决定的，生产力是人类社会发展的最终决定力量，是人类全部历史的基础。

因此，发展与电子商务先进生产力相适应的生产关系，构建适应和促进电子商务发展的宏观环境，显得尤为重要。

1. 构建法律法规

2010 年 7 月—9 月，淘宝网位于杭州文二路的办公楼三度被围；同样在 2010 年 6 月—9 月，国家工商总局《网络商品交易及有关服务行为管理暂行办法》、文化部《网络游戏管理暂行办法》、央行《非金融机构支付服务管理办法》、商务部《关于促进网络购物健康发展的指导意见》、海关总署《关于调整进出境个人邮递物品管理措施有关事宜的公告》、财政部《互联网销售彩票暂行办法》等法规规章相继出台……这些事件都把同一类主体——电子商务交易平台和支付平台推到了风口浪尖。

在全球互联网民已突破 20 亿，占世界人口 1/3 的时候，互联网治理的问题已成为超越传统"公司治理"利益相关者制衡的层面，而成为组织对组织、国家对国家层面的博弈。

2. 构建投融资体系

据清科研究中心数据库最新数据显示，2005 年 1 月—2011 年 12 月初，已经披露的中国电子商务行业的投资事件为 272 起，其中已经披露投资金额的投资案例为 199 起，披露的投资金额总额为 62.72 亿美元，平均投资金额为 3 151.98 万美元。

其中，2011 年全年，披露的中国电子商务行业投资事件共发生 92 起，其中披露投资金额的投资案例为 77 起，投资金额总额达到 46.91 亿美元。也就是说，2011 年的总融资额是过去五年电商融资之和的两倍还要多。

电子商务领域投融资行为活跃，但是我国电子商务的投融资体系尚未完善。在 20 多年的改革开放中，我国的投融资体制始终是经济体制改革中一个相对滞后的环节，其基本问题仍然是政府主导和国家垄断。从长远看，只要投融资改革的措施能够真正实施，政府职能转换将会加快，公平竞争的市场环境也会逐步形成，投融资的效率将会提高，经济发展的可持续性将得到增强。

3. 构建信用体系

调查显示，有 23.5%的企业和 26.34%的个人认为电子商务最让人担心的是诚信问题，具体表现在产品质量、售后服务及厂商信用得不到保障，安全性得不到保障以及网上提供的信息不可靠等，信用问题一直是困扰网络用户进行网上交易的最大问题。由此可见，信用危机已经成为电子商务发展中最大的瓶颈，要使我国电子商务健康、有序地发展，必须加快诚信方面的建设。

4. 构建物流体系

目前我国物流业发展处于起步阶段，产业总体规模还比较小。根据国际研究机构的估计，美国第三方物流市场规模约相当于全社会物流成本支出的 25%，欧洲为 30%，亚洲的总体水平低于 5%，而中国仅在 2%左右。我国现有物流服务模式基本上仍然以自营为主，第三方物流模式的比重较小，水平、规模均不能令人满意，能够提供真正意义上的现代物流完整解决方案的企业几乎没有，而第四方物流服务模式尚处于理论研究和探讨阶段。中国物资储运协会对 200 多家物流服务企业调查的结果显示，我国第三方物流服务企业能提供的综合性全程物流服务还不足总体需求的 5%。这是制约我国物流社会化服务发展的一个重要因素。

我国物流业成本占 GDP 比重仍然居高不下，说明中国经济运行仍处于粗放式经营向集约经营的转轨期，由于体制因素特别是企业“大而全”、“小而全”的商业运作模式根深蒂固，也使得中国物流业的总体水平比较落后。

8.3 促进电子商务发展的措施和政策

加快发展电子商务已经成为整个社会的共识，但在具体如何有效促进电子商务发展方面，仍然需要形成更多的共识。这些共识主要集中在提高电子商务认识水平、加强电子商务基础设施建设、加强物流基础设施建设、加强制度创新、增加政策和财政支持、鼓励企业家创新和技术创新等方面。

8.3.1 提高电子商务认识水平

要进一步提高对电子商务和电子商务服务业在经济和社会发展中的重要性的认识，明确电子商务业的战略产业地位，在制定各项具体规划和实施的过程中，对电子商务业的发展给予政策支持。

在 2011 年 11 月 14 日国务院召开的深入推进行政审批制度改革工作电视电话会议上，国务院总理温家宝指出："包括行政审批制度在内的行政管理体制改革还滞后于经济社会发展，不适应发展社会主义市场经济的要求。政府职能转变不到位，行政审批设定管理不严，监督机制还不健全。要推动我国走上科学发展的轨道，全面建设小康社会，必须继续深化改革，进一步破除制约经济社会发展的体制机制障碍，激发全社会的活力和创造力。要坚定不移地继续推进行政审批制度改革，推动政府职能转变取得实质性进展，推动行政管理体制改革取得实质性进展。"即凡是市场能够调节的，政府就不应设行政审批。政府部门应当做到不该介入的坚决不介入，不该设立行政许可的坚决不设立行政许可，不能违背社会主义市场经济规律的发展要求。

针对长期以来我国各级干部培训"重实体"的局面，亟须在中央至地方各级党校的干部培训中加入电子商务课程，让领导干部了解和掌握信息社会背景下需掌握的电子商务专业知识，转变思想，将重心转移到大力扶持和发展电子商务上。另一方面，懂得电子商务专业知识，也能让领导干部在实际工作中容易把握方向，正确引导和管理电子商务服务业，使其健康蓬勃发展。

8.3.2 加强信息基础设施建设

提高宽带用户的普及率。近年来，我国互联网保持持续快速发展。互联网产业加速向各行业各领域渗透并加速融合，在国民经济和社会各领域中的影响和地位日益突出。但是，目前我国互联网普及率还比较低，特别在农村和偏远地区"数字鸿沟"还有扩大趋势。我们应当充分利用互联网提升面向"三农"的信息服务体系，推进农村地区信息化，推动互联网向更广泛的人民群众普及。

加大对宽带基础设施建设的投入。政府主管部门应当密切跟踪世界信息技术发展趋势，坚持以市场需求为导向，制定国家宽带发展计划，在加大国家对宽带基础设施建设资金投入的同时，进一步开放市场，放低市场准入门槛，鼓励竞争，吸引社会投资，扶持并引入新的竞争主体，促进宽带市场竞争体制的形成和完善。

鼓励应用，促进技术业务创新，着力突破下一代互联网、物联网、云计算等关键技术，加快成果转化和应用推广。同时降低人民群众使用宽带服务的成本。

建立普遍服务基金，推动农村宽带的发展。通过征收基础运营商的经营许可证费用和频率占用费，加上国家财政拨款等形式，建立普遍服务基金。在普遍服务基金支持下，大力发展农村通信与信息服务，促进基本业务普及；根据我国经济社会发展水平，优先采用光纤宽带方式加快农村信息基础设施建设，推进光纤到村，推动农村信息化发展，缩小数字鸿沟；结合宽带网络、3G 网络发展战略，推进公益机构宽带接入和低收入群体的通信服务保障。

改革现行带宽网络运营体制，大力推进三网融合。我国目前宽带市场的管理体制，特别是运营商之间的互联互通、网间结算政策和管理架构，以及网间流量交换的价格形成机制，制约了宽带产业的发展，制约了战略新兴产业的发展，制约了三网融合战略的实施。为了缩小宽带产业鸿沟，需要面向云计算进行宽带市场与运营体制的的改革，促进中国带宽产业进入一个新的阶段。

8.3.3 加强物流基础设施建设

建立与完善法规政策，加强基础设施的投入。物流产业属于社会基础产业，发展需要政府的参与和支持，在政府指导下建立和完善电子商务物流管理的法规及配套政策，并对物流主体的资格和权益进行规范，可以为现代物流发展创造良好的宏观环境。

加强对物流基地、物流中心等物流基础设施的规划，并注意协调地区之间、城市之间的物流发展规划。只有科学合理地布局物流中心，才能提高物流速度和物流效率。

建立物流配送体系的社会化和产业化。建立物流配送体系的社会化和产业化，关键是建立适合电子商务发展的物流配送中心。

建立物流企业信用体系，提高顾客忠诚度。由于电子商务是在网络虚拟环境下进行的，交易双方不能面对面地进行交易，在这样一个虚拟社会里建立起交易者的信心和信用相当重要。因而必须建立物流企业"诚信为本"的服务体系，才能真正实现"以顾客为中心"的理念，才能给消费者带来真正意义上的购物便捷，赢得消费者的信任。

培养高素质的物流经营管理人才。在物流人才培养上，应由政府教育管理部门牵头行动，着手建立包括高校学历教育、物流职业教育、企业岗位教育、社会培训机构继续教育互相结合、多种层次、互为补充的人才培养体系。

8.3.4 加强制度创新

1. 监管政策创新

实施有利于电子商务服务业发展的工商管理措施。按照网络经济的特殊性和需求调整原有的工商登记和管理体系；为避免基层执法部门可能出现的随意执法，建议将管辖权上移。

监管和执法的透明化。建议所有涉及许可证管理的部门都能强化其许可信息网上公开、公示和随时更新的制度，便于交易平台及时核实。

明确电子商务经营主体的法律地位。法律地位的不明确直接导致电子商务交易平台、支付平台等面临很多不确定的风险，或是承担了大量本不应该承担的责任，不利于电子商务服务业权利、义务、责任的明晰和轻装上阵、快速前进。

2. 治理创新

第一，明确处理政府管理部门与电子商务民事主体之间关系的基本原则。民商事主体间可以自行解决的公权力不介入；产业发展初期公权力不介入，尽量利用市场的手段解决市场发展中的问题；确实需要立法的，法律法规最大限度地吸取已有的商业惯例和网规；确实需要政府介入的，遵循政府最小干预的原则。规范的目的是为了发展，不能因为规范舍弃发展；监管电子商务时避免以文件替代法律，以标准替代法律，以部门规定、地方规定替代国务院、人大法律法规的现象。

第二，及时确认和保护新的权利，积极探索电子商务财产权创新。明确店铺、网店名作为财产的法律地位；明确数据中的信息财产权；将信用纳入无形资产范畴。

第三，尊重网络经济的客观规律和网商实践，积极探索治理创新。尊重市场自身规律和自主选择；明确规范与发展的关系；降低并减少门槛，鼓励产业发展。

8.3.5 增加政策和财政支持

1. 财政税收政策

第一，在网商层面，要加大对电子商务及电子商务服务业的税收支持力度，借鉴美国互联网免税法等成功经验，对小型电子商务企业（如 50 人以下的企业）减税，对微型电子商务企业（如个体工商户）和创业者免税。

第二，增值税优惠政策。由于网货很多是手工个性化生产，无法提供发票，给网货的销售商带来很大困难，没有增值税发票的进项抵扣，希望能在税收政策层面予以优惠。在关于软件产业的优惠政策的“18 号文件”——《鼓励软件产业和集成电路产业发展的若干政策》出台前，自主研发的软件产品同样面临缺乏进项抵扣的问题，若干政策通过对实际税赋超过 3％的增值税即征即退的方式，极大地促进了我国软件产业的发展。建议将类似的经验引入电子商务领域。

第三，大幅度提高增值税的起征点。将销售货物的起征点提高到月销售 5 000 元以上。

第四，所得税优惠政策。借鉴《鼓励软件产业和集成电路产业发展的若干政策》的经验，对于我国境内新创办专业从事电子商务的企业经认定后，自获利年度起，享受企业所得税“两免三减半”的优惠政策。

第五，在电子商务服务业层面，要支持电子商务服务业发展，落实《电子商务发展“十一五”规划》中的财税等支持政策；支持基于云计算的电子商务基础设施建设和运营，纳入电子商务服务业的税收支持范围。

第六，政府通过政策支持和财政投入，为广大小企业和新创立的企业利用网络平台创造条件，增进社会资本，使之融入商业生态系统，以产品、服务及合作模式的创新形成专业化和差异化能力，分享整个商业生态系统提供的关键资源，促进整个商业生态系统的丰富性和创新力。

2. 创业和发展扶持政策

第一，全国统一规划统筹，通过在各地建设电子商务产业园区的方式加大对小型和微型企业的扶持力度，为其提供工商登记注册、商标注册、投融资、创业辅导和人才培养、办公场地、信息技术服务、物流等全方位、长周期的支持；

第二，针对电子商务服务业的特点，进一步在网络通信、工商管理、知识产权、人才引进、土地和电力等方面扩大支持范围，加大支持力度；

第三，支持基于云计算的电子商务基础设施建设和运营，在网络通信费用、电力费用和监管等方面予以扶持，并鼓励其提供社会化外包服务；

第四，重视扶持西部地区、“三农”和弱势群体的信息化和电子商务应用。

3. 其他扶持政策

要推动示范和试点，着力解决小企业电子商务发展中的主要瓶颈问题；通过示范试点，鼓励和推动电子商务服务商构建小企业诚信体系；引导小企业采用网络化、服务化的软件服务，提升小企业管理水平；加快小企业信息化人才的培养；探索以网络化的方式，解决小企业融资难题；大力支持电子商务服务商走出国门进行投资，参与国际竞争与合作；营造新商业文明的文化氛围和自律机制。

8.3.6 鼓励企业家创新和技术创新

要加大政府资金投入。由于企业家创新和技术创新需要大量的人力、物力和财力，并且需要各有关部门的合作来共同完成。自 20 世纪 80 年代以来，西方各国政府普遍对创新给予直接的资助。另外，还有些技术创新活动无法创造直接的经济效益，需要政府来进行资助。电子商务业作为新兴产业，更加需要政府对其创新在资金上的大力帮助。

政府采购创新产品。政府采购创新产品能够促进技术创新的原因是政府部门的需求构成了一个大市场。这种市场的保证有利于创新产品的问世，政府部门的购买起着“需求拉动”的作用，在产品早期阶段，这尤其重要。各级政府在进行政府采购时，应优先考虑采用电子商务方式，促进技术创新在全社会的普及。

给予税收优惠。给予技术创新企业以税收优惠也是世界各国普遍采用的推动技术创新的手段，其做法包括调整税率和免税等。如有的国家税法规定，企业科研费用可全额从应缴税款中扣除。这将极大地解决技术创新初期的资金难题，使技术创新企业健康成长。

政府与企业合作创新。由于许多技术创新的风险高、资金需求量大、涉及技术领域多，合作性创新在欧洲已经成为一个新趋势。美国和日本也有大量政府与企业的合作创新项目。这种合作既能够减少风险、减轻资金压力，又能够在技术上互补。对于电子商务业来说，政府和企业合作创新项目，能够通过技术和资金互补最终达到共赢。

参考文献

1. 丹尼斯·米都斯(美)等著,李宝恒译.增长的极限.长春:吉林人民出版社,1997年.
2. 阿尔文·托夫勒(美).第三次浪潮.北京:中信出版社,2006年.
3. 迈克尔·曼德尔.新经济的胜利:全球化和信息革命的回报.商业周刊,1996年12月30日.
4. 萧琛(译).美国总统经济报告:2001年.北京:中国财政经济出版社,2003年.
5. 约翰·弗劳尔(美)著,刘军译.网络经济-数字化商业时代的来临.呼和浩特:内蒙古人民出版社,1997年.
6. 乌家培.信息经济学(第二版).北京:高等教育出版社,2007年.
7. 高孝平.网络经济与传统经济比较研究.重庆邮电学院,2005年.
8. 韩民春.互联网经济学导论.武汉:华中科技大学出版社,2002年.
9. 瑞典互联网市场研究公司 Royal Pingdom.2011年全球互联网产业发展状况报告.2012年2月.
10. 王琛元.网络自由:美国国家战略新时代.商业价值,2010年.
11. 陈宝国.美国国家网络安全战略解析.国务院发展研究中心国际经济技术研究所,2010年.
12. 阿里研究中心.网货的兴起——2009年度网货发展研究报告.2009年12月.
13. 阿里研究中心.生态大爆发——2011年中国电子商务服务业报告.2011年12月.
14. 李黎、杜晨著.轻公司.北京:中信出版社,2009年7月.
15. 三矢裕等著,刘建英译.创造高收益的阿米巴模式.北京:东方出版社,2010年7月.
16. 荆林波,梁春晓.中国电子商务服务业发展报告 No.1.北京:社会科学文献出版社,2011年.
17. 中华人民共和国商务部.中国电子商务报告(2008—2009年).北京:清华大学出版社,2010年.
18. IDC与阿里研究中心合作.电子商务服务业及阿里巴巴商业生态的社会经济影响.2008年.
19. IDC与阿里研究中心合作.为经济复苏赋能——电子商务服务业及阿里巴巴商业生态的社会经济影响.2010年.
20. IDC与阿里研究中心合作.为信息经济筑基——电子商务服务业及阿里巴巴商业生态的社会经济影响.2011年.
21. IDC与阿里研究中心合作.加速信息社会进程——电子商务和阿里巴巴商业生态的社会经济影响.2012年.
22. 中国社会科学院中国循环经济与环境评估预测研究中心.电子商务发展的环境影响.2011年2月.
23. 尼古拉斯·卡尔(美).IT不再重要.北京:中信出版社.2006年9月.
24. 阿尔文·托夫勒(美)等.再造新文明.北京:中信出版社,2006年9月.
25. 中国电子商务协会.中国电子商务年鉴.2009年.
26. 中华人民共和国商务部.中国电子商务报告(2006—2007年).北京:清华大学出版社,2008年.
27. 李琪等.电子商务概论.北京:高等教育出版社,2009年3月.
28. 曾鸣,宋斐.C2B:互联网时代的新商业模式.哈佛商业评论,2012年2月.
29. 艾瑞咨询.2010—2011年中国中小企业B2B电子商务行业年度监测报告.2011年.
30. 德勤.2011年中国电子商务物流行业投资研究报告.2011年.
31. 中国互联网络信息中心(CNNIC).第29次中国互联网络发展状况统计报告.2012年1月.
32. 中国互联网络信息中心(CNNIC).中国中小企业网络营销调查报告(2011年上半年).2011年.
33. 中国互联网络信息中心(CNNIC).中国中小企业互联网应用状况调查报告(2011年上半年).2011年.

34. 阿里巴巴.中国中小企业电子商务发展报告(2009).2009年.
35. 阿里巴巴.中国中小企业电子商务发展报告(2010).2010年.
36. 阿里巴巴.2010年中小企业生存状况报告.2010年12月.
37. 北京大学国家发展研究院、阿里巴巴.小企业经营与融资困境调研报告.2011年6月.
38. 中国中小企业蓝皮书——现状与政策(2007—2008年).2008年.
39. 淘宝网.2010年度大淘宝生态圈百年合作伙伴发展倡议书.2010年9月.
40. 姜明安.完善软法机制,推进社会公共治理创新.中国法学.2010年第5期.
41. 罗西瑙,张胜军,刘小林.没有政府的治理.南昌:江西人民出版社.2001年9月.
42. 邱力生,梁海卫.经济制度创新的时空.武汉:武汉出版社,2003年.
43. 劳伦斯·莱斯格著,李旭、姜丽楼、王文英译.代码.北京:中信出版社.2004年.
44. 梁春晓等.电子商务服务.北京:清华大学出版社,2010年.

附录A 相关政策法规

A.1 中华人民共和国电子签名法（2004年）

中华人民共和国电子签名法于2004年8月28日第十届全国人民代表大会常务委员会第十一次会议通过。

目录

第一章 总则

第一条 为了规范电子签名行为，确立电子签名的法律效力，维护有关各方的合法权益，制定本法。

第二条 本法所称电子签名，是指数据电文中以电子形式所含、所附用于识别签名人身份并表明签名人认可其中内容的数据。

本法所称数据电文，是指以电子、光学、磁或者类似手段生成、发送、接收或者储存的信息。

第三条 民事活动中的合同或者其他文件、单证等文书，当事人可以约定使用或者不使用电子签名、数据电文。

当事人约定使用电子签名、数据电文的文书，不得仅因为其采用电子签名、数据电文的形式而否定其法律效力。

前款规定不适用下列文书：

（一）涉及婚姻、收养、继承等人身关系的；

（二）涉及土地、房屋等不动产权益转让的；

（三）涉及停止供水、供热、供气、供电等公用事业服务的；

（四）法律、行政法规规定的不适用电子文书的其他情形。

第二章 数据电文

第四条 能够有形地表现所载内容，并可以随时调取查用的数据电文，视为符合法律、法规要求的书面形式。

第五条　符合下列条件的数据电文，视为满足法律、法规规定的原件形式要求：

（一）能够有效地表现所载内容并可供随时调取查用；

（二）能够可靠地保证自最终形成时起，内容保持完整、未被更改。但是，在数据电文上增加背书以及数据交换、储存和显示过程中发生的形式变化不影响数据电文的完整性。

第六条　符合下列条件的数据电文，视为满足法律、法规规定的文件保存要求：

（一）能够有效地表现所载内容并可供随时调取查用；

（二）数据电文的格式与其生成、发送或者接收时的格式相同，或者格式不相同但是能够准确表现原来生成、发送或者接收的内容；

（三）能够识别数据电文的发件人、收件人以及发送、接收的时间。

第七条　数据电文不得仅因为其是以电子、光学、磁或者类似手段生成、发送、接收或者储存的而被拒绝作为证据使用。

第八条　审查数据电文作为证据的真实性，应当考虑以下因素：

（一）生成、储存或者传递数据电文方法的可靠性；

（二）保持内容完整性方法的可靠性；

（三）用以鉴别发件人方法的可靠性；

（四）其他相关因素。

第九条　数据电文有下列情形之一的，视为发件人发送：

（一）经发件人授权发送的；

（二）发件人的信息系统自动发送的；

（三）收件人按照发件人认可的方法对数据电文进行验证后结果相符的。

当事人对前款规定的事项另有约定的，从其约定。

第十条　法律、行政法规规定或者当事人约定数据电文需要确认收讫的，应当确认收讫。发件人收到收件人的收讫确认时，数据电文视为已经收到。

第十一条　数据电文进入发件人控制之外的某个信息系统的时间，视为该数据电文的发送时间。

收件人指定特定系统接收数据电文的，数据电文进入该特定系统的时间，视为该数据电文的接收时间；未指定特定系统的，数据电文进入收件人的任何系统的首次时间，视为该数据电文的接收时间。

当事人对数据电文的发送时间、接收时间另有约定的，从其约定。

第十二条　发件人的主营业地为数据电文的发送地点，收件人的主营业地为数据电文的接收地点。没有主营业地的，其经常居住地为发送或者接收地点。

当事人对数据电文的发送地点、接收地点另有约定的，从其约定。

第三章　电子签名与认证

第十三条　电子签名同时符合下列条件的，视为可靠的电子签名：

（一）电子签名制作数据用于电子签名时，属于电子签名人专有；

（二）签署时电子签名制作数据仅由电子签名人控制；

（三）签署后对电子签名的任何改动能够被发现；

（四）签署后对数据电文内容和形式的任何改动能够被发现。

当事人也可以选择使用符合其约定的可靠条件的电子签名。

第十四条　可靠的电子签名与手写签名或者盖章具有同等的法律效力。

第十五条　电子签名人应当妥善保管电子签名制作数据。电子签名人知悉电子签名制作数据已经失密或者可能已经失密时，应当及时告知有关各方，并终止使用该电子签名制作数据。

第十六条　电子签名需要第三方认证的，由依法设立的电子认证服务提供者提供认证服务。

第十七条　提供电子认证服务，应当具备下列条件：

(一) 具有与提供电子认证服务相适应的专业技术人员和管理人员；

(二) 具有与提供电子认证服务相适应的资金和经营场所；

(三) 具有符合国家安全标准的技术和设备；

(四) 具有国家密码管理机构同意使用密码的证明文件；

(五) 法律、行政法规规定的其他条件。

第十八条　从事电子认证服务，应当向国务院信息产业主管部门提出申请，并提交符合本法第十七条规定条件的相关材料。国务院信息产业主管部门接到申请后经依法审查，征求国务院商务主管部门等有关部门的意见后，自接到申请之日起四十五日内作出许可或者不予许可的决定。予以许可的，颁发电子认证许可证书；不予许可的，应当书面通知申请人并告知理由。

申请人应当持电子认证许可证书依法向工商行政管理部门办理企业登记手续。

取得认证资格的电子认证服务提供者，应当按照国务院信息产业主管部门的规定在互联网上公布其名称、许可证号等信息。

第十九条　电子认证服务提供者应当制定、公布符合国家有关规定的电子认证业务规则，并向国务院信息产业主管部门备案。

电子认证业务规则应当包括责任范围、作业操作规范、信息安全保障措施等事项。

第二十条　电子签名人向电子认证服务提供者申请电子签名认证证书，应当提供真实、完整和准确的信息。

电子认证服务提供者收到电子签名认证证书申请后，应当对申请人的身份进行查验，并对有关材料进行审查。

第二十一条　电子认证服务提供者签发的电子签名认证证书应当准确无误，并应当载明下列内容：

(一) 电子认证服务提供者名称；

(二) 证书持有人名称；

(三) 证书序列号；

(四) 证书有效期；

(五) 证书持有人的电子签名验证数据；

(六) 电子认证服务提供者的电子签名；

(七) 国务院信息产业主管部门规定的其他内容。

第二十二条　电子认证服务提供者应当保证电子签名认证证书内容在有效期内完

整、准确，并保证电子签名依赖方能够证实或者了解电子签名认证证书所载内容及其他有关事项。

第二十三条　电子认证服务提供者拟暂停或者终止电子认证服务的，应当在暂停或者终止服务九十日前，就业务承接及其他有关事项通知有关各方。

电子认证服务提供者拟暂停或者终止电子认证服务的，应当在暂停或者终止服务六十日前向国务院信息产业主管部门报告，并与其他电子认证服务提供者就业务承接进行协商，并作出妥善安排。

电子认证服务提供者未能就业务承接事项与其他电子认证服务提供者达成协议的，应当申请国务院信息产业主管部门安排其他电子认证服务提供者承接其业务。

电子认证服务提供者被依法吊销电子认证许可证书的，其业务承接事项的处理按照国务院信息产业主管部门的规定执行。

第二十四条　电子认证服务提供者应当妥善保存与认证相关的信息，信息保存期限至少为电子签名认证证书失效后五年。

第二十五条　国务院信息产业主管部门依照本法制定电子认证服务业的具体管理办法，对电子认证服务提供者依法实施监督管理。

第二十六条　经国务院信息产业主管部门根据有关协议或者对等原则核准后，中华人民共和国境外的电子认证服务提供者在境外签发的电子签名认证证书与依照本法设立的电子认证服务提供者签发的电子签名认证证书具有同等的法律效力。

第四章　法律责任

第二十七条　电子签名人知悉电子签名制作数据已经失密或者可能已经失密未及时告知有关各方、并终止使用电子签名制作数据，未向电子认证服务提供者提供真实、完整和准确的信息，或者有其他过错，给电子签名依赖方、电子认证服务提供者造成损失的，承担赔偿责任。

第二十八条　电子签名人或者电子签名依赖方因依据电子认证服务提供者提供的电子签名认证服务从事民事活动遭受损失，电子认证服务提供者不能证明自己无过错的，承担赔偿责任。

第二十九条　未经许可提供电子认证服务的，由国务院信息产业主管部门责令停止违法行为；有违法所得的，没收违法所得；违法所得三十万元以上的，处违法所得一倍以上三倍以下的罚款；没有违法所得或者违法所得不足三十万元的，处十万元以上三十万元以下的罚款。

第三十条　电子认证服务提供者暂停或者终止电子认证服务，未在暂停或者终止服务六十日前向国务院信息产业主管部门报告的，由国务院信息产业主管部门对其直接负责的主管人员处一万元以上五万元以下的罚款。

第三十一条　电子认证服务提供者不遵守认证业务规则、未妥善保存与认证相关的信息，或者有其他违法行为的，由国务院信息产业主管部门责令限期改正；逾期未改正的，吊销电子认证许可证书，其直接负责的主管人员和其他直接责任人员十年内不得从事电子认证服务。吊销电子认证许可证书的，应当予以公告并通知工商行政管理部门。

第三十二条　伪造、冒用、盗用他人的电子签名，构成犯罪的，依法追究刑事责任；给他人造成损失的，依法承担民事责任。

第三十三条　依照本法负责电子认证服务业监督管理工作的部门的工作人员，不依法履行行政许可、监督管理职责的，依法给予行政处分；构成犯罪的，依法追究刑事责任。

第五章　附则

第三十四条　本法中下列用语的含义：

（一）电子签名人，是指持有电子签名制作数据并以本人身份或者以其所代表的人的名义实施电子签名的人；

（二）电子签名依赖方，是指基于对电子签名认证证书或者电子签名的信赖从事有关活动的人；

（三）电子签名认证证书，是指可证实电子签名人与电子签名制作数据有联系的数据电文或者其他电子记录；

（四）电子签名制作数据，是指在电子签名过程中使用的，将电子签名与电子签名人可靠地联系起来的字符、编码等数据；

（五）电子签名验证数据，是指用于验证电子签名的数据，包括代码、口令、算法或者公钥等。

第三十五条　国务院或者国务院规定的部门可以依据本法制定政务活动和其他社会活动中使用电子签名、数据电文的具体办法。

第三十六条　本法自 2005 年 4 月 1 日起施行。

A.2　关于加快电子商务发展的若干意见（2005 年）

国务院办公厅关于加快电子商务发展的若干意见

国办发【2005】2 号

各省、自治区、直辖市人民政府，国务院各部委、各直属机构：

电子商务是国民经济和社会信息化的重要组成部分。发展电子商务是以信息化带动工业化，转变经济增长方式，提高国民经济运行质量和效率，走新型工业化道路的重大举措，对实现全面建设小康社会的宏伟目标具有十分重要的意义。近年来，随着信息技术的发展和普及，我国电子商务快速发展，应用初见成效，促进了国民经济信息化的发展。但是，与发达国家相比，我国电子商务仍处在起步阶段，还存在着应用范围不广、水平不高等问题，促进电子商务发展的政策环境急需完善。为贯彻落实党的十六大提出的信息化发展战略和十六届三中全会关于加快发展电子商务的要求，经国务院同意，现就加快我国电子商务发展有关问题提出以下意见：

一、充分认识电子商务对国民经济和社会发展的重要作用

（一）推进电子商务是贯彻科学发展观的客观要求，有利于促进我国产业结构调整，推动经济增长方式由粗放型向集约型转变，提高国民经济运行质量和效率，形成国民经济发展的新动力，实现经济社会的全面协调可持续发展。

（二）加快电子商务发展是应对经济全球化挑战、把握发展主动权、提高国际竞争力的必然选择，有利于提高我国在全球范围内配置资源的能力，提升我国经济的国际地位。

（三）推广电子商务应用是完善我国社会主义市场经济体制的有效措施，将有力地促进商品和各种要素的流动，消除妨碍公平竞争的制约因素，降低交易成本，推动全国统一市场的形成与完善，更好地实现市场对资源的基础性配置作用。

二、加快电子商务发展的指导思想和基本原则

（四）加快电子商务发展的指导思想。按照科学发展观的要求，紧紧围绕转变经济增长方式、提高综合竞争力的中心任务，实行体制创新，着力营造电子商务发展的良好环境，积极推进企业信息化建设，推广电子商务应用，加速国民经济和社会信息化进程，实施跨越式发展战略，走中国特色的电子商务发展道路。

（五）加快电子商务发展的基本原则。

政府推动与企业主导相结合。完善管理体制，优化政策环境，加强基础设施建设，提高服务质量，充分发挥企业在开展电子商务应用中的主体作用，建立政府与企业的良性互动机制，促进电子商务与电子政务协调发展。

营造环境与推广应用相结合。加强政策法规、信用服务、安全认证、标准规范、在线支付、现代物流等支撑体系建设，营造电子商务发展的良好环境，推广电子商务在国民经济各个领域的应用，以环境建设促进应用发展，以应用带动环境建设。

网络经济与实体经济相结合。把电子商务作为网络经济与实体经济相结合的实现形式，以技术创新推动管理创新和体制创新，改造传统业务流程，促进生产经营方式由粗放型向集约型转变。

重点推进与协调发展相结合。围绕电子商务发展的关键问题和关键环节，积极开展电子商务试点，推进国民经济重点领域的电子商务应用，探索多层次、多模式的中国特色电子商务发展道路，促进各类电子商务应用的协调发展。

加快发展与加强管理相结合。抓住电子商务发展的战略机遇，在大力推进电子商务应用的同时，建立有利于电子商务健康发展的管理体制，加强网络环境下的市场监管，规范在线交易行为，保障信息安全，维护电子商务活动的正常秩序。

三、完善政策法规环境，规范电子商务发展

（六）加强统筹规划和协调配合。加紧编制电子商务发展规划，明确电子商务发展的目标、任务和工作重点。建立健全相互协调、紧密配合的组织保障体系和工作机制。

（七）推动电子商务法律法规建设。认真贯彻实施《中华人民共和国电子签名法》，抓紧研究电子交易、信用管理、安全认证、在线支付、税收、市场准入、隐私权保护、信息资源管理等方面的法律法规问题，尽快提出制订相关法律法规的意见；根据电子商务健康有序发展的要求，抓紧研究并及时修订相关法律法规；加快制订在网上开展相关业务的管理办法；推动网络仲裁、网络公证等法律服务与保障体系建设；打击电子商务领域的非法经营以及危害国家安全、损害人民群众切身利益的违法犯罪活动，保障电子商务的正常秩序。

（八）研究制定鼓励电子商务发展的财税政策。有关部门应本着积极稳妥推进的原则，加快研究制定电子商务税费优惠政策，加强电子商务税费管理；加大对电子商务基础性和关键性领域研究开发的支持力度；采取积极措施，支持企业面向国际市场在线销售和采购，鼓励企业参与国际市场竞争。政府采购要积极应用电子商务。

（九）完善电子商务投融资机制。建立健全适应电子商务发展的多元化、多渠道投融资机制，研究制定促进金融业与电子商务相关企业互相支持、协同发展的相关政策。加强政府投入对企业和社会投入的带动作用，进一步强化企业在电子商务投资中的主体地位。

四、加快信用、认证、标准、支付和现代物流建设，形成有利于电子商务发展的支撑体系

（十）加快信用体系建设。加强政府监管、行业自律及部门间的协调与联合，鼓励企业积极参与，按照完善法规、特许经营、商业运作、专业服务的方向，建立科学、合理、权威、公正的信用服务机构；建立健全相关部门间信用信息资源的共享机制，建设在线信用信息服务平台，实现信用数据的动态采集、处理、交换；严格信用监督和失信惩戒机制，逐步形成既符合我国国情又与国际接轨的信用服务体系。

（十一）建立健全安全认证体系。按照有关法律规定，制订电子商务安全认证管理办法，进一步规范密钥、证书、认证机构的管理，注重责任体系建设，发展和采用具有自主知识产权的加密和认证技术；整合现有资源，完善安全认证基础设施，建立布局合理的安全认证体系，实现行业、地方等安全认证机构的交叉认证，为社会提供可靠的电子商务安全认证服务。

（十二）建立并完善电子商务国家标准体系。提高标准化意识，充分调动各方面积极性，抓紧完善电子商务的国家标准体系；鼓励以企业为主体，联合高校和科研机构研究制订电子商务关键技术标准和规范，参与国际标准的制订和修正，积极推进电子商务标准化进程。

（十三）推进在线支付体系建设。加紧制订在线支付业务规范和技术标准，研究风险防范措施，加强业务监督和风险控制；积极研究第三方支付服务的相关法规，引导商业银行、中国银联等机构建设安全、快捷、方便的在线支付平台，大力推广使用银行卡、网上银行等在线支付工具；进一步完善在线资金清算体系，推动在线支付业务规范化、标准化并与国际接轨。

（十四）发展现代物流体系。充分利用铁道、交通、民航、邮政、仓储、商业网点等现有物流资源，完善物流基础设施建设；广泛采用先进的物流技术与装备，优化业务流程，提升物流业信息化水平，提高现代物流基础设施与装备的使用效率和经济效益；发挥电子商务与现代物流的整合优势，大力发展第三方物流，有效支撑电子商务的广泛应用。

五、发挥企业的主体作用，大力推进电子商务应用

（十五）继续推进企业信息化建设。企业信息化是电子商务的基础，要不断提升企业信息化水平，促进业务流程和组织结构的重组与优化，实现资源的优化配置和高效应用，增强产、供、销协同运作能力，提高企业的市场反应能力、科学决策水平和经济效益。

（十六）重点推进骨干企业电子商务应用。要充分发挥骨干企业在采购、销售等方面的带动作用，以产业链为基础，以供应链管理为重点，整合上下游关联企业相关资源，实现企业间业务流程的融合和信息系统的互联互通，推进企业间的电子商务，提高企业群体的市场反应能力和综合竞争力。

（十七）推动行业电子商务应用。紧密结合行业特点，研究制订行业电子商务规范，切实做好重点行业电子商务试点示范，推广具有行业特点的电子商务经验，探索行业电子商务发展模式；建立行业信息资源共享和交换机制，促进行业内有序竞争与合作，提高行业的信息化及电子商务应用水平。

（十八）支持中小企业电子商务应用。提高中小企业对电子商务重要性的认识，扶持服务中小企业的第三方电子商务服务平台建设，解决中小企业在投资、人才等方面存在的问题，促进中小企业应用电子商务提高商务效率，降低交易成本，推进中小企业信息化。

（十九）促进面向消费者的电子商务应用。发展面向消费者的新型电子商务模式，创新服务内容，建立并完善企业、消费者在线交易的信用机制，扩大企业与消费者、消费者与消费者之间电子商务的应用规模。高度重视并积极推进移动电子商务的应用与发展。

六、提升电子商务技术和服务水平，推动相关产业发展

（二十）发展电子商务相关技术装备和软件。积极引进、消化、吸收国外先进适用的电子商务应用技术，鼓励技术创新，加快具有自主知识产权的电子商务硬件和软件产业化进程，提高电子商务平台软件、应用软件、终端设备等关键产品的自主开发能力和装备能力。

（二十一）推动电子商务服务体系建设。充分利用现有资源，发挥中介机构的作用，加强网络化、系统化、社会化的服务体系建设，开展电子商务工程技术研究、成果转化、咨询服务、工程监理等服务工作，逐步建立和完善电子商务统计和评价体系，推动电子商务服务业健康发展。

七、加强宣传教育工作，提高企业和公民的电子商务应用意识

（二十二）加大电子商务宣传力度。充分利用各种媒体，采用多种形式，加强电子商务的宣传、知识普及和安全教育工作，强化守法、诚信、自律观念的引导和宣传教育，提高社会各界对发展电子商务重要性的认识，增强企业和公民对电子商务的应用意识、信息安全意识。

（二十三）加强电子商务的教育培训和理论研究。高等院校要进一步完善电子商务相关学科建设，培养适应电子商务发展需要的各类专业技术人才和复合型人才，加强电子商务理论研究；改造和完善现有教育培训机构，多渠道强化电子商务继续教育和在职培训，提高各行业不同层次人员的电子商务应用能力。

八、加强交流合作，参与国际竞争

（二十四）加强国际交流与合作。积极参加有关电子商务的国际组织，参与国际电子商务重要规则、条约与示范法的研究和制定工作。密切跟踪研究国际电子商务发展的动态和趋势，加强技术合作，推动市场融合，不断提高我国电子商务的整体水平。

（二十五）积极参与国际竞争。企业要强化国际竞争意识，积极应用电子商务开拓国际市场，提高国际竞争能力。有关部门要提高服务意识和服务水平，发挥信息资源优势，为企业走向国际市场提供及时准确的信息和优质的服务。

发展电子商务是党中央、国务院作出的完善社会主义市场经济体制、加速国民经济和社会信息化进程、提高国民经济运行质量和效率的战略决策，各地区、各部门要充分认识发展电子商务的重要性和紧迫性，积极发挥职能作用，密切协同配合，制定并不断完善加快电子商务发展的具体政策措施，推进我国电子商务健康发展。

国务院办公厅

二〇〇五年一月八日

A.3 2006—2020年国家信息化发展战略(2006年)

2006—2020年国家信息化发展战略

信息化是当今世界发展的大趋势,是推动经济社会变革的重要力量。大力推进信息化,是覆盖我国现代化建设全局的战略举措,是贯彻落实科学发展观、全面建设小康社会、构建社会主义和谐社会和建设创新型国家的迫切需要和必然选择。

一、全球信息化发展的基本趋势

信息化是充分利用信息技术,开发利用信息资源,促进信息交流和知识共享,提高经济增长质量,推动经济社会发展转型的历史进程。20世纪90年代以来,信息技术不断创新,信息产业持续发展,信息网络广泛普及,信息化成为全球经济社会发展的显著特征,并逐步向一场全方位的社会变革演进。进入21世纪,信息化对经济社会发展的影响更加深刻。广泛应用、高度渗透的信息技术正孕育着新的重大突破。信息资源日益成为重要生产要素、无形资产和社会财富。信息网络更加普及并日趋融合。信息化与经济全球化相互交织,推动着全球产业分工深化和经济结构调整,重塑着全球经济竞争格局。互联网加剧了各种思想文化的相互激荡,成为信息传播和知识扩散的新载体。电子政务在提高行政效率、改善政府效能、扩大民主参与等方面的作用日益显著。信息安全的重要性与日俱增,成为各国面临的共同挑战。信息化使现代战争形态发生重大变化,是世界新军事变革的核心内容。全球数字鸿沟呈现扩大趋势,发展失衡现象日趋严重。发达国家信息化发展目标更加清晰,正在出现向信息社会转型的趋向,越来越多的发展中国家主动迎接信息化发展带来的新机遇,力争跟上时代潮流。全球信息化正在引发当今世界的深刻变革,重塑世界政治、经济、社会、文化和军事发展的新格局。加快信息化发展,已经成为世界各国的共同选择。

二、我国信息化发展的基本形势

(一)信息化发展的进展情况

党中央、国务院一直高度重视信息化工作。20世纪90年代,相继启动了以金关、金卡和金税为代表的重大信息化应用工程;1997年,召开了全国信息化工作会议;党的十五届五中全会把信息化提到了国家战略的高度;党的十六大进一步作出了以信息化带动工业化、以工业化促进信息化、走新型工业化道路的战略部署;党的十六届五中全会再一次强调,推进国民经济和社会信息化,加快转变经济增长方式。"十五"期间,国家信息化领导小组对信息化发展重点进行了全面部署,作出了推行电子政务、振兴软件产业、加强信息安全保障、加强信息资源开发利用、加快发展电子商务等一系列重要决策。各地区各部门从实际出发,认真贯彻落实,不断开拓进取,我国信息化建设取得了可喜的进展。

——信息网络实现跨越式发展,成为支撑经济社会发展重要的基础设施。电话用户、网络规模已经位居世界第一,互联网用户和宽带接入用户均位居世界第二,广播电视网络基本覆盖了全国的行政村。

——信息产业持续快速发展,对经济增长贡献度稳步上升。2005年,信息产业增加值占国内生产总值的比重达到7.2%，对经济增长的贡献度达到16.6%。电子信息产品制造业出口额占出口总额的比重已超过30%。掌握了一批具有自主知识产权的关键技术。部分骨干企业的国际竞争力不断增强。

——信息技术在国民经济和社会各领域的应用效果日渐显著。农业信息服务体系不断完善。应用信息技术改造传统产业不断取得新的进展，能源、交通运输、冶金、机械和化工等行业的信息化水平逐步提高。传统服务业转型步伐加快，信息服务业蓬勃兴起。金融信息化推进了金融服务创新，现代化金融服务体系初步形成。电子商务发展势头良好，科技、教育、文化、医疗卫生、社会保障、环境保护等领域信息化步伐明显加快。

——电子政务稳步展开，成为转变政府职能、提高行政效率、推进政务公开的有效手段。各级政务部门利用信息技术，扩大信息公开，促进信息资源共享，推进政务协同，提高了行政效率，改善了公共服务，有效推动了政府职能转变。金关、金卡、金税等工程成效显著，金盾、金审等工程进展顺利。

——信息资源开发利用取得重要进展。基础信息资源建设工作开始起步，互联网上中文信息比重稳步上升，信息资源开发利用水平不断提高。

——信息安全保障工作逐步加强。制定并实施了国家信息安全战略，初步建立了信息安全管理体制和工作机制。基础信息网络和重要信息系统的安全防护水平明显提高，互联网信息安全管理进一步加强。

——国防和军队信息化建设全面展开。国防和军队信息化取得重要进展，组织实施了一批军事信息系统重点工程，军事信息基础设施建设取得长足进步，主战武器系统信息技术含量不断提高，作战信息保障能力显著增强。

——信息化基础工作进一步改善。信息化法制建设持续推进，信息技术标准化工作逐步加强，信息化培训工作得到高度重视，信息化人才队伍不断壮大。

我国信息化发展的基本经验是，坚持站在国家战略高度，把信息化作为覆盖现代化建设全局的战略举措，正确处理信息化与工业化之间的关系，长远规划，持续推进。坚持从国情出发，因地制宜，把信息化作为解决现实紧迫问题和发展难题的重要手段，充分发挥信息技术在各领域的作用。坚持把开发利用信息资源放到重要位置，加强统筹协调，促进互联互通和资源共享。坚持引进消化先进技术与增强自主创新能力相结合，优先发展信息产业，逐步增强信息化的自主装备能力。坚持推进信息化建设与保障国家信息安全并重，不断提高基础信息网络和重要信息系统的安全保护水平。坚持优先抓好信息技术的普及教育，提高国民信息技术应用技能。

(二) 信息化发展中值得重视的问题

当前我国信息化发展也存在着一些亟待解决的问题，主要表现在：第一，思想认识需要进一步提高。我国是在工业化不断加快、体制改革不断深化的条件下推进信息化的，信息化理论和实践还不够成熟，全社会对推进信息化的重要性、紧迫性的认识需要进一步提高。第二，信息技术自主创新能力不足。核心技术和关键装备主要依赖进口。以企业为主体的创新体系亟待完善，自主装备能力急需增强。第三，信息技术应用水平不高。在整体上，应用水平落后于实际需求，信息技术的潜能尚未得到充分挖掘；在部分领域和地区应用效果不够明显。第四，信息安全问题仍比较突出。在全球范围内，计算机病毒、网络攻击、垃圾邮件、系统漏洞、网络窃密、虚假有害信息和网络违法犯罪等问题日渐突出，如应对不当，可能会给我国经济社会发展和国家安全带来不利影响。第五，数字鸿沟有所扩大。信息技术应用水平与先进国家相比存在较大差距。国内不同地区、不同领域、不同群体的信息技术应用水平和网络普及程度很不平衡，城乡、区域和行业的差距有扩大趋势，成为影响协调发展的新因素。第六，体制机制改革相对滞后。受各种因素制约，信息化管理体制尚不完善，电信监管体制改革有待深化，信息化法制建设需要进一步加快。

经过多年的发展，我国信息化发展已具备了一定基础，进入了全方位、多层次推进的新阶段。抓住机遇，迎接挑战，适应转变经济增长方式、全面建设小康社会的需要，更新发展理念，破解发展难题，创新发展模式，大力推进信息化发展，已成为我国经济社会发展新阶段重要而紧迫的战略任务。

三、我国信息化发展的指导思想和战略目标

（一）指导思想和战略方针

我国信息化发展的指导思想是，以邓小平理论和“三个代表”重要思想为指导，贯彻落实科学发展观，坚持以信息化带动工业化、以工业化促进信息化，坚持以改革开放和科技创新为动力，大力推进信息化，充分发挥信息化在促进经济、政治、文化、社会和军事等领域发展的重要作用，不断提高国家信息化水平，走中国特色的信息化道路，促进我国经济社会又快又好地发展。

我国信息化发展的战略方针是，统筹规划、资源共享，深化应用、务求实效，面向市场、立足创新，军民结合、安全可靠。要以科学发展观为统领，以改革开放为动力，努力实现网络、应用、技术和产业的良性互动，促进网络融合，实现资源优化配置和信息共享。要以需求为主导，充分发挥市场机制配置资源的基础性作用，探索成本低、实效好的信息化发展模式。要以人为本，惠及全民，创造广大群众用得上、用得起、用得好的信息化发展环境。要把制度创新与技术创新放在同等重要的位置，完善体制机制，推动原始创新，加强集成创新，增强引进消化吸收再创新能力。要推动军民结合，协调发展。要高度重视信息安全，正确处理安全与发展之间的关系，以安全保发展，在发展中求安全。

（二）战略目标

到2020年，我国信息化发展的战略目标是，综合信息基础设施基本普及，信息技术自主创新能力显著增强，信息产业结构全面优化，国家信息安全保障水平大幅提高，国民经济和社会信息化取得明显成效，新型工业化发展模式初步确立，国家信息化发展的制度环境和政策体系基本完善，国民信息技术应用能力显著提高，为迈向信息社会奠定坚实基础。具体目标是：

促进经济增长方式的根本转变。广泛应用信息技术，改造和提升传统产业，发展信息服务业，推动经济结构战略性调整。深化应用信息技术，努力降低单位产品能耗、物耗，加大对环境污染的监控和治理，服务循环经济发展。充分利用信息技术，促进我国经济增长方式由主要依靠资本和资源投入向主要依靠科技进步和提高劳动者素质转变，提高经济增长的质量和效益。

实现信息技术自主创新、信息产业发展的跨越。有效利用国际国内两个市场、两种资源，增强对引进技术的消化吸收，突破一批关键技术，掌握一批核心技术，实现信息技术从跟踪、引进到自主创新的跨越，实现信息产业由大变强的跨越。

提升网络普及水平、信息资源开发利用水平和信息安全保障水平。抓住网络技术转型的机遇，基本建成国际领先、多网融合、安全可靠的综合信息基础设施。确立科学的信息资源观，把信息资源提升到与能源、材料同等重要的地位，为发展知识密集型产业创造条件。信息安全的长效机制基本形成，国家信息安全保障体系较为完善，信息安全保障能力显著增强。

增强政府公共服务能力、社会主义先进文化传播能力、中国特色的军事变革能力和国民信息技术应用能力。电子政务应用和服务体系日臻完善，社会管理与公共服务密切结合，网络化公共服务能力显著增强。网络成为先进文化传播的重要渠道，社会主义先进文化的感召力和中华民族优秀文化的国际影响力显著增强。国防和军队信息化建设取得重大进展，信息化条件下的防卫作战能力显著增强。人民群众受教育水平和信息技术应用技能显著提高，为建设学习型社会奠定基础。

四、我国信息化发展的战略重点

（一）推进国民经济信息化

推进面向“三农”的信息服务。利用公共网络，采用多种接入手段，以农民普遍能够承受的价格，提高农村网络普及率。整合涉农信息资源，规范和完善公益性信息中介服务，建设城乡统筹的信息服务体系，为农民提供适用的市场、科技、教育、卫生保健等信息服务，支持农村富余劳动力的合理有序流动。

利用信息技术改造和提升传统产业。促进信息技术在能源、交通运输、冶金、机械和化工等行业的普及应用，推进设计研发信息化、生产装备数字化、生产过程智能化和经营管理网络化。充分运用信息技术推动高能耗、高物耗和高污染行业的改造。推动供应链管理和客户关系管理，大力扶持中小企业信息化。

加快服务业信息化。优化政策法规环境，依托信息网络，改造和提升传统服务业。加快发展网络增值服务、电子金融、现代物流、连锁经营、专业信息服务、咨询中介等新型服务业。大力发展电子商务，降低物流成本和交易成本。

鼓励具备条件的地区率先发展知识密集型产业。引导人才密集、信息化基础好的地区率先发展知识密集型产业，推动经济结构战略性调整。充分利用信息技术，加快东部地区知识和技术向中西部地区的扩散，创造区域协调发展的新局面。

（二）推行电子政务

改善公共服务。逐步建立以公民和企业为对象、以互联网为基础、中央与地方相配合、多种技术手段相结合的电子政务公共服务体系。重视推动电子政务公共服务延伸到街道、社区和乡村。逐步增加服务内容，扩大服务范围，提高服务质量，推动服务型政府建设。

加强社会管理。整合资源，形成全面覆盖、高效灵敏的社会管理信息网络，增强社会综合治理能力。协同共建，完善社会预警和应对突发事件的网络运行机制，增强对各种突发性事件的监控、决策和应急处置能力，保障国家安全、公共安全，维护社会稳定。

强化综合监管。满足转变政府职能、提高行政效率、规范监管行为的需求，深化相应业务系统建设。围绕财政、金融、税收、工商、海关、国资监管、质检、食品药品安全等关键业务，统筹规划，分类指导，有序推进相关业务系统之间、中央与地方之间的信息共享，促进部门间业务协同，提高监管能力。建设企业、个人征信系统，规范和维护市场秩序。

完善宏观调控。完善财政、金融等经济运行信息系统，提升国民经济预测、预警和监测水平，增强宏观调控决策的有效性和科学性。

（三）建设先进网络文化

加强社会主义先进文化的网上传播。牢牢把握社会主义先进文化的前进方向，支持健康有益文化，加快推进中华民族优秀文化作品的数字化、网络化，规范网络文化传播秩序，使科学的理论、正确的舆论、高尚的精神、优秀的作品成为网上文化传播的主流。

改善公共文化信息服务。鼓励新闻出版、广播影视、文学艺术等行业加快信息化步伐，提高文化产品质量，增强文化产品供给能力。加快文化信息资源整合，加强公益性文化信息基础设施建设，完善公共文化信息服务体系，将文化产品送到千家万户，丰富基层群众文化生活。

加强互联网对外宣传和文化交流。整合互联网对外宣传资源，完善互联网对外宣传体系建设，不断提高互联网对外宣传工作整体水平，持续提升对外宣传效果，扩大中华民族优秀文化的国际影响力。

建设积极健康的网络文化。倡导网络文明，强化网络道德约束，建立和完善网络行为规范，积极引导广大群众的网络文化创作实践，自觉抵御不良内容的侵蚀，摈弃网络滥用行为和低俗之风，全面建设积极健康的网络文化。

（四）推进社会信息化

加快教育科研信息化步伐。提升基础教育、高等教育和职业教育信息化水平，持续推进农村现代远程教育，实现优质教育资源共享，促进教育均衡发展。构建终身教育体系，发展多层次、交互式网络教育培训体系，方便公民自主学习。建立并完善全国教育与科研基础条件网络平台，提高教育与科研设备网络化利用水平，推动教育与科研资源的共享。

加强医疗卫生信息化建设。建设并完善覆盖全国、快捷高效的公共卫生信息系统，增强防疫监控、应急处置和救治能力。推进医疗服务信息化，改进医院管理，开展远程医疗。统筹规划电子病历，促进医疗、医药和医保机构的信息共享和业务协同，支持医疗体制改革。

完善就业和社会保障信息服务体系。建设多层次、多功能的就业信息服务体系，加强就业信息统计、分析和发布工作，改善技能培训、就业指导和政策咨询服务。加快全国社会保障信息系统建设，提高工作效率，改善服务质量。

推进社区信息化。整合各类信息系统和资源，构建统一的社区信息平台，加强常住人口和流动人口的信息化管理，改善社区服务。

（五）完善综合信息基础设施

推动网络融合，实现向下一代网络的转型。优化网络结构，提高网络性能，推进综合基础信息平台的发展。加快改革，从业务、网络和终端等层面推进“三网融合”。发展多种形式的宽带接入，大力推动互联网的应用普及。推动有线、地面和卫星等各类数字广播电视的发展，完成广播电视从模拟向数字的转换。应用光电传感、射频识别等技术扩展网络功能，发展并完善综合信息基础设施，稳步实现向下一代网络的转型。

建立和完善普遍服务制度。加快制度建设，面向老少边穷地区和社会困难群体，建立和完善以普遍服务基金为基础、相关优惠政策配套的补贴机制，逐步将普遍服务从基础电信和广播电视业务扩展到互联网业务。加强宏观管理，拓宽多种渠道，推动普遍服务市场主体的多元化。

（六）加强信息资源的开发利用

建立和完善信息资源开发利用体系。加快人口、法人单位、地理空间等国家基础信息库的建设，拓展相关应用服务。引导和规范政务信息资源的社会化增值开发利用。鼓励企业、个人和其他社会组织参与信息资源的公益性开发利用。完善知识产权保护制度，大力发展以数字化、网络化为主要特征的现代信息服务业，促进信息资源的开发利用。充分发挥信息资源开发利用对节约资源、能源和提高效益的作用，发挥信息流对人员流、物质流和资金流的引导作用，促进经济增长方式的转变和资源节约型社会的建设。

加强全社会信息资源管理。规范对生产、流通、金融、人口流动以及生态环境等领域的信息采集和标准制定，加强对信息资产的严格管理，促进信息资源的优化配置。实现信息资源的深度开发、及时处理、安全保存、快速流动和有效利用，基本满足经济社会发展优先领域的信息需求。

（七）提高信息产业竞争力

突破核心技术与关键技术。建立以企业为主体的技术创新体系，强化集成创新，突出自主创新，突破关键技术。选择具有高度技术关联性和产业带动性的产品和项目，促进引进消化吸收再创新，产学研用结合，实现信息技术关键领域的自主创新。积聚力量，攻克难关，逐步由外围向核心逼近，推进原始创新，力争跨越核心技术门槛，推进创新型国家建设。

培育有核心竞争能力的信息产业。加强政府引导，突破集成电路、软件、关键电子元器件、关键工艺装备等基础产业的发展瓶颈，提高在全球产业链中的地位，逐步形成技术领先、基础雄厚、自主发展能力强的信息产业。优化环境，引导企业资产重组、跨国并购，推动产业联盟，加快培育和发展具有核心能力的大公司和拥有技术专长的中小企业，建立竞争优势。加快“走出去”步伐，鼓励运营企业和制造企业联手拓展国际市场。

（八）建设国家信息安全保障体系

全面加强国家信息安全保障体系建设。坚持积极防御、综合防范，探索和把握信息化与信息安全的内在规律，主动应对信息安全挑战，实现信息化与信息安全协调发展。坚持立足国情，综合平衡安全成本和风险，确保重点，优化信息安全资源配置。建立和完善信息安全等级保护制度，重点保护基础信息网络和关系国家安全、经济命脉、社会稳定的重要信息系统。加强密码技术的开发利用。建设网络信任体系。加强信息安全风险评估工作。建设和完善信息安全监控体系，提高对网络安全事件应对和防范能力，防止有害信息传播。高度重视信息安全应急处置工作，健全完善信息安全应急指挥和安全通报制度，不断完善信息安全应急处置预案。从实际出发，促进资源共享，重视灾难备份建设，增强信息基础设施和重要信息系统的抗毁能力和灾难恢复能力。

大力增强国家信息安全保障能力。积极跟踪、研究和掌握国际信息安全领域的先进理论、前沿技术和发展动态，抓紧开展对信息技术产品漏洞、后门的发现研究，掌握核心安全技术，提高关键设备装备能力，促进我国信息安全技术和产业的自主发展。加快信息安全人才培养，增强国民信息安全意识。不断提高信息安全的法律保障能力、基础支撑能力、网络舆论宣传的驾驭能力和我国在国际信息安全领域的影响力，建立和完善维护国家信息安全的长效机制。

（九）提高国民信息技术应用能力，造就信息化人才队伍

提高国民信息技术应用能力。强化领导干部的信息化知识培训，普及政府公务人员的信息技术技能培训。配合现代远程教育工程，组织志愿者深入老少边穷地区从事信息化知识和技能服务。普及中小学信息技术教育。开展形式多样的信息化知识和技能普及活动，提高国民受教育水平和信息能力。

培养信息化人才。构建以学校教育为基础，在职培训为重点，基础教育与职业教育相互结合，公益培训与商业培训相互补充的信息化人才培养体系。鼓励各类专业人才掌握信息技术，培养复合型人才。

五、我国信息化发展的战略行动

为落实国家信息化发展的战略重点，保证在“十一五”时期国家信息化水平迈上新的台阶，按照承前启后、以点带面的原则，优先制定和实施以下战略行动计划。

（一）国民信息技能教育培训计划

在全国中小学普及信息技术教育，建立完善的信息技术基础课程体系，优化课程设置，丰富教学内容，提高师资水平，改善教学效果。推广新型教学模式，实现信息技术与教学过程的有机结合，全面推进素质教育。

加大政府资金投入及政策扶持力度，吸引社会资金参与，把信息技能培训纳入国民经济和社会发展规划。依托高等院校、中小学、邮局、科技馆、图书馆、文化站等公益性设施，以及全国文化信息资源共享工程、农村党员干部远程教育工程等，积极开展国民信息技能教育和培训。

（二）电子商务行动计划

营造环境、完善政策，发挥企业主体作用，大力推进电子商务。以企业信息化为基础，以大型重点企业为龙头，通过供应链、客户关系管理等，引导中小企业积极参与，形成完整的电子商务价值链。加快信用、认证、标准、支付和现代物流建设，完善结算清算信息系统，注重与国际接轨，探索多层次、多元化的电子商务发展方式。

制定和颁布中小企业信息化发展指南，分类指导，择优扶持，建设面向中小企业的公共信息服务平台，鼓励中小企业利用信息技术，促进中小企业开展灵活多样的电子商务活动。立足产业集聚地区，发挥专业信息服务企业的优势，承揽外包服务，帮助中小企业低成本、低风险地推进信息化。

（三）电子政务行动计划

规范政务基础信息的采集和应用，建设政务信息资源目录体系，推动政府信息公开。整合电子政务网络，建设政务信息资源的交换体系，全面支撑经济调节、市场监管、社会管理和公共服务职能。

建立电子政务规划、预算、审批、评估综合协调机制。加强电子政务建设资金投入的审计和监督。明确已建、在建及新建项目的关系和业务衔接，逐步形成统一规范的电子政

务财政预算、基本建设、运行、维护管理制度和绩效评估制度。

（四）网络媒体信息资源开发利用计划

开发科技、教育、新闻出版、广播影视、文学艺术、卫生、“三农”、社保等领域的信息资源，提供人民群众生产生活所需的数字化信息服务，建成若干强大的、影响广泛的、协同关联的互联网骨干网站群。扶持国家重点新闻网站建设。鼓励公益性网络媒体信息资源的开发利用。

制定政策措施，引导和鼓励网络媒体信息资源建设，开发优秀的信息产品，全面营造健康的网络信息环境。注重研究互联网传播规律和新技术发展对网络传媒的深远影响。

（五）缩小数字鸿沟计划

坚持政府主导、社会参与，缩小区域之间、城乡之间和不同社会群体之间信息技术应用水平的差距，创造机会均等、协调发展的社会环境。

加大支持力度，综合运用各种手段，加快推进中西部地区的信息网络建设，普及信息服务。把缩小城乡数字鸿沟作为统筹城乡经济社会发展的重要内容，推进农业信息化和现代农业建设，为建设社会主义新农村服务。逐步在行政村和城镇社区设立免费或低价接入互联网的公共服务场所，提供电子政务、教育培训、医疗保健、养老救治等方面的信息服务。

（六）关键信息技术自主创新计划

在集成电路（特别是中央处理器芯片）、系统软件、关键应用软件、自主可控关键装备等涉及自主发展能力的关键领域，瞄准国际创新前沿，加大投入，重点突破，逐步掌握产业发展的主动权。

在具有研发基础、市场前景广阔的移动通信、数字电视、下一代网络、射频识别等领域，优先启用具有自主知识产权的标准，加快产品开发和推广应用，带动产业发展。

六、我国信息化发展的保障措施

为了保持我国信息化发展的协调性和连续性，顺利部署我国信息化发展的战略重点和战略行动，提出以下保障措施。

（一）完善信息化发展战略研究和政策体系

紧密跟踪全球信息化发展进程，适应经济结构战略性调整、产业升级换代和转变经济增长方式的需要，持续深化信息化发展战略研究，动态调整信息化发展目标。

把推广信息技术应用作为修订和完善各类产业政策的重要内容。明确重点，保障资金，把工业化提高到广泛应用智能工具的水平上来，提高我国产业的整体竞争力。

按照西部大开发、东北地区等老工业基地振兴改造、中部崛起以及有关国家产业基地和工业园区的部署，把信息化作为促进区域协调发展、增进区域之间优势互补、实现区域比较优势的平衡器和助推器。

制定并完善集成电路、软件、基础电子产品、信息安全产品、信息服务业等领域的产业政策。研究制定支持大型中央企业的信息化发展政策。

（二）深化和完善信息化发展领域的体制改革

完善市场准入和退出机制，规范法人治理结构，推动运营服务市场的公平有效竞争。

鼓励和推广各种形式的宽带终端和接入技术。鼓励业务创新，提供市场许可、资源分配、技术标准、互联互通等方面的支持。

研究探索适应网络融合与信息化发展需要的统一监管制度。以创造公平竞争环境和保护消费者利益为重点，加快转变监管理念。防范和制止不正当竞争。逐步建立以市场调节为主的电信业务定价体系。

（三）完善相关投融资政策

根据深化投资体制改革和金融体制改革的要求，加快研究制定信息化的投融资政策，积极引导非国有资本参与信息化建设。研究制定适应中小企业信息化发展的金融政策，完善相关的财税政策。培育和发展信息技术转让和知识产权交易市场。完善风险投资机制和资本退出机制。

健全和完善招投标、采购政策，逐步完善扶持信息产业发展的产业政策。加大国家对信息化发展的资金投入，支持国家信息化发展所急需的各类基础性、公益性工作，包括基础性标准制定、基础性信息资源开发、互联网公共服务场所建设、国民信息技能培训、跨部门业务系统协同和信息共享应用工程等。完善并严格实施政府采购政策，优先采购国产信息技术产品和服务，实现技术应用与研发创新、产业发展的协同。

（四）加快制定应用规范和技术标准

加强政府引导，依托重大信息化应用工程，以企业和行业协会为主体，加快产业技术标准体系建设。完善信息技术应用的技术体制和产业、产品等技术规范和标准，促进网络互联互通、系统互为操作和信息共享。加快制定人口、法人单位、地理空间、物品编码等基础信息的标准。加强知识产权保护。加强国际合作，积极参与国际标准制定。

（五）推进信息化法制建设

加快推进信息化法制建设，妥善处理相关法律法规制定、修改、废止之间的关系，制定和完善信息基础设施、电子商务、电子政务、信息安全、政府信息公开、个人信息保护等方面的法律法规，创造信息化发展的良好法制环境。根据信息技术应用的需要，适时修订和完善知识产权、未成年人保护、电子证据等方面的法律法规。加强信息化法制建设中的国际交流与合作，积极参与相关国际规则的研究和制定。

（六）加强互联网治理

坚持积极发展、加强管理的原则，参与互联网治理的国际对话、交流和磋商，推动建立主权公平的互联网国际治理机制。加强行业自律，引导企业依法经营。理顺管理体制，明确管理责任，完善管理制度，正确处理好发展与管理之间的关系，形成适应互联网发展规律和特点的运行机制。

坚持法律、经济、技术手段与必要的行政手段相结合，构建政府、企业、行业协会和公民相互配合、相互协作、权利与义务对等的治理机制，营造积极健康的互联网发展环境。依法打击利用互联网进行的各种违法犯罪活动，推动网络信息服务健康发展。

（七）壮大信息化人才队伍

研究和建立信息化人才统计制度，开展信息化人才需求调查，编制信息化人才规划，确定信息化人才工作重点。建立信息化人才分类指导目录。确定信息化相关职业的分类，制定职业技能标准。

尊重信息化人才成长规律，以信息化项目为依托，培养高级人才、创新型人才和复合型人才。发挥市场机制在人才资源配置中的基础性作用，高度重视“走出去，引进来”工作，吸引海外人才，鼓励海外留学人员参与国家信息化建设。

（八）加强信息化国际交流与合作

密切关注世界信息化发展动向，建立和完善信息化国际交流合作机制。坚持平等合作、互利共赢的原则，积极参与多边组织，大力促进双边合作。准确把握我国加入世界贸易组织后过渡期的新情况，统筹国内发展与对外开放，切实加强信息技术、信息资源、人才培养等领域的交流与合作。

（九）完善信息化推进体制

切实加强领导，凡涉及信息化的重大政策和事项要经国家信息化领导小组审定。要抓紧研究建立符合行政体制改革方向、分工合理、责任明确的信息化推进协调体制。加大政府部门间的协调力度，明确中央、地方政府在信息化建设上的事权，加强对地方的业务指导。

各地区各部门要贯彻落实党的十六大和十六届三中、四中、五中全会精神，因地制宜，加快编制信息化发展规划，制定科学的信息化统计指标体系，改进信息化绩效评估方法，完善国民经济和社会发展的统计核算体系，使信息化融汇到国民经济和社会发展的中长期规划之中。

A.4 电子商务发展“十一五”规划（2007 年）

关于印发电子商务发展“十一五”规划的通知

各省、自治区、直辖市及计划单列市、副省级省会城市、新疆生产建设兵团发展改革委、经贸委（经委）、信息办，国务院有关部门：

为了贯彻《国民经济和社会发展第十一个五年规划纲要》和《2006—2020 年国家信息化发展战略》，落实《国务院办公厅关于加快电子商务发展若干意见》提出的编制规划要求，围绕信息化“十一五”规划确立的中心任务，我们组织编制了《电子商务发展“十一五”规划》，现印发给你们，请参照执行。

附件：电子商务发展“十一五”规划

国家发展改革委

国务院信息办

二〇〇七年六月一日

前　言

电子商务是网络化的新型经济活动，正以前所未有的速度迅猛发展，已经成为主要发达国家增强经济竞争实力，赢得全球资源配置优势的有效手段。“十一五”是我国发展电子商务的战略机遇期。抓住机遇，加快发展电子商务，是贯彻落实科学发展观，以信息化带动工业化，以工业化促进信息化，走新型工业化道路的客观要求和必然选择。

本规划是《国民经济和社会发展信息化“十一五”规划》的组成部分，旨在贯彻落实《2006—2020年国家信息化发展战略》和《国务院办公厅关于加快电子商务发展的若干意见》，是我国电子商务发展的指导性文件。

一、现状与趋势

（一）“十五”电子商务发展基本情况

“十五”期间我国电子商务在经历了探索和理性调整后，步入务实发展的轨道，为“十一五”快速发展奠定了良好基础。

电子商务应用初见成效。电子商务逐步渗透到经济和社会的各个层面，国民经济重点行业和骨干企业电子商务应用不断深化，网络化生产经营与消费方式逐渐形成。2005年，全国企业网上采购商品和服务总额达16 889亿元，占采购总额的比重约8.5%，企业网上销售商品和服务总额为9 095亿元，占主营业务收入的比重近2%。中小企业成为电子商务的积极实践者，经常性应用电子商务的中小企业约占全国中小企业总数的2%。面向消费者的电子商务模式日益创新，基于网络的数字化产品与服务不断涌现，丰富了人民群众的物质和文化生活。

电子商务支撑体系建设取得重要进展。电子认证、电子支付、现代物流、信用、标准等电子商务支撑体系建设逐步展开。19家电子认证机构获得电子认证服务许可，近20家商业银行开办电子银行服务，第三方电子支付业务稳步上升。物流专业化、社会化和信息化程度逐步提高。信用信息服务体系建设步伐加快。40余项电子商务和物流标准陆续颁布，标准推广应用工作进一步深化。

电子商务创新能力不断提高。基于网络的产品、技术与服务的创新能力稳步提升，自主发展态势日渐显现。在线交易、电子支付、电子认证、现代物流等领域关键技术及装备的研究开发取得突破性进展，行业、区域及中小企业的第三方电子商务交易与服务平台加快发展，基础电信运营商、软件供应商等涉足电子商务服务，新型业务模式不断涌现。300多所院校开设了电子商务专业，继续教育和在职培训陆续展开，培养了一批电子商务专业人才。

电子商务发展环境进一步改善。国家信息化发展战略确立了电子商务的战略地位，电子商务发展若干意见明确了发展方向和重点，电子签名法为电子商务发展提供了法律保障。各地区各部门相继制定配套措施，加大对电子商务发展的扶持力度。全社会电子商务应用意识不断增强，形成了良好的社会氛围。

在取得成绩的同时，我国电子商务发展仍然面临一些突出问题。电子认证、在线支付、现代物流、信用、安全防护和市场监管体系建设尚不能适应电子商务快速发展的需要，发展环境有待进一步完善；电子商务标准规范的完整性、配套性和协调性不足，市场适用性需要进一步加强；企业信息化发展不平衡，电子商务公共服务滞后，普及应用水平有待提高。电子商务在加速经济增长方式转变、提高经济运行效率等方面的促进作用尚未充分发挥。

（二）发展趋势

全球电子商务日趋活跃，业务模式不断创新，我国电子商务进入快速发展机遇期。

电子商务与产业发展深度融合，加速形成经济竞争新态势。电子商务广泛深入地渗透到生产、流通、消费等各个领域，改变着传统经营管理模式和生产组织形态，正在突破国家和地区局限，影响着世界范围内的产业结构调整和资源配置，加速经济全球化进程。发达国家和新兴工业化国家把电子商务作为强化竞争优势的战略举措，制定电子商务发展政策和行动计划，力求把握发展主动权。随着我国对外开放水平提高和市场化进程加快，大力发展电子商务已成为我国参与全球经济合作的必然选择。

电子商务服务业蓬勃发展，逐步成为国民经济新的增长点。技术创新加速社会专业化分工，为电子商务服务业提供了广阔的发展空间。基于网络的交易服务、业务外包服务、信息技术外包服务规模逐渐扩大，模式不断创新。网络消费文化逐步形成，面向消费者的电子商务服务范围不断拓宽，网上消费服务模式日渐丰富。电子商务服务业正成为新的经济增长点，推动经济社会活动向集约化、高效率、高效益、可持续方向发展。

我国电子商务基础条件日趋成熟，步入快速发展新阶段。"十一五"期间，我国国民经济将继续保持快速增长，经济总量持续扩大，为电子商务发展提供了坚实的经济基础和广阔的市场空间。随着全面建设小康社会进程的加快，市场经济体制进一步完善，推进经济增长方式转变和结构调整的力度继续加大，对发展电子商务的需求更加强劲。全球范围内资源、市场、技术、人才的国际竞争愈加激烈，进一步激发了企业应用电子商务的主动性和积极性，电子商务发展的内在动力持续增强，我国电子商务进入快速发展期。

二、发展原则和主要目标

（一）发展原则

全面贯彻落实科学发展观，按照政府推动与企业主导相结合、营造环境与推广应用相结合、网络经济与实体经济相结合、重点推进与协调发展相结合、加快发展与加强管理相结合的发展思路，紧紧围绕转变经济增长方式，优化产业结构，提高国民经济运行效率和质量的中心任务，完善发展环境，创新发展模式，提高应用水平，培育服务产业，走出一条有中国特色的电子商务发展道路。

——完善发展环境。以构建电子商务支撑体系为核心，统筹发展全局，突破瓶颈制约，强化政策导向，突出建设重点，推进法制建设，加强市场管理，更好地发挥政府在电子商务发展中的引导和保障作用。

——创新发展模式。以促进模式创新、管理创新和技术创新的有机结合为着力点，面向发展前沿，立足自主创新，坚持需求导向，务求实用高效，探索多层次、多类型的电子商务模式。

——提高应用水平。以培育电子商务应用主体为基础，提高全社会电子商务应用意识，深化骨干企业电子商务应用，普及面向中小企业和社会公众的电子商务服务，推进电子商务全面融入经济社会发展的各个环节。

——培育服务产业。以大力发展第三方电子商务服务为切入点，培育龙头企业，发展新型服务，扩大服务领域，促进服务贸易，形成国民经济新的增长点，带动就业增长。

（二）主要目标

围绕信息化"十一五"规划确定的总体目标，到 2010 年，电子商务发展环境、支撑体系、技术服务和推广应用协调发展的格局基本形成，电子商务服务业成为重要的新兴产业，国民经济和社会发展各领域电子商务应用水平大幅提高并取得明显成效。

——网络化生产经营方式基本形成，企业间业务协同能力明显加强，网上采购与销售额占采购和销售总额的比重分别超过25%和10%。中小企业电子商务应用普及水平大幅提高，经常性应用电子商务的中小企业达到中小企业总数的30%。网络消费成为重要的消费形态。

——基本形成以第三方电子商务服务为主流的发展态势，基于网络的交易服务、业务外包服务和信息技术外包服务等电子商务服务业初具规模。

——模式创新、管理创新和技术创新能力显著提高，成果转化及产业化进程明显加快，自有品牌的电子商务关键技术装备与软件国内市场占有率超过40%。

——电子商务支撑体系基本满足应用需求，法律法规、人才培养、技术服务等基本适应电子商务发展的需要。企业管理人员五年内普遍接受信息化培训，掌握信息化基本技能。

三、主要任务

（一）普及深化电子商务应用，提高国民经济运行效率和质量

大力推进企业电子商务应用。持续推进企业信息化建设，充分发挥骨干企业在采购、销售等方面的带动作用，以产业链为基础，以供应链管理为重点，整合上下游关联企业相关资源，促进企业间的业务协同。充分发挥信息资源的倍增作用，深化企业间电子商务应用，改造和提升传统产业，增强企业群体的市场反应能力和综合竞争力。提高中小企业对电子商务重要性的认识，鼓励中小企业积极运用第三方电子商务服务平台，开展在线销售、采购等生产经营活动，降低中小企业在投资、技术等方面的风险，提高生产经营和流通效率。

积极推进政府采购电子商务应用。完善政府采购法规，公开政府采购信息，引入市场机制，鼓励采用特许经营模式，加强政府采购电子商务平台建设，逐步实现政府采购全流程电子化。各级政府要积极运用电子商务平台进行政府采购，提高采购效率，降低采购成本，切实发挥政府在电子商务应用中的示范和带动作用。

（二）大力发展电子商务服务业，形成国民经济发展新的增长点

积极推进交易服务。紧密结合行业、区域特点，创新交易模式，深度开发和充分利用信息资源，发展面向行业、区域、企业及消费者的第三方交易及相关信息增值服务。探索移动电子商务应用，发展新型服务模式，进一步增强电子商务应用的渗透性。推广电子商务在国际贸易与经济合作中的应用，加强国际贸易电子商务公共服务，更好地利用国内国外两个市场、两种资源，强化国际竞争优势。

加快发展业务外包服务。扶持基于网络的研发设计、生产制造、现代物流、财务管理等生产经营性业务外包服务，培育在线人力资源、管理咨询、技能培训等辅助性业务外包服务。鼓励通过第三方电子商务平台整合旅游、教育、文化、培训、保险、医疗保健等服务业资源，提高服务水平，带动传统服务业快速发展。

稳步推动信息技术外包服务。鼓励基础电信运营商、软件供应商、系统集成商的业务转型，发展面向政府和企事业单位的信息处理、数据托管、应用系统等信息技术外包服务，降低信息化建设和电子商务应用成本，促进专业化信息技术外包服务业发展。

（三）着力完善支撑环境，促进电子商务协调发展

健全电子认证体系。进一步规范密钥、证书、电子认证机构的管理，发展和采用具有自主知识产权的加密和认证技术。整合现有资源，完善电子认证基础设施，规范电子认证服务，建立布局合理的电子认证体系，实现交叉认证，为社会提供可靠的电子认证服务。

加快在线支付体系建设。加紧制定在线支付业务规范和技术标准，研究风险防范措施，加强业务监督和风险控制。研究制定第三方支付服务机构的管理措施，实现银行与第三方支付服务的衔接协同。引导商业银行、中国银联等机构建设安全快捷、标准规范的在线支付平台。大力推广银行卡等电子支付工具，推动网上支付、电话支付和移动支付等新兴支付工具的发展。进一步完善在线资金清算体系，推动在线支付业务规范化、标准化并与国际接轨。

发展现代物流体系。充分利用铁道、公路、水路、民航、邮政、仓储、商业网点等现有物流资源，完善信息平台等现代物流基础设施建设。广泛采用先进的物流技术与装备，优化业务流程，促进物流信息资源共享，提升物流业信息化水平，提高现代物流基础设施与装备的使用效率和经济效益。发挥电子商务与现代物流的整合优势，有效支撑电子商务的广泛应用。

推进信用服务体系建设。加强政府监管、行业自律及部门间协调与联合，鼓励企业积极参与，按照完善法规、特许经营、商业运作、专业服务的方向，建立科学、合理、权威、公正的信用服务机构。建立健全相关部门间信用信息资源的共享机制，推进在线信用信息服务平台建设，实现信用数据的动态采集、处理、交换。严格信用监督和失信惩戒机制，基本形成既符合我国国情又与国际接轨的信用服务体系。

完善电子商务国家标准体系。围绕电子商务发展的关键环节，鼓励企业联合高校和科研机构研究制定物品编码、电子单证、信息交换、业务流程等电子商务关键技术标准和规范，参与国际标准制修订工作，完善电子商务国家标准体系。

（四）鼓励电子商务技术创新，提高自主发展能力

积极推进电子商务技术研发和产业化。紧密结合应用需求，着力解决制约电子商务应用的重大科技问题，重点突破电子商务交易技术、加密与电子认证、在线支付、信用管理、供应链管理、系统集成等关键技术。加大无线射频识别、智能终端等技术与装备的研发力度，发展自主知识产权的技术装备与软件，推进综合集成应用，加快产业化进程。

加强电子商务创新能力建设。高等院校、科研院所要积极开展电子商务应用基础研究，提高原始创新能力。集成现有资源与技术力量，建立以市场为导向、产学研相结合的工程化研究开发机制，开展共性关键技术攻关、技术验证与系统集成，加快技术成果应用转化，强化技术咨询和人才培训服务，提高集成创新和引进消化吸收再创新能力。企业要紧密结合行业特点和应用需求，加强模式创新、管理创新和技术创新的融合。

（五）加强市场监管，规范电子商务秩序

依据电子商务相关法律法规，进一步规范企业行为，维护市场秩序，促进企业间电子商务的相互协作和发展。明确政府相关部门、行业协会、企业及公众的职责与义务，加强对电子商务从业人员、企业及相关机构的管理，维护电子商务活动的正常秩序。研究制定电子商务监督管理规范，逐步建立虚拟货币、电子合同、网上产品与服务信息的监测体系，

加大对网络经济活动的监管力度，防范电子商务各类经营风险。打击电子商务领域中虚假交易、网上诈骗等非法经营以及危害国家安全、损害人民群众切身利益的违法犯罪活动。

（六）加大宣传教育力度，促进电子商务普及应用

充分利用各种媒体，采用多种形式，加强电子商务的宣传、知识普及和安全教育工作，强化守法、诚信、自律观念的引导和宣传教育，提高社会各界对发展电子商务重要性的认识，增强企业和公民对电子商务的应用意识、信息安全意识。加强电子商务基础理论和发展战略研究，进一步完善电子商务相关学科建设。各类教育机构要积极与企业合作建立教学实践基地，培养适应电子商务发展需要的专业技术人才和复合型人才。改造和完善现有教育培训机构，多渠道强化电子商务继续教育和在职培训，提高各行业不同层次人员的电子商务应用能力。

四、重点引导工程

（一）政府采购电子商务试点工程

适时建设政府网上采购业务系统，制订政府采购电子商务标准规范，健全政府采购信用评估制度，逐步形成统一的政府采购电子商务服务平台，实现政府采购部门、供应商、银行、财政、税务、工商和监管机构之间的信息共享和业务协同，为各级政府部门提供采购信息发布和交易、支付、物流、信用、监管等服务。

（二）公共电子商务服务工程

支持面向行业并具有一定规模的电子商务运营企业，建设第三方供应链管理服务平台，发展行业公共信息服务，推进企业间电子商务应用。支持条件较好的电信运营商和软件企业，建设面向中小企业的信息服务平台，开展信息发布、采购销售和信息系统外包等服务业务，降低中小企业信息化成本，提高中小企业电子商务应用水平。

（三）国际贸易电子商务工程

支持国际贸易电子商务公共服务平台和相关标准建设，为从事贸易活动的企业提供单证处理、贸易申报、物流信息处理、贸易结算、跨境电子单证交换等电子商务服务，促进银行、保险、检验检疫、贸易管理、口岸物流、交通、海关等国际贸易相关机构间的业务协同、数据共享。

（四）移动电子商务试点工程

鼓励基础电信运营商、电信增值业务服务商、内容服务提供商和金融服务机构相互协作，建设移动电子商务服务平台。广泛应用手机、个人数字助理和掌上电脑等智能移动终端，面向公共事业、交通旅游、就业家政、休闲娱乐、市场商情等领域，发展小额支付服务、便民服务和商务信息服务，探索面向不同层次消费者的新型服务模式。

（五）物流公共信息服务工程

鼓励基础条件较好的物流信息服务企业，广泛采用地理信息系统、全球定位系统、无线射频识别等先进物流技术与装备，建设物流公共信息服务平台，为社会提供物流供需信息发布、服务交易、过程优化与跟踪等服务，降低物流成本，提高物流效率。

（六）电子商务支撑体系建设工程

适时启动国家电子认证根服务和综合监管平台建设，支持第三方电子认证业务平台建设。支持虚拟货币、电子合同、在线产品信息监测平台建设，逐步规范在线经济活动。

支持在线信用信息服务平台试点示范建设，探索与政府相关部门、电子商务交易服务平台间信用数据共享的实现形式。支持第三方在线支付平台和电子银行建设，发展在线支付业务。

五、保障措施

（一）完善政府部门协调机制

建立相关部门在政策规划制定和重大项目审理等方面的协调配合机制，形成合力，强化政府对电子商务发展的宏观指导。加快税务、工商、银行、海关等部门的电子政务建设，实现基于网络的跨部门业务协同，推进网上纳税、网上年检、网上申报和电子通关等政府公共服务。依法公开政府信息资源，促进信息资源的开发和利用。

（二）制定和修订相关法律法规

研究制定信用管理、在线支付、网上交易税收征管、隐私权保护等方面的法律法规，加快制定虚拟货币、电子合同、在线产品信息管理办法。根据电子商务发展的需要，适时修订现行相关法律法规。贯彻落实电子签名法等法律法规，加大执法力度，为电子商务发展创造良好的法制环境。

（三）完善财税支持政策

加大对电子商务基础理论、关键技术和重大政策研究的财政支持，形成持续稳定的经费渠道。加强政府对共性技术开发、重大装备研制、重点应用示范的引导性投入，支持电子商务领域信息资源的公益性开发和利用。对开展信用信息、电子认证等公共服务的企业和从事电子商务交易服务、技术外包服务等高技术服务的企业，允许享受与现行高新技术企业同等优惠的财税政策。

（四）建立多元投资机制

建立健全适应电子商务发展的多元化、多渠道投融资机制，研究制定促进金融业与电子商务相关企业互相支持、协同发展的相关政策。进一步强化企业在电子商务投资中的主体地位，积极培育创业风险投资市场，完善创业风险投资机制，促进创业投资与电子商务企业自主创新有机结合。在市场不能有效配置资源的电子商务发展领域，政府运用投资补助、贴息等多种手段，分步骤、有重点地予以支持。

（五）建立电子商务评价体系

研究制定电子商务能力认证制度，引导形成电子商务发展的内在动力机制，促进电子商务有序健康发展。鼓励行业协会等中介机构，研究电子商务绩效评价指标，逐步形成企业自我评价和社会中介评价相结合的互动机制，提升电子商务应用水平。建立和完善电子商务统计制度，将电子商务统计纳入国民经济统计体系。

（六）加强国际交流合作

积极参与多、双边国际电子商务谈判和有关规则标准的制定。鼓励企业及相关机构积极参与电子商务国际标准、贸易规则的制定和修订。加强国际市场和国际贸易的公共信息服务，鼓励企业利用电子商务拓展国际市场。研究国际电子商务发展动态，促进我国电子商务整体水平的提高。

国家发展改革委
国务院信息办
二〇〇七年六月一日

A.5 商务部“十二五”电子商务发展指导意见（2012 年）

商务部“十二五”电子商务发展指导意见

商电发〔2011〕第 375 号

电子商务是网络化的新型经济活动，已经成为我国战略性新兴产业与现代流通方式的重要组成部分。为更好地发挥电子商务的推动与引领作用，进一步加快商务领域发展方式转变和结构调整，构建搞活流通扩大消费长效机制，培育参与国际合作和竞争新优势，巩固和扩大应对国际金融危机冲击成果，维护国内外贸易和国际经济合作平稳较快发展，提升对外开放水平，根据《国民经济和社会发展第十二个五年规划纲要》、《2006－2020年国家信息化发展战略》、《国务院办公厅关于加快电子商务发展的若干意见》，提出以下意见：

一、我国电子商务发展现状和主要问题

（一）电子商务发展环境不断完善。

截至 2011 年 6 月 30 日，我国互联网用户已达 4.85 亿，互联网普及率达 36.2%。全社会电子商务应用意识不断增强，应用网络购物、网上支付和网上银行的互联网用户分别达到 1.73 亿、1.53 亿和 1.5 亿，占用户总数的比例分别为 35.6%、31.6%和 31%。2010 年，我国电子商务交易额达 4.5 万亿元人民币。推进电子商务发展的部门协同工作机制初步形成，电子商务相关政策、法律、规章和标准相继出台，电子商务市场逐步规范，电子商务支撑体系不断完善。

（二）电子商务应用日益深化。

电子商务在我国各个经济领域的应用不断拓展，应用水平不断提高，正在形成与实体经济深度融合的态势。大型企业网上购销比重逐年上升，部分企业实现了在线交易、支付及物流局部集成应用。中小企业电子商务应用普及率迅速提高，2010 年，应用网上交易和网络营销的中小企业比例达到 42.1%。2010 年，全国网络零售交易额达 5 231 亿元人民币，约为社会消费品零售总额的 3.3%，并呈现出加速增长态势，成为拉动消费需求、优化消费结构的重要途径。

（三）电子商务服务业发展迅猛。

电子商务服务平台、信用保障、电子支付、物流配送和电子认证等电子商务服务业持续快速发展。2010 年，我国电子商务信息、交易和技术服务企业达到 2.5 万家，第三方支付额达到 1.01 万亿元人民币，社会物流总额达到 125.4 万亿元人民币，全国规模以上快递服务企业业务量达 23.4 亿件，有效电子签名认证证书持有量超过 1 530 万张。

（四）我国电子商务发展中存在的主要问题。

1. 电子商务规制建设相对滞后，市场准入、服务监管体系、信用体系、统计监测体系、产业投融资机制亟待建立。

2. 网络购物领域侵犯知识产权和制售假冒伪劣产品等违法犯罪现象时有发生，网络交易纠纷处理困难，可信、安全、便利的网络购物环境还不完备。

3. 电子商务应用在地区、城乡和企业间发展还不平衡，农村、中小企业和传统流通企业电子商务应用亟待扶持引导。

4. 电子商务服务业尚处成长期，商业模式、服务水平和服务范围有待拓展提高，技术和市场尚不成熟。

二、指导思想、基本原则和主要目标

（一）指导思想。

以科学发展观为指导，以促进电子商务健康快速发展为宗旨，以应用电子商务推动现代商贸流通体系建设为出发点，完善发展环境，提高应用水平，加快产业带动，加强示范引导，走出一条既符合国际电子商务发展规律，又具有中国特色的发展道路。

（二）基本原则。

促进融合。支持传统流通企业开展网上营销，推动线上、线下资源互补；鼓励网络零售平台企业拓展服务平台，建设物流基础设施，创新商业模式，促进电子商务服务业融合发展。

示范引导。创建电子商务示范城市、示范基地和示范企业，支持引导欠发达地区、行业和企业应用电子商务。

产业带动。鼓励电子商务产业链协同发展，促进企业应用电子商务开拓国内外市场，扩大对外贸易，拉动国内消费需求。

规范发展。建立完善符合我国发展实际的电子商务法规、标准和统计监测体系，规范电子商务健康有序发展。

政策支持。制定科学合理、符合本地区发展实际的电子商务行业管理政策，为支持电子商务健康快速发展创造良好环境。

（三）主要目标。

到2015年，电子商务法规标准体系基本形成，协同、高效的电子商务管理与服务体制基本建立，规范、诚信的电子商务交易环境逐步完善；电子商务成为企业拓展市场、推动“中国制造”转型升级的有效手段、消费者方便安全消费的重要渠道；电子商务服务业规模化、规范化发展，成为我国现代商贸流通体系建设的重要组成部分。到2015年，我国规模以上企业应用电子商务比率达80%以上；应用电子商务完成进出口贸易额占我国当年进出口贸易总额的10%以上；网络零售额相当于社会消费品零售总额的9%以上。

三、工作任务

（一）完善电子商务发展环境。

1. 完善电子商务政策支撑体系。支持各地结合本地区电子商务发展实际制订财政、税收政策，吸引电子商务企业聚集发展。

2. 建立电子商务法规标准体系。针对电子商务交易、信用、物流、供应链协同、融资服务等环节，制订一批具有前瞻性、可行性、开放性、兼容性的法规、规范、标准，维护电子商务交易秩序，防范交易风险。

3. 建立电子商务统计监测体系和统计监测网络。定期开展电子商务统计，建立信息发布制度，及时准确反映我国电子商务发展总体规模、结构变化、发展水平、发展趋势和存在问题，为政策制定提供可靠依据。

4. 建立电子商务信用体系。制订电子商务信用规范，指导建立电子商务纠纷投诉与调解机构，加强消费监督；支持建立覆盖电子商务经营主体的全国信用信息数据库，鼓励电子商务信用信息与其他领域信用信息共享；支持鼓励符合条件的第三方机构按照独立、公正、客观原则，对电子商务交易平台和经营主体开展信用评价与认证服务；支持开展行业自律。鼓励电子签名、电子发票在电子商务中的应用。

5. 完善电子商务物流体系。结合城市商贸流通体系建设、“万村千乡市场工程”配送体系建设、乡镇综合商贸服务中心建设，鼓励整合利用现有物流配送资源，建设物流信息协同服务平台和共同配送中心，完善电子商务物流服务体系。

6. 推动企业利用电子商务开展对外贸易，解决报关、结汇、退税等瓶颈问题，支持电子商务运营企业与国际接轨。

7. 加强电子商务国际交流合作。扩大电子商务对外交流合作渠道，参与亚太经合组织、上海合作组织、东盟等国际与区域组织中的电子商务工作，参与国际电子商务规则标准的研究制订，支持跨境合作区的电子商务应用。

（二）重点鼓励发展电子商务服务业。

鼓励电子商务交易服务平台、技术服务平台、中介服务平台的发展，培育一批具有行业影响力，提供电子商务咨询、资讯、法律、信息技术、人力资源等专业服务的电子商务服务企业。支持已初具规模的、具有影响力并符合国内外市场需求导向的电子商务服务网站发展，积极推动高附加值的电子商务衍生品的开发与应用。鼓励电子商务服务企业开拓国际市场，加快与国际电子商务市场接轨。

鼓励电子商务服务技术创新和模式创新，推动商业模式、商业业态创新。加强产学研合作，依托高校、科研院所、国家级科研和产业基地等资源，激发企业创新活力。探索电子支付、物流、信用服务、安全认证等支撑体系建设与电子交易的集成创新，促进技术应用与商业模式创新的有机结合。引导鼓励中小企业应用第三方电子商务服务平台开拓国内外市场。鼓励第三方电子商务服务平台与有条件的省（自治区、直辖市）建立区域性电子商务服务平台。鼓励各地结合产业发展特色，建设行业电子商务服务平台，带动产业集群发展。鼓励第三方移动电子商务服务平台建设。

（三）深化普及电子商务应用。

1. 应用电子商务促进商品流通和扩大消费。

应用电子商务促进传统流通企业转型升级。鼓励国内商贸集聚区、大型商场、批发市场、连锁超市和专业市场建立电子商务平台，开展网上交易；引导支持网络零售平台向中小流通企业开放；鼓励电子商务平台开展城市旧货交易，向城市社区提供家政与日用消费品服务，促进社区便利消费与循环经济发展。

鼓励电子商务企业到中西部等经济欠发达地区建立采购与物流基地，带动当地经济发展。

鼓励肉类、蔬菜、酒类流通追溯体系建设试点城市和企业应用物联网、云计算等信息技术创新追溯模式和流程，提高追溯精度，增强食品安全保障能力。

稳定推动酒类、药品等特殊商品流通应用电子商务，保障消费安全。

2. 发挥电子商务优势，推动对外贸易与经济合作的稳步发展。

应用电子商务提高贸易便利化水平，大力推动主要贸易单证的标准化和电子化进程，支持地方建设"单一电子窗口"平台，促进海关、检验检疫、港口、银行、保险、物流服务的电子单证协同，提高对外贸易监管效率，降低企业成本。

支持跨境电子商务平台建设，鼓励中小企业应用跨境电子商务平台拓展海外市场，减少渠道环节，树立中国品牌形象，开展国际合作，解决跨境电子商务中存在的问题。

积极发展网上展会。鼓励会展企业依托实体展会，积极应用信息技术与互联网举办网上展会，创新服务形式和内容，走线上线下相结合的发展道路。实现网上招商招展，服务贸易洽谈与合作的一站式电子商务功能。大力发展贸易撮合、认证征信、网商供需见面会等电子商务增值服务，建立展会型电子商务平台。通过政策扶持，引导鼓励企业积极参加大型展会的网上展会。

充分发挥电子商务在扩大进口中的作用。支持建立服务进口企业的联合采购平台和进口产品分销与直销电子商务平台，进一步增强进口贸易企业的采购和销售能力。

3. 利用电子商务服务农业、农村和农民。

继续在全国推广农村商务信息服务试点，拓展农村商务信息服务平台功能，实现信息服务、交易撮合、在线支付、物流配送全流程服务；丰富充实新农村商网服务内容，拓展服务渠道，加强网上购销对接，提高信息服务成效；支持涉农电子商务平台与农村专业合作组织、产业化龙头企业开展合作，建设双向互动的综合信息服务平台；推动涉农电子商务平台与农业产业化基地、农产品营销大户、大型超市、农产品批发市场、加工企业、大型餐饮连锁企业及中高档酒店对接，促进大宗农产品网上交易；探索农村商务信息服务的新途径、新模式，加大对农村电子商务应用的支持力度。

加强"万村千乡市场工程"农家店、"农超对接"信息化建设，拓展商业服务、金融服务、通信服务。推动涉农流通龙头企业、农产品批发市场、配送中心和农资流通企业应用电子商务，提高协同效率，降低流通成本。支持涉农流通企业和批发交易市场的电子商务应用，提升农村商贸流通效率和管理水平，实现工业品下乡和农产品进城的双向畅通。探索农村商务信息服务的市场化运作机制，实现可持续发展。

4. 支持鼓励企业运用云计算、物联网等信息技术拓展电子商务应用。

积极推进新技术、新成果、新模式的应用转化，推动建立电子商务云计算公共服务平台，解决电子商务服务平台企业的计算能力、存储空间和带宽资源等瓶颈问题。建设电子商务与物联网商务整合应用示范平台，推进物联网技术与电子商务模式的融合创新。加快吸收和集成应用新兴移动通信技术、远程控制、无线网络等新型数字技术，发展各类"数字商业"。支持商业企业信息化改造，推广应用企业资源计划、供应链管理、客户关系管理、无线射频识别技术、自动化采购、自动化仓库等先进的信息管理技术。加快支持一些有条件的地区和企业发展数据产业、导航定位系统和商品服务追溯系统等电子商务创新应用。

四、重点工程

(一) 电子商务示范工程。

创建电子商务示范城市和示范基地。选择电子商务发展快、当地政府积极性高、基础设施条件好的城市，开展电子商务示范城市和电子商务示范基地的创建工作，引导有条件地区加快完善电子商务在线交易、诚信体系、标准法规等支撑体系建设。

做好电子商务示范企业推广和电子商务产业基地建设工作。选择业绩好、信誉高、有发展前景、创新能力强的企业、电子商务产业基地、电子商务应用平台以及综合展会型电子商务平台，给予政策支持，推广成功经验，增强区域引导、行业辐射和产业带动能力。

向外贸企业重点推荐一批运作规范、诚信经营、效益良好、国内外影响力强的对外贸易电子商务平台。

(二) 中小城市和中西部地区电子商务促进工程。

支持鼓励中小城市和中西部地区加强网络、物流等基础设施建设，加强电子商务宣传，促进电子商务应用，开展电子商务人才培养。

(三) 传统流通企业电子商务应用工程。

支持鼓励、引导传统商贸流通企业通过自建、合资、合作等方式开展网络零售，探索应用新模式、放大示范效应。

(四) 农村流通体系促进工程。

选取农村电子商务应用水平较高的省(自治区、直辖市)和重点企业开展农村流通电子商务应用示范工程。

(五) 电子商务信用体系建设工程。

按照商务信用体系建设总体要求，选取电子商务交易与服务主体，在电子商务领域探索信用建设的有效模式，形成信用建设良好氛围和可持续保障机制。

(六) 肉类蔬菜、酒类流通追溯体系建设工程。

结合肉菜、酒类流通追溯体系建设试点，选择信息化应用水平较高的试点城市和企业应用物联网、云计算等信息技术改造交易流程、创新交易模式，强化流通追溯体系实效。

(七) 城市社区便利店电子商务促进工程。

支持有实力的大型商贸流通企业在城市社区设立综合性便利店，推动社区便利店信息化、标准化、连锁化和品牌化建设，运用电子商务与现代物流结合的发展模式，降低流通成本，提高流通效率，增强便利店的竞争能力。

(八) 电子商务人力资源发展工程。

支持电子商务人才培训与研究基地建设，满足电子商务对专业人才的需求。

(九) 国际电子商务交流合作工程。

建立跨境合作区电子商务服务平台，推动区域合作领域电子商务交流，探索境外电子商务服务企业利用我国电子商务平台服务其本国企业的有效途径。

五、保障措施

(一) 加强组织领导，完善协调机制。

各地要建立健全促进电子商务发展的组织保障体系和工作机制，明确责任分工，落实目标任务。协调电子商务发展中的重大问题，强化商务主管部门对电子商务发展的宏观指导作用，完善部门间协调配合机制，及时解决出现的新情况、新问题。

（二）建立电子商务发展促进机制。

贯彻落实国家扶持电子商务发展的各项政策，研究制订促进电信、金融与电子商务企业互相支持、协同发展的政策，建立健全适应电子商务发展的多元化、多渠道的投融资机制。充分发挥政府投入的带动引导作用，加大对电子商务发展的支持力度，设立电子商务发展专项资金，向电子商务科研创新、模式创新、产学研成果转化、中小企业电子商务应用、中小电子商务企业融资、农村商务信息服务、电子商务公共服务提供资金支持。

（三）加强宣传教育与人才培训。

加大电子商务宣传力度，强化社会各界的电子商务应用意识、信用意识、信息安全意识。多层次、多渠道开展有针对性的培训，提高政府、企业等各行业人员应用电子商务的能力。积极推动和完善电子商务人才服务机制，引导高校电子商务专业学生向重点产业、重点项目及民营企业集聚。支持地方建立电子商务研究与培训基地，加强电子商务理论研究与人才培训。

（四）发挥电子商务中介组织与专家作用。

充分发挥各级电子商务协会、学会、产业联盟等中介组织作用，鼓励中介组织开展行业自律，支持中介组织提供电子商务政策与技术咨询服务、开展国内外电子商务学术与科研交流、帮助电子商务企业解决实际困难和问题。鼓励各地建立电子商务专家咨询机制，发挥电子商务专家的指导与咨询作用。

中华人民共和国商务部
二〇一一年十月

A.6　工信部电子商务发展“十二五”规划（2012年）

前　言

加快发展电子商务，是企业降低成本、提高效率、拓展市场和创新经营模式的有效手段，是提升产业和资源的组织化程度、转变经济发展方式、提高经济运行质量和增强国际竞争力的重要途径，对于优化产业结构、支撑战略性新兴产业发展和形成新的经济增长点具有非常重要的作用，对于满足和提升消费需求、改善民生和带动就业具有十分重要的意义，对于经济和社会可持续发展具有愈加深远的影响。

本规划是落实《2006—2020年国家信息化发展战略》、《国民经济和社会发展第十二个五年规划纲要》和《国务院办公厅关于加快电子商务发展的若干意见》的重要举措，是“十二五”时期进一步推动电子商务发展的指导性文件。

一、发展现状与面临的形势

“十一五”期间，我国电子商务保持了持续快速发展的良好态势，交易总额增长近2.5倍，2010年达到约4.5万亿元。电子商务发展的内生动力和创新能力日益增强，正在进入密集创新和快速扩张的新阶段。

（一）发展现状

电子商务不断普及和深化。电子商务在我国工业、农业、商贸流通、交通运输、金融、旅游和城乡消费等各个领域的应用不断得到拓展，应用水平不断提高，正在形成与实体经济深入融合的发展态势。跨境电子商务活动日益频繁，移动电子商务成为发展亮点。大型企业网上采购和销售的比重逐年上升，部分企业的电子商务正在向与研发设计、生产制造和经营管理等业务集成协同的方向发展。电子商务在中小企业中的应用普及率迅速提高，2010 年中小企业网上交易和网络营销的利用率达到 42.1%。网络零售交易额迅速增长，"十一五"期间年均增速达 100.8%，占社会消费品零售总额比重逐年上升，成为拉动需求、优化消费结构的重要途径。2010 年我国网络零售用户规模达 1.61 亿，交易额达到 5 131 亿元，占社会消费品零售总额比重达到 3.3%。

电子商务支撑水平快速提高。"十一五"期间，电子商务平台服务、信用服务、电子支付、现代物流和电子认证等支撑体系加快完善。围绕电子商务信息、交易和技术等的服务企业不断涌现，2010 年已达到 2.5 万家。电子商务信息和交易平台正在向专业化和集成化的方向发展。社会信用环境不断改善，为电子商务的诚信交易创造了有利的条件。网上支付、移动支付、电话支付等新兴支付服务发展迅猛，第三方电子支付的规模增长近 60 倍，2010 年达到 1.01 万亿元。现代物流业快速发展，对电子商务的支撑能力不断增强，特别是网络零售带动了快递服务的迅速发展，2010 年全国规模以上快递服务企业业务量达 23.4 亿件，业务收入达 574.6 亿元，其中网络零售带动的业务量占快递总量的一半左右。2010 年底有效电子签名认证证书持有量超过 1 530 万张，电子证书正在电子商务中得到广泛应用。通信运营商、软硬件及服务提供商等纷纷涉足电子商务，为用户提供相关服务。

电子商务发展环境不断改善。"十一五"期间，我国网络基础设施不断改善，用户规模快速增长，2010 年互联网普及率达 34.3%，网民规模达到 4.57 亿，移动电话用户数达到 8.59 亿，其中 3G 用户数达到 4 705 万。网络服务能力不断提升，资费水平不断降低。全社会电子商务应用意识不断增强，应用技能得到有效提高。电子商务国际交流与合作日益广泛。相关部门协同推进电子商务发展的工作机制初步建立，围绕促进发展、电子认证、网络购物、网上交易和支付服务等主题，出台了一系列政策、规章和标准规范，为构建适合国情和发展规律的电子商务制度环境进行了积极探索。

电子商务的发展仍然存在着一些比较突出的问题。一是电子商务对促进传统生产经营模式创新发展的作用尚未充分发挥，对经济转型和价值创造的贡献潜力尚未充分显现。二是电子商务的商业模式尚不成熟，服务能力尚待增强，服务水平尚待提高，服务范围尚待拓展。三是电子商务发展的制度环境还不完善，相关法律法规建设滞后，公共服务和市场监管有待增强，信用体系发展亟待加强，网上侵犯知识产权和制售假冒伪劣商品、恶意欺诈、违法犯罪等问题不断发生，网络交易纠纷处理难度较大，在一定程度上影响了人们对电子商务发展的信心。四是推进电子商务发展的体制机制有待健全，投融资环境有待改善，统计与监测评价工作亟待加强，全社会对电子商务的认识有待进一步提高，对网络空间的经济活动规律有待进一步探索。

（二）面临的形势

随着我国工业化、信息化、城镇化、市场化和国际化的深化发展，电子商务将迎来加速发展的战略机遇期。

经济转型升级给电子商务发展提出新需求。"十二五"时期，我国经济发展面临资源环境约束增强、产业结构不合理、投资和消费关系失衡等重大问题，亟待通过信息化与工业化深度融合转变经济发展方式。迫切需要进一步发挥电子商务在创新企业生产经营模式、提高产业组织效率、激发市场活力、优化资源配置、促进节能减排、带动新兴服务业发展中的积极作用，推动产业结构调整，拉动国内市场需求，创造新的经济增长点。

社会结构和消费观念的变革给电子商务发展带来新空间。"十二五"时期，我国社会主义新农村建设和城镇化发展步伐将进一步加快，城乡居民的生产生活方式将发生巨大变化，人均收入不断增长，消费结构升级加快，年青一代逐步成为新的消费群体，同时，就业总量压力和结构性矛盾进一步凸显。亟须通过加快发展电子商务，促进城乡一体化的便民服务体系发展，更好地满足居民多样化、个性化的消费需求和对美好生活的新期待，带动工作方式的转变和相关服务业的发展，优化就业结构、缓解就业压力、促进社会和谐。

信息技术持续发展给电子商务发展带来新条件。宽带、融合、安全和泛在的下一代国家信息基础设施加快建设，新一代移动通信网、下一代互联网和数字广播电视网加快布局，三网融合全面推进。以云计算和物联网为代表的新一轮信息技术变革正在兴起，重点领域酝酿着新的突破。智能搜索和社区网络等应用形式不断涌现。新技术的发展为电子商务创新发展提供更好的技术条件。

全球竞争与合作深化给电子商务发展提出新挑战。电子商务已成为全球一体化生产和组织方式的重要工具，各国在通过电子商务争夺资源配置主动权、提高经济竞争力的同时，也在密切关注电子商务发展中的不确定性，加强市场风险防范。为赢得国际经济竞争与合作的新优势，我国亟须加快和务实发展电子商务，结合"引进来"和"走出去"战略，利用好"两个市场、两种资源"，提高我国产业和资源的组织能力，优化在全球产业分工中的定位布局，提高国际竞争力。

二、指导思想、基本原则与发展目标

（一）指导思想

以邓小平理论和"三个代表"重要思想为指导，深入贯彻落实科学发展观，立足全面建设小康社会的战略目标，以科学发展为主题，以服务于加快转变经济发展方式为主线，以创新发展为动力，以普及和深化电子商务应用为重点，以营造良好的制度环境和社会环境为保障，不断提高产业组织化程度和资源配置能力，进一步发挥电子商务在经济和社会发展中的战略性作用。

（二）基本原则

企业主体，政府推动。充分发挥企业在电子商务发展中的主体作用，坚持市场导向，运用市场机制优化资源配置。处理好政府与市场的关系，创建更加有利于电子商务发展的制度环境，综合运用政策、服务、资金等多种手段推进电子商务发展。

统筹兼顾，虚实结合。坚持网络经济与实体经济紧密结合发展的主流方向，全面拓展电子商务在各领域的应用，提高电子商务及相关服务水平，努力营造全方位的电子商务发展环境，推动区域间电子商务协调发展。

着力创新，注重实效。推动电子商务应用、服务、技术和集成创新，着重提高电子商务创新发展能力。立足需求导向，坚持务实创新，选准切入点，注重应用性和实效性，避免盲目跟风和炒作。

规范发展，保障安全。正确处理电子商务发展与规范的关系，在发展中求规范，以规范促发展。以网络运行环境安全可靠为基础，促进网络交易主体与客体的真实有效、交易过程的可鉴证，加强对失信行为的惩戒力度，形成电子商务可信环境。

（三）发展目标

总体目标是，到2015年，电子商务进一步普及深化，对国民经济和社会发展的贡献显著提高。电子商务在现代服务业中的比重明显上升。电子商务制度体系基本健全，初步形成安全可信、规范有序的网络商务环境。

具体目标是，电子商务交易额翻两番，突破18万亿元。其中，企业间电子商务交易规模超过15万亿元。企业网上采购和网上销售占采购和销售总额的比重分别超过50%和20%。大型企业的网络化供应链协同能力基本建立，部分行业龙头企业的全球化商务协同能力初步形成。经常性应用电子商务的中小企业达到中小企业总数的60%以上。网络零售交易额突破3万亿元，占社会消费品零售总额的比例超过9%。移动电子商务交易额和用户数达到全球领先水平。电子商务的服务水平显著提升，涌现出一批具有国际影响力的电子商务企业和服务品牌。

三、重点任务

（一）提高大型企业电子商务水平

发挥大型企业电子商务主力军的作用，进一步促进企业电子商务应用系统的规模发展和品牌建设，提高网络集中采购水平和透明化程度，提升企业营销能力。深化大型工业企业电子商务应用，促进实体购销渠道和网络购销渠道互动发展，提高供应链和商务协同水平。推动大型商贸流通企业通过电子商务提高流通效率，扩展流通渠道和市场空间。鼓励有条件的大型企业电子商务平台向行业电子商务平台转化。

专栏1：大型工业企业电子商务协同

在原材料、装备制造、消费品、电子信息、国防科技等重点工业领域，深化电子商务应用，提高大型工业企业的供应链管理水平。引导大型工业企业提高网上集中采购水平，建立具有行业知名度和影响力的采购平台，增强企业采购行动的协调性和竞争力。支持有条件的电子商务企业为行业用户提供网上联合采购服务，提高行业采购行动的协调性。推动电子商务与企业内部业务和管理信息系统的集成，推进企业间网上协同研发、设计和制造，增强产业链商务协同能力。支持大型工业企业利用电子商务增强与产业链下游企业的协同能力，促进产品分销和售后服务水平提升。

（二）推动中小企业普及电子商务

鼓励中小企业应用第三方电子商务平台，开展在线销售、采购等活动，提高生产经营和流通效率。引导中小企业积极融入龙头企业的电子商务购销体系，发挥中小企业在产业链中的专业化生产、协作配套作用。鼓励有条件的中小企业自主发展电子商务，创新经营模式，扩展发展空间，提高市场反应能力。鼓励面向产业集群和区域特色产业的第三方电子商务平台发展，帮助中小企业通过电子商务提高竞争力。稳健推进各类专业市场发展电子商务，促进网上市场与实体市场的互动发展，为中小企业应用电子商务提供良好条件。

专栏 2：发展中小企业电子商务

支持第三方电子商务平台品牌化发展，为中小企业提供信息发布、商务代理、网络支付、融资担保、仓储物流和技术支持等服务。推动有条件的专业市场建设网络交易平台，为中小企业提供网络联合购销服务。支持中小型生产制造企业利用电子商务创新生产经营模式，开展在线购销和客户关系管理等活动，拓展国内外市场，提高经营效率和效益。引导中小型商贸流通企业通过电子商务创新服务模式，提高专业化服务能力。支持社区商业、物业和家政服务等中小企业利用电子商务服务社区，便利居民生活。加快中小企业电子商务服务体系建设，多渠道开展电子商务应用技能和信用意识培训。

（三）促进重点行业电子商务发展

积极发展农业电子商务，促进农资和农产品流通体系的发展，拓宽农民致富渠道。着力推进工业电子商务，促进工业从生产型制造向服务型制造转变。深化商贸流通领域电子商务应用，促进传统商贸流通业转型升级。鼓励综合性和行业性信息服务平台深度挖掘产业信息资源，拓展服务功能，创新服务产品，提高信息服务水平。促进大宗商品电子交易平台规范发展，创新商业模式，形成与实体交易互动发展的服务形式。推动交通运输、铁路、邮政、文化、旅游、教育、医疗和金融等行业应用电子商务，促进行业服务方式的转变。

专栏 3：重点行业电子商务创新发展

深化现代农业生产组织与连锁超市挂钩的电子商务，推动涉农电子商务平台建设。支持大型商场、批发市场和连锁超市发展电子商务，创新商业模式。推进食品和药品行业的电子商务发展，降低流通成本，提高精细化管理和安全责任可追溯水平。进一步推动民航、铁路、公路和水运等行业加快拓展电子客票、电子货单等服务。鼓励邮政、快递、物流配送企业依托实体网络发展电子商务。大力发展旅游电子商务，创新旅游业发展模式，培育现代旅游服务品牌。

（四）推动网络零售规模化发展

鼓励生产、流通和服务企业发展网络零售，积极开发适宜的商品和服务。培育一批信誉好、运作规范的网络零售骨干企业。发展交易安全、服务完善、管理规范和竞争有序的网络零售商城。整合社区商业服务资源，发展社区电子商务。促进网络购物群体快速成长。拓展网络零售商品和服务种类，拓宽网络零售渠道，满足不同层次消费需求。发展个人间的电子商务，为开展二手物品交易、获取日常生活服务等提供便利。

专栏4：网络零售发展重点

支持生产企业利用品牌优势，面向消费者个性化需求，积极探索网络直销的发展模式。支持流通企业拓展网络零售渠道，结合实体店面和物流配送体系，促进网上网下互动，满足不同层次消费需求。促进网络零售企业和平台完善服务、规范运作，推动高效便捷、安全可靠的新型网络消费模式健康发展，支持网络零售企业创造国际品牌。提升具有自主知识产权的数字内容产品和服务的网络零售比重。引导相关企业扩展流通服务体系，面向社区、农村、非网络用户提供网络零售和物流配送等服务，拉动消费，便捷生活。鼓励利用微博、团购、社交网络等创新网络零售发展模式。

(五) 提高政府采购电子商务水平

积极推进政府采购信息化建设，加快建设全国统一的电子化政府采购管理交易平台，探索利用政府采购交易平台实现政府采购管理和操作执行各个环节的协调联动，逐步实现政府采购业务交易信息共享和全流程电子化操作，进一步规范政府采购行为，提高政府采购资金的使用效率。

专栏5：政府采购电子商务

坚持"公开、公平、公正"的原则，完善政府采购电子商务标准规范，积极推动政府采购管理与电子交易一体化系统建设，做好采购管理与部门预算、资金支付及资产管理的衔接等工作，实现中央地方供应商库、商品信息库、评审专家库和代理机构库间的信息共享，规范操作执行程序，完善运行机制，提高采购的效率和质量，促进网上"阳光采购"工程建设。

(六) 促进跨境电子商务协同发展

鼓励有条件的大型企业"走出去"，面向全球资源市场，积极开展跨境电子商务，参与全球市场竞争，促进产品、服务质量提升和品牌建设，更紧密地融入全球产业体系。鼓励国内企业加强区域间电子商务合作，推动区域经济合作向纵深方向发展。鼓励商贸服务企业通过电子商务拓展进出口代理业务，创新服务功能，帮助中小企业提高国际竞争能力。

专栏6：跨境电子商务发展重点

推进面向跨境贸易的多语种电子商务平台建设。支持电子商务企业面向两岸三地、东盟、上合组织和东北亚等周边区域开展跨境合作，支持在边贸地区、产业集中度高的区域建设跨境电子商务平台。加快推进电子商务国际标准和国家标准的推广应用。引导电子商务企业为中小企业提供电子单证处理、报关、退税、结汇、保险和融资等"一站式"服务，提高中小企业对国际市场的响应能力。继续推广电子通关和无纸贸易，提高跨境电子商务效率。

（七）持续推进移动电子商务发展

鼓励各类主体加强合作，拓展基于新一代移动通信、物联网等新技术的移动电子商务应用。推动移动电子商务应用从生活服务和公共服务领域向工农业生产和生产性服务业领域延伸，积极推动移动电子商务在“三农”等重点领域的示范和推广。加强移动电子商务技术与装备的研发力度，完善移动电子商务技术体系。加快制定和完善移动电子商务相关技术标准和业务规范。

专栏7：移动电子商务试点示范

加快推动移动支付、公交购票、公共事业缴费和超市购物等移动电子商务应用的示范和普及推广。重点推进移动电子商务在农业生产流通、企业管理、安全生产、环保监控、物流和旅游服务等方面的试点应用。加强移动智能终端、智能卡和芯片、读卡机具和安全管理等关键共性技术的自主研发。支持运营企业建立安全可信的多应用管理平台。推动近距离通信（NFC）、机器到机器（M2M）等技术标准的制定和应用。面向不同的行业应用，协调制定行业技术标准和业务规范。推动移动支付国家标准的制定和普及。推动移动电子商务产业链和各应用领域的相关主体加强合作，加快商业模式创新和社会化协作机制创新。

（八）促进电子商务支撑体系协调发展

探索建立网上和网下交易活动的合同履约信用记录，促进在线信用服务的发展。加快建设适应电子商务发展需要的社会化物流体系，优化物流公共配送中心、中转分拨场站、社区集散网点等物流设施的规划布局，积极探索区域性、行业性物流信息平台的发展模式。鼓励支付机构创新支付服务，丰富支付产品，推动移动支付、电话支付、预付卡支付等新兴电子支付业务健康有序发展，满足电子商务活动中多元化、个性化的支付需求。推动完善电子支付业务规则、技术标准，引导和督促支付机构规范运营。鼓励发展国际结算服务，提高对跨境电子商务发展的支撑能力。鼓励电子商务企业与相关支撑企业加强合作，促进物流、支付、信用、融资、保险、检测和认证等服务协同发展。

专栏8：电子商务支撑体系集成创新

提高物流企业信息化水平，促进物流服务和电子商务集成创新。推进煤炭、钢铁、塑料和粮食等大宗商品电子交易与物流服务集成健康发展。推动快递、零担、城市配送企业依托信息化提高社会化服务水平，增强对网络零售的支撑能力。适时启动物联网在物流领域的应用示范。加强支付服务创新，促进电子商务与电子支付集成发展，为用户提供方便快捷的服务。引导电子商务企业与物流企业、金融机构加强合作，探索供应链金融等服务创新。

（九）提高电子商务的安全保障和技术支撑能力

认真贯彻《电子签名法》，进一步发展可靠的电子签名与认证服务体系，提高认证服务质量，创新服务模式，推动可靠电子签名、电子认证和电子合同在电子商务中的实际应用，在统一的证书策略体系框架下推进电子签名认证证书的互认互操作，发挥电子签名的保障作用，提高电子交易的安全性和效率。鼓励软硬件及系统集成企业通过云服务等模式，为电子商务用户提供硬件、软件、应用和安全服务。鼓励通信运营商加强宽带信息基础设施建设，提高新一代通信网络的覆盖范围和服务水平，为电子商务用户提供接入、服务托管及商务应用解决方案等服务。发挥国家科技计划的引领和支撑作用，加大对电子商务基础性研究、关键共性技术的支持力度，积极开展成果转化、咨询培训等工作。

专栏 9：电子商务技术研发和产业化

面向电子商务创新发展重点方向和共性工程技术问题，支持建设国家重点实验室、国家工程技术研究中心和企业技术中心。加强电子商务基础理论研究，推动射频识别、智能终端、系统集成、网络与信息安全等核心技术与关键技术的自主研发和产业化。加强电子认证、电子单证、在线支付、信用管理等电子商务安全交易技术的自主创新。研究制定针对电子商务创新的知识产权保护办法，加强对电子商务创新的保护力度。研究探索电子商务创新和科研成果产业化的财政政策，落实支持电子商务创新和科研成果转化的税收政策。

四、政策措施

（一）加强组织保障

发挥电子商务部际联席会议协调工作机制作用，加强电子商务推进工作的部门协同，落实和强化政府对电子商务发展的宏观指导。坚持统筹兼顾、动态协调的原则，创新电子商务管理机制，加强相关部门在政策制定、重大项目审理、标准规范制定等方面的协调配合，形成管理和服务合力。各地方政府要相应建立协调推进工作机制，将电子商务纳入区域的发展规划。要充分发挥相关行业协会、龙头企业、中介组织、高等院校和专家队伍等在推进电子商务中的积极作用。

（二）建立健全电子商务诚信发展环境

积极营造诚信为本、守信激励和失信惩戒的社会信用环境。推动开展部门指导、行业组织、企业和消费者参与的电子商务自律规范制定工作，大力推进企业和行业自律。鼓励符合条件的第三方信用服务机构、电子商务平台企业，按照独立、公正、客观的原则，开发利用合同履约等信用信息资源，对电子商务经营主体开展商务信用评估，为交易当事人提供信用服务。充分发挥人口、法人和地理空间等国家基础数据库以及银行征信等数据库的基础与协同作用，促进电子商务信用信息与社会其他领域相关信息的有序交换和共享，支撑社会信用体系建设。积极推进电子商务企业信用分类监管，引导企业诚信守法经营。

（三）提高电子商务的公共服务和市场监管水平

推动电子政务与电子商务的衔接，为企业提供更加有效的服务。依法有序推动政府信息资源的开放服务，提高社会化、市场化开发利用水平，改善电子商务发展环境。提高电子口岸发展水平，促进相关机构间的信息交换、业务协同，优化税费电子支付系统，提高电子商务的通关效率。建立部门间电子商务监管协调配合机制。督促网络经营主体特别是网络交易平台切实履行责任，守法经营，加强自律，维护电子商务市场秩序。依法对网上涉及行政许可的商品和服务加强监管，加强对网络信息服务、网络交易行为、产品及服务质量等的监管。加强监管方式方法的创新，加快电子商务监管信息系统与平台建设，实现监管技术手段的现代化，实施对网络商务主体、客体和过程的经常性监管，实现网上巡查的常态化。

（四）加大对电子商务违法行为的打击力度

依法组织开展网络违法交易专项整治，探索建立长效治理机制，杜绝违禁品网上销售。创新社会管理，建立投诉举报与主动发现相结合的机制，加大对利用网络进行的商业欺诈、传销、侵犯知识产权、侵犯个人隐私、侵犯商业机密、销售假冒伪劣商品、发布虚假违法广告和不正当竞争等活动的打击力度。充分利用管理和技术手段，增强电子商务网站的真实可信度。

（五）完善权益保护机制

积极研究和探索网络环境下有效维护消费者权益的制度和措施，推进 12315 等相关消费维权体系向电子商务领域延伸。畅通网络消费权益保护渠道，及时受理消费投诉举报并查处侵害消费者合法权益的行为。及时发布网络交易风险警示信息，提高网络消费者和经营者的风险防范意识。指导监督网站经营者建立健全消费者权益保护制度、在网站设置消费投诉举报及电子标识链接等多种形式。加强电子商务纠纷调处机制建设。坚持预防与调解相结合，建立分类处理的调处办法。鼓励当事人结合实际情况自行协商解决网上交易纠纷。督促交易平台建立数据保全机制，履行在电子商务纠纷处理中应尽的责任，协助交易双方解决纠纷。积极探索通过仲裁制度，解决电子商务交易纠纷，维护当事人的合法权益。充分发挥司法保护的作用，通过法律诉讼等途径，妥善处置各种复杂疑难电子商务纠纷。依据《侵权责任法》的相关规定，处理网络侵权行为。

（六）加强电子商务法律法规和标准规范建设

在贯彻执行现行法律法规的基础上，继续推动电子商务相关法律法规建设，研究确定电子商务立法的整体思路、调整范围和规范方式。根据需求开展相关法律法规的制修订工作。加强法律解释工作，增强现行法律法规在电子商务领域的适用性和操作性。针对网络促销、电子合同和代收货款等问题，加快研究相应的行政规章和法律法规。面向电子商务不同业务形态发展的实际需求，加快电子商务服务规范和技术标准的制修订和推广应用。着力提高电子商务服务的规范性，促进电子商务服务企业切实履行法定义务和责任，完善交易主体身份认定机制，提高电子商务信息发布、信用服务、网上交易、电子支付、物流配送、售后服务、纠纷处理等服务的规范水平。

（七）完善多元化的电子商务投融资机制

进一步拓宽电子商务投融资渠道，加强对电子商务创新创业的资本支持。培育和发展创业风险投资，促进风险资本对电子商务自主创新和创业的支持。鼓励实体企业在信息化建设中加大对电子商务的投资力度。鼓励金融机构加强对电子商务的信贷扶持。加强政府财政支持对社会投入的引导和带动作用，形成政府引导性投入与社会资本投入互补的投融资机制。加强对投融资效果的评估。

（八）加强电子商务统计监测工作

加强相关部委、地方及有关机构的联合，研究和改进电子商务发展统计指标体系与统计分析方法，逐步建立全国性电子商务调查统计制度，加强对电子商务热点问题及其与实体经济相互关系的研究。充分利用有关部门现有的电子商务企业联系机制，鼓励行业协会和社会性服务机构积极参与电子商务动态发展监测等工作，鼓励各地加强对区域电子商务发展的动态监测，拓展信息获取渠道。做好电子商务统计信息发布工作，加强政策引导。

（九）加快电子商务人才培养

积极引导有条件的高等院校，加强电子商务学科专业建设和人才培养，为电子商务发展提供更多的高素质专门人才。鼓励职业教育和社会培训机构发展多层次教育和培训体系，加快培养既懂商务又具备信息化技能的电子商务应用人才。积极开展面向企业高级管理人员的电子商务培训。鼓励有条件的地区营造良好的创业环境，吸引并帮助具有国际视野的创新创业型人才成长。

（十）加强国际合作

积极参与国际组织中电子商务相关活动，认真开展国际电子商务法规、标准制定与实施的调查研究，主动参与相关标准规范的制修订，积极参与国际双边、多边涉及电子商务的条约和协议起草工作，推动国内电子商务发展与国际对接。

中华人民共和国工业和信息化部
2012 年 3 月 27 日

A.7 中央和地方相关政策法规列表

我国近年关于互联网电子商务重要法律、法规、规章以及发展规划、政策性文件、规范汇总表（含征求意见稿，更新至 2012 年 3 月）。

表 A.1 关于互联网电子商务重要法律、法规、规章以及发展规划、政策性文件、规范汇总

部门	名称	发布或实施时间	类型	备注
全国人大常委会	电子签名法	2004.8.28	法律、法规	
	关于维护互联网安全的决定	2000.12.1	法律、法规	
中共中央办公厅	关于印发《2006—2020 年国家信息化发展战略》的通知	2006.3.19	政策性文件	中共中央办公厅、国务院办公厅联合
	国家信息化领导小组关于我国电子政务建设指导意见	2002.8.5	政策性文件	中共中央办公厅、国务院办公厅联合
国务院	信息网络传播权保护条例	2006.5.18	法律、法规	
	互联网上网服务营业场所管理条例	2002.9.29	法律、法规	
	互联网信息服务管理办法	2000.9.25	法律、法规	
	商用密码管理条例	1999.10.7	法律、法规	

续表

部门	名　　称	发布或实施时间	类　　型	备　　注
国务院	计算机信息网络国际联网管理暂行规定	1996.2.1	法律、法规	
	计算机信息系统安全保护条例	1994.2.18	法律、法规	
国务院办公厅	关于促进物流业健康发展政策措施的意见	2011.8.2	政策性文件	
	关于加快电子商务发展的若干意见	2005.1.8	政策性文件	
国务院信息办	互联网新闻信息服务管理规定	2005.9.25	中央及地方政府规章规范（纲要、办法）	国新办、信息产业部联合
国务院新闻办	中国互联网络域名注册暂行管理办法	1997.6.1	中央及地方政府规章规范（纲要、办法）	国务院信息化领导小组
最高人民法院	最高人民法院关于网络域名的司法解释	2001.7.17	司法解释	
国家发改委	关于促进电子商务健康快速发展有关工作的通知	2012.2.6	发展规划（通知）	
	国家电子商务发展“十一五”规划	2007.6.1	发展规划（通知）	发改委、国信办联合发布
	关于同意北京市等21个城市创建国家电子商务示范城市的复函	2011.3.7	政策性文件	
	关于开展国家电子商务示范城市创建工作的指导意见	2011.3.7	政策性文件	发改委、商务部、中国人民银行联合
国家商务部	电子商务模式规范	2008	中央及地方政府规章规范（纲要、办法）	
	关于2012年国家电子商务示范基地创建工作有关事项的通知	2012.2.13	发展规划（通知）	
	关于做好元旦春节期间网络零售有关工作的通知	2011.12.23	发展规划（通知）	
	关于贯彻落实规范商业预付卡管理意见的通知	2011.8.1	发展规划（通知）	
	关于进一步推进网络购物领域打击侵犯知识产权和制售假冒伪劣商品行动的通知	2011.4.21	发展规划（通知）	
	商贸物流发展专项规划	2011.3.14	发展规划（通知）	
	关于贯彻落实国务院办公厅《关于加快电子商务发展的若干意见》的通知	2005.3.19	发展规划（通知）	
	《关于加快我国现代物流发展的若干意见》的通知	2001.3.2	发展规划（通知）	六部委联合
	关于开展国家电子商务示范基地创建工作的指导意见	2011.12.30	政策性文件	

续表

部门	名 称	发布或实施时间	类 型	备 注
国家商务部	网上购物模式规范	2008	中央及地方政府规章规范(纲要、办法)	
	第三方电子商务交易平台服务规范	2011.4.12	中央及地方政府规章规范(纲要、办法)	
	关于"十二五"电子商务信用体系建设的指导意见	2011.12.15	政策性文件	
	"十二五"电子商务发展指导意见	2011.10.1	政策性文件	
	关于进一步促进电子商务工作的意见	2008	政策性文件	
	商务部关于加快我国流通领域现代物流发展的指导意见	2008.3.3	政策性文件	
	关于促进流通领域电子商务规范发展的意见	2007.12.13	政策性文件	
	关于网上交易的指导意见(暂行)	2007.3.6	政策性文件	
科学技术部	关于印发《科技创新知识产权工作"十二五"专项规划》的通知	2012	发展规划(通知)	
文化部	互联网文化管理暂行规定	2011.2.17	中央及地方政府规章规范(纲要、办法)	修订
	关于网络音乐发展和管理的若干意见	2006.11.20	政策性文件	
公安部	互联网安全保护技术措施规定	2005.12.13	中央及地方政府规章规范(纲要、办法)	
	计算机病毒防治管理办法	2000.4.26	中央及地方政府规章规范(纲要、办法)	
	计算机病毒防治产品评级准则	2000.3.20	中央及地方政府规章规范(纲要、办法)	
财政部	关于印发"物联网发展专项资金管理暂行办法"的通知	2011.4.6	发展规划(通知)	财政部、工信部联合
国家工业与信息化部	物联网"十二五"发展规划	2011.11.28	发展规划(通知)	
	规范互联网信息服务市场秩序若干规定	2011.12.29	中央及地方政府规章规范(纲要、办法)	
	互联网信息服务市场秩序监督管理暂行办法(征求意见稿)	2011.1.12	中央及地方政府规章规范(纲要、办法)	
	电子认证服务管理办法	2009.2.28	中央及地方政府规章规范(纲要、办法)	
	互联网电子邮件服务管理办法	2006.2.20	中央及地方政府规章规范(纲要、办法)	信息产业部
	互联网站管理工作细则	2005.10.25	中央及地方政府规章规范(纲要、办法)	信息产业部

续表

部门	名　称	发布或实施时间	类　型	备　注
国家工业与信息化部	非经营性互联网信息服务备案管理办法	2005.2.8	中央及地方政府规章规范(纲要、办法)	信息产业部
	互联网IP地址备案管理办法	2005.2.8	中央及地方政府规章规范(纲要、办法)	信息产业部
	中国互联网络域名管理办法	2004.11.5	中央及地方政府规章规范(纲要、办法)	信息产业部
	互联网电子公告服务管理规定	2000.11.06	中央及地方政府规章规范(纲要、办法)	
	电子认证服务业“十二五”发展规划	2011.11.14	发展规划(通知)	
	关于做好2011年物联网发展专项资金项目申报工作的通知	2011.5.6	发展规划(通知)	工信部办公厅、财政部办公厅联合
国家邮政局	关于进一步加强快递企业收寄验视工作的通知	2012.2.28	发展规划(通知)	
	快递服务“十二五”规划	2011.12.31	发展规划(通知)	
	邮政业标准化“十二五”发展规划	2011.9.22	发展规划(通知)	
	邮政业发展“十二五”规划	2011.7.1	发展规划(通知)	
	快递企业等级评定管理办法(试行)	2011.8.1	中央及地方政府规章规范(纲要、办法)	
	快递业务经营许可年度报告规定	2011.6.9	中央及地方政府规章规范(纲要、办法)	
	快递业务操作指导规范	2011.1.1	中央及地方政府规章规范(纲要、办法)	
国家保密局	计算机信息系统保密管理暂行规定	1998.2.26	中央及地方政府规章规范(纲要、办法)	
国家工商总局	关于印发《工商行政管理信息化发展“十二五”规划》的通知	2012.2.14	发展规划(通知)	
	关于印发《工商行政管理信息化“十一五”规划纲要》的通知	2007.10.29	发展规划(通知)	
	关于加强网络团购经营活动管理的意见	2012.3.12	政策性文件	
	关于认真贯彻实施《网络商品交易及有关服务行为管理暂行办法》的指导意见	2010.6.22	政策性文件	
	网络商品交易及有关服务行为管理暂行办法	2010.5.31	中央及地方政府规章规范(纲要、办法)	
国家广播电影电视总局	互联网等信息网络传播视听节目管理办法	2004.7.6	中央及地方政府规章规范(纲要、办法)	

续表

部门	名　　称	发布或实施时间	类　　型	备　　注
国家标准化管理委员会	关于征集全国电子商务服务能力标准化技术委员会委员的通知	2011.10.11	发展规划(通知)	
中国人民银行	非金融机构支付服务业务系统检测认证管理规定	2011.6.16	中央及地方政府规章规范(纲要、办法)	
	非金融机构支付服务管理办法	2010.6.14	中央及地方政府规章规范(纲要、办法)	
	电子支付指引(第一号)	2005.10.26	中央及地方政府规章规范(纲要、办法)	
中国银行业监督管理委员会	电子银行服务管理办法	2006.1.26	中央及地方政府规章规范(纲要、办法)	
北京市	关于促进网上零售业发展的意见	2009.4.28	政策性文件	
上海市	上海市促进电子商务发展规定	2008.11.26	法律、法规	市人大常委会
	关于开展2011年度电子商务“双推”工作的通知	2011.5.17	发展规划(通知)	市经信委
	关于开展电子商务“双推”平台企业申报工作通知	2011.1.31	发展规划(通知)	市经信委
	上海市电子商务发展“十一五”专项规划	2007.12.27	发展规划(通知)	市信息化委
天津市	关于成立天津市创建国家电子商务示范城市工作领导小组的通知	2011.9.21	发展规划(通知)	
	关于印发天津市商贸流通业发展“十二五”规划的通知	2011.8.1	发展规划(通知)	市发改委
	天津市商贸流通业发展“十一五”规划	2006.6.24	发展规划(通知)	
重庆市	重庆市电子商务发展纲要和数字重庆地理信息系统发展纲要	2001.4.10	中央及地方政府规章规范(纲要、办法)	
	重庆市加快电子商务发展的实施意见	2005.12.30	政策性文件	
	关于印发重庆市加快电子商务产业发展有关优惠政策的通知	2011.8.26	发展规划(通知)	
	关于成立重庆市国家电子商务示范城市创建工作领导小组的通知	2011.7.25	发展规划(通知)	
	重庆市移动电子商务发展规划	2008.4.22	发展规划(通知)	

续表

部门	名　称	发布或实施时间	类　型	备　注
浙江省	杭州市电子商务发展实施纲要	2004.9.8	中央及地方政府规章规范（纲要、办法）	
	关于印发浙江省电子商务产业“十二五”发展规划的通知	2011.6.16	发展规划（通知）	省政府
	浙江省人民政府办公厅关于加快电子商务发展的意见	2006.7.4	政策性文件	
	宁波市关于进一步加快电子商务发展的意见	2005.6.29	政策性文件	
	关于印发浙江省商贸流通业“十二五”发展规划的通知	2011.6.15	发展规划（通知）	省政府
	关于印发浙江省“十二五”物流业发展规划的通知	2011.6.14	发展规划（通知）	省政府
	关于成立浙江省电子商务工作领导小组的通知	2011.3.21	发展规划（通知）	
	关于实施万家企业电子商务推进工程的通知	2008.7.28	发展规划（通知）	省经贸委、财政厅联合
广东省	关于服务深圳市电子商务市场快速健康发展的若干意见	2010.5.26	中央及地方政府规章规范（纲要、办法）	市市场监督管理局
	深圳市互联网产业振兴发展规划（2009—2015）	2009.12.28	政策性文件	
	关于开展创建广东省电子商务示范企业工作的通知	2011.10.17	发展规划（通知）	省经信委
	关于做好2011年度外贸企业应用电子商务扶持资金使用管理工作的通知	2011.7.25	发展规划（通知）	省外经贸厅
	广州市创建国家移动电子商务试点示范城市行动方案的通知（2008—2010）	2008.3.10	中央及地方政府规章规范（纲要、办法）	
	关于延长2010年度广州市中小企业电子商务应用扶持资金申请时间的通知	2011.1.13	发展规划（通知）	市科技和信息化局
	广东省电子商务“十一五”发展规划	2007.12.1	发展规划（通知）	
福建省	关于印发福建省“十二五”现代物流业发展专项规划的通知	2011.10.18	发展规划（通知）	省经贸易委、发改革委
	关于加快福建省电子商务发展的实施意见	2008.4.8	政策性文件	省经贸委、发改委、财政厅联合
	福建省电子商务“十一五”发展规划	2006.9.25	发展规划（通知）	省经贸委
	福建省电子商务“十五”发展规划	2001.12.13	发展规划（通知）	

续表

部门	名　　称	发布或实施时间	类　　型	备　　注
山东省	山东省人民政府办公厅关于加快电子商务发展的意见	2005.11.16	政策性文件	
	青岛市关于进一步加快电子商务发展的意见	2005.9.28	政策性文件	
江苏省	关于成立南京市创建电子商务示范城市工作协调小组的通知	2011.7.14	发展规划(通知)	
	江苏省企业信息化与电子商务实施意见(2002—2005)	2002.12.3	政策性文件	
	无锡市商贸流通业"十一五"发展规划的通知	2006.11.23	发展规划(通知)	
江西省	江西省关于大力推进电子商务发展的若干意见	2005.7.12	政策性文件	
	江西省电子商务"十一五"发展规划	2006.10.17	发展规划(通知)	
安徽省	安徽省电子商务"十一五"发展规划	2007.9.25	发展规划(通知)	
河北省	河北省电子商务试点示范企业管理暂行办法		中央及地方政府规章规范(纲要、办法)	
	关于进一步开展涉嫌网络商品交易及有关服务违法行为查处工作的通知	2011.6.25	发展规划(通知)	
	河北省电子商务"十一五"发展规划	2006	发展规划(通知)	
黑龙江省	黑龙江省人民政府办公厅关于加快电子商务发展的意见	2006.6.20	政策性文件	
陕西省	关于成立西安市电子商务示范城市创建工作领导小组的通知	2011.9.5	发展规划(通知)	
	陕西省人民政府办公厅关于加快推动我省电子商务发展的意见	2006.3.31	政策性文件	
	关于印发《陕西省"十二五"物联网产业发展专项规划》的通知	2011.3.2	发展规划(通知)	省发改委
	西安市电子商务发展规划(2008—2012)	2008	发展规划(通知)	
吉林省	吉林省商务发展"十一五"规划纲要(含电子商务发展目标)	2006	中央及地方政府规章规范(纲要、办法)	
云南省	云南省人民政府办公厅关于加快推进全省电子商务发展的实施意见	2005.11.8	政策性文件	
河南省	河南省郑州市电子商务发展规划纲要(2010—2015)	2010	中央及地方政府规章规范(纲要、办法)	

续表

部门	名　称	发布或实施时间	类　型	备　注
四川省	关于配合做好四川省电子商务“十二五”发展规划有关工作的通知	2011.11.24	发展规划(通知)	
	成都市2010年度电子商务发展专项资金实施意见	2011.6.15	政策性文件	
	关于下发《成都市2011年度电子商务发展专项资金补充实施意见》的通知	2011.11.18	发展规划(通知)	
	关于成立成都市国家电子商务示范城市创建工作领导小组的通知	2011.9.5	发展规划(通知)	
	关于下发《成都市2011年度电子商务发展专项资金实施意见》	2011.6.15	发展规划(通知)	
	关于印发《2011年全省电子商务工作要点》的通知	2011.3.30	发展规划(通知)	
	成都市电子商务发展规划(2009—2012)的通知	2009	发展规划(通知)	
湖南省	株洲市移动电子商务发展规划	2010.2.3	发展规划(通知)	
	湖南省人民政府关于促进移动电子商务发展的实施意见	2009.6.1	政策性文件	
	关于印发《关于促进网络商品交易市场快速发展的若干措施》的通知	2012.1.4	发展规划(通知)	
	湖南省关于加快移动电子商务发展规划	2009.6.1	发展规划(通知)	
青海省	关于网络商品交易及有关服务行为监管工作的实施意见	2011.8.25	政策性文件	
	关于做好青海省“十二五”及到2020年物流业发展规划编制前期工作的通知	2011.2.16	发展规划(通知)	省发改革委
山西省	山西省商务发展“十一五”规划	2006.12.29	发展规划(通知)	
宁夏回族自治区	关于成立银川市创建国家电子商务示范城市工作领导小组的通知	2011.1.1	发展规划(通知)	
新疆维吾尔自治区	关于全区工商系统贯彻实施国家工商总局《网络商品交易及有关服务行为管理暂行办法》的意见	2011	政策性文件	
广西壮族自治区	关于印发南宁市国家电子商务示范城市申报工作方案的通知	2011.7.28	发展规划(通知)	
	关于成立南宁市创建国家电子商务示范城市工作领导小组的通知	2011.7.14	发展规划(通知)	

附录 B 全球电子商务政策框架[①]

美国·1997年7月1日

B.1 背景

处于早期发展阶段的全球信息基础设施(GII)正在改变着我们的世界。在未来十年中,其进步将影响我们日常生活的方方面面:教育、保健、工作以及休闲活动。在时空上分离的不同人群,将作为地球村的成员共同体验到这些变化。

没有任何其他事物,比正在迅速发展、被称作是因特网(Internet)的媒体更能说明什么是电子革命了。曾经是学术交流工具的因特网正在成为可以从全球任意角落访问的、日常生活的必备工具。全世界的学生正在万维网(World Wide Web,WWW)上寻找丰富的宝藏,医生们正在利用远程诊断方式给需要的病人开处方,许多国家的公民们找到了发表个人和党派见解的额外舆论窗口。因特网正处于重塑政府、改变我们的生活与社会的过程中。

由于因特网使公民们拥有更大权利,使社会更民主,因此,它也正在改变传统的事务与经济模式。正在形成的商业交易模式是:商家和消费者参与电子市场上的交易并最终获益。企业家们可以通过访问因特网上的全球消费网,根据更小、更直接的投资需求,更容易地开辟新的业务领域。

因特网技术正在对全球的服务性贸易产生深远影响。计算机软件、娱乐产品(电影、录像、游戏、录音)、信息服务(数据库、在线报纸)、技术信息、生产许可证、金融服务和专业性服务(商务和技术咨询、会计、建筑设计、法律咨询、旅游服务等)贸易在过去的十年内得到了迅猛的增长,仅美国的出口贸易就达400亿美元以上。

上述交易的在线比例正在增长。全球信息基础设施可奇迹般地降低交易成本和促进新型商业交易,具有给上述和其他领域带来商务革命的潜力。

因特网还将给零售和直销业带来革命。消费者可以在家购物,从全世界的制造商和零售商那里购买种类广泛的商品。他们可以在居室内观察计算机或电视中的商品、了解这些商品的信息、虚拟这些商品的组合效果(如在屏幕上摆放房间中的家具)、订购以及支付。

在世纪之交,因特网上商务总额可能要数以百亿美元计。为充分认识其潜力,政府必须对电子商务采取一种非管制的、以市场为导向的方针,促进透明的、有预测性的法律环

① 为清晰起见,编者增加了章节号。

境的形成，以支持全球事务和商务。官方决策者必须尊重该媒体的罕见特性，认识到广泛的竞争和不断增长的用户选择是该新兴数字市场的本质特征。

许多商家和消费者仍然对在因特网上开展广泛的商务活动持谨慎的态度，其原因是缺少能驾驭交易、有预测性的法律环境。这对于商家和消费者关注的，含合同执行、债务、知识产权保护、隐私权、安全和其他事项的国际商业活动来说更是如此。

随着因特网作用的不断延伸，许多公司和因特网用户担心一些政府将对因特网和电子商务进行全面管制。有争议的潜在管制方面是：征税、传送信息的类型限制、标准制定的控制、许可证发放要求以及服务提供商的费率调节等。事实上，这种窒息商业的行为正在许多国家萌生。在这些行为尚未扎根之际，就先发制人地占领这些领域，是提出本文战略的强烈动机。

政府可以对因特网上商务的增长产生深远的影响。政府行为可以鼓励或窒息电子贸易。至少在重大问题上，知道何为何不为，对发展电子商务来说至关重要。本文就全球信息基础设施，这一全球活跃的市场明确阐述了本政府的观点，提出了一系列原则、政策，以及为促进因特网的商务增长而在国际上进行讨论、达成共识的途径。

B.2 原　则

1. 民间力量应先行

虽然在因特网启动时政府起过资助作用，但其推广的原始动力则是民间力量。为繁荣电子商务，民间力量必须继续先行。创新、拓展服务、扩大参与面和低廉的价格只能产生在市场驱动的舞台上，而不是在受管制的行业环境中。

相应地，政府应当鼓励必要的行业自律，支持民间组织建立促进因特网成功运营的机制。即使需要共同协议和标准时，只要有可能，民间团体仍应当起主导的组织作用。凡需要政府采取行动和达成政府间协议（如征税）时，民间力量的参与都应是政策制定程序中的正式组成部分。

2. 政府应当避免对电子商务的过分限制

参与者应当能根据合法的协议在因特网上买卖商品和服务，应将政府介入和干预降到最低限度。对商务活动进行不必要的限制，将会由于减少对全球消费者提供商品和服务的数量、提高其费用，而造成电子市场发展的扭曲。商务模式必然会得到快速发展，以保持与变化速度惊人的技术同步。政府干预的企图很可能在相应的法规最终出台时，就已经过时了，对具有技术针对性的法规来说尤其如此。

相应地，政府应当抑制针对因特网商务活动的新的和不必要的法规、官僚主义程序、税收与关税。

3. 当需要政府参与时，其目标应当是支持与营造一个有预测性的、最低限度的、一致的、简化的法律环境

在某些领域，政府的认可在促进电子商务和保护消费者方面可能是必须的。在这种情况下，政府应当建立有预测性的、简化的法律环境，该环境是建立在分散的、契约性的法律模式上的，而不是自顶向下的法规体系的基础上的。这将牵涉州政府和联邦政府。当需要政府干预以促进电子商务时，其目标应当是保障竞争、保护知识产权与隐私权、防止欺诈、增强透明度、促进商业交易和便于争议的解决。

4. *政府应当认识因特网的罕见特性*

因特网卓绝的、爆炸性的成功可以部分地归功于它的分布性和从下而上的管理模式。这些共有特征向现行的法规体系提出了重大的技术挑战，各国政府应当做出相应的政策调整。

电子商务面临着与现行法规体系冲突的重大挑战。例如，我们不能假设在过去的60年中为电信、无线广播、电视而建立起来的法律框架适用于因特网。只有在广泛共识的基础上，为达到某重要目标，法规的颁布才成为必要的手段。可能妨碍电子商务的现行法律、法规应作复审修订或撤销，以适应新的电子时代。

5. *应以全球为基础促进因特网的电子商务*

因特网正在成为全球市场。支持因特网商业交易的法律框架，应跨越州界、国界，遵循统一的原则，导致可预测的结果，与特定的买家、卖家所居住的管辖区域无关。

B.3 问　题

本文覆盖了九个方面的问题。有必要就这些问题达成国际协议，使因特网成为非管制的媒体，由竞争与消费者的选择决定其市场形态。这些问题虽然有大的交叉，但仍然可以分成三个分组：金融问题、法律问题和市场准入问题。

- 金融问题
  - 海关与税收
  - 电子支付
- 法律问题
  - 电子商务的“统一商业法典”
  - 知识产权保护
  - 隐私权
  - 安全
- 市场准入问题
  - 电信基础设施与信息技术
  - 内容
  - 技术标准

B.3.1 金融问题

1. *海关与税收*

在过去的50年中，由于各国的经济和公民可以得益于自由贸易，故国与国之间一直就降低关税进行着谈判。基于这种认识，并由于因特网是一个真正的全球媒体，对分布在因特网上商品和服务引入关税,就几乎是毫无意义的事了。

更进一步地说,因特网缺少明确的、固定的、表示传统物理贸易的地理运输界线。这样,虽然对于在因特网上订购,而最终必须通过海运和空运发货的商品仍然可以征收关税,但对商品与服务作电子化传递时,因特网的结构使得关税的征收越发困难。

然而,许多国家正在寻找新的税源,或许试图对全球电子商务进行征税。

因此,美国政府将在世界贸易组织(WTO)和其他相应的国际论坛上提倡在用于分发商品和服务的因特网上建立"零关税"贸易环境。该原则应在各国征收相应关税和从保护这些关税收益之前就迅速地确立。

此外,美国认为,不应对因特网上的商务征收新的国内税。在因特网上征收商务税应符合已有的国际征税原则,应避免不一致的国家税和双重征税,并易于征收,便于理解。

任何对因特网交易的征税制度应遵循如下原则。

- 不能扭曲和阻碍交易。任何税制都不能对商务种类进行歧视,也不应鼓励改变交易的性质与地点。
- 简单、透明。该制度应在使我们获得绝大多数合理税收的同时,简单易行,并最大限度地减低各方的信息管理负担与成本。
- 应与美国和国际上其他国家现行税收体制兼容。

只要有可能,我们就应努力在保留现行税收观念和原则的基础上达到上述目标。

任何现行税收制度应根据因特网的特性达到上述目的。这些特性是,买卖双方可能的匿名性、开展多样化小交易的能力以及从自然分割的不同地点举行在线交往的困难。

为争取这些原则的全球一致性,美国政府通过财政部参加经济合作与开发组织(OECD)关于电子商务征税问题的讨论。

OECD是国际税收协调方面的主要论坛。

该政府还关注各州和地方税务当局对电子商务和访问因特网所可能采取的行动,征税的不稳定性和不一致性有可能窒息因特网商务的发展。

美国政府相信,一些普遍一致的、适用于国际征税的原则,例如,不能阻碍电子商务的增长;在传统商务和电子商务中保持中立,在联邦以下的政府的征税中也应当适用。对电子商务不应征收新税种。各州应当在电子商务征税比例方面取得一致。当然,在间接税收起更大作用的联邦以下的政府,这些原则的具体实施可以有所不同。

在采取任何进一步的行动之前,各州和地方政府应当协调一致,在现行征税原则的基础上,寻求一种统一的、简便的、可行的方法,对电子商务予以征税。

2. 电子支付系统

新技术已使得在因特网上对商品与服务进行支付成为可能。部分技术可连接现有的电子银行和支付系统,包括信用卡(credit card)和借记卡(debit card)网络以及因特网上的零售接口。建立在币值存储、智能卡和其他技术基础上的电子货币也在开发之中。大量民间力量的投资与竞争,开辟了使渴望参与全球电子商务的消费者与商业界获益的技术创新的激烈时代。

在此电子支付系统发展的早期之际,商务和技术环境正在发生迅速变化。既及时又合理地制定政策是困难的。因此,僵硬的、高度命令性的规章制度是不合理的、从长远来说是有害的。相反地，在近期内，用对逐个案例进行剖析的方法进行电子支付试验，是可取的。

然而，从长远的眼光来看，市场与行业自律并不能考虑到所有问题。例如，在保障电子支付系统的安全与可靠、保护消费者或实现重大执法目标等方面，政府行为也许是必须的。

在国际论坛上，美国政府通过财政部正在与其他国家政府一起研究新兴的全球电子支付系统的内涵。大量的组织正在开展有关电子储蓄与支付的一些重要领域的工作，他们的研究成果将有助于我们更好地理解电子支付系统对全球商界和银行界的影响。

由七国集团政府首脑参加的里昂最高会议上发表的《经济联合声明》号召开展对新兴、复杂的零售电子支付系统内涵方面的联合研究。作为响应，十国集团的代表组成了一个工作组，他们代表了这些国家的财政部门和中央银行(执法当局参与协商)。该工作组由美国财政部官员主持，承担了阐明十国集团国家共同政策目标和研究针对当前电子商务各国应采取措施的报告。

在电子支付系统开发过程中，各国政府应与民间力量紧密合作，通报制定政策的进展，保证政府活动灵活地适应新兴市场的需求。

B.3.2 法律问题

1. 电子商务的“统一商业法法典”

一般来说，交易双方可以在任意一致同意的条款下，在因特网上做生意。

然而，私有企业与自由市场得以繁荣的显著因素是有预测性的、被广泛接受的、支持商业交易的法律环境。为鼓励电子商务，美国政府应支持建立国内、国际统一的商务法律框架，该框架应认可、促进甚至强制世界范围的电子交易。获得充分信息的买卖双方可以自觉地在这种统一的法律框架下签订合同，这种法律框架可以像现行法律正文那样，被引用，以解释他们的合同。

市场的参与者应明确表示对将运用于电子商务的大多数法规的立场。为使民间力量能承担这一任务，并充分发挥他们的作用，政府将鼓励简单的、有预测性的国内和国际的法规、规范的出台，作为电脑空间(cyberspace)商务活动的法律基础。

在美国，每个州政府已采纳了由一系列商业法集成的统一商业法典(UCC)。国家统一的州法委员会议(the National Conference of Commissioners of Uniform State Law, NCCUSL)和国内UCC的发起者——美国法律学院(the American Law Institute)正在将UCC引入电脑空间。民间组织，包括美国律师办会(the American Bar Association, ABA)和其他有兴趣的组织正在参与这一进程。为UCC所不能覆盖的交易，提交有关电子合同与记录的法案的工作也在进行之中。本政府支持对这些提案进行迅速研究，形成各州统一的法规。当然，任何这样的法规应能适应不断发展的、可能的未来全球立法动议。

在国际上，联合国国际贸易法委员会(UNCITRAL)已经完成了支持国际电子商务合同商业运用的示范法的工作。该示范法建立了电子合同生效、确认的法规、标准，制定了电子合同生成和执行管理的违约准则，定义了有效电子书写与原始文件的特性，提供了用于法律和商业目的的电子签名的确认方法，支持对法庭上计算机证据和仲裁诉讼的承认。

美国政府支持所有国家采纳这些原则，作为定义一系列的国际统一的电子商务商业原则的开端。我们敦促联合国国际贸易法委员会、其他有关的国际团体、律师协会和其他民间组织继续他们在这领域的工作。

下述原则应尽可能地指导涉及全球电子商务法规的起草工作。

- 参与各方可以在他们中间自由地选择合作伙伴。
- 法规应当是技术中立性(即法规既不能要求也不能假定某种特定技术成立)和有前瞻性的(即法规应当不会阻碍未来技术的发展)。
- 现行法规应当得到修正，新的法规只有在为支持使用电子技术所必须或公众翘首以待时才予以采纳。
- 立法程序应当同时覆盖高技术商务和尚未在线的传统商务。

根据这些原则，UNCITRAL、UNIDROIT、国际商会(ICC)和其他组织应当制定附加的示范条款和统一的基础性的原则，以消除行政、法律障碍，促进电子商务。其方法是：

- 鼓励政府认识、接受和促进电子交往(如合同、公证文件等)；
- 鼓励一致的国际法规，以支持对数字签名和其他认证程序的承认；
- 促进产生合理、高效、有力地解决全球商业交易纠纷解决的机制。

全球电子商务的推广也取决于参与者，即他们对其行为所造成的可能损失与伤害承担什么责任。不一致的地方民事侵权法，加之司法的某些不确定性，可能大大增加诉讼量，并产生不必要的、最终要由消费者承担的费用。美国应当与其他国家紧密合作，阐明可行的司法法规，对允许当事人选择实体法的合同予以普遍的优惠与执行。

此外，全球电子商务的发展，为创建法律规则提供了机会。这些法律规则允许商家和消费者从利用新技术使功能得以精简和自动完成中获得好处，而这些功能最初是靠手工完成的。例如，可以考虑建立电子注册制度。

美国商务部和国务院将继续组织美国上述领域的参与者，就建立示范法达成实质性的国家协议。UCCUSL、美国法律学院、美国律师协会和其他有兴趣的组织一道，应继续他们促进国内外努力互补的工作。

2. 知识产权保护

因特网上的商务将经常涉及知识产权的销售与许可证发放。为鼓励此类商务，卖家必须知道他们的知识产权将不会被窃取，买家必须知道他们得到的将是真正的授权产品。

已建立的、明确有效的版权、专利、商标保护国际协议应能防止盗版和欺诈行为。尽管加密等技术可以有助于制止盗版行为，但同样需要利用适当、有效的法律框架，以阻止欺诈和对知识产权的窃取行为，以及当这些犯罪行为发生时，能提供有效的法律追索权。在这信息时代，知识产权公众教育水平的提高，也将归功于全球信息基础设施的完善与增长。

(1) 版权

有几种条约为版权保护建立了国际规范，最著名的是《文字与美术作品保护伯尔尼公约》。这些条约几乎与各主要贸易国家都有关，向它们提供了一系列在其本国法律体系下互相保护已注册版权的著作和录音制品的方法。

1996 年 12 月，世界知识产权组织（WIPO）修订了伯尔尼公约，并接纳了向录音制品的作者和生产者提供保护的两个新条约。这两个条约——《WIPO 版权条约》和《WIPO 演奏与唱片条约》（WIPO Performances and Phonograms Treaty）将大大促进在全球信息基础设施上进行在线数字交往的商业应用。

上述两个条约包含了与技术保护、版权管理信息以及与公共交往权有关的条款，所有条款对于在数字环境中行使有效的权利都是必不可少的。美国政府认识到民间努力对于在这些领域形成国际、国内标准的作用价值，意识到版权管理信息和技术保护措施的敏感性，并致力于相应的法律修改工作。

两个条约也包含了一些条款，允许在与著作的正常利用不冲突和对作者的合法权益无偏见的情况下，各国可提供例外（如"公平使用"）。这些条款允许各成员国积极遵循和合理增加数字环境的限制，并在本国法律可被伯尔尼公约接受的条件下，有所例外。这些条约允许各成员国设计新的、适合于数字网络环境的例外与限制，但它们既不能减少、也不能增加伯尔尼公约允许的限制与例外的应用范围。

美国政府正在为履行这些新的 WIPO 条约起草法规，并期待着在参议院批准的条件下，与参议院一起工作。

这两个 WIPO 条约没有提出在线服务提供商的责任问题，将其留给国内法决定。美国政府期待着在这些问题提出后与众议院合作，并支持各方同意的、与国际版权义务一致的公正平衡的解决方案。

该两个新 WIPO 条约的采纳，表明了美国政府具有深远意义的知识产权目标之一已经达到。美国政府将继续致力于对通过电子媒介传播的著作的合法版权保护工作。美国政府与版权有关的目标包括：

- 鼓励各国充分、迅速地履行包含在《贸易相关方面的知识产权协议》（the Agreement on the Trade-Related Aspects of Intellectual Property，TRIPS）中的义务；
- 尽快地以平衡、合理的方式，争取美国承认上述两个新的 WIPO 条约，积累符合该二条约的法律文件，履行该二条约中的义务；
- 鼓励其他国家加入该二条约，并尽快全面履行条约的义务；
- 鼓励美国的贸易伙伴建立法律法规，对已注册版权的著作（包括通过全球信息基础设施传播的电影、计算机软件和录音制品）提供充分、有力保护，并使这些法律法规得到充分的履行和积极的执行。

美国将在 WIPO 和其他适当的论坛上，通过进行双边和多边讨论的方式追求上述目标，并鼓励民间力量参与这些讨论。

(2) 数据库的特殊保护

1996 年 12 月，日内瓦"WIPO 会议"没有采纳关于保护数据库非原始元素的提案。相反，该会议号召随后举行一次会议，讨论研究建立特殊数据库保护提案的初步设想。"外交会议"之前举行的、关于特殊数据库保护的简短讨论表明：国内外都需要对这类保护的性质作进一步的讨论。

美国政府将吸收科学、图书馆、院校、商业以及其他各界的智慧，制定注重特殊数据库保护的政策。

(3) 专利

全球信息基础设施的发展，既依赖于、也刺激了许多领域技术(含计算机软硬件和电信)的创新。一个鼓励与保护这些领域的专利性革新、有效运行的专利体系，对于因特网上商务的全面成功，是重要的。与这些目标相一致，美国专利与商标局(PTO)将：

① 加强与民间力量富有意义的合作，编撰一本更大、更全的已有技术(prior art)集(既包含专利、又包含非专利的出版物)，供专利审查人更好地查询与全球信息基础设施有关的已有技术；

② 对这些专利审查人进行有关全球信息基础设施技术的训练，以提高和保持他们的技术专长水平；

③ 支持提前出版待批专利申请集的立法提议，尤其是在快速发展的技术领域。

为了给电子商务创造可靠的环境，专利协定应当：

- 未经专利拥有人的许可，禁止各成员国授权利用与全球信息基础设施有关的专利发明(即不允许强制性发放与全球信息基础设施有关技术的许可证，但对司法和行政反竞争行为的补偿除外)。
- 要求各成员国为对于全球信息基础设施的发展与成功来说具有重要意义的专利事项提供充分、有效的保护。
- 为确定专利索赔的有效性提供国际标准。

美国将在国际上努力实现上述目标。例如，欧洲、日本、美国专利局的官员们每年举行会议，以促进有关专利问题的合作。美国将在下次会议上建议在今后几年内成立专门委员会，为与全球信息基础设施有关的专利问题提供咨询。

在另一地点，约一百个国家和国际政府间的组织，作为 WIPO 工业产权信息常设委员会(PCIPI)的成员，参与着活动。美国将试图建立一个该组织的工作组，提出与全球信息基础设施有关的专利问题。

(4) 商标与域名

商标的适用地域是国家性的。当相似商品与服务具有属于不同国家不同拥有者的相同或相似的商标时就可能产生争议。各国在确认商标侵权时，也可能使用不同的标准。

争议在全球信息基础设施上已增加，第三方注册了相同或相似的因特网域名和普通法定商标。因特网域名的作用相当于因特网上的信息源识别符。信息源识别符，像地址一样，本身并不是受保护的知识产权(即商标)。虽然作为信息源识别符的域名，其使用已经普及，但是立法机关认识到误用域名会使有价值的商标权遭到令人瞩目的侵犯、淡化与削弱，已开始对它们赋予知识产权。

至今为止，商标权与域名的争议一直是通过协商和/或诉讼解决的。可能建立一个契约性的自律制度，处理全球性的、潜在的域名使用与商标法的争议，而无须诉讼。这可以在因特网上建立一个更稳定的商业环境。相应地，美国将支持正在进行的努力，为讨论有关因特网商标问题而创建国内、国际论坛。美国政府还计划吸收公众的参与，以解决因域名问题产生的商标争端。

域名系统(DNS)的管理还引发了与知识产权无关的其他重要问题。政府支持民间提出的与域名有关的因特网管理问题，并组织了一个跨部门(interagency)的工作小组，在美国商务部的领导下，研究域名制度问题。该工作组将审查各种域名制度方案，向民间力量、消费者、专业人员、议会、州政府和国际组织咨询。该工作组在公众的参与下，将考虑：

① 对于发展有全球竞争力的、以市场为基础的域名注册系统，政府可以作什么贡献；

② 怎样做到最佳的因特网自下而上的管理。

3. 隐私权

美国人珍重隐私，并将其与我们关于个人自由和幸福的观念联系在一起。不幸的是，全球信息基础设施以其促进信息采集、重复使用和瞬时传递的巨大承诺，使得如不对其谨慎管理，就会削弱个人隐私权。因此，如人们在网络环境下做生意感觉舒适，则保障个人隐私权是必不可少的。

同时，一些基本的和珍贵的原则，如作为美国民主重要标志的《第一修正案》，却又保护信息的任意流通。只有当每个人的隐私权与因信息的任意流通所获利益相平衡时，全球信息基础设施上的商务活动才会繁荣。

1995 年 6 月，美国政府信息基础设施任务局(IITF)的隐私权工作小组发表了一份题为《隐私权与国家信息基础设施：提供与使用个人信息的原则》的报告。该报告提出了一系列信息时代对个人数据进行采集、处理、存储与重复使用的管理原则(《隐私权原则》)。

这些隐私权原则，建立在“经济合作与开发组织”的《个人数据越界流动与隐私保护管理准则》基础之上，是合理信息惯例(fair information practices)的具体化，并基于对如下基本格言的认识与选择：

- 数据采集者应当通知消费者他们采集的是什么信息，以及他们打算怎样使用这些信息；
- 数据采集者应当向消费者提供有效的限制个人信息使用和重复使用的方法。

数据采集者的信息披露可用于促进隐私权问题的市场解决，其方法是使人们能得到诸如：信息被采集的原因、信息用途、保护这些信息所采取的措施、提供或扣留信息的后果以及他们拥有的任何赔偿权。这种信息披露将使得消费者能更好地决定他们隐私权的开放程度和参与意愿。

此外，《隐私权原则》定义了用于对个人信息在线获得、披露与使用进行管理的三个标准：信息隐私性、信息完整性和信息质量。第一，个人对其被访问和使用信息的隐私性的合理期望应能得到保证。第二，不应当对个人信息进行不适当的修改与销毁。第三，个人信息应当准确、及时、完全，并有供需的针对性。

根据这些原则，如果消费者由于其个人信息使用或披露不当而造成伤害，或某些决定是建立在不准确、过时、不完全、无针对性的个人信息之上的，他们有权提出索赔。

1997 年 4 月，IITF 的信息政策委员会，发表了一份题为《在国家信息基础设施上建立隐私权的选择》报告草案。该报告调查了美国的信息惯例(information practices)，征求了关于贯彻《隐私权原则》最佳途径的公众评论。IITF 的目标是寻找方法，在互相制约的有关隐私权的三个标准，以及数字民主社会的信息自由流动之间求得平衡。

同时，其他联邦机构还研究了其他工业领域的隐私权问题。例如，1995 年 10 月，国家电信与信息局(NTIA)发表了一份题为《隐私权与国家信息基础设施：保护与电信有关的个人信息》的报告。它探讨了《隐私权原则》在电信和在线服务领域的应用，并提倡建立在通告与响应(notice and consent)基础之上的非官方框架。1997年1月6日，FTC发表了一份题为《关于在全球信息基础设施上消费者隐私权的公共讨论》的报告。这份针对直接销售与广告宣传产业的报告认为：通告、选择、安全和访问是在线合理信息惯例的必要组成部分。1997年6月，FTC举行了4天关于技术工具和加强因特网上个人隐私业界自律制度的听证会。

美国政府支持民间力量正在进行的致力于贯彻有益的、与消费者友好的、自律的隐私制度的努力。这包括促进对在线选择的认识与运用、评估民间力量对合理信息惯例的采纳与依从以及解决争议等机制。

政府期望技术将对在线环境的隐私权问题提供解决方案，包括合理使用匿名。如隐私权问题不能通过业界自律和技术得到认真研究，则政府将面临一个不断增长的压力，必须为保护消费者在线隐私选择权而扮演更直接的角色。

政府尤其关心的是从儿童处采集的信息的使用，因为儿童是缺少辨认和珍视隐私权的认识能力的。父母应能决定他们的孩子和孩子周围的、具有个人识别特征的信息是否被采集。我们敦促业界、消费者和儿童保护组织共同合作，利用技术、自律与教育等综合手段，解决该领域产生的特殊危险问题，便于家长做出选择。这个问题应该得到足够的重视，否则政府的行动就显得尤其重要了。

隐私权问题在世界上的许多国家引起关注。一些国家已通过立法、贯彻业界自律、或用行政手段保护其公民的隐私权。一些可能破坏透明边界数据流的、完全不同的政策也可能出现，例如，欧盟已采纳了一项禁止个人数据向对欧盟公民不能提供充分个人隐私权保护的国家流动的指导性原则。

为保证世界上不同的隐私权政策不会妨碍因特网上的数据流动，美国将与其主要贸易伙伴讨论，以支持发达的工业国家对隐私权问题提供解决方案，建立保证消费者对个人信息处理方式满意的市场驱动机制。

美国将继续与欧盟国家和欧洲委员会进行政策讨论，以增加其对美国关于隐私权问题态度的理解，并保证他们的评估准则能充分灵活地容纳我们的原则。这些讨论将通过NTIA，由美国商务部、国务院、总统执行办公室、财政部、联邦贸易委员会(FTC)和其他相关的联邦机构负责。NTIA还正在与民间力量一起工作，考察欧盟指导性原则的贯彻执行对美国可能产生的影响。

美国还将通过已有的双边以及诸如亚太经合组织(APEC)论坛、美洲最高会议、北美自由贸易协定(NAFTA)和“美洲国家组织”的美洲电信委员会(CITEL)等区域性论坛以及更大的多边组织，与各贸易伙伴就这些问题进行对话。

美国政府认为数据的保护至关重要。我们相信，致力于与消费者组织一同工作的业界民间力量所作的努力应是政府制定法规时优先参考的，但如果隐私权不能用此方法得到有效的保护，则我们将重新评价该政策。

4. 安全

全球信息基础设施必须安全与可靠。如因特网的用户对他们面对非授权访问和修改的通信和数据的安全性缺乏信心，则他们将不会在因特网上开展日常性的商务。一个安全的全球信息基础设施要求：

(1) 安全与可靠的通信网络；

(2) 保护这些网络附加信息系统的有效方法；

(3) 确认和保护电子信息机密性、防止数据非法使用的有效方法；

(4) 经过良好训练的、懂得保护其系统与信息方法的全球信息基础设施用户。

没有单独的"魔术般"的技术可以保证全球信息基础设施是安全可靠的。为达到上述目的，需要一系列的技术(加密、认证、口令控制、防火墙等)和对这些技术有效的、一致性的使用，并得到全球可信赖的密钥与安全管理基础设施的支持。尤其重要的是发展可信的、支持数字签名的证书服务，数字签名将允许用户知道在因特网上与他们通信的人是谁。签名和机密性都依赖于密钥的使用。为鼓励发展可信赖的电子商务环境，政府正在鼓励发展非官方的、市场驱动的、支持认证、一致性和机密性的密钥管理的基础设施。

加密产品可保护存储数据和电子通信的机密性，方法是保证在没有解密密钥的条件下，其内容不可读。但是强加密是一把双刃剑。守法的公民可以使用强加密保护他们的贸易信息和个人数据，但如果解密密钥丢失了，则这些贸易秘密和个人数据也就永远丢失了。鉴于信息的价值，其损失无疑是很大的。加密还可以被罪犯和恐怖分子用来降低执法机关阅读他们通信的能力。基于密码学的密钥恢复可以有助于这些问题的部分解决。

在促进电子商务所需的坚韧的安全机制的过程中，政府已采取步骤，使加密可以信赖，提供用户和社会需要的保护。在业界的参与下，政府正在采取步骤鼓励发展市场驱动的标准、公钥管理基础设施服务和密钥可恢复的加密产品。此外，政府在保护公共安全和国家安全利益的条件下，放宽了对商业加密产品的出口控制。

政府还与国会一起致力于促进非官方密钥管理基础设施的发展并且按照法律授权使执法官管理重获信息的发布。美国政府将从事促使发展包含密钥恢复在内的、市场驱动的密钥管理基础设施的国际性工作。尤其是，美国已与 OECD 紧密合作，制定加密政策的国际方针，并将继续促进制定能提供可预测的、安全的全球电子商务环境的政策。

B.3.3 市场准入

1. 电信基础设施与信息技术

全球电子商务依赖于一个现代的、无缝的全球电信网和与其连接的计算机和信息应用。遗憾的是，太多国家的电信政策正在阻碍先进数字系统的发展。消费者发现电信服务往往太昂贵、带宽太窄、服务缺乏或不可靠。类似地，许多国家还对进口信息技术保留着贸易壁垒，给购买参与电子商务所需的计算机和信息系统的商家和消费者都造成了困难。

为推动这些壁垒的消除，1994 年 3 月，戈尔副总统在布宜诺斯艾利斯举行的世界电信发展会议上发表了讲话。他明确表达了美国认为应当成为政府政策基础的几项原则，包括：

(1) 使政府控制的电信公司私有化，鼓励民间力量投资；

(2) 鼓励和保持竞争，其方法是在垄断的话音市场引入竞争机制、保证以公平价格进行通信连接、向外国投资者开放市场、强制推行反垄断的安全机制；

(3) 在非歧视性的基础上开放网络，使全球信息基础设施的用户有权得到内容规范的信息与服务；

(4) 贯彻与技术发展同步的、鼓励竞争且灵活的法规。

在国内，政府认识到现有网络存在各种局限，阻碍了要求更大带宽的服务业的发展。政府发动了包括 Internet Ⅱ，或“下一代因特网”在内的一些项目。此外，FCC 已承担了几项旨在促进带宽扩展(尤其是针对居室和小型/家庭办公室的消费者)的启动工作。

美国的目标是保证在线服务提供商能以合理、非歧视的条件与最终用户连通。真正的网络开放将导致竞争的增加、电信基础设施的改善、消费者选择的增加、低廉的价格、服务的增加与改善。

值得关心的领域包括：

- 租用线(leased lines)　大部分在线服务提供商的数据网是与租用线连在一起的，这些租用线必须从通常是垄断企业和政府实体的国家电话公司那里获得。由于缺少有效的竞争，电话公司可以对租用线的价格进行人为涨价和使用限制，这就阻碍了在线服务提供商提供服务。
- 本地循环涨价　为连接用户，在线服务提供商通常别无选择地从垄断企业和国有电话公司那里购买本地的交换服务。这些服务也通常定价在较高的费率上，以至于抬高了向消费者提供数据服务的费用。
- 连接与分别计价(unbundling)　在线服务提供商必须能与必不可少的电信公司进行网络连接，使得信息能在网络中的所有用户中无缝通行。垄断企业和有特权的电话公司通常将价格定在远高于成本的水平，并以所谓的网络兼容或其他提供商没有需求为由，拒绝连接。
- 将设备联网　在过去若干年里，某些电信提供商利用他们的垄断权，限制了通信业务与技术装置与网络的连接。即使在垄断被打破之后，大量的、不必要的、作为累赘的“准入类型”惯例仍在使用，以至于阻止竞争、给消费者网络接入造成困难。
- 因特网的语音与多媒体　一些国家的官员声称因特网上提供的“实时”服务是与传统的、已受法律约束的语音电话和广播类似的服务，因此应服从相同的、适用于这些传统服务领域的法律限制。

此外，各国电信基础设施的发展水平不同，这可能阻碍全球的某些基于因特网服务的提供和使用。政府相信引入鼓励外资、竞争、法规灵活性和开放准入的政策，将支持基础设施的发展和更多的面向数据(data-friendly)的网络产生。

为解决这些问题，政府成功地与“WTO 基本电信”进行了讨论，这将保证对基本电信提供服务的全球竞争，并将解决许多影响在线服务提供商的基础性问题。在这些讨论中，美国保证新的法律责任不会加到在线服务提供商头上，否则会窒息利用新的技术与服务。

当 WTO 协定实施以后，政府将努力保证全球通信市场的新的竞争规则将是技术中立的，将不会阻碍电子商务的发展。特别地，对新技术和新的服务发放许可证的法规，在允许政府保护重要公众利益目标的同时，必须充分灵活，以适应消费者需求的变化。在这里，保护这类公众利益目标的法规不应偏重于针对任何部分的电信产业或针对新加入者。

政府还将努力有效地贯彻 1997 年 3 月由 WTO 成员制定的《信息技术协定》，该协定旨在消除几乎所有信息技术类型的关税。基于这些成功，有美国公司的鼓励，政府正在制定ITA Ⅱ计划，旨在消除针对信息技术商品与服务的、尚存的关税和现行的非关税壁垒。此外，政府承诺寻找其他途径来精简需求以论证产品的一致性，包括执行“相互认识协定”(MRAS)，该协定能消除各国不同标准的实验室对单一产品的确认需求。

与各外国政府的双边交流、诸如APEC和CITEL的区域性论坛、诸如OECD和ITU的多边论坛和其他各种论坛(如国际私有企业联盟、国际标准化组织(ISO)、国际电子技术委员会(IEC))也可以就有关电信的因特网问题和消除阻碍信息技术出口的贸易壁垒问题进行国际讨论。这些问题包括决定在线流量、定址和可靠性交流等条款。在所有论坛上，可能影响因特网定价、服务提供选项和技术标准的美国政府，其立场将体现本文的原则，美国政府的代表们将调查他们研究小组的工作，以确保这一点。

此外，许多因特网问题的最佳处理办法是政府和民间力量共同参与的、民间的、开放标准的协商。美国政府将支持业界发起旨在达到本文重要目标的行动。

2. 内容

美国政府支持信息尽可能地跨越国界自由流动。这包括目前可以通过因特网(含WWW页面、新闻组和其他信息服务、虚拟购物市场、声像等娱乐产品和美术等)访问与传递的大部分信息资源。本原则涉及的不仅是商业企业产生的信息，也包括学校、图书馆、政府和其他非营利性机构产生的信息。

与传统的广播媒体形成鲜明的对照，因特网向用户提供了保护他们自己和孩子免受令人生厌和不适当内容侵害的大好机会。例如，新技术可以帮助父母禁止他们的孩子访问敏感信息或将孩子们访问的Web站点限制在预先批准的范围内。

既然有效的过滤技术是现成的，则以往针对无线广播和电视的内容限制制度就不需要应用在因特网上了。事实上，不必要的限制会削弱因特网的增长和多样性。

因此，政府支持业界自律、采纳竞争分级制度(competing ratings systems)和发展使用简便的技术方案(如：过滤技术和年龄确认系统)，以帮助信息的在线显示。

值得优先关注的四个领域是：

(1) 内容约束

希望在因特网上做生意和向因特网提供访问信息的公司(含外国分支机构和合资企业)关心的是在他们的信息经过的所在国的不同政策下，他们所承担的责任。

正在考虑和已经采取法律来限制通过因特网传播的某些信息内容类型的国家，强调的是文化、社会和政治差异的不同方面。这些不同的法律可能阻碍全球环境的电子商务的发展。

政府关注这类因特网限制，将与主要贸易伙伴开展非正式对话，讨论诸如仇恨演说、亵渎、煽动性言论、色情以及其他内容等公共政策问题，以保证不同国家法律(尤其是正在施行的、鼓励文化特殊性的法律)之间的差异，不会作为伪装的贸易壁垒。

(2) 外国内容配额

目前，一些国家要求将传统广播发送时间的特定比例分配给“国产”内容专用。如果“广播”的定义为了这些现行法律适用于“新的服务”而改变，则问题可能在因特网上产生。各国也可以决定在行政当局、而不是广播约束的控制下，约束因特网内容和建立限制。

政府将谋求与其他国家就鼓励内容多样性(包括文化和语言的多样性)的方法进行对话。这些讨论可以考虑通过非歧视的、税收补助的形式,鼓励文化的特殊性。

(3) 广告约束

广告将允许这一新的交互式媒体向更广大的全球观众,展示更多的、购买力可承受的产品和服务。一些国家严格地限制远程购物的语言、数量、频度、持续时间和类型,以及广告商使用的广告宣传地点。原则上,美国不喜欢这些约束。存在一定文化和社会方面的忧虑是可以理解的,但不能将其构成因特网上不必要的法规累赘。

许多国家的法律支持广告索赔。广告业的自律制度也在许多国家存在。真实、准确的广告,应当成为任何媒体(含因特网)上的广告基石。

一个有实力的认识与行为研究团体的研究表明:儿童尤其容易受到广告的侵扰。作为结果,美国已成功地建立了法规(含自律和其他),以保护儿童免受有害广告的影响。政府将与业界和儿童保护组织合作,确保这些保护措施能移植到在线媒体环境,并得到合理执行。

应将"发起国"(country-of-origin)提出的法规作为控制因特网广告的基础,以减轻国家立法障碍和贸易壁垒。

(4) 防欺诈法规

近年来,已经有大量关于公司及其股票的欺诈信息以及假冒投资计划在因特网上广播的案件发生。相应的联邦机构(即联邦贸易委员会和证券交易委员会)正在决定是否需要新的法律,以防止因特网上的欺诈。

为认识因特网上潜在的商业文化价值,消费者必须有信心。相信提供给他们的商品和服务可以得到很好的描述,只要他们付钱就可以得到,只要他们愿意就可以得到帮助与赔偿。这是一个政府行为应该影响的领域。

政府将在国际上寻求合作的机会,以保护消费者,揭露电脑空间假冒、欺骗的商业活动。

联邦机构,例如国务院、美国贸易众议院(U.S. Trade Representative, USTR)、商业部(NTIA)、FTC、消费者事务办公室和其他机构通过双边和多边渠道,已致力于实现这些主张,包括通过OECD、七国信息社会与发展会议、拉丁美洲电信最高会议、美洲进程(Americas process)最高会议以及APEC电信部长会议。所有参加这些论坛的机构都将基于本文中的原则,注重有关内容问题的实际解决方案。

3. 技术标准

对长远的因特网商业成功来说,标准是至关重要的,因为它们允许不同厂家的商品与服务相互兼容。它们还可以在全球市场鼓励竞争和减少不确定性。然而,早熟的标准可能锁定过时的技术。标准还可以被用来作事实上的非关税贸易壁垒,将非本土商务排除在本国的市场之外。

美国相信应当由市场而不是政府来决定技术标准和其他互操作(interoperability)机制。技术是迅猛发展的,政府若企图利用建技术标准的方法来管理因特网,只能会面临窒息技术创新的危险。美国认为,为电子商务强行建立标准是不明智的和不必要的。相反,我们鼓励业界敦促多边论坛在该领域考虑技术标准。

为确保因特网上全球电子商务的增长，需要使标准在下述领域保证可靠性、互操作性、易使用性和可扩展性：

- 电子支付；
- 安全(加密、认证、数据完整、访问控制、不可抵赖)；
- 安全服务基础设施(如公钥证书机构)；电子版权管理制度；
- 电视与数据会议；
- 高速网技术(如 ATM、SDH)；
- 数字客体(digital object)与数据交换。

没有必要使与全球信息基础设施相关的每一商品和服务都有一项标准，技术标准无须命令。在某些情况下，多个标准可以竞争，以取得市场的认可。在另一些场合，不同的标准用于不同的情况。

因特网上自发标准的流行，以及标准开发与认可的媒体趋同过程正在刺激它们的快速增长。这些标准繁荣的原因是由于有技术实践者通过各种组织的工作来管理的、非官僚的开发体制。虽然在标准被正式采纳之前，这些组织要求对其进行演示性使用，但该过程可以促使标准的迅速推广，并可以容纳正在发育的标准。然而，只有少量国家允许民间标准的开发；大部分国家依靠的是政府命令的方法，这使得这些国家落后于技术前沿，并产生非关税贸易壁垒。

大量的民间团体已对支持互操作性的非官方标准的开发过程做出了贡献。美国已鼓励通过民间标准组织、国际性协议、试验室和研究开发(R&D)活动进行非官方标准的开发。美国政府也已采纳了一系列鼓励接纳国内外非官方标准的原则。

当前，无人号召进行正式的、由政府举行的谈判，美国将利用各种论坛(如国际私有企业联盟、国际标准组织[ISO]、国际电子技术委员会[IEC]、国际电信联盟[ITU]等)防止利用标准，在发展的全球信息基础设施上，为自由贸易建立壁垒。民间力量应维护其发布标准、建立需求方面的全球主导地位。必要时，美国将通过政府间的组织监督与支持民间力量的主导地位。

B.4 协调策略

电子商务的成功将要求民间、官方具有有效的伙伴关系，并保持民间力量领先。政府的参与必须是连贯和谨慎的，要避免有时可能产生的、不同的政府机构过分地维护各自的权利和各行其是而造成的矛盾和混乱。

各种提出的问题、问题之间的相互影响以及提出这些问题的不同论坛将要求有协调的、目标明确的政府态度，以避免制定与检查政策时的低效与重复。

计划展开后，一个跨部门的小组将继续会面，以便监督进程，修订本策略。足够的资源将被用于快速、有效的政策贯彻执行。

进一步制定与贯彻本文所列策略的过程，与本文的内容同样重要。今后几年内，在修订与贯彻本文的同时，美国政府将开放式地、经常地向业界、消费者和因特网用户、议会、州和地方政府、外国政府和国际组织咨询。

民间力量领先代表着今天因特网爆炸性的增长，电子商务的成功将依赖于民间力量的继续领先。相应地，政府也将鼓励创建民间论坛，在要求自律的领域(如隐私权、内容分级、消费者保护、标准开发、商业编码和鼓励互操作性)内领先。

本文的策略将被修订，当技术的变化以及市场教会我们更多的建立使电子商务和社会繁荣的最佳环境的方法时，新的版本将会颁布。

因特网上有着巨大商机。如果民间力量与政府行为得当，则该机会可用于造福全人类。

附录 C 电子商务大事记

1995—1998 年

- 1995 年 5 月 9 日，马云创办中国黄页，成为最早为企业提供网页创建服务的互联网公司。
- 1996 年 4 月 27 日，中国万网的前身创联公司成立，率先在中国推出域名注册系列服务。
- 1997 年 12 月，中国化工网(英文版)上线，成为国内第一家垂直 B2B 电子商务网站。
- 1998 年 2 月，招商银行正式推出面向个人客户的网上银行“一网通”，成为国内首家推出网上银行业务的银行。
- 1998 年 2 月，由焦点科技运营的中国制造网(英文版)在南京上线。

1999 年

- 1999 年，8848、携程网、易趣网、阿里巴巴、当当网等一批电子商务网站先后创立。
- 1999 年 9 月 6 日，中国国际电子商务应用博览会在北京举行，是中国第一次全面推出的电子商务技术与应用成果大型汇报会。
- 1999 年，中国网库推出“中国网络黄页”，并在全国各地开通了地方 114 网，并以各地 114 网为基础为企业提供网络信息化应用等全套服务。

2000 年

- 2000 年 4 月，于 1992 年成立的慧聪国际推出了慧聪商务网，即现在的慧聪网。
- 2000 年 5 月，卓越网成立，为我国早期 B2C 网站之一。
- 2000 年 6 月 21 日，中国电子商务协会在北京成立，吕新奎担任名誉理事长，宋玲担任理事长。
- 2000 年 12 月，阿里巴巴获日本软银等境外财团联合投资 2 500 万美元。

2001 年

- 2001 年 7 月 9 日，中国人民银行颁布《网上银行业务管理暂行办法》。
- 2001 年 11 月，中国电子政务应用示范工程通过论证，这标志着中国向“电子政府”迈出了重要一步。

2002 年

- 2002 年 3 月，全球最大网络交易平台 eBay 以 3 000 万美元的价格，购入易趣网 33%股份。
- 2002 年 7 月 3 日，国家信息化领导小组第二次会议，审议通过了《国民经济和社会发展第十个五年计划信息化重点专项规划》、《关于我国电子政务建设的指导意见》和《振兴软件产业行动纲要》。

- 2002 年 9 月，王峻涛创办 6688 电子商务网站，二度进军 B2C 网上商城。

2003 年

- 2003 年 5 月，阿里巴巴集团投资 1 亿元成立淘宝网，进军 C2C。
- 2003 年 6 月，eBay 以 1.5 亿美元收购易趣剩余 67%股份，国内最大 C2C 企业由此被外资全盘并购。
- 2003 年 10 月，阿里巴巴推出“支付宝”，致力于为网络交易用户提供基于第三方担保的在线支付服务。
- 2003 年 12 月，慧聪网香港创业板上市，为国内 B2B 电子商务首家上市公司。

2004 年

- 2004 年 1 月，阿里巴巴集团董事局主席马云正式提出“网商”概念。
- 2004 年 1 月 8 日，中国电子商务“先驱”8848 在京“复出”回到电子商务领域，转型专注做“中国电子商务引擎”。
- 2004 年 1 月，京东涉足电子商务领域，京东多媒体网正式开通，启用域名。
- 2004 年 3 月 24 日，国务院总理温家宝主持召开了国务院常务会议，讨论并原则通过了《中华人民共和国电子签名法(草案)》。
- 2004 年 5 月 19 日，中国电子商务协会召开 2004 中国(福州)国际电子商务学术会议。
- 2004 年 6 月 12—13 日，中国电子商务协会与阿里巴巴集团联合主办的首届中国网商大会在杭州隆重举办。
- 2004 年 8 月 12—13 日，2004 年北京市中小流通企业服务年会成功召开。
- 2004 年 8 月，亚马逊以 7 500 万美元协议收购卓越网，并更名为卓越亚马逊。
- 2004 年 8 月 28 日，十届全国人大常委会第十一次会议表决通过了《中华人民共和国电子签名法》，于 2005 年 4 月 1 日起施行。
- 2004 年 12 月 8 日，浙江支付宝网络科技有限公司成立；同月 30 日，支付宝网站 www.alipay.com 正式上线并独立运营。
- 2004 年年底，由温家宝总理主持的信息化领导小组第四次会议，通过了《关于加快电子商务发展的若干意见》。

2005 年

- 2005 年 1 月 8 日，国务院办公厅发布《关于加快电子商务发展的若干意见》二号文件。
- 2005 年 2 月，支付宝推出保障用户利益的“全额赔付”制度，开国内电子支付的先河；2005 年 7 月又推出“你敢用，我敢赔”的支盟计划。
- 2005 年 1 月 17 日，CNNIC 在北京发布“第十五次中国互联网络发展状况统计报告”。报告显示，截至 2004 年 12 月底，内地上网用户总数为 9 400 万，比上年同期增长 8.0%，其中使用宽带上网的人数达到 4 280 万；上网计算机达到 4 160 万台，增长了 14.6%；CN 下注册的域名数、网站数分别达到 43 万和 66.9 万，分别比半年前增长了 5 万和 4.3 万；网络国际出口带宽总数达到 74429M，IPv4 地址总数 59 945 728 个，分别比上年同期增长 34.8%和 44%。

- 2005年2月8日，信息产业部颁布《电子认证服务管理办法》。该办法是配合2005年4月1日正式实施的《电子签名法》的行政规章，为认证机构的成立与运营确立了基本规范。同步颁布的还有《国家密码管理局的电子认证服务密码管理办法》。
- 2005年2月8日，信息产业部发布了《非经营性互联网信息服务备案管理办法》。
- 2005年3月18日，由中国电子商务协会、海南省电子商务协会联合主办的"中韩日电子商务协同合作推进大会暨海南省电子商务发展大会"在海口市隆重召开。
- 2005年4月1日，《电子认证服务管理办法》正式实施。《电子认证服务管理办法》主要规定了电子认证服务许可证的发放和管理、电子认证服务行为规范、暂停或者终止电子认证服务的处置、电子签名认证证书的格式和安全保障措施、监督管理和对违法行为的处罚等内容。
- 2005年4月1日，《中华人民共和国电子签名法》正式实施。奠定了电子商务市场良好发展态势的基础，也是中国信息化领域的第一部法律。
- 2005年4月18日，中国电子商务协会政策法律委员会组织有关企业起草的《网上交易平台服务自律规范》正式对外发布。
- 2005年6月9日，《电子支付指引(公开征求稿)》公布。
- 2005年6月28日，首届中国互联网营销大会在北京召开。
- 2005年7月21日，CNNIC在京发布"第十六次中国互联网络发展状况统计报告"。
- 2005年7月26日，《2005年中国信息化发展报告》发布。
- 2005年8月5日，百度公司正式在美国NASDAQ挂牌上市。
- 2005年8月8日，中小企业信息化联盟成立。中小企业信息化联盟新闻发布会在北京召开，以"携手同行，引领中小企业信息化未来"为主题，宣布国家发展改革委中小企业司和信息产业部信息化推进司组织实施的"中小企业信息化推进工程"正式启动。
- 2005年8月11日，阿里巴巴公司宣布收购雅虎中国全部资产，同时得到雅虎10亿美元投资，雅虎则拥有40%股份，由此成为阿里巴巴最大控股股东。
- 2005年8月30日，中国人民银行宣布，由人民银行制定的《个人信用信息基础数据库管理暂行办法》将自10月1日起开始实施。
- 2005年9月1日，2005互联网大会在北京国际会议中心开幕。
- 2005年9月10—11日，由中国电子商务协会与阿里巴巴集团联合主办第二节中国网商大会和"第五届西湖论剑"同期举行。中国电子商务协会理事长宋玲作了"创业、坚持、电子商务开拓互联网光辉未来"的精彩发言。
- 2005年9月12日，"拍拍网"上线发布，2006年3月13日宣布正式运营，是腾讯旗下的电子商务交易平台。
- 2005年9月14日，国家标准化管理委员会与国务院信息化工作办公室联合主办，中国标准研究院、中国电子商务协会共同承办的"国家电子商务标准化研讨会"在京举办。

- 2005 年 10 月 26 日，中国人民银行颁布实施《电子支付指引第一号》。《指引》共 6 章 49 条，以电子支付业务流程为主线，重点规范银行及客户在电子支付活动中的权利义务关系。
- 2005 年 11 月 11 日，《北京电子商务行业自律公约(试行)》，经全体理事单位讨论通过，正式印发全体会员单位执行。《北京电子商务行业自律公约(试行)》的发布施行，旨在不断提高北京电子商务行业的诚信度、美誉度，促进北京电子商务事业健康发展。
- 2005 年 12 月 2 日，RFID 标准工作组成立。电子标签标准工作组首批成员单位共计 54 家。

2006 年

- 2006 年 1 月 16 日，中国人民银行宣布，全国统一的个人信用信息基础数据库于 2006 年 1 月正式运行，这一数据库已收录的自然人数已达到 3.4 亿人，其中有信贷记录的人数约为 3 500 万人。
- 2006 年 1 月 17 日，CNNIC 发布了《第 17 次中国互联网络发展状况统计报告》。报告显示，截至 2005 年 12 月 31 日，我国网民人数达到 1.11 亿；宽带上网网民人数为 6 430 万人，比 2004 年增加了 2 150 万人，增长率为 50.2%。宽带上网成为上网接入主流。
- 2006 年 2 月 16 日，2006 中国 IT 市场年会在北京国际会议中心举办。
- 2006 年 3 月，“第一届中小企业电子商务应用发展大会”在北京举行。
- 2006 年 3 月 17 日，《中国信息化发展报告 2006》发布。
- 2006 年 3 月 19 日，中共中央办公厅、国务院办公厅印发《2006—2020 年国家信息化发展战略》(中办发【2006】11 号)。
- 2006 年 5 月 12—13 日，教育部高等学校电子商务专业教学指导委员会成立。
- 2006 年 5 月 18 日，国务院公布《信息网络传播权保护条例》。国务院总理温家宝签署第 468 号国务院令，公布《信息网络传播权保护条例》。
- 2006 年 5 月 18—19 日，“第二届 APEC 电子商务工商联盟论坛”在青岛举行。该论坛由亚太经济合作组织及中国商务部主办，论坛的主题是“优化环境、加强合作、鼓励创新、促进应用”。它促进了我国与 APEC 各经济体政府以及企业间在电子商务领域的交流与合作。
- 2006 年 6 月，商务部公布了《中华人民共和国商务部关于网上交易的指导意见》(征求意见稿)。
- 2006 年 6 月 13 日，我国国家域名顶级节点全面启用。
- 2006 年 7 月 6 日，中国政府签署了《联合国国际合同使用电子通信公约》。在美国纽约召开的联合国贸易法委员会第三十九届年会上中国政府签署了该《公约》。该《公约》是联合国贸易法委员会根据委员会早先通过的《电子商务示范法》和《电子签名示范法》的基本原则而制定的，旨在消除国际合同使用电子通信的障碍，消除现有国际贸易法律文件在执行中可能产生的障碍，加强国际贸易合同的法律确定性和商业上的可预见性，有助于促进国际贸易的稳定发展。

- 2006年7月19日，中国互联网络信息中心(CNNIC)发布《第18次中国互联网络发展状况统计报告》。报告显示，截至2006年6月30日，我国网民人数达到了1.23亿人，与上年同期相比增长了19.4%，其中宽带上网网民人数为7 700万人，在所有网民中的比例接近2/3。
- 2006年9月4日，中国电子商务协会主办的第九届中国国际电子商务大会胜利召开，本届大会正式由信息产业部批准为国际大会。
- 2006年9月9日，杭州市人民政府、中国电子商务协会、阿里巴巴集团联合主办的第三届网商大会在浙江杭州成功举办。
- 2006年9月23日，北京信息化专家咨询委员会成立。委员会主任是国务院信息化工作办公室副主任杨学山，国家信息化专家咨询委员会常务副主任周宏仁出任副主任。
- 2006年10月6日，"中国印尼经贸合作网站"开通仪式在印尼巴厘举行。该网站由中国商务部和印尼贸易部合作建立，旨在推动双边经贸合作发展，为双方企业特别是中小企业服务，内容涵盖中国印尼贸易、投资、经济技术合作和企业产品等多项领域。
- 2006年11月，创立于1999年的B2B电子商务商之一亚商在线，被世界500强公司之一的Office Depot收购，亚商在线是中国当时最大的办公用品与办公服务B2B电子商务公司，Office Depot公司是世界最大的电子商务零售商之一，网上年销售额达38亿美元。
- 2006年12月15日，网盛科技登陆深圳中小企业板。
- 2006年12月，eBay和TOM在线建合资公司TOM易趣，分别持股49%和51%。
- 2006年12月，电子商务专家梁春晓发表了一篇题为《电子商务服务业的体系、兴起和发展》的文章，首次提出了电子商务服务业的概念，阐释了电子商务服务业的体系、兴起和发展历程，并提出"互联网的未来在于电子商务，电子商务的未来在于电子商务服务业，而电子商务服务业的核心是电子商务服务平台"的观点。

2007年

- 2007年1月17日，中国电子商务协会首届北京移动城市高峰论坛暨移动信息化工作推进工作委员会成立大会召开。
- 2007年3月1日，信息产业部发布《信息产业"十一五"规划》。
- 2007年3月6日，商务部发布了《关于网上交易的指导意见(暂行)》。
- 2007年3月8日，2007年信息化推进工作座谈会暨电子认证服务工作会在广州召开。
- 2007年4月26日，《中国的信息革命：推动经济和社会转型》报告发布。该报告由世界银行在北大公共政策研究所的协助下完成。报告显示，尽管近10年来，中国的信息产业以2～3倍于GDP的速度增长，成为经济发展的主动力，但中国的信息化建设正面临资费过高、法规不健全、对国外技术依赖过大以及人才缺乏四大障碍。其中提到，目前中国的互联网使用价格占收入水平的10%，这一比例是发达国家的10倍。

- 2007 年 6 月 1 日，国家发改委、国务院信息化工作办公室联合发布我国首部电子商务发展规划——《电子商务发展“十一五”规划》。《规划》明确提出了“十一五”时期电子商务发展的总体目标：到 2010 年，电子商务发展环境、支撑体系、技术服务和推广应用协调发展的格局基本形成，电子商务服务业成为重要的新兴产业，各行业产业集群、国民经济和社会发展各领域电子商务应用水平大幅提高并取得明显成效。《规划》还将“大力发展电子商务服务业，形成国民经济发展新的增长点”作为两个发展重点之一，这是我国首次提出发展电子商务服务业的战略任务。
- 2007 年 6 月 15—16 日，由中国电子商务协会主办的“第十届中国国际电子商务大会”隆重召开。本届大会的主题是“守信用、创和谐、促发展”。
- 2007 年 7 月 13 日，全国第一个农村信息化服务联盟在山东成立。该联盟是采取“整合资源、政企互动”的思路，致力于农业与农村信息化建设的合作组织。
- 2007 年 7 月 18 日，CNNIC《第 20 次中国互联网络发展状况统计报告》公布。调查报告显示，今年上半年平均每 1 分钟就新增网民 100 个，半年的增长量接近去年全年的增长量。目前，中国互联网普及率已经达到 12.3%。此外，报告也显示，我国网站数量达到 131 万个，目前 CN 网站数已达到 81 万，年增长率达到 137.5%，CN 网站数首次大幅度超过 COM 网站数。
- 2007 年 8 月，今日资本向京东商城投资 1 000 万美元，开启国内家电 3C 网购新时代。
- 2007 年 8 月 7 日，中国电子商务协会组织召开了“十一五期间电子商务环境建设”专家研讨会。
- 2007 年 9 月 7 日，《2007 年中国农村互联网调查报告》发布。这是我国首次发布关于农村互联网宏观发展状况的全面调查报告。报告显示，截至 2007 年 6 月，农村网民规模达到 3 741 万人，在 7.37 亿农村居民中，互联网普及率仅为 5.1%；而同期我国城镇网民规模达到 1.25 亿人，互联网普及率已达到 21.6%，城乡“数字鸿沟”明显。但与 2006 年底相比，这一“数字鸿沟”正逐步缩小，2006 年农村网民规模仅为 2 310 万，互联网普及率为 3.1%。
- 2007 年 9 月 15 日，由杭州市政府、中国电子商务协会和阿里巴巴集团主办的第四届中国网商大会暨第二届中国网商节在杭州隆重召开。
- 2007 年 10 月，凡客诚品创立，选择自有服装品牌网上销售的商业模式。
- 2007 年 10 月 20 日，“第四届中国海峡电子商务博览会”在福建省福州市召开。
- 2007 年 11 月 6 日，阿里巴巴网络有限公司成功在香港主板上市，融资 16.9 亿美元，创全球互联网企业融资额第二大纪录。
- 2007 年 12 月 17 日，国家商务信息化主管部门商务部，公布了《商务部关于促进电子商务规范发展的意见》。

2008 年

- 2008 年 1 月 17 日，CNNIC 发布《第 21 次中国互联网络发展状况统计报告》。数据显示，截至 2007 年 12 月 31 日，我国网民总人数达到 2.1 亿人，居世界第二位。

- 2008年2月2日，全球首个商用“云计算中心”落户江苏无锡。IBM公司在无锡滨湖区太湖新城科教产业园建立“中国云计算中心”，成为IBM公司最新技术“云计算”最先在全球投入商业营运的项目，也是该公司为中国客户搭建的世界上第一个虚拟计算环境，标志着中国首个“云计算中心”的诞生。
- 2008年2月9日，《中国中小企业信息化发展报告(2007)》和《全国中小企业信息化调查报告(2007)》发布。此次报告由国家发展和改革委员会、国务院信息化工作办公室、信息产业部在北京联合发布。报告显示，我国中小企业信息化基本度过起步阶段，开始进入大规模应用的普及阶段。
- 2008年3月20日，《国务院办公厅关于加快发展服务业若干政策措施的实施意见》(国发【2008】11号)正式发布。国务院要求，商务部等有关部门要加强商业网点规划调控，鼓励发展连锁经营、特许经营、电子商务、物流配送、专卖店、专业店等现代流通组织形式。
- 2008年4月10日，淘宝网宣布，其B2C平台“淘宝商城”上线测试，将以全新的面貌服务号网购消费者，同时帮助发展中的中国品牌打造高性价比的全新销售渠道。
- 2008年4月28日，商务部就《电子商务模式规范》和《网络购物服务规范》网上征求意见。
- 2008年5月19日，由南京市人民政府主办，南京市发改委和浙江大学电子服务研究中心共同承办的“2008中国南京电子服务论坛”在南京金陵饭店举行。数百位专家和企业家围绕着信息服务、电子商务、制造业信息化、商贸物流等电子服务主题进行了交流。这是国内首次举办的以电子服务为主题的论坛。
- 2008年5月29日，中国电子商务协会正式授予杭州市“中国电子商务之都”称号。
- 2008年6月9日，由国家工业与信息化部指导，浙江省信息产业厅、宁波市人民政府和中国互联网协会联合主办的“首届中国电子商务服务大会”在宁波召开。
- 2008年起，为应对国际金融危机对经济的影响，我国各地方政府纷纷出台政策，通过切实的财政扶持等手段，普及中小企业电子商务的应用，其中杭州、浙江、南京、江苏、广州、广东、上海、成都、四川等省市走在了全国前列。
- 2008年7月，北京市工商局公布了《关于贯彻落实〈北京市信息化促进条例〉加强电子商务监督管理的意见》，规定8月1日起北京地区的网店经营者从事买卖前必须先注册营业执照，否则将被工商部门查处。这是全国首部地方性针对网店的地方性法规。
- 2008年7月23日，首次以电子商务生态为主题的学术研讨会在西安举办。
- 2008年7月24日，CNNIC发布《第22次中国互联网发展状况统计报告》。报告显示，截至2008年6月底，我国网民数量达到了2.53亿，首次大幅度超过美国，跃居世界第一位。
- 2008年8月2日，第五届网商大会在杭州隆重召开。由杭州市政府、中国电子商务协会、阿里巴巴集团共同主办的第五届网商大会，是政府、行业、企业共同推动我国电子商务事业发展的重大举措。大会期间还举办了“首届网商发展学术研讨会”，由阿里研究中心和浙江大学电子服务研究中心共同承办。

- 2008 年 9 月，阿里巴巴集团宣布启动“大淘宝”战略。
- 2008 年 9 月 23 日，2008 中国互联网大会召开。
- 2008 年 10 月至 11 月间，杭州市政府分别联合了阿里巴巴、慧聪，向当地企业推行电子商务，以减轻当地企业的经济压力。此后，广东、天津、四川、重庆等地政府也采取了类似的做法，电子商务被多个地区政府推举为抵抗经济寒冬有效措施。
- 2008 年 10 月，工业和信息化部组织展开《电子商务发展“十一五”规划》中期评估工作。

2009 年

- 2009 年 1 月，国际研究机构 IDC 与阿里研究中心合作发布了《电子商务服务业及阿里巴巴商业生态的社会经济影响白皮书》。在白皮书中，IDC 针对中国电子商务服务业和阿里巴巴的电子商务商业生态开展研究，梳理并总结了电子商务服务业的重要作用，以及电子商务服务平台在电子商务产业中的核心价值。
- 2009 年 1 月，网易“有道”搜索推出国内首个面向普通大众提供购物搜索服务的购物搜索，随后谷歌(中国)也采取市场跟进策略，推出类似搜索产品，这标志着“购物搜索时代”的启幕。
- 2009 年 1 月，今日资本、雄牛资本等向京东商城联合注资 2 100 万美元，引发国内家电 B2C 领域投资热。
- 2009 年 3 月 1 日，《上海市促进电子商务发展规定》正式实施，对 C2C 形式的一般销售者采取自愿办照的原则。
- 2009 年 3 月，阿里研究中心发布《电子商务生态研究指南(2009)》。
- 2009 年 3 月，阿里巴巴集团董事局主席马云提出“网商生存、成长、发展三阶段”的观点：过去十年是网商生存的十年，未来十年将是网商成长的十年，再一个十年将是网商发展的十年。网商未来十年的发展将会围绕网货和网规进行。
- 2009 年 4 月，十名优秀青年学者入选阿里巴巴“活水计划”。由阿里巴巴集团推出的青年学者支持计划(活水计划)旨在开放阿里巴巴集团的研究资源，支持广大青年学者对网商等课题深入研究。
- 2009 年 4 月，雅虎口碑总裁金建杭提出“中国网商发展经历了三波浪潮”。第一波浪潮发生在 B2B 领域，第二波浪潮发生在 C2C 领域，第三波浪潮正发生在生活服务领域。
- 2009 年 4 月 8 日，第六届网商大会“十大网商评选”正式拉开帷幕。本届网商大会重点关注“网商十年与新商业文明”。
- 2009 年 5 月 1 日起，由中国国际经济贸易仲裁委员会颁布的《中国国际经济贸易仲裁委员会网上仲裁规则》正式施行，该规则特别适用于解决电子商务争议。
- 2009 年 5 月 3 日，当当网宣布率先实现盈利，平均毛利率达 20%，成为目前国内首家实现全面盈利的网上购物企业。
- 2009 年 5 月 16—17 日，首届网商交易会在广州举办。交易会旨在帮助中小企业全力开拓内贸市场，同时，帮助大量的淘宝个人网商开拓全新供货渠道，创造就业机会。

- 2009 年 6 月，中国网商数量达到 6 300 万，交易额不断上升。
- 2009 年 6 月，宁波市在提出打造“行业网站总部基地”之后，又宣布打造“电子服务之都”的目标。
- 2009 年 6 月，视频网站土豆网、优酷网先后启动将视频技术与淘宝的网购平台相结合，共同提升用户网络购物的真实体验，推出“视频电子商务”应用技术。
- 2009 年 7 月 24 日，淘宝网“诚信自查系统”上线，为 C2C 历史上规模最大的一次反涉嫌炒作卖家的自查举措。
- 2009 年 8 月，中国电子商务协会授予金华为“中国电子商务应用示范城市”。
- 2009 年 9 月，卓越亚马逊再次推出全场免运费与当当网相持，这是两大行业竞争者十年来首次同时免运费，标志着“免运费”将开始成为 B2C 行业标准规则。
- 2009 年 9 月，“首届电子商务与快递物流大会”在杭州休博园召开，其宏观背景是，物流快递行业作为电子商务的支撑产业之一，近几年在第三方电子商务平台的带动下得到了快速发展。
- 2009 年 9 月 11 日，阿里研究中心发布了《新商业文明浮现——2009 年度网商发展研究报告》。报告认为：经过十年发展，网商已逐步实现了与主流社会经济系统的融合，社会经济影响力也越来越大。
- 2009 年 9 月 11 日，以“网货创世纪”为主题的第二届网货交易会在杭州盛大开幕，旨在“网货拉内需，网商促就业”，帮助中国制造企业开拓内外贸两个市场渠道。
- 2009 年 9 月 12 日，“第二届网商及电子商务生态学术研讨会”，作为 2009 APEC 中小企业峰会的分论坛之一在杭州成功举办。会议汇聚了来自国内外相关领域的 50 多位专家、学者，共同就“网商及电子商务生态”发展的热点与趋势进行了深入研讨。
- 2009 年 10 月 1 日，新《邮政法》正式实施。
- 2009 年 10 月 15 日，西部首个网商创业园——成都温江网商创业园正式开园。
- 2009 年 12 月 23 日，中国工业和信息化部发布的《中国中小企业电子商务发展报告(2009)》显示，2009 年中国中小企业通过电子商务创造的新增价值占中国 GDP 的 1.5%，拉动中国 GDP 增长 0.13%。
- 2009 年 12 月 18—20 日，第三届网货交易会暨第六届网商大会成都论坛在四川成都召开，这是 2009 年继 5 月、9 月广州和杭州之后网交会首次移师西部，也是成都明确提出构建西部电子商务中心城市的战略目标后，首次举办的大型电子商务性质的交易会。
- 2009 年 12 月 4 日，中国工商银行在杭州举行“中国工商银行网络融资业务中心”运营启动仪式，正式在全国启动服务网商的网络融资业务。
- 2009 年 12 月 3 日，中国互联网络信息中心(CNNIC)发布了《2009 年中国网络购物市场研究报告》。数据显示，截至 2009 年 6 月，我国网购用户规模已达 8 788 万，同比增加 2 459 万人，年增长率为 38.9%。

2010 年

- 2010 年 1 月，国际研究机构 IDC 与阿里研究中心合作发布了电子商务服务业领域第二份白皮书：《为经济复苏赋能——电子商务服务业及阿里巴巴商业生态的社会经济影响白皮书》。白皮书指出，电子商务平台为全球中小企业“过冬”提供了一个低成本运作、高概率生存的“棉袄”；电子商务平台不仅拉动了国内的消费，也促进了“出口转内需”的平滑转变。电子商务服务业作为电子商务产业的基础和支撑，已经渗透到各个垂直行业，同生产、流通、消费、资本等相关领域发生深刻的融合，成为优化市场资源配置的加速器。
- 2010 年 1 月，苏宁电器旗下电子商务平台苏宁易购网正式上线，该平台依托苏宁自身庞大的采购和服务网络资源，为用户提供家电网购的良好体验。
- 2010 年 2 月，《淘宝网 2009 年企业社会责任报告》发布，《报告》披露，截至 2009 年年底，淘宝网创造了 80.88 万直接且充分就业机会，带动物流、支付、营销等产业链就业机会为 230.51 万个。
- 2010 年两会期间，温家宝总理在做 2010 年《政府工作报告》时，明确提出要加强商贸流通体系等基础设施建设，积极发展电子商务。这也是首次在全国两会的政府工作报告中明确提出大力扶持电子商务。6 月份，温家宝总理考察了阿里巴巴集团，对电子商务的发展给予了充分的肯定。
- 2010 年 4 月，杭州市发布《关于网上创业就业认定和扶持有关问题的通知》规定，通过网上创业就业认定的人员，可申请享受小额担保贷款、创业补助、社会保险费补贴等扶持政策。网上创业就业人员还可参照城镇个体劳动者参加基本养老、医疗保险。
- 截至 2010 年 6 月底，我国网商规模达到 7 700 万，其中个人网商 6 500 万，企业网商 1 200 万。
- 2010 年 6 月 1 日，国家工商总局正式颁布《网络商品交易及有关服务行为管理暂行办法》，办法分为 6 章、44 条，对网络商品经营者和网络服务经营者的义务、提供网络交易平台服务的经营者的义务、网络商品交易及有关服务行为的监督管理等进行了规定。
- 2010 年 6 月 21 日，中国人民银行制定并公布了《非金融机构支付服务管理办法》，该办法自 2010 年 9 月 1 日起施行。《办法》规定，非金融机构提供支付服务，应当按规定条件申请获得《支付业务许可证》，并按照《支付业务许可证》核准的业务范围从事经营活动，不得从事核准范围之外的业务、不得将业务外包。
- 2010 年 6 月 24 日，商务部发布《关于促进网络购物健康发展的指导意见》，对网络购物市场主体、农村网购市场、配套服务体系、消费者权益等方面提出了政策上的支持，并特别提出要求实施网络商品经营(服务)企业工商登记制度，利用网络平台从事经营活动的个人实名注册，具备条件时对网络销售个人逐步实施工商登记制度。
- 2010 年 6 月 29 日，海关总署发布《关于调整进出境个人邮递物品管理措施有关事宜的公告》，将个人邮寄物品的应纳税额从 500 元大幅下调到了 50 元。

- 2010年7月1日,《中华人民共和国侵权责任法》实施,其中第三十六条被称为"网络专条",该条规定:网络服务提供者知道网络用户利用其网络服务侵害他人民事权益,未采取必要措施的,与该网络用户承担连带责任。
- 2010年7月9日—11日,由阿里巴巴集团举办的"网货拉内需,网商促就业"2010广州网货交易会在广州举行。
- 2010年7月30日,我国第一个专门研究网络领域相关规则的平台——网规研究中心在北京正式成立,同时与会的各政府官员、专家学者、业界人士还对即将发布的我国第一本网规研究报告《新商业文明的治理规则——2010网规发展研究报告》进行了研讨。
- 2010年8月10日,中国邮政与TOM集团共同推出B2C网站邮乐网。
- 2010年8月18日,第三届网商及电子商务生态学术研讨会成功举办。此次研讨会也是同期举办的"全国高校电子商务专业建设工作会议暨全国高校电子商务学术研讨会"的重要分会。
- 2010年9月,由中国信息经济学会、中国社科院信息化研究中心、阿里研究中心主办的"2010新商业文明论坛"在杭州成功举办,会上《新商业文明宣言》正式发布。
- 2010年9月,中国首个省级网商自律组织——浙江省网商协会成立,阿里巴巴(中国)网络技术有限公司总裁卫哲当选为首届会长。
- 2010年9月10—11日,第七届网商大会在杭州举行。本届网商大会的主题是"新网商·新文明"。大会评出了2010全球十佳网商、最受网商信任的十大外包服务商、最佳网商商盟、最佳网商摇篮、最佳网商沃土奖。
- 2010年9月10日,《2010网商发展研究报告》发布,报告的主题是,个性化裂变。报告对"网商"的定义做了进一步扩展,即从自然人扩展到法人。扩展后的定义为"网商是指持续运用电子商务方式从事商务活动的个人和企业,其中,个人包括企业负责人、商人、个体经营者和业务操作者"。
- 2010年9月10日,阿里研究中心在杭州发布了《2010年网商发展指数报告》。广东、浙江、上海成为网商发展指数前三甲的地区。这是中国首份从地理角度反映网商综合发展水平的指数报告。
- 2010年9月10日,淘宝网在杭州举行了2C10半年会庆典,在半年会上正式发布了《大淘宝宣言》,首次明确了网购交易各方在淘宝平台上的基本权利与义务,明确了网购市场的基本原则,引导网购市场参与各方按照新商业文明的要求逐步转变。
- 2010年10月19日,百度与日本电子商务巨头乐天合资,"乐酷天"上线。
- 2010年10月26日,麦考林登陆纳斯达克,成为中国内地首家B2C电子商务概念股,募集资金约1.29亿美元。
- 2010年11月1日,淘宝网在北京宣布,淘宝商城正式启用独立域名。
- 2010年11月,国美以4 800万元价格正式收购家电B2C网站库巴网(原世纪电器网)80%股份,完成对库巴网的绝对控股权,正式走出全面进军电子商务领域的第一步。至此,国内两大传统家电销售巨头齐聚电子商务市场。

- 2010 年 11 月，由教育部高等学校电子商务专业教学指导委员会指导，阿里巴巴商学院组织编写的《电子商务服务》一书正式出版发行，该书系统地阐述了电子商务服务的概念、发展、现状、影响、体系、商业生态、产品、赢利模式、技术、管理和运营等知识，是第一本系统、全面介绍电子商务服务(业)的教材。
- 2010 年 12 月 8 日，当当网在美国纽约证券交易所正式挂牌上市。
- 2010 年 12 月 18 日至 19 日，由中国社科院信息化研究中心、阿里研究中心，睢宁县委、县政府联合主办的"农村电子商务暨'沙集模式'高层研讨会"在睢宁召开。专家认为，"沙集模式"的发展体现了信息化带动工业化和农村产业化的典型特征，对促进农村产业结构升级转型提供了新的经验，也为解决就业和创业问题提供了借鉴。

2011 年

- 2011 年 1 月 19 日，阿里巴巴正式宣布物流战略，将与合作伙伴一起投资 300 亿元，逐渐在全国建立一个立体式的仓储网络体系。阿里巴巴集团将其主导建设的仓储平台开放给淘宝卖家和物流企业使用，通过租金的方式收取回报。阿里巴巴集团首席战略官、总参谋长曾鸣表示，阿里巴巴集团决定要打造一个开放、分享的物流体系生态圈，在这其中阿里物流主要就做两件事，一是做好物流宝，二是建设仓储网络体系。
- 2011 年 1 月 20 日，国际研究机构 IDC 与阿里研究中心合作发布了电子商务服务业领域第三份白皮书:《为信息经济筑基——电子商务服务业与阿里巴巴商业生态的社会经济影响白皮书》。白皮书指出，国际金融危机后，全球新一轮基础设施建设正在展开，在信息经济时代，基础设施对经济发展的影响呈现出明显的"乘数效应"，对经济的拉动远超工业时代。当前信息经济的主题是大规模整合并应用信息，而电子商务服务业正在成为中国信息经济重要的基础设施。
- 2011 年 3 月 18 日，央视《3·15 在行动》栏目曝光了团购网站存在的乱象，如不审核团购企业资质、提供虚假商品、无法保证团购商品质量等，美团网、拉手网和满座网等团购网站均被点名。在随后的时间里，团购网站迎来了信用危机，日子越来越难过，也不再被 VC 看好，一些小的团购网站开始倒闭或转型。团购"冬天"到来。相关数据显示，2011 年我国团购网站倒闭数量持续增长，到年底达到 1 960 家。
- 2011 年 4 月 1 日，京东商城 CEO 刘强东宣布完成 C 轮(第三轮)融资，金额总计 15 亿美元，其中 11 亿美元已经到账，这些融资将几乎全部投入到物流和技术研发的建设项目中。京东商城计划今年将同时开工建设 7 个一级物流中心，未来三年共投资 50～60 亿元进行物流建设。此前，京东商城将 2009 年初获得 B 轮融资的 70%资金用于物流体系建设。
- 2011 年 4 月，阿里研究中心发布了《消费者共创品牌——2011 年度网货品牌研究报告》，这是国内首份网货品牌报告。报告指出，互联网正在持续推动消费升级，它不仅重新塑造了商业模式，也缩短了品牌与消费者之间的距离，从而让消费者成为消费革命的引领者、创造者，"网货品牌"作为一种新的品牌形式，必将带来广泛而深入的影响。

- 2011年5月12日，正值纪念5·12大地震三周年之际，阿里巴巴集团和四川省青川县人民政府发布了《青川震后援建及电子商务发展调研报告》，这份报告对近三年来阿里巴巴集团在5·12地震灾区（主要是四川省青川县灾区）的抗灾援建工作进行梳理，对大企业该如何在救灾扶贫中履行它的社会责任进行思考。同时透过青川县在灾后蓬勃发展的网销业，探讨了电子商务在发展山区产业，助推农民脱贫解困中所起的作用。
- 2011年5月，雅虎披露，马云将集团旗下子公司支付宝的所有权转移到马云和谢世煌（阿里巴巴创始人之一）控股的一家公司（浙江阿里巴巴），以帮助支付宝获得在中国境内的第三方支付牌照。6月14日，马云在杭州召开新闻发布会，解释其中止支付宝的协议控制关系，是为了帮助支付宝获得第三方支付牌照，但此举也将“协议控制潜规则”公诸于众。众所周知，目前在海外上市的绝大多数中国企业，都采用该模式，包括新浪、百度、腾讯、阿里巴巴、京东商城等。一时间，舆情汹涌，大批在华掘金的外资VC、PE为之惶恐，投资收紧。至今，VIE或遭取缔的可能性犹存。
- 2011年6月，阿里巴巴集团宣布决定，把淘宝网分拆为三家公司：一淘网（www.etao.com），淘宝网（www.taobao.com）和淘宝商城（www.tmall.com）。
- 2011年6月，阿里研究中心发布《平台化治理：2011年网规发展研究报告》，报告分别从平台与信息社会，平台责任与平台化治理，平台化治理，平台化治理与信息社会治理四个层面逐步展开了从实践到理论的探讨。报告指出，平台化治理具有个性化、人性化、生态化、基于诚信、开放式、信息化、动态化、综合化和创新驱动九个方面的鲜明特点，并且通过电子商务交易平台多年的实践和探索，已经积累了大量的有价值的案例，在自治的层面很好地解决了发展与规范统一协调的问题，成为网规及新商业文明治理的核心，在电子商务的高速发展中起着重要的作用。
- 2011年7月，阿里研究中心正式发布了《2011年广东省零售网商发展指数报告》，这也是首份反映区域零售网商综合发展水平的指数报告。报告中所显示的广东省零售网商发展指数排名与GDP排名基本一致，广州、深圳、东莞三市位列综合指数排名前三甲。
- 2011年7月26日，阿里巴巴集团正式发布了《电子商务发展的环境影响报告》，这是国内第一份从环境保护角度研究电子商务产业的报告。报告指出：电子商务在推动经济增长和社会转型的同时，也具有十分显著的环境效应。对于高速发展中的中国经济而言，正确认识电子商务对环境的影响具有现实意义。
- 2011年9月9日，由中国信息经济学会、中国社科院信息化研究中心、国家信息中心信息化研究部、工信部电信研究院政策与经济研究所和阿里研究中心五家单位共同发起成立的“信息社会50人论坛”在浙江省人民大会堂举办了第一次会议。信息社会50人论坛是一个由信息社会各学术领域的有识之士组成的独立学术群体。论坛的宗旨是共同研讨中国信息社会的发展问题，为中国信息社会的发展提供建议。在论坛上，与会专家对信息社会的热点问题和发展方向进行了探讨，并共同发布了《信息社会共识》。

- 2011年9月19日，淘宝商城宣布开放的B2C平台战略，将对所有零售形态全面开放，并与38家垂直B2C达成战略合作，也就是说，这38家B2C集体在淘宝商城开设官方旗舰店。
- 2011年10月10日，淘宝商城颁布新政，将技术服务年费从6 000元提高至3万元和6万元两个档次；违约保证金由1万元涨至5万元、10万元、15万元不等；且年内不能缴费签订新一年合同的卖家，将被清退出商城。

-10月11日晚，数千名中小卖家对淘宝商城内的大商家如麦包包、七格格、韩都衣舍、优衣库等通过“拍商品、给差评、拒付款”的方式展开连续数天的恶意攻击，并成立了“反淘宝联盟”。

-10月15日晚，商务部表示将介入淘宝商城事件，要求淘宝商城积极回应中小商户合理要求。中小卖家暂停围攻行为。

-10月17日，淘宝商城召开媒体恳谈会，除了对各种解读进行还原之外，阿里巴巴集团董事局主席马云宣布，对于规定发布前已经入住的商城卖家将推迟执行新规，并宣布阿里巴巴将投入18亿元扶持淘宝商城卖家，调整新规执行办法，保证金由阿里集团和卖家各出一半。

-12月14日，“反淘宝联盟”的一号人物“佐伦”被司法机关因制售假LV品牌箱包而查处并刑事拘留。随着“佐伦”的落网，“围攻淘宝”中的二号人物“伤不起”也浮出水面。据调查，“伤不起”在集市和商城均拥有多家店铺因滥发信息、恶意注册、骗取他人财物、出售假冒商品或虚假交易而遭受处罚。

- 2011年10月19日，CNNIC在京发布《2011年中国团购用户行为调查报告》。报告显示，截至2011年6月，中国团购用户数为4220万，半年用户数量增长高达125%，网民中有8.7%的人使用团购服务。东部沿海地区网民中的团购渗透率相对较高，达到10.5%。中西部地区团购渗透率相对较弱，分别为7.1%和6.7%。
- 2011年10月27日，CNNIC在京发布《中国中小企业互联网应用状况调查报告(2011年上半年)》及《中国中小企业网络营销调查报告(2011年上半年)》，根据两份报告显示，33.2%的受访中小企业过去一年曾有过在线销售(指通过互联网接收订单的行为，包括通过网站、电子邮件等各种方式)活动，26.2%的受访中小企业过去一年曾有过在线采购(指通过互联网发送订单的行为，包括通过网站、电子邮件等各种方式)活动。报告显示，进行网络营销投入的中小企业中，电子商务平台推广、搜索营销推广、即时聊天工具推广是普及率最高的三类互联网营销方式，普及率分别达67.8%、62.3%、57.2%。
- 2011年10月底，腾讯上线了全新的电子商务平台“QQ网购”，通过与独立B2C及传统的零售连锁企业合作，定位为统一高标准服务的优质精品购物中心。“QQ网购”与“QQ商城”和“腾讯拍拍”一起成为腾讯的三大电商平台，完成多点布局(如图C.1所示)。
- 2011年11月2日，阿里研究中心在北京发布了《2011年网商发展指数报告》。报

腾讯电商布局(imeigu.com)				
领域	平台	自有	投资	备注
C2C	拍拍网	√		中国第二大C2C电商平台
B2C	QQ商城	√		类似"淘宝商城"
	柯蓝钻石		√	钻石类垂直B2C
	好乐买		√	鞋类垂直B2C平台
	艺龙		√	旅游OTA
	同程网		√	旅游OTA
	易迅网		√	3C类垂直B2C
	广州妈妈网		√	本地化母婴社区
	QQ返利	√		网购优惠起点站
团购	QQ团购	√		团购导航，类似"团800"
	搜搜团购	√		搜索引擎团购导航频道，类似"百度团购"
	拍拍团购	√		平台里面C或B提供的团购，类似淘宝"聚划算"
	QQ商城团购	√		
	F团		√	生活消费类团购网站
	商朋		√	与美国公司Groupon合作网站
支付	财付通			第三方在线支付系统

图 C.1　腾讯电商布局(imeigu.com)

来源：2011 派代大盘点(二)——十大电商事件，http://bbs.paidai.com/topic/73647

告首次推出了网商发展指数百强城市排名，并将城市网商发展水平与城市竞争力排名、城市消费群的相关研究进行比较。对比发现，城市网商发展的排名分布反映了城市的产业竞争力，而且全国网商发展呈现出"整体分散，区域集中"的城市群特征。

- 2011 年 11 月，阿里研究中心发布《网络零售价格指数(iSPI)报告》。网络零售价格指数(Shopping Price Index，iSPI)作为概括网络零售交易商品一般价格水平的指标，建立在淘宝交易平台实时积累的海量交易行为数据基础之上，为描述与探索网络世界的经济活动提供了一个便捷入口。
- 2011 年 11 月 11 日，也就是"双十一"(或称"光棍节")当天，淘宝全网销售额达到了 52 亿元，其中天猫 33.6 亿元，支付宝支付成功 3 369 万笔，比上年增长了近 170%，刷新了网购单日交易成功笔数的记录。其中，无线支付达 171 万笔。总共 46 个品牌店销售额突破 1 000 万元，497 家品牌店销售额突破 100 万元。相比之下，2011 年"十一"黄金周 7 天里，北京 121 家重点商业服务业企业总共累计实现零售额不过 59.3 亿元，而增长只有 13.1%。
- 2011 年 11 月 28 日，阿里研究中心发布《2011 年度网商发展研究报告》。这是 2004 年以来的第 7 份网商年度发展研究报告。报告指出，网商发展正在跨越临界点。在快速深入渗透到传统行业的各个领域后，整个电子商务发展正进入沸腾时刻，同时网商群体规模进一步壮大，截止到 2011 年上半年，中国网商数量已经扩大至 8 300 万。报告认为，网商发展的过去十年，是网商诞生、发展、壮大、主流化的十年；网商发展新的十年，将是网商改变社会、新商业社会逐步成长的十年。

- 2011 年 12 月 12 日，在淘宝全网"双十二"促销活动中，全天成交 43.8 亿元，其中女装产品超 10 亿，家居产品 5 亿，3C 数码 4.8 亿，男装超 4 亿，母婴产品 3.7 亿，鞋类超过 3 亿，化妆品超过 3 亿，内衣超过 2.2 亿，全球购超过 1.3 亿，本地化生活服务 8 000 万，淘宝外卖 1 万单，电影票 1 万张。
- 2011 年 12 月 15 日，在上海举办的"第一届中国电子商务服务商年会"上，阿里研究中心发布《2011 年中国电子商务服务业报告》。这是对新兴的中国电子商务服务业发展状况的一次完整扫描。报告显示，截至 2011 年底，中国电子商务服务业收入将达到 1 200 亿元，支撑 3 万多亿元电子商务交易规模。未来几年，电子商务服务业将成为中国经济增长的新动力，引导未来经济发展的方向和模式，是中国进入信息经济时代的基础设施。

2012 年

- 2012 年 1 月 11 日，阿里巴巴集团旗下淘宝商城正式更名为天猫，完全脱离淘宝品牌，采用独立品牌拓展在线零售市场。
- 2012 年 1 月 16 日，CNNIC 在京发布《第 29 次中国互联网络发展状况统计报告》，报告显示，截至 2011 年 12 月底，中国网民规模突破 5 亿。互联网普及率较 2010 年提升 4 个百分点，相比 2007 年以来平均每年 6 个百分点的提升，增长速度有所回落。尤其值得关注的是，中国的网站数在 2011 年下半年实现止跌，并快速回升。报告还指出，2011 年，我国团购用户数达到 6 465 万，年增长高达 244.8%。团购用户热情不减，但团购网站数量却在下半年开始下滑。
- 2012 年 3 月 1 日，知名研究咨询机构 IDC（国际数据公司）与阿里研究中心在京联合发布了电子商务服务业领域第四份白皮书：《推动信息社会进程——电子商务和阿里巴巴商业生态的社会经济影响白皮书》。白皮书指出，中国电子商务通过对个人、产业、经济乃至社会的影响，推动了中国经济的增长和社会的成熟，加速信息社会的进程。IDC 建议，政府部门应加大对电子商务服务业、电子商务服务平台的政策倾斜和资金帮扶力度，这一产业将为整个国民经济带来超出预期的积极反馈。从长远来看，电子商务服务业有望成长为信息经济时代支柱性的产业。

附录 D 名词索引（按首字母排序）

后　　记

我国电子商务发展十分迅猛，对经济和社会各个领域的影响日益广泛而深远，越来越受到社会各界特别是各级干部的高度重视，一股了解和学习电子商务知识的热潮正在全国各地兴起。然而，尽管电子商务教材为数不少，但紧跟电子商务发展、切合政务需求、适合干部培训和阅读的教材却十分缺乏。

本书由阿里研究中心多位兼具电子商务理论研究与前沿实践，且经常从事干部培训和交流的研究人员合作完成。其中，梁春晓负责总体思路和框架，第1章由廖育才编著，第2章由樊春晖编著，第3章由薛艳编著，第4章由盛振中编著，第5章由吕志彬编著，第6章由李丽娜编著，第7章由阿拉木斯和聂东明编著，第8章由陈亮编著，附录由张婷整理，最后由张婷和梁春晓统稿。

本书编著得到了国家信息化专家咨询委员会常务副主任周宏仁博士的热情鼓励、指导和作序，在此深表感谢。本书编著是在何一鸣和尤佳等的提议和推动下展开的，没有她们极富责任的督促，本书不会这么快问世。本书编著还得到了其他许多专家学者、网商朋友和阿里同事的多方支持，得到了清华大学出版社编辑袁勤勇先生的快速响应和出版指导，在此一并致谢。

电子商务还在快速发展，对电子商务的认识仍在逐步积累、研究和深化之中，与此相关的许多概念和观点尚未成型或尚未达成共识，如何编写面向各级干部的电子商务培训教材也是一个崭新的课题和挑战，书中难免有疏漏和不妥之处，惟望各位读者不吝指正，力争再版时能有较大的改进。

梁春晓（阿里研究中心主任）

2012年5月8日于北京

关于阿里研究中心

阿里研究中心（即阿里巴巴集团研究中心）成立于2007年4月，秉承感知前沿、发现未来、推进共识，让新商业文明慧及天下的使命，致力于探索信息时代的商业新大陆、成为最具影响力的新商业知识平台。阿里研究中心分设平台、研究和影响力三大板块，所涉领域包括网商、网货、网规、电子商务生态、电子商务服务业、新商业文明和信息社会等。

阿里研究，成就新商业价值！

网站：www.aliresearch.com